Tierra sin Dios

J. JESÚS LEMUS

Tierra sin Dios

*Crónica del desgobierno
y la guerra en Michoacán*

Grijalbo

Tierra sin Dios

Crónica del desgobierno y la guerra en Michoacán

Primera edición: agosto de 2015

D. R. © 2015, J. Jesús Lemus

D. R. © 2015, derechos de edición mundiales en lengua castellana:
Penguin Random House Grupo Editorial, S.A. de C.V.
Blvd. Miguel de Cervantes Saavedra núm. 301, 1er piso,
colonia Granada, delegación Miguel Hidalgo, C.P. 11520,
México, D.F.
www.megustaleer.com.mx

ISBN: 978-607-313-235-0

Impreso en México – *Printed in Mexico*

El papel utilizado para la impresión de este libro ha sido fabricado a partir de madera procedente
de bosques y plantaciones gestionadas con los más altos estándares ambientales, garantizando
una explotación de los recursos sostenible con el medio ambiente y beneficiosa para las personas.

Penguin
Random House
Grupo Editorial

A los caídos, a los encarcelados, a las miles de víctimas inocentes de la guerra contra el narco.

Tanto nos quitaron ya los delincuentes, que yo pienso que también ya nos quitaron el miedo.

Dr. José Manuel Mireles Valverde,
fundador de las autodefensas michoacanas

ÍNDICE

Introducción 13

1. El narco, desde siempre. 25
El primero de los sicarios 32
Las primeras alianzas. 37
Pacto con los Zetas 44
Terrorismo mediático. 49

2. La Familia Michoacana 53
El manifiesto 60
Apóstoles y empresarios 66
El Chayo 74
Robin Hood en las minas. 89
Política y delito 110
Ritos de integración 113
Los desaparecidos, siempre presentes 117
La industria del secuestro 124
Una historia de muchas 127
Cherán 129
San Nazario y el fin de la Familia 139

3. Los Caballeros Templarios. 149
Cherán, de nuevo. 154
Desestabilización desde la cúpula. 160
Una renuncia anunciada 163
Violencia sobre violencia 167
El origen de una idea 174
Mireles, el rebelde 180

4. LAS AUTODEFENSAS 189
    Las viudas del narco 195
    El papel de la Iglesia. 198
    Resistencias. 201
    El avance. 209

5. LA INTERVENCIÓN FEDERAL. 221
    El accidente. 223
    Frente al Estado 225
    La segunda muerte del *Chayo* 236
    En todos los niveles 244
    Golpe de Estado 255
    El vacío gubernamental 259
    Movimiento nacional. 262
    La celada. 268

6. MICHOACÁN EN EL LÍMITE 275
    Corrupción y otros desafíos 281
    La captura de *la Tuta*. 295
    Saldos de una intervención inconclusa. 308
    Infiltrados 318
    Retratos gubernamentales 324
    Ni final ni principio. 332

Epílogo: El porvenir incierto. 345
    "Hasta que matemos a todos los perros...". . . . 345
    Matanza en Tanhuato: versiones contradictorias 347
    Jara: política de negación. 352
    Rodrigo Vallejo: efectos calculados. 354
    2015: la elección del hartazgo 356

INTRODUCCIÓN

Michoacán dejó de ser una posibilidad para convertirse en el primer estado fallido de México. Esta entidad, donde la constante es la perversa relación del crimen organizado con autoridades de todos los niveles, encabeza una lista —que amenaza con generalizarse en todo el país— a la que ya se ha sumado Guerrero y Tamaulipas. El surgimiento de los grupos de autodefensa, como respuesta natural ante el hartazgo de la población, ya no se puede negar.

El gobierno federal tardó en reaccionar en Michoacán. Fue hasta después de más de 5 200 muertos, cientos de miles de desplazados y casi 2 mil desaparecidos, que la Federación decidió intervenir para salvar a la población civil de la condición de rehén en que la colocó la invasión del cártel de los Caballeros Templarios, el que tuvo complicidades en todas las estructuras de gobierno.

Oficialmente hoy en Michoacán —en la visión del gobierno federal— no hay civiles armados que al margen de la ley estén tratando de hacer la función de seguridad que le compete al Estado, pero quien pise cualquier localidad de la zona sur de la entidad puede darse cuenta de la insurrección activa que se vive. La población civil se sigue armando; de los 52 grupos de civiles alzados que atendieron el llamado del doctor José Manuel Mireles Valverde a defenderse del embate del crimen organizado, al menos 37 siguen activos.

Aun cuando los grupos de autodefensa se encuentran distribuidos en todo el territorio estatal, la mayor parte de los movilizados se han concentrado en las regiones de Tierra Caliente, meseta purépecha y costa-sierra nahua, donde los Caballeros Templarios y los gobiernos locales fueron uno solo y así sometieron a toda la población, al menos desde hace diez años.

No hay antecedente histórico reciente en todo el país en torno a la crisis que padece Michoacán: más de la mitad de la población vive en condiciones de pobreza extrema, desempleo, marginación social, hambruna y sometimiento a grupos de facto que suplantan a la autoridad rectora del Estado. Bajo el reclamo del interés legítimo de la protección de la vida y la propiedad, la sociedad civil se ha levantado en armas: las células de autodefensa son el último reducto al que se han acogido los michoacanos para poder superar los más de 20 años de abandono social en que se encuentran.

Ante el desplazamiento de los poderes del Estado —lo que se intensifica en algunos puntos del territorio michoacano—, el gobierno federal intentó restablecer el Estado de derecho por medio de la Comisión para la Seguridad y el Desarrollo Integral en el Estado de Michoacán. Pese a que los avances no se niegan, la labor para atajar de fondo el problema del desgobierno en la entidad no fue suficiente; la violencia no sólo es evidente, sino que patentiza el descrédito de las instituciones entre la población.

Entre los años 2008-2013 el índice de violencia en la entidad entró en una espiral ascendente. La tasa promedio de homicidios dolosos, que se ubicaba en 12 asesinatos por cada 100 mil habitantes, se disparó: en 2008 llegó a 17, para 2013 alcanzó la cifra de 37, y en la última década Michoacán se ha colocado a la cabeza en las estadísticas nacionales de homicidios dolosos. Un dato que pudo haber llamado la atención del gobierno federal para decidirse a entrar a poner orden en el vandálico régimen es el que revela que al menos 70 por ciento de los homicidios corresponden a personas de la sociedad civil, sacrificadas por el crimen organizado. En el estado, tres de cada cinco personas ejecutadas mueren al negarse a ser víctimas de secuestro, robo o extorsión; o al negarse a ser reclutados en alguna célula delincuencial. El 24 de febrero de 2013, el mundo volteó a ver a Michoacán cuando, un grupo de civiles anunció formalmente la conformación de una liga de autodefensa para encarar los embates del crimen organizado. Los 10 líderes de las comunidades rurales devastadas, encabezados por el doctor José Manuel Mireles, difundieron un manifiesto a través del portal de videos YouTube para gritar lo que el gobierno nacional no quería escuchar: un cártel de las drogas tenía copado el gobierno estatal, y sometida a la ciudadanía.

El problema de la desestabilización de Michoacán mediante la inoperancia del gobierno estatal se atribuye al narcotráfico, que ha proliferado —abarcando todos los sectores de la sociedad— en los últimos 10 años. La agencia antidrogas estadounidense (DEA, por sus siglas en inglés) ha ubicado en la entidad operaciones de los Zetas, los Caballeros Templarios, el cártel de Sinaloa, el cártel del Golfo y el cártel Jalisco Nueva Generación, todos buscando el control del territorio, al que el puerto de Lázaro Cárdenas otorga un valor incalculable por la conexión con puertos asiáticos y sudamericanos.

El antecedente más inmediato de un alzamiento de civiles en armas se remonta al surgimiento del Ejército Zapatista de Liberación Nacional (EZLN) el 1° de enero de 1994, justo cuando México se abría al ámbito internacional con el Tratado de Libre Comercio con Estados Unidos y Canadá. El grito de cansancio social que se escuchó en el país hace ya más de 20 años volvió a retumbar fuerte, pero ahora desde el estado de Michoacán.

Los niveles de corrupción han llegado a puntos tales que al cártel de las drogas autodenominado los Caballeros Templarios se atribuyó haber inclinado, mediante la intimidación, la balanza electoral para imponer a un gobernador a modo. En las elecciones del 13 de noviembre de 2011 resultó electo el candidato del Partido Revolucionario Institucional (PRI), Fausto Vallejo Figueroa, que dos años y cuatro meses después de haber asumido el cargo pidió licencia —con pretextos médicos— para ausentarse definitivamente.

Meses antes de la separación definitiva, Vallejo Figueroa sufrió un golpe político como no se recuerda en los últimos años en el país: el hombre de sus confianzas, el que lo suplió durante su primera ausencia cuando acudió a atender su salud, el que había coordinado su campaña y que por lo mismo fue designado secretario de Gobierno del estado, Jesús Reyna García, fue encarcelado.

La Federación, a través de la Procuraduría General de la República (PGR), abrió una investigación sobre Reyna García a partir de los señalamientos de colusión con los Caballeros Templarios. Los indicios fueron aportados por los fundadores de los grupos de autodefensa desde el momento en que se constituyeron en movimiento rebelde: una de las pruebas que soportaron la hipótesis de colusión fue un video donde se puede observar a Reyna García en una reunión con el jefe de los Caballeros Templarios, Servando Gómez Martínez.

Nunca como ahora un miembro del crimen organizado había influido con tanta fuerza en el ambiente político de una entidad. El caso de Servando Gómez Martínez —dada su colusión con las estructuras de mando en todo el estado— es un portento. Aun preso sigue siendo el hombre más temido, por la posibilidad de exhibición de los videos que den cuenta de las reuniones entre él y las estructuras de mando, no sólo de gobierno, sino de poderes fácticos, como medios de comunicación, empresarios y hasta del gremio religioso.

Al gobernador interino, un icono del priísmo institucional de Michoacán, se le encarceló bajo el señalamiento de tener vínculos con el crimen organizado, y se le fincaron los delitos graves de delincuencia organizada y fomento al narcotráfico. Fue detenido el 4 de abril de 2014 mientras se disponía, en su calidad de secretario de Gobierno, a encabezar una reunión de gabinete en la sede oficial del Poder Ejecutivo michoacano, y se le recluyó en la cárcel federal de máxima seguridad del Altiplano, el temible Centro Federal de Readaptación Social (Cefereso) número 1.

La razón de la renuncia de Vallejo en realidad no fue el encarcelamiento de su secretario de Gobierno. Pese a su cercanía con el presidente Peña Nieto, la Federación lo empujó a separarse de su encargo por un escándalo mayor: su hijo, Rodrigo Vallejo Mora, fue captado en video mientras sostenía también una reunión con Servando Gómez. Desde años atrás se hablaba de la estrecha relación de Vallejo Mora con células del crimen organizado, pero eran sólo rumores hasta que alguien aportó la evidencia que vino a confirmar tal sospecha.

La salida de Vallejo sobrevino a menos de cinco meses de que el gobierno federal designara a un emisario plenipotenciario para Michoacán. Alfredo Castillo Cervantes, uno de los hombres más cercanos al presidente de la República, fue ungido como titular de la Comisión para la Seguridad y el Desarrollo Integral en el Estado de Michoacán, convirtiéndose con ello en el gobernador de facto. Sólo para cumplir las formas, a Fausto Vallejo lo suplió el gobernador sustituto Salvador Jara Guerrero, un académico sin más méritos que la sumisión: es el más oscuro de los gobernantes que ha tenido la entidad.

En un hecho histórico, Michoacán es el primer estado del país que en menos de tres años ha sido gobernado por tres hombres: el primero, Fausto Vallejo, en calidad de gobernador constitucional; el segundo, Jesús Reyna García, con la figura de gobernador interino, y el tercero, Salvador Jara Guerrero, con el estatus de gobernador sustituto. Si se quiere ser más exacto, a ellos se suma Alfredo Castillo Cervantes, quien llegó a suplir por orden presidencial las deficiencias institucionales en Michoacán.

Oficialmente se sabe que la debilidad institucional de que se valió la autoridad federal para entrar a gobernar en forma directa a la entidad fue la cúspide del estado de descomposición: todo el territorio se fermentó en una torcida relación de funcionarios con integrantes del crimen organizado. El cártel de los Caballeros Templarios creció, se multiplicó y se extendió en los 113 municipios de Michoacán; pocos fueron los alcaldes, diputados, senadores, empresarios y gobernadores que no fueron tocados por los tentáculos del narcotráfico y las células del crimen organizado.

La descomposición social sobrevino. El marco constitucional fue cediendo ante la imposición de la violencia; los jefes de plaza de los Caballeros Templarios tomaron el control político de cada una de las regiones. La anarquía prevaleció. Miles de michoacanos fueron testigos de una barbarie impensable: las ejecuciones, extorsiones, robos, desapariciones y violaciones se mantuvieron a la orden del día. El *narcogobierno* de Michoacán se había proclamado.

Los primeros en señalar la existencia de un *narcogobierno* en el estado fueron los integrantes de los grupos de autodefensa. Desde las trincheras en cada uno de los poblados de Tierra Caliente donde la población se alzó contra los Templarios se escuchó el señalamiento de las perniciosas relaciones que mantenían los líderes del cártel de las drogas y los representantes de los poderes locales, algunos de ellos electos en las urnas.

El *narcoestado* constituido en Michoacán no sólo facilitó y posibilitó el trasiego de drogas, también toleró los abusos de las células del crimen organizado sobre la población civil. El acto más doloroso, el detonante para que cientos de hombres se armaran en contra del cártel operante fue el rapto: centenares de mujeres, principalmente niñas, fueron utilizadas sexualmente por los grupos de sicarios.

Aun cuando en todo el estado se registraron violaciones, los hechos más escandalosos se suscitaron en la zona de Tierra Caliente. Allí, como escenas de una mala película, era frecuente ver el secuestro de mujeres: niñas desde los 12 años eran sacadas de sus casas a la fuerza o arrebatadas al salir de la escuela secundaria. Los jefes de plaza de los Caballeros Templarios las requisaban para sus fiestas, que terminaban en bacanales. En el mejor de los casos las niñas violentadas y embarazadas regresaban con sus padres, en la mayoría nunca se supo el paradero de las menores.

El mayor índice de desplazados que registra el estado de Michoacán, desde 2008 a la fecha, corresponde a mujeres. Todos los jefes de familia, ante el clima de inseguridad que prevaleció en la región, buscaron la forma de poner a salvo a sus hijas; los más las enviaron con familiares a ciudades del centro del país o a Estados Unidos.

Nadie llevó la cuantificación de los secuestros; las desaparecidas de Tierra Caliente es un tema que nadie quiere investigar. Ni los medios locales, acosados por las amenazas del crimen organizado, quisieron dar cuenta del problema. La consecuencia de los raptos sexuales de que fueron víctimas las niñas del sur de Michoacán se evidencia en las estadísticas de la Secretaría de Salud: entre 2009 y 2014 se registraron más de 11 mil embarazos en menores entre los 10 y los 16 años de edad, con una incidencia promedio de 1 833 víctimas de violación al año. La cifra nunca fue observada por el gobierno estatal de Michoacán a través de sus oficinas de procuración de justicia.

Las cifras estimadas de mujeres desaparecidas son alarmantes; no hay estadística porque durante el "periodo de gobierno" de los Caballeros Templarios pocas fueron las denuncias presentadas ante la procuraduría de justicia del estado. La mayoría de las familias víctimas del secuestro de alguna de sus hijas optaron por abandonar la región para preservar la seguridad de las que les quedaban o para salvar la vida del resto de sus integrantes.

El Instituto Nacional de Estadística y Geografía (Inegi) revela que el índice de migración de michoacanos creció de forma alarmante entre los años 2009 y 2014, alcanzando su pico máximo en 2012, cuando el control de las células criminales fue total: con la salida de más de 109 mil personas por año, Michoacán se convirtió en el segundo estado con mayor flujo de migrantes, principalmente a Estados Unidos.

Sumado al secuestro y violación de mujeres, uno de los delitos que alcanzó una cifra récord en la zona de Tierra Caliente fue el despojo. Miles de familias del sur del estado perdieron de la noche a la mañana el patrimonio formado en décadas: las células del crimen organizado se hacían presentes en las propiedades de su gusto para expulsar a sus legítimos dueños. En la procuraduría de justicia estatal quedaron archivadas centenares de denuncias.

La depredación social que llevó a cabo el crimen organizado en la zona de Tierra Caliente, con la ominosa complicidad del gobierno estatal, pronto encontró respuesta entre la población civil. En los primeros días de octubre de 2011 comenzó a correr el rumor de un alzamiento en armas: el convocante a la insurrección era un médico de Tepalcatepec de nombre José Manuel Mireles, quien conocía de cerca el problema de los embarazos tempranos en las jóvenes de la región. Sus propios familiares fueron víctimas de despojo.

Sin saber que posteriormente se fraccionarían, que el encono entraría a dividir, los primeros en atender el llamado civil para tomar las armas y alzarse contra los Caballeros Templarios fueron Ricardo Valdez, de Aquila; Adalberto Fructuoso Comparán, de Aguililla; Ramón Contreras Orozco, de La Ruana; Jesús Gutiérrez, de La Ruana; Ángel Gutiérrez Aguilar, de Tepalcatepec; Hipólito Mora Chávez, de La Ruana; Misael González, de Coalcomán; Luis Antonio Torres, de Buenavista, y Jesús Díaz, de Chinicuila. Todos reconocieron el mando del médico Mireles Valverde.

El recién formado grupo de autodefensa, que denunció la devastación social y evidenció a un gobierno estatal omiso que se negaba a actuar abiertamente contra los líderes reconocidos de los Caballeros Templarios, diseñó una estrategia para menguar la fuerza del cártel: lanzó una convocatoria de perdón para todos los que se decidieran a dejar las células y se incorporaran a los grupos de autodefensa. La estrategia impactó; cientos de templarios pasaron de la noche a la mañana a formar parte de los popularmente llamados, a partir de entonces, *autodefensas*.

Los civiles que se alzaron contra el crimen organizado, cuyo primer contingente estaba formado por sólo 48 integrantes, comenzaron a nutrirse: poblados enteros se sumaron a las filas de la insurrección.

Ex templarios y civiles se unieron; hombres, mujeres y aun niños tomaron las armas y se dijeron dispuestos a defender sus poblados frente a lo que quedaba de los grupos del crimen organizado. Las barricadas a la entrada de los pueblos comenzaron a aparecer de un día para otro.

El 24 de febrero de 2013 cuando se publicó el video en YouTube, el doctor Mireles Valverde estableció las dos razones fundamentales que los llevaron a la movilización: la omisión del gobierno estatal ante los reclamos de seguridad, y la deshumanizada presencia de los Caballeros Templarios. Además, declaraba la guerra al jefe del cártel, Servando Gómez.

En menos de tres meses los grupos de autodefensa de Michoacán, inicialmente minimizados por el gobierno estatal, lograron sumar a más de 20 mil civiles armados. La procedencia de las armas y los recursos para el sostenimiento de la movilización nunca fue clara. El propio Mireles aseguró que se mantenían de ingresos provenientes de donaciones de la gente; versiones al interior de las autodefensas apuntaron hacia el financiamiento por parte de cárteles enemigos de los Caballeros Templarios. La sospecha principal recayó sobre el cártel Jalisco Nueva Generación, de Nemesio Oseguera Cervantes y sus cuñados *los Cuinis*, encabezados por Abigael González Valencia.

Para el gobierno federal, los civiles se fueron armando con el equipamiento que lograron arrebatar a los Templarios abatidos; se desechó la posibilidad de que estuvieran siendo adiestrados y armados por otros grupos interesados en el control de las rutas de narcotráfico que salen desde Michoacán hacia la frontera norte del país. Más allá del debate, los grupos de autodefensa comenzaron a fortalecerse.

Su reclamo principal era la intervención del gobierno federal para frenar el voraz dominio de los Templarios. Se denunció la colusión entre funcionarios estatales y municipales con los jefes de plaza de los Caballeros Templarios. Durante muchos años los michoacanos habían escuchado ese tipo de señalamientos, pero ahora las pruebas empezaron a aparecer: en las redes sociales vieron la luz una serie de videos en los que se daba cuenta de reuniones entre empleados municipales y líderes criminales.

En un audio difundido por medio de las redes sociales, el propio Servando Gómez reconoció que por instrucción propia se grabaron en video más de 200 reuniones que sostuvo con diversos actores de la vida social de Michoacán, entre ellos alcaldes, senadores, diputados, empresarios, periodistas y hasta un gobernador; muchos de ellos hoy temerosos de que se difundan ese material.

Los videos, aportados siempre anónimamente, sirvieron de apoyo a la Federación para iniciar un proceso de limpia en todo el aparato de gobierno estatal y local. La cruzada contra la corrupción encabezada por el comisionado Alfredo Castillo comenzó a dar resultados: en menos de nueve meses de intervención en Michoacán se logró el procesamiento de funcionarios públicos de todos los niveles, a los que, contrario al Estado de derecho, primero se exhibió mediáticamente y después se les procesó.

La forma en que los videos de Servando Gómez salieron de su control es simple: un médico que estaba a su servicio, pleno de toda la confianza del jefe del cártel, a quien se entregó en resguardo el material fílmico, fue baleado en las inmediaciones de Tumbiscatío el 11 de diciembre de 2012; la evidencia que portaba quedó en resguardo de un grupo de civiles que se integraron luego a las autodefensas. Ese grupo, a través de redes sociales, empezó a filtrar los videos que han dado notoriedad a la clase política de Michoacán: una veintena de ex funcionarios públicos de primer nivel se encuentran en proceso en cárceles federales a causa de las reuniones allí documentadas.

La cifra récord de empleados públicos encarcelados por colusión con el crimen organizado, entre los cuales se encuentran desde policías preventivos y agentes de tránsito hasta un gobernador, pasando por alcaldes, ex diputados y tesoreros, recobra dimensión cuando se sabe que 82 por ciento de ellos soportan la acusación de delincuencia organizada, el delito más estigmatizado en la sociedad mexicana desde que fue concebido así en el periodo presidencial del priísta Ernesto Zedillo.

Pero sin duda fue durante el régimen del panista Felipe Calderón cuando al delito de delincuencia organizada se imprimió un sello estigmatizador y fulminante para la personalidad social de los señalados bajo ese cargo. Sin embargo, fue la hermana del propio Calderón, la hoy senadora Luisa María, una de las más notables impugnadas de tener componendas con el crimen organizado. Tal acusación la realizó directamente Servando Gómez, jefe del cártel michoacano, contra el que en apariencia el presidente Calderón había desatado una cacería a muerte.

En un video difundido a través de internet el 27 de noviembre de 2013, Gómez Martínez señaló claramente a la senadora del Partido Acción Nacional (PAN), Luisa María Calderón, de haber buscado un acuerdo con los Caballeros Templarios en los meses previos a la elección estatal de noviembre de 2011, en la que participaba como candidata a la gubernatura, a fin de que el cártel le ayudara a inclinar la balanza en su favor. El enviado de Luisa María Calderón que contactó a Servando Gómez fue el entonces candidato del PAN a la diputación por Apatzingán, Francisco Javier Girón del Toro, contra el que nunca se giró orden de investigación. Posteriormente, el jefe de los Templarios filtró un video donde se constata la reunión entre él y el enviado de la senadora Calderón.

Ése no fue el único acercamiento de la familia del entonces presidente con el jefe del principal cártel de las drogas en Michoacán. El propio Servando Gómez reveló una relación de negocios con un primo hermano de Felipe Calderón, en la que las partes no resultaron conformes y ello llevó a una confrontación; ya presidente, Calderón tuvo que intervenir a favor de su familiar, ordenando con toda la fuerza del Estado una cacería contra el cártel.

Y es que el 1° de noviembre de 2006 dicha agrupación, que aún no se denominaba de manera oficial la Familia Michoacana, pero donde entre otros ya era mando Servando Gómez, ordenó el secuestro del empresario Alfonso Reyes Hinojosa, el mencionado primo hermano de Calderón. La razón para ello fue que Reyes se negaba a pagar una deuda de 30 millones de pesos que tenía con un grupo de empresarios de Morelia; la Familia Michoacana actuó como cobrador. El secuestro del pariente del que en ese momento ya era presidente electo duró solamente tres horas. La mediación surtió efecto.

Los captores de Reyes Hinojosa lo dejaron en libertad tras la petición directa que hicieron a Gómez Martínez los hermanos de Felipe Calderón, Luisa María y Juan Luis, quienes esgrimieron por conducto de un enviado el riesgo en que incurría el cártel de Michoacán por el solo hecho de "meterse con la familia del presidente", según lo plasmó en su declaración ministerial el propio Servando Gómez, cuando fue detenido.

El negociador enviado por la familia Calderón Hinojosa para la liberación de Reyes fue un personaje oscuro de nombre Carlos Mejía Villaseñor, con el que la Familia Michoacana mantenía negocios.

Según lo filtró el propio Servando Gómez en un video, Mejía Villaseñor mantenía "una relación muy íntima con Luisa María Calderón", razón por la que el cártel michoacano le otorgó un préstamo de 12 millones de dólares con el que comenzó a desarrollar un fraccionamiento en la zona de mayor valuación económica de Morelia: Altozano, donde luego el mismo presidente Felipe Calderón haría sus inversiones. Posteriormente, Mejía Villaseñor se negó a pagar al cártel aduciendo su parentesco con el presidente de la República, y para evitar el cobro solicitó la protección del cártel Jalisco Nueva Generación.

No sólo este grupo le brindó protección y lo aceptó en sus filas, también la PGR lo arropó como testigo protegido y fue uno de los delincuentes que vivieron a cuerpo de rey, cobijados por el erario público, durante el periodo de Felipe Calderón. Mejía se convirtió en uno de los 379 informantes por cuyos dichos la PGR inició cerca de 78 mil procesos por delitos relacionados con el narcotráfico.

La relación entre la familia Calderón y el cártel de las drogas de Michoacán no fue ni siquiera reseñada por la mayoría de los medios de comunicación locales. Allí la prensa es muda: a muchos periodistas les pareció de poca trascendencia lo que revelaba el jefe de los Caballeros Templarios a través de los videos que pronto fueron su principal arma; otros, los más, han optado por dejar de dar cobertura al tema del crimen organizado. Las amenazas y la intimidación están a la orden del día, a veces desde el anonimato del cártel de las drogas, a veces desde las oficinas de la administración estatal.

El uso de las redes sociales como medio de comunicación para exhibir y asumir posturas hizo de Servando Gómez, *la Tuta*, el líder criminal más mediático que México haya conocido. Sólo en el portal YouTube existen 32 mil grabaciones de video y audio donde aparece o se hace referencia a su presencia en Michoacán; por lo menos 200 videos —de los que se conocen menos de la mitad— registran las reuniones entre funcionarios de gobierno y el jefe criminal.

La relación entre funcionarios y la cúpula del cártel michoacano de las drogas, conocido primero bajo la denominación de la Familia y luego como los Caballeros Templarios, fue lo que permitió la descomposición del estado. Fue esa la fórmula para que en la entidad se diera el surgimiento del primer *narcogobierno*, cuyos principales síntomas son la violencia y la irritación social. El surgimiento de los grupos de autodefensa, que motivó la entrada del gobierno federal al rescate del Estado de derecho, es sólo la resultante natural del hartazgo de la ciudadanía.

Michoacán es ya el primer estado fallido de México. La violencia y el desgobierno llegaron al pináculo a partir del cual irremediablemente comienza el laboratorio donde, bajo el método de ensayo y error, el gobierno federal intenta apaciguar la ola de terror que se ha generalizado en la mayor parte de las entidades federativas, frente a la que el cansancio de la gente sigue alzándose cada vez más, en parte por la inoperancia de los gobiernos locales, en parte por el aspecto totalizador de la *narcocultura* que persiste.

CAPÍTULO I

EL NARCO, DESDE SIEMPRE

El narcotráfico no es un tema nuevo en Michoacán. Pese a que en los últimos veinte años se ha dado la mayor manifestación de la presencia del crimen organizado en la entidad, los orígenes de este problema datan de la primera mitad de la década de los cuarenta. La historia se remonta al nombre de Gervasio Valencia Pantoja, un campesino de la comunidad de Dos Aguas, población enclavada entre los municipios de Aguililla y Coalcomán.

Valencia fue el primero en organizar a los campesinos de las zonas olvidadas de Michoacán, principalmente de los municipios de Apatzingán, Coalcomán, Aguililla y Tepalcatepec. Los inició en la siembra de enervantes para su trasiego: fue la única alternativa que tuvieron esos pobladores del sur de la Tierra Caliente para remontar su condición de extrema pobreza. En 1942 el estado era gobernado por el general Félix Ireta Viveros, amigo personalísimo del general Lázaro Cárdenas del Río.

Gervasio Valencia había llegado a la zona procedente del centro del país, posiblemente del estado de Guanajuato; se asentó en la comunidad de Dos Aguas, donde formó una familia. A los años de establecido, ante la pobreza reinante en la región y la falta de empleo, emigró con la intención de llegar a Estados Unidos como miles de michoacanos que se incorporaron al Programa Bracero para suministrar mano de obra a la economía estadounidense que encaraba la Segunda Guerra Mundial. Pero Valencia nunca llegó a la Unión Americana: se asentó en Sonora, donde trabajó para un hombre llamado Carlos Moy, descendiente de chinos que era el encargado de una tienda de artículos de lujo en Hermosillo, propiedad de la familia del empresario Juan Lung Tain.

El carácter arrebatado del michoacano Valencia, que, dicen, no era dejado, hizo que Carlos Moy le asignara primero la seguridad de la tienda, después lo designó encargado de su seguridad personal y posteriormente le encomendó el resguardo de su familia. Moy tenía intereses más allá del comercio lícito, de acuerdo con el historiador Ricardo Ramírez Montañana: en la zona fronteriza de Ciudad Juárez formaba parte del primer cártel de drogas en México, liderado por Sam Hing, quien controlaba las lavanderías, cafeterías y restaurantes de Sonora, Sinaloa, Chihuahua y Baja California, donde se comercializaba y fumaba opio, heroína, mariguana y cocaína. Valencia Pantoja se incrustó en su círculo de confianza. En ese grupo estaban, además del michoacano, varios descendientes de chinos como Rafael Ling Molina, Carlos Moy, Manuel Chon, Manuel Sing y Sam Lee, todos bajo las órdenes de Sam Hing.

Allí conoció Valencia el negocio de las drogas. Se olvidó de trabajar en las cafeterías de los chinos: le ofrecieron comprar la mariguana que produjera en Michoacán. Financiado y motivado, decidió emprender su propio negocio. Se estima que a principios de 1945 regresó al estado con un puñado de semillas de mariguana y amapola; tenía la firme intención de sembrar para suministrar a los chinos. La parte serrana de la comunidad de Dos Aguas, municipio de Aguililla, fue testigo del nacimiento de la industria del narcotráfico en el sur del país.

El gobierno estatal en la época de Félix Ireta Viveros se circunscribía a atender las necesidades de las cinco poblaciones principales de Michoacán: Morelia, Uruapan, La Piedad, Zamora y Zitácuaro. A los ojos del gobierno revolucionario no había nada más allá que mantener a buen recaudo a la población urbana, la que era escuchada en sesiones públicas por el propio general Cárdenas. La población de las comunidades rurales del estado no figuraba entre las prioridades de los gobernantes.

Las primeras cosechas de mariguana y amapola en la zona de Tierra Caliente se levantaron casi en la misma época en que arribó al gobierno estatal José María Mendoza Pardo, un civil inoperante y corrupto cuyo mérito era tener la amistad incondicional del presidente Ávila Camacho; sucedió en el cargo al general Ireta Viveros. Al amparo de Mendoza Pardo el cultivo de mariguana y amapola, cuya siembra comenzó a promover Valencia Pantoja entre algunas de las familias de la comunidad de Dos Aguas, dejó de hacerse a hurtadillas.

El gobierno de Mendoza Pardo enviaba de manera frecuente una partida militar sólo para "cobrar la plaza" por el cultivo de mariguana y amapola, toda vez que los dedicados a esa actividad utilizaban predios propiedad del gobierno federal. En esa parte del estado aún no llegaba la reforma agraria y la mayor parte de la sierra era propiedad de la nación, razón por la que el gobierno estatal cobraba el uso del suelo sin importar el tipo de cultivo generado.

Los seguidores de Valencia pagaban sin discusión la cuota fijada en 20 pesos por hectárea sembrada. La producción comenzó a generalizarse ante la omisión del gobierno estatal; Valencia y un puñado de familias michoacanas comenzaron a suministrar mariguana y amapola al cártel chino. Para garantizar el libre tránsito de los camiones cargados con droga hacia el norte, Valencia Pantoja pactó con los mandos militares locales, los que les cobraban la plaza o el uso del suelo: a cambio de pasar sin dificultades entregaban la décima parte de la cosecha de mariguana a la zona militar de Morelia. Ello era independiente del pago que se hacía al gobernador Mendoza Pardo.

La pobreza en que vivía la gente de las comunidades del sur de Michoacán y la posibilidad de una buena remuneración hicieron que otros jefes de familia, alentados y financiados por Valencia, se iniciaran en el cultivo de enervantes. Siguieron adueñándose de los terrenos cerriles, por los que seguía cobrando el gobierno estatal. Las cosechas de mariguana eran compradas directamente por el propio Valencia; él buscaba la forma de hacer llegar las cargas al norte del país. La ausencia de vigilancia oficial facilitó el trasiego de mariguana de Tierra Caliente hacia el estado de Sinaloa.

En el norte las cosas cambiaron a principios de la década de 1950. El cártel chino que lideraba Sam Hing comenzó a decaer; una agrupación local, asentada en la zona urbana de Ciudad Juárez, se hizo con el mercado de drogas. Quienes asumieron el control en Chihuahua, Sinaloa y Sonora eran conocidos como la Banda de *la Nacha*, un grupo delictivo que a principios de 1930 se conformó en torno al matrimonio de Pablo González e Ignacia Jasso; empezaron como regenteadores de prostitutas y vendiendo alcohol a los estadounidenses que llegaban a la frontera de Ciudad Juárez, para evolucionar después al tráfico de drogas.

Como en todas las empresas, la mujer era la más diligente. Mientras Pablo González, dado a la vida de farra, se pasaba los días en la cantina buscando amor rápido, Ignacia Jasso atendía con esmero el comercio de drogas al menudeo en su propio domicilio. Pronto el narcomenudeo —que se afianzó con la demanda de los soldados estadounidenses que cruzaban la frontera— desembocó en una red de compra, trasiego y venta de estupefacientes desde y hacia otros puntos del país.

La Banda de *la Nacha* pronto comenzó a operar como un cártel: se enfrentó al de los chinos y se apropió del mercado de las drogas no sólo en Chihuahua, sino también en Sinaloa y Sonora. *La Nacha* comenzó a controlar el tráfico de narcóticos en ciudades como Mazatlán, Los Mochis y Culiacán, donde disputaba el dominio de la siembra y venta de mariguana a Pedro Avilés Pérez, quien controlaba a los grupos de Gil Caro, Manuela Caro y Rafael Fonseca. Pronto los productores de mariguana y amapola en Michoacán cambiaron de destinatario sus cosechas: dejaron de vender a los chinos y el trato fue directo entre Gervasio Valencia Pantoja e Ignacia Jasso.

En 1952 murió Gervasio Valencia. Como si se tratara de una excepción, tal vez por ser el primer capo michoacano de las drogas, falleció en su cama; lo afectó una lesión en la cabeza, sufrida al caer de su caballo. Sus hijos heredaron el negocio. Ignacia Jasso también murió; el control del cártel de Juárez pasó a manos de su nieto Héctor González, al que le decían *el Árabe*. Tras la muerte de Ignacia, los hijos y sobrinos de Valencia siguieron vendiendo la mariguana cosechada en la sierra michoacana al heredero del cártel juarense, hijo de Pablo González Jasso.

La familia Valencia, como se reconocían Juan, Antonio y Luis, los tres hijos de Gervasio, y sus sobrinos Jesús y Martín, comenzó a comprar toda la producción de mariguana de la zona serrana de la Tierra Caliente. Sus tratos con *el Árabe* duraron poco más de diez años: hacia 1962 los Valencia tenían pleno dominio de la producción de mariguana y amapola en Michoacán. Nadie sembraba ni cosechaba sin el permiso de los Valencia.

Entre 1962 y 1982 —la *veintena dorada*, como se conoce en Michoacán a ese lapso de tiempo por el auge económico que se registró en las poblaciones remontadas en la sierra—, de acuerdo con datos del periodista Francisco Castellanos, se estima que más de 90 por ciento de los habitantes de las comunidades asentadas en las zonas de la sierra nahua y Tierra Caliente se dedicaban a la siembra y cultivo de mariguana.

La familia Valencia dejó de tener control sobre la producción y en consecuencia gran parte de la mariguana y amapola michoacanas dejaron de ser exclusivas para el cártel de *la Nacha*. En ese periodo aparece en la entidad la era de los "minicárteles", grupos de familias dedicadas a la siembra y trasiego de droga, que vendían su cosecha al mejor postor.

De acuerdo con un estudio del maestro en economía e investigador Guillermo Vargas Uribe, estos "minicárteles" produjeron, sólo en el terreno de la mariguana, más de cinco millones de toneladas en los últimos 20 años, generando en promedio 250 mil toneladas de droga cada año. Esas cantidades representan más de 5 mil millones de pesos para los productores, según el documento "Michoacán en la Red Internacional del Narcotráfico".

Por eso muchos "minicárteles", formados por familias completas, dejaron de vender sus cosechas de mariguana y amapola a la familia Valencia: siguiendo las reglas del libre mercado, optaron por buscar a sus compradores fuera del estado, a fin de incrementar el rango de utilidad. La fama de la mariguana y la amapola michoacanas pronto cobró renombre entre los narcotraficantes de otras entidades; comenzaron a arribar agentes compradores.

El primer grupo que dejó de vender su producción de mariguana a la familia Valencia fue el que integraron las familias lideradas por Tito Chávez, José Luis Mendoza y José González: por decisión propia, buscaron un mejor precio a sus cosechas y pudieron contactar con un grupo de compradores de Sinaloa, encabezado por Jaime Herrera Nevárez, quien se disputaba el control de la comercialización de drogas en ese estado con su paisano Pedro Avilés Pérez. El grupo de sembradores dirigido por Herrera Nevárez no quería hacer tratos con *el Árabe*, al que consideraban sanguinario; Avilés terminó finalmente por ganar el control del trasiego de drogas en Sinaloa, el que estaba en manos del cártel de *la Nacha*.

La familia Valencia no tuvo más alternativa que comenzar a vender sus cosechas al naciente cártel de Sinaloa, pero la producción que aportaban ya representaba casi 30 por ciento de la siembra total del estado; los "minicárteles" seguían vendiendo la droga a compradores independientes que llegaban a Michoacán. A fin de poner orden y respaldar a los Valencia, Pedro Avilés mandó a un grupo de negociadores y gatilleros para que reencauzaran el comercio de mariguana y amapola a través de la familia Valencia.

Encabezaban el grupo de sinaloenses enviado a Michoacán Ernesto Fonseca Carrillo, Eduardo Fernández, Manuel Salcido Uzeta y Humberto Rodríguez Bañuelos. Su misión era convencer a los "minicárteles" para que vendieran sus cosechas a la familia Valencia, la que finalmente suministraría al naciente cártel de Sinaloa. Fonseca Carrillo y Fernández se asentaron en Guadalajara porque no les gustó el clima de la Tierra Caliente; los dos agentes que recorrieron la región haciendo e imponiendo su ley fueron los compadres Manuel Salcido, *el Cochiloco,* y Rodríguez Bañuelos, *la Rana.*

La elevada producción de mariguana en Michoacán influyó de alguna manera en que a principios de la década de 1980 se afianzara el cártel de Guadalajara, que hacía la conexión entre los estados del sur productores de droga con los comercializadores del norte; en él, bajo las órdenes de Ernesto Fonseca, operaban Miguel Ángel Félix Gallardo, Juan Ramón Mata Ballesteros, Javier Barba Hernández, Rafael y Juan José Quintero Payán, Pablo Acosta Villarreal, Juan José Esparragoza, Joaquín Guzmán Loera, Ramón, Eduardo y Benjamín Arellano Félix, Amado Carrillo Fuentes y Rafael Caro Quintero.

Al *Cochiloco* se le atribuye ser el visionario que planteó utilizar el entonces recién creado puerto de Lázaro Cárdenas para comercializar drogas de Colombia hacia Estados Unidos; este comenzó a operar en abril de 1973, durante la gubernatura del priísta Servando Chávez Hernández. Cuando *el Cochiloco* anduvo por los caminos de Michoacán, hacia 1974, comenzó a maquinar un plan que no tardó en poner en marcha: con el aval de Pedro Avilés contactó al colombiano Pablo Escobar Gaviria, le ofreció comprar 20 toneladas de cocaína mensuales y se hicieron socios. Punto medular del plan era el control de las operaciones en el nuevo puerto michoacano.

Hacia mediados de 1974 Carlos Torres Manzo, el nuevo gobernador del estado, motivado y apoyado por Mario Moya Palencia, secretario de Gobernación, estableció un pacto con el cártel de Guadalajara: otorgó a sus miembros plena movilidad por la costa del Pacífico michoacano. Decidió no interferir en los negocios del narco si éste no interfería en la alteración del clima social. Entre el estudiantado michoacano se agitaba el reclamo no sólo por el rechazo a la matanza del Jueves de Corpus de 1971, que aún estaba latente, sino por la insistente presencia de agentes de la temible Dirección Federal de Seguridad (DFS), que se mantenían atentos a las reuniones estudiantiles. Existía el temor de que el cártel de Guadalajara financiara una guerrilla a los estudiantes en movimiento.

Michoacán fue un foco rojo para la Secretaría de Gobernación desde los primeros meses de 1971, cuando se detectó la integración de la primera célula del Movimiento de Acción Revolucionaria (MAR), conformada en su mayoría por estudiantes normalistas cercanos a la Juventud Comunista mexicana; se decretó un seguimiento a los estudiantes que mantenían contacto con los profesores Fabricio Gómez Souza, Ángel Bravo Cisneros y Ramón Cardona Medel, organizadores del movimiento pro democratizador de la Universidad Michoacana de San Nicolás de Hidalgo (UMSNH). Para evitar la agitación, el gobernador Torres Manzo decidió dejar el paso libre al cártel de Guadalajara, a fin de que no suministrara armas ni dinero a los estudiantes. El naciente cártel que lideraba el joven Miguel Ángel Félix Gallardo aceptó el acuerdo.

La agitación estudiantil la había propiciado el gobernador Agustín Arriaga Rivera —que sólo buscaba agradar al presidente López Mateos y a su secretario particular, el michoacano Humberto Romero Pérez— luego del asesinato del alumno Everardo Rodríguez Orbe tras ser secuestrado por elementos de la Policía Judicial estatal; fue controlada poco a poco por los gobernadores Gálvez Betancourt, Chávez Hernández y Torres Manzo mediante la entrega de prebendas y posiciones políticas a los líderes estudiantiles de la UMSNH. Luego del pacto con el cártel de Guadalajara para no suministrar armas a los estudiantes, Torres Manzo incluyó a decenas de estudiantes en la estructura de gobierno en función de sus posiciones de liderazgo. Al principal líder de 1974 lo encumbró como su secretario particular: ese fue el primer escalón político de Jesús Reyna García. Conocedor a fondo de la estructura de las organizaciones estudiantiles en la entidad, se convertiría hacia 1980 en subprocurador general de justicia del estado.

Con la omisión del gobierno estatal, la cocaína colombiana que llegaba a Michoacán a través del puerto de Lázaro Cárdenas era transportada directamente hacia el estado de Jalisco por un grupo que especialmente fue enviado para ello; lo coordinaba el propio Joaquín Guzmán Loera, *el Chapo,* quien fue retirado de Guadalajara por los conflictos que ya sostenía al interior del cártel con los hermanos Arellano Félix. *El Chapo* atendía las órdenes del *Cochiloco,* que era el contacto directo con Pablo Escobar. Para respaldar el trabajo del *Cochiloco* en Michoacán, el cártel de Sinaloa destinó un ejército de por lo menos 300 hombres armados, los que dieron apoyo y respaldo al cártel de los Valencia.

Las familias que encabezaban Tito Chávez, José Luis Mendoza y José González comenzaron una pelea con la familia Valencia por la posesión de los terrenos serranos donde se sembraba la droga. Hasta antes de la llegada de los sinaloenses del *Cochiloco,* la mayoría de los sembradores de mariguana en Michoacán no usaban armas de grueso calibre para la vigilancia de sus predios, se limitaban al empleo de carabinas de chispa y pistolas de bajo calibre; pese a ello, el índice de homicidios comenzó a crecer notablemente en la Tierra Caliente.

Las tasas de asesinatos a la alza alertaron al entonces gobernador Cuauhtémoc Cárdenas Solórzano, que ordenó un plan de atención inmediata para las poblaciones de la Tierra Caliente. Tras las investigaciones realizadas por parte de la Policía Judicial del estado en torno a los asesinatos en ascenso en la zona, donde ya se hablaba de bandas de narcotraficantes en disputa, se comenzó a mencionar con insistencia un nombre: Rogelio Reyes Servín, un joven pistolero que pronto tuvo una fama de leyenda.

El primero de los sicarios

Rogelio Reyes fue el primero de los pistoleros que tuvo a su servicio la familia de Tito Chávez. Era el brazo ejecutor de las instrucciones que dictaba la tríada formada por Chávez, José Luis Mendoza y José González a fin de mantener el control de la zona en cuanto al trasiego de mariguana; fue el primer rival que tuvo la familia Valencia en sus aspiraciones de monopolizar el cultivo y venta de droga.

Aquel pistolero del que se hablaba con insistencia en las averiguaciones previas de la procuraduría de justicia de Michoacán era originario de Numarán, una población al norte del estado, en los límites con Guanajuato. Desde los nueve años había llegado al municipio de Apatzingán en busca del cobijo de la familia paterna para escapar de la justicia: Reyes Servín había matado en su pueblo a un compañero de escuela al pegarle un balazo en el abdomen cuando jugaban con una pistola calibre .22 sin cargador. No se percató de que el arma mantenía alojada una bala en la recámara.

A muy temprana edad comenzó a sembrar mariguana como parte del clan de Tito Chávez; nunca se despojó de la pistola con que dio muerte a su compañero de escuela. Pronto se le asignaron labores de vigilancia de los cultivos enclavados en lo más espeso de la sierra: cuando no estaba cuidando los plantíos de mariguana de la familia Chávez, se encontraba de visita por la zona del Bajío michoacano, adonde acudía para mantener a raya a los enemigos de la familia de su padre.

En la zona de Numarán, la familia Reyes estaba confrontada a muerte con la familia Tafolla. David Tafolla había dado muerte al abuelo de Rogelio en una reyerta de cantina; su padre, Federico Reyes, fue asaltado en varias ocasiones por Justino, uno de los hermanos Tafolla. Antes de cumplir dieciocho años, Rogelio Reyes ya había dado cuenta de los rivales de su familia. Se le atribuyeron al menos ocho muertes de los Tafolla; el primero en amanecer muerto fue Justino.

Al joven sicario de Tito Chávez pronto comenzó a envolverlo un halo de fantasía en torno a sus hechos: cuando llegaba a su natal pueblo de Numarán, siempre a mitad de la noche o a deshoras de la madrugada, le gustaba dejar en las puertas de sus familiares y amigos algunos fajos de billetes y a veces sólo costales de aguacates o mangos, frutos abundantes en la Tierra Caliente.

Rogelio hacía notar su presencia en la población cuando con su camioneta hacía estruendosos arrancones; al asomarse los vecinos ante el escándalo que estremecía las regularmente serenas noches, era común encontrar los regalos que de manera anónima dejaba a las puertas de sus casas. La gente comenzó a mitificarlo. Sus actos de desprendimiento fueron evolucionando: pronto empezó a entregar costales de semillas, abono, tractores y maquinaria agrícola a los campesinos de la zona del Bajío.

Reyes era el encargado de cuidar el traslado de mariguana de la zona de Tierra Caliente hacia Guadalajara a fin de entregarla al cártel asentado en esa ciudad, el que ya era controlado por Ernesto Fonseca; el paso obligado de las camionetas que salían de Apatzingán era la zona de La Piedad y Numarán, donde el sicario de Tito Chávez llegaba a descansar con todo un ejército de pistoleros a los que pronto la gente reconoció como los *gavilleros*.

A los gavilleros de Rogelio Reyes se atribuye la ola de secuestros que se generalizó en la zona del Bajío a principios de la década de 1980, cuando comenzaron a despuntar algunos empresarios que hicieron crecer sus fortunas de la mano de Humberto Romero Pérez, un piedadense que inició su carrera política como secretario particular de Francisco González de la Vega, procurador general de la República en el gobierno de Miguel Alemán Valdés. En 1952 Adolfo Ruiz Cortines nombró a Romero Pérez secretario de Prensa; en 1958, el presidente López Mateos lo nombró su secretario particular.

Durante sus encargos oficiales Romero Pérez derramó recursos públicos sobre unas cuantas familias del Bajío, a las que hizo ricas de la noche a la mañana: los Saldaña, Villaseñor, Mares, Soto, García y Bribiesca fueron los recipiendarios de la bonhomía del Estado mexicano. Por órdenes suyas la Compañía Nacional de Subsistencias Populares (Conasupo) destinaba camiones cargados de leche en polvo que iban a parar a las zahúrdas de engorda de porcinos; por décadas los cerdos de La Piedad se engordaron con leche en polvo sin costo para los empresarios. El gobierno federal no asignaba apoyos para el combate a la pobreza, pero los cerdos de los Saldaña, Mares o Villaseñor siempre estaban rozagantes de nutridos.

Humberto Romero Pérez nunca se amarró el bolsillo para ayudar a los nuevos hombres de empresa de Michoacán. Los créditos a fondo perdido de la recientemente creada banca de desarrollo nacional no cesaron; hasta se obtuvieron para construir, equipar y modernizar una represa inexistente en las áridas tierras del Bajío, donde incluso durante la misma temporada de lluvias el agua escasea. Llegaban camiones con pies de cría para engorda que tenían como único destino unas cuantas familias.

Los nuevos ricos, que florecieron al amparo del dinero oficial, fueron el blanco de los gavilleros de Rogelio Reyes Servín, que hizo del secuestro un deporte de descanso: en cada ocasión en que el joven narcotraficante pasaba por la zona de La Piedad, había siempre un secuestrado. Los hijos del porcicultor Juan Saldaña fueron el blanco preferido del bandolero; en menos de dos años les "pegó" a las seis familias por lo menos en siete ocasiones. Los recién nacidos empresarios de La Piedad, ante las embestidas del gavillero, solicitaron ayuda al gobierno federal: el presidente de la República envió un partida militar para tratar de cazar al secuestrador y narcotraficante.

Pese a ser un delincuente, la fama de Rogelio Reyes Servín creció entre la población del norte de Michoacán. El dinero resultante de los secuestros era la base para el financiamiento de la obra social que llevaba a cabo entre los campesinos del estado: no había comunidad rural que no conociera las bondades de ese moderno Robin Hood, como lo llamaron los diarios *El País* y *ABC* de España en sendos reportajes que le dedicaron en 1982, con información del periodista piedadense Jesús Hernández.

Las fuerzas federales poco pudieron hacer ante el escurridizo prófugo. Los empresarios no lo pensaron dos veces: ellos mismos armaron sus guardias blancas, crearon una policía al servicio de sus familias y comenzaron a cazar al bandolero. Ese, el primer grupo de autodefensa que se originó en Michoacán, estuvo coordinado por un coronel retirado del Ejército: Juan Ibarra Serrano logró reclutar una milicia particular de cincuenta hombres al servicio de los empresarios michoacanos que estaban siendo asolados por el secuestrador.

En los primeros años de la década de 1980 no sólo Rogelio Reyes distribuía parte del botín de sus ilícitos entre los más pobres de su entorno; las familias que cerraron filas con Tito Chávez en la zona de Apatzingán hacían lo propio en sus localidades. El abandono del gobierno estatal hacia las comunidades de la parte más alta de la Tierra Caliente era bien atendido por los productores de mariguana, que comenzaron por mejorar la red de caminos rurales que conectaban los sembradíos con las zonas suburbanas.

La ejecución de obras públicas por parte de las familias dedicadas a la siembra y trasiego de mariguana y amapola, sin embargo, fue apadrinada por el gobierno estatal. Desde la gubernatura se instituyó un programa denominado Comités de Participación Ciudadana, con el que se entregaba un fondo económico que comprometía a recabar una parte igual a fin de hacer obra social; el modelo fue instrumentado en el gobierno de Cuauhtémoc Cárdenas.

Mediante los Comités de Participación Ciudadana, la administración estatal brindó la posibilidad a la ciudadanía de que hiciera sus propias obras o instrumentara sus propios servicios, como suministro de agua potable, recolección de basura o integración de cuerpos de seguridad en cada localidad. Los empresarios de La Piedad decidieron crear su propio modelo de seguridad particular.

A mediados de 1982, la policía que los empresarios secuestrables de La Piedad habían integrado por fin rindió frutos en sus investigaciones. Lograron cercar y capturar al bandolero Reyes Servín; fue detenido cuando estaba con su esposa, una joven de veintidós años de edad originaria de Zináparo. A Rosa, la mujer de Reyes, le hicieron de todo: su tortura duró cuarenta y ocho horas. Los miembros de la policía privada de los empresarios —formada por ex policías judiciales y ex militares— la golpearon, violaron y desollaron ante la mirada rabiosa del bandido. Después de presenciar aquellas escenas inimaginables, fusilaron a Rogelio como escarmiento.

Siguiendo el ejemplo, en el resto de Michoacán otros empresarios, como los de Morelia, Zamora, Uruapan y Lázaro Cárdenas, hicieron lo propio: crearon sus propias policías particulares, el primer antecedente de los grupos de autodefensa. Su principal encomienda fue defender los intereses de sus patrones. En el gobierno estatal ya despachaba Luis Martínez Villicaña, hombre por demás afecto a la bebida, que puso a los pies de la iniciativa privada el ejercicio del aparato de gobierno local.

Hacia finales de 1986 a la mayoría de los miembros de los diversos grupos del crimen que interactuaban en Michoacán no les interesaban el robo ni el secuestro: todos estaban abocados a mantener el control de la producción y trasiego de drogas, la actividad más rentable. Los "minicárteles" locales buscaron la forma de aportar recursos a las comunidades que consideraban estratégicas para su labor, y los Comités de Participación Ciudadana fueron la careta de dichas inversiones. Todos los grupos del narcotráfico invirtieron en obras de tipo social y urbano: el mismo cártel de Guadalajara invirtió en carreteras que conectaban a las poblaciones rurales con la ciudad y puerto de Lázaro Cárdenas.

Fue durante los periodos de gobierno de los priístas Cuauhtémoc Cárdenas Solórzano, Luis Martínez Villicaña, Genovevo Figueroa Zamudio, Eduardo Villaseñor Peña y Ausencio Chávez Hernández cuando mayor inversión en infraestructura hicieron las familias dedicadas a la siembra y transporte de mariguana en Tierra Caliente. La mejoría a las escuelas, caminos, y la dotación de agua potable a comunidades corrió por cuenta de los que manejaban el negocio del trasiego de drogas, con la personalidad de ciudadanos preocupados por sus regiones.

LAS PRIMERAS ALIANZAS

A la par del desarrollo regional de la Tierra Caliente, fincado en el *boom* de la siembra, cosecha y venta de mariguana, creció el encono entre la familia Valencia y las familias de Tito Chávez, José Luis Mendoza y José González; los enfrentamientos se fueron dando en forma constante. Tito Chávez buscó alianzas con otras familias de la zona a fin de poder hacer frente a la expansión y fuerza de los Valencia, que crecieron en forma desproporcionada al comprar equipamiento y armas a miembros del Ejército Nacional Mexicano.

A finales de la década de 1980, aun con la presencia del cártel de Sinaloa en Michoacán con *el Cochiloco*, que recibía la cocaína que llegaba de Colombia, y la familia Valencia suministrándoles mariguana y amapola, surgió otro grupo que se sumó al "minicártel" de Tito Chávez: la familia de Nemesio Oseguera Cervantes, quien más tarde, al lado de sus cuñados los González Valencia, *los Cuinis*, fundaría el cártel Jalisco Nueva Generación.

Desde su aparición, las familias en torno a Oseguera Cervantes mantuvieron una confrontación directa con la familia Valencia, a la que se negaban a vender sus cosechas. Ya para principios de 1990 Nemesio y su grupo controlaban el trasiego de droga en la zona de Coalcomán y Tepalcatepec. A sus seguidores pronto se les conoció también como el grupo de los Treinta, porque inicialmente fueron treinta los jóvenes que reclutó entre todas las familias de esas poblaciones para vigilar y resguardar los cultivos de mariguana. El grupo de los Treinta pronto se convirtió en una banda de sicarios que azotó la zona de Apatzingán en su cacería de los integrantes de la familia Valencia, que seguía en expansión.

En la guerra declarada entre el grupo de Nemesio Oseguera y la familia Valencia —que mantenía el respaldo del cártel de Sinaloa— se fue definiendo la *narcogeografía* del estado: el puerto lo controlaba Manuel Salcido Uzeta, del cártel de Sinaloa, al servicio del cártel de Pablo Escobar; la familia Valencia mantenía el control de los municipios de Uruapan, Churumuco, Coahuayana y Arteaga y gran parte del corredor de la costa michoacana. Las familias de Tito Chávez, José Luis Mendoza y José González, quienes siguieron suministrando mariguana al cártel de Guadalajara, se replegaron hacia los municipios de Buenavista Tomatlán y Apatzingán.

La derrama económica del narcotráfico comenzó a notarse. A principios de 1979, la Federación reconoció el trasiego de droga en la entidad y diseñó un operativo para el desmantelamiento de las rédes del narcotráfico; el procurador del presidente José López Portillo, Óscar Flores Sánchez, trazó un programa emergente para su combate. Una primera incursión de elementos de la PGR dejó como saldo la detención de 26 personas por delitos relacionados con el tráfico de estupefacientes.

La Federación repitió la medida —de impacto mediático— a principios de 1989, cuando el procurador del presidente Carlos Salinas de Gortari, Enrique Álvarez del Castillo, consiguió una nueva andanada de detenciones. En ese periodo el número de michoacanos detenidos acusados de narcotráfico llegó a 574, y fue la base del discurso oficial durante varias semanas.

Enrique Álvarez del Castillo fue acusado después de estar directamente involucrado en el asesinato del agente de la DEA Enrique Camarena Salazar; además se le vinculó a una red de políticos jaliscienses que cobijaron en algún momento de su gestión pública a miembros del cártel de Guadalajara, de los que fueron vecinos en lujosos cotos de la capital de Jalisco. Fueron tejiendo en ese estado una red política de protección a este cártel, entre otros, Flavio Romero de Velasco, Carlos Rivera Aceves y Enrique Álvarez del Castillo. Se les señaló por lo menos de haber convivido con Miguel Ángel Félix Gallardo y Ernesto Fonseca y permitir sus actividades; estos últimos también se avecindaron en Michoacán.

El Chapo Guzmán y Amado Carrillo Fuentes se establecieron en forma permanente en el municipio de Coahuayana, en tanto que Félix Gallardo y Ernesto Fonseca se asentaron en una propiedad denominada La Tupitina en la comunidad de San Juan de Alima. El rancho era propiedad de Mamés Eusebio Velázquez Mora, quien fuera alcalde de Aquila; el predio La Tupitina fue incautado por la PGR y posteriormente convertido en la sede de la 10ª. Zona Naval de la Marina.

En tanto se daba el asentamiento del cártel de Sinaloa en la zona costera de Michoacán —la que siempre fue atractiva tanto para recibir cocaína de Colombia como para enviar droga por el Pacífico hacia Sinaloa y Baja California—, un nuevo grupo se hizo presente en el estado, atraído por la calidad de la mariguana y la amapola, que crecen casi en forma natural en la zona serrana entre la costa y la Tierra Caliente. El cártel del Golfo comenzó a maniobrar para adentrarse en las estructuras de los "minicárteles".

Aun cuando la presencia de este cártel se registra claramente a mediados de la década de 1980, desde el decenio anterior ya un norteño comenzaba a traficar con mariguana de Michoacán para enviarla a Tamaulipas: *Chito* Cano, un regiomontano que financiado por Juan Nepomuceno Guerra suministraba armas desde la frontera norte a la guerrilla encabezada por Lucio Cabañas en Guerrero, fue el primero en enviar cargamentos.

Cano tuvo contacto en Michoacán con los hijos y sobrinos de Gervasio Valencia, con quienes estableció las primeras compras de la hierba. Cuando Juan García Abrego tomó el control de la red de tráfico de drogas en Tamaulipas que organizara Juan Nepomuceno Guerra, *Chito* Cano comenzó a trabajar para el naciente cártel del Golfo haciendo envíos constantes de mariguana y amapola por conducto de las líneas comerciales de camiones de carga. Aliado con los Valencia, organizó con ellos persecuciones directas contra las otras familias dedicadas al cultivo y venta de mariguana en Michoacán; al vincularlos con el cártel del Golfo, se dejaron de mandar cosechas de mariguana hacia el estado de Sinaloa.

La familia Valencia observó la posibilidad, en aras de una mayor utilidad económica, de introducir directamente la droga a Estados Unidos a través de la frontera de Tamaulipas, que era ya territorio del cártel del Golfo. *Chito* Cano medió con los mandos del cártel y organizó una reunión en Morelia entre Juan García Abrego y Armando Cornelio Valencia: allí diseñaron una estrategia común para el trasiego de droga desde Michoacán hacia el estado de Texas. A *Chito* se le atribuye haber abierto la ruta de drogas desde los estados del sur mexicano hacia Estados Unidos.

En ese encuentro también estuvo presente Guillermo González Calderoni, comandante de la entonces Policía Judicial Federal (PJF), y se formalizó la alianza entre los Valencia y el cártel del Golfo. Se supo después que García Abrego acudió acompañado del que sería su sucesor, Óscar Malherbe de León. Llegaron a un acuerdo: los Valencia tendrían acceso a la frontera tamaulipeca si el cártel del Golfo podía tener presencia en el puerto de Lázaro Cárdenas.

En muestra de buena fe por la alianza pactada, García Abrego mandó un ejército de ex militares para apoyar las actividades de los Valencia para conseguir el control de Michoacán, entre ellas mantener a raya a las familias que formaban el grupo de Tito Chávez; iban comandados por Arturo Guzmán Decena. La presencia del *Z-1* en Michoacán fue sanguinaria: trató a la población civil como un objetivo a conquistar mediante el terror. Sus combatientes pronto aprendieron la técnica psicológica del miedo y comenzaron a identificarse en la zona con la clave Z.

Arturo Guzmán Decena, que pasó al crimen organizado tras pertenecer a la PJF, y con formación militar en el Grupo Aeromóvil de Fuerzas Especiales (GAFE), siguió utilizando el lenguaje policial: los Z o Zetas eran los militares dentro de la PJF en funciones de policías, designados jefes de grupo; los M o Metros eran los militares designados agentes policiacos; los X o Equis eran los comandantes, y los Y o Yanquis eran los delegados en el estado.

A finales de la década de 1990, la disputa por el puerto de Lázaro Cárdenas no era ni remotamente entre los "minicárteles" de Michoacán, y tampoco eran los cárteles de Sinaloa y del Golfo quienes estaban dejando el reguero de sangre: los verdaderamente interesados en la ruta del narcotráfico que significaba el punto eran los cárteles de Cali y Medellín, que utilizaron a los dos principales cárteles mexicanos como sus brazos armados para ganar la entrada al norte del continente.

En lo político, el ambiente era inestable: el gobernador Martínez Villicaña se enfrentaba abiertamente a su antecesor, Cuauhtémoc Cárdenas. La fricción se dio porque Martínez Villicaña —nombrado secretario de la Reforma Agraria en 1982, al inicio del periodo de Miguel de la Madrid— fue postulado en 1986 desde el Distrito Federal como candidato del PRI a la gubernatura frente a la molestia de Cárdenas, que no fue consultado y que había buscado la candidatura para su secretario general de Gobierno, Cristóbal Arias Solís.

Cárdenas se sintió olvidado por el régimen federal, por lo que maniobró para evitar que Martínez Villicaña pudiera gobernar y lo saboteó políticamente. Por su parte, el gobernador dedicó su mandato a perseguir a los simpatizantes de Cárdenas, que para 1987 ya lideraba la Corriente Democrática del PRI. El volátil clima político de 1988 durante y después de las elecciones federales permitió que los cárteles en disputa por el control del puerto de Lázaro Cárdenas siguieran en una guerra abierta sin oposición del estado.

A Martínez Villicaña lo obligó a renunciar al cargo el propio Cuauhtémoc Cárdenas, al radicalizar en Michoacán la defensa de su triunfo electoral a la Presidencia de la República: el estado de sitio imperante lo obligó a salir de la entidad de la noche a la mañana, quedando en calidad de gobernador interino el que fuera secretario de Gobierno y amigo cercano de Cárdenas, el doctor Genovevo Figueroa Zamudio. Fue en ese periodo cuando los cárteles colombianos se asentaron en la entidad.

A los cárteles de Cali y Medellín, desde que conocieron la entrada en operación del puerto michoacano, les interesó buscar su control: significaba una ruta más segura y rápida para la cocaína colombiana que tenía su destino en Estados Unidos. La droga que llegaba allí estaba a menos de veinte horas de la frontera de Tamaulipas, reduciendo así riesgos y aumentando las utilidades. La distribución de cocaína del cártel de Medellín fue tan eficiente al entrar por Michoacán que uno de sus clientes fue la propia familia Valencia. Por su parte, los Valencia suministraron drogas al naciente cártel de Tijuana, el que comenzaban a organizar los hermanos Arellano Félix.

Los Valencia buscaron el cobijo de los Arellano Félix porque veían la fragilidad en que se mantenía la alianza con el cártel del Golfo, que a su vez seguía haciendo negocios con otros grupos de productores de drogas de Michoacán. Uno de ellos lo encabezaba Carlos Alberto Rosales Mendoza, mejor conocido como *el Carlitos*; para estar al tanto de los acuerdos y alianzas para el trasiego de drogas, él y dos de sus hombres más cercanos mantuvieron contacto con Osiel Cárdenas Guillén: Nazario Moreno González, *el Chayo*, y Servando Gómez Martínez, *la Tuta*.

Pronto el grupo de Rosales logró convencer a decenas de familias y "minicárteles" independientes para que la producción de mariguana se canalizara por los conductos comerciales establecidos con el cártel del Golfo. La mayor parte de los productores aceptaron su propuesta, sólo la familia Valencia se mantuvo sin posibilidad de diálogo; ésta seguía manteniendo un amplio acercamiento con el cártel de Medellín y con el grupo del *Chapo* Guzmán, que continuaba operando en la zona del puerto de Lázaro Cárdenas.

El estado mayor del grupo de Rosales Mendoza, que por su alianza con el cártel del Golfo tenía a su vez el respaldo directo del brazo armado ya conocido como los Zetas, lo conformaban Jesús Méndez Vargas, Dionisio Loya Plancarte, Enrique Plancarte Solís, Servando Gómez Martínez, Arnoldo Rueda Medina y Nazario Moreno González, los que mantenían y tejieron más contactos a nivel estatal y municipal con las estructuras de gobierno no sólo en Michoacán, sino también en Guanajuato, Querétaro, Jalisco, Guerrero, Estado de México, Zacatecas y Aguascalientes.

La alianza entre el cártel del Golfo y los Valencia duró poco. A Osiel Cárdenas no le gustó el acercamiento de los Valencia con los colombianos del cártel de Medellín —socios reconocidos del cártel del Pacífico, del *Chapo*— para el suministro de cocaína: se rompió el pacto y comenzó una encarnizada guerra entre los Zetas y los miembros de la familia Valencia. Al lado de los Zetas comenzó a pelear el grupo de Carlos Rosales; la balanza se inclinó a favor del cártel del Golfo. Entraba el año 2000 y la familia Valencia —que sumaba más de dos mil empleados en el trasiego de drogas en el estado— comenzó a autodenominarse cártel del Milenio.

Entre los años 2001-2006 Osiel Cárdenas mantuvo un pleno dominio del estado de Michoacán; la sanguinaria campaña de los Zetas fue venciendo poco a poco la resistencia de la familia Valencia, ya reconocida como cártel del Milenio. En la zona de la costa y en el puerto michoacano las células del cártel de Sinaloa siguieron asentadas para apoyar a sus socios del cártel de Medellín. La presencia de los Zetas en la entidad también obligó al cártel de los Amezcua —que mantenían presencia en la zona del puerto— a desplazarse hacia la región de Colima.

En 2002 un nuevo actor se sumó a la lucha por el control del puerto michoacano: un grupo de militares vestidos de civil, por órdenes del general Jesús Gutiérrez Rebollo, ingresó a la zona portuaria para hacerse con su operación. Buscaban allanar el camino para el cártel de Amado Carrillo Fuentes, *el Señor de los Cielos*: entre 2002 y 2004 la lucha fue a muerte entre los Zetas y los militares vestidos de civil de Gutiérrez Rebollo. Sin embargo, Amado Carrillo se tuvo que conformar con asentarse en el municipio de Uruapan, a poco más de doscientos kilómetros de distancia del puerto.

El grupo de los Zetas que arribó a Michoacán bajo las órdenes de Heriberto Lazcano, *el Lazca* o *el Z-3*, en su mayoría eran ex integrantes del GAFE del Ejército mexicano; todos fueron formados por militares israelíes y estadounidenses, y se especializaron en el combate a movimientos insurgentes. Frente a la estrategia de los "minicárteles", que buscaban lealtades entre la población civil, los Zetas aplicaron una táctica de terror, viendo además las propiedades de sus víctimas como botín de guerra.

La estrategia planteada por Cárdenas Guillén era simple: al final del proceso de conquista que se llevaría a cabo en Michoacán, el cártel del Golfo se quedaría con el negocio del trasiego de las drogas en tanto que los Zetas se apropiarían de todos los bienes requisados a sus víctimas. A los ex militares se les garantizó libertad para extorsionar, secuestrar, robar, violar y matar a la población que no se ajustara a su disciplina de mando.

La delincuencia común no organizada, dedicada al robo de autos, asaltos, trata de personas, prostitución y narcomenudeo, pronto tuvo que someterse a las disposiciones de los Zetas, que comenzaron por aplicar el *cobro de piso* y las *cuotas* para permitir el ejercicio de actividades ilícitas. Los que se negaron a pagar las *cuotas* establecidas fueron los primeros en aparecer decapitados al lado de leyendas escritas en cartulinas, con errores ortográficos deliberados, que a través de su réplica en los medios locales de comunicación daban cuenta del nuevo orden de gobierno en Michoacán.

Pacto con los Zetas

Para contrarrestar la sanguinaria acción de los Zetas, el cártel del Milenio pactó con la familia de Nemesio Oseguera a fin de alcanzar un periodo de paz. Como parte de ese armisticio, Oseguera puso a las órdenes del cártel al legendario grupo de los Treinta, a fin de encarar a los Zetas; los Valencia reconocieron que con esos sicarios no era suficiente y optaron por contratar a ex militares guatemaltecos: las primeras incursiones de los kaibiles en Michoacán se registraron hacia 2002.

En el clima político, Michoacán se sacudía de nuevo: el priísta Víctor Tinoco Rubí entregaba el poder estatal al perredista Lázaro Cárdenas Batel. La familia Cárdenas volvió a recuperar el control del estado. La violencia seguía a la alza; Tinoco Rubí cerró su mandato bajo la acusación de infiltración del crimen organizado en las principales estructuras del gobierno. Los señalamientos vinieron directamente de la PGR. De por sí se había señalado la falta de conocimiento de Tinoco Rubí de la geografía michoacana luego de haber realizado su carrera política fuera de la entidad, destacando como su único mérito cierta cercanía con el presidente Miguel de la Madrid, quien lo designó candidato.

Pese a la oposición de diversos sectores sociales, Tinoco Rubí ganó la elección para gobernador, superando por mucho a sus contrincantes: Cristóbal Arias Solís, del recién nacido Partido de la Revolución Democrática (PRD), de influencia cardenista, y Felipe Calderón Hinojosa, del PAN. En estas elecciones se manifestó por vez primera el interés político de los cárteles de la droga michoacanos: el cártel del Milenio, de la familia Valencia, financió movilizaciones de apoyo al candidato panista, que luego desató la tristemente célebre *guerra contra el narco*.

Con Tinoco Rubí al frente del gobierno estatal, el cultivo de mariguana creció en forma exponencial. En los años de 1996 a 1998 Michoacán fue el gran productor de mariguana a nivel nacional, con un total que disputaba el liderazgo a Chihuahua, Sinaloa y Durango, según lo confirmó en su momento el general Guillermo Galván, comandante de la 21ª. Zona Militar con sede en Morelia, quien sería luego secretario de la Defensa Nacional en el sexenio de Felipe Calderón. En ese periodo la producción de droga también se diversificó hacia la siembra de amapola —origen de la heroína—, el almacenamiento de efedrina y la fabricación de metanfetaminas.

Los primeros señalamientos de infiltración de los cárteles de las drogas en el gobierno estatal fueron hechos por el periodista Eduardo Valle en su calidad de asesor del procurador Jorge Carpizo McGregor. Denunció la existencia de una "lista negra" de funcionarios estatales que brindaban protección a los cárteles; las acusaciones más severas recayeron en el procurador de justicia, Jorge Eduardo García Torres, así como el secretario de Gobierno de Tinoco Rubí, Antonio García Torres. Pese a la supuesta existencia de la lista de funcionarios michoacanos coludidos con el narco desde mediados de la década de 1990, la PGR nunca lanzó una investigación a fondo.

Habiendo sido funcionario de la PGR, Antonio García Torres fue uno de los blancos preferidos de los periodistas nacionales al hablar de la colusión con los cárteles de la droga que operaban en Michoacán. Desde la misma procuraduría se le relacionaba con insistencia en una relación de entendimiento con los hermanos Arellano Félix, los que finalmente pudieron asentarse en Michoacán con el apoyo del cártel del Milenio.

Entre 1992 y 1996 la violencia sufrió una escalada cuando se desató una guerra a muerte en suelo michoacano entre los hermanos Ramón y Benjamín Arellano Félix y el ya poderoso cártel de Juárez de Amado Carrillo; en ese enfrentamiento salió a relucir la participación de políticos y militares en ambos bandos. El general Jesús Gutiérrez Rebollo, desde la 5ª. Zona Militar en Jalisco, fue el principal denunciante de la colusión del gobierno estatal de Michoacán con las estructuras del crimen organizado.

El clímax de la guerra llegó cuando se intensificaron los operativos militares al mando de Gutiérrez Rebollo para cortar la salida de droga hacia Tijuana; el general tuvo también la capacidad para manipular información a su favor ante el general secretario de la Defensa Nacional, Enrique Cervantes Aguirre, quien lanzó una encarnizada persecución contra los productores de mariguana.

El frente de guerra abierto entre los Arellano Félix y Amado Carrillo opacó la confrontación que por otro lado sostenían el cártel de Cali contra el de Medellín, que con sus aliados de los cárteles del Golfo y del

Pacífico, respectivamente, seguían en disputa por el control del puerto de Lázaro Cárdenas; por su parte, los Zetas seguían persiguiendo a los productores de mariguana que se negaban a vender sus cosechas a la estructura del cártel del Golfo. El grupo de familias que comandaba Nemesio Oseguera seguía trabajando al lado del cártel del Milenio para sacar al *Chapo* Guzmán de Michoacán.

La alianza entre la familia Valencia o cártel del Milenio y el grupo de Oseguera duró poco menos de dos años. En medio de la guerra entre los cárteles del Golfo y de Sinaloa, el gobierno federal logró apaciguar la confrontación: los operativos contra el narco, que por primera vez coordinaba el entonces secretario de Gobernación, Emilio Chuayffet Chemor, tuvieron éxito. La matanza en Michoacán cesó; se supo que la interrupción de las masacres obedecía a una propuesta de paz lanzada por *el Chapo* Guzmán a los grupos en contienda y al mismo gobierno federal.

Enviados directos del capo del cártel de Sinaloa llegaron a Michoacán para tratar de pacificar la zona, y varios de los productores de mariguana se aliaron a sus comandos. Como parte de las acciones para pacificar el estado, la danza de los millones comenzó a tocar las puertas de todas las alcaldías. Se hicieron negociaciones y se dividió la geografía michoacana: las oficinas encargadas de la seguridad pública fueron vulneradas por el crimen organizado. Las policías municipales y estatal pasaron a depender de los jefes de plaza de los diversos cárteles establecidos. El nivel de corrupción policial alcanzó su máximo punto histórico entre los años 1997 y 2005.

La propuesta de paz lanzada desde la Secretaría de Gobernación, así como por el cártel del Pacífico, no fue escuchada por los Zetas. Las condiciones de diálogo establecidas entre algunos grupos en conflicto propiciaron un intercambio de elementos, hubo desbandadas de un cártel a otro; salieron a relucir principios ideológicos en las agrupaciones dedicadas al trasiego de drogas y comenzaron a prevalecer el honor y los principios criminales. La deserción de células completas de un cártel para sumarse a otro que ofrecía mejores beneficios económicos fue lo que motivó el resurgimiento de una nueva situación de barbarie. La traición fue la única condición que no se perdonó entre las células criminales. De ser capturados, a quienes desertaban de un cártel se les aplicaba la pena de muerte más dolorosa: se trataba de establecer un código de ética a base de sangre, el que el grupo de los Zetas difundió más fielmente en sus mensajes.

Fue ese código ético de sangre el que también aplicó posteriormente la Familia Michoacana para lograr la expulsión de los Zetas. El hecho quedó marcado cuando el 6 de septiembre de 2006, en la pista de baile de un centro nocturno de Uruapan, rodaron seis cabezas de ex integrantes de la Familia que se habían pasado al bando de los Zetas, como preludio del baño de sangre que se avecinaba. Las decapitaciones que continuaron, en su mayoría fueron de michoacanos que decidieron sumarse al brazo armado del cártel del Golfo.

En ese escenario de guerra, las familias que inicialmente habían comenzado con el negocio de la siembra y traslado de mariguana ya estaban siendo desplazadas por los grandes cárteles; las familias que integrara en torno suyo Nemesio Oseguera se estaban quedando sin posibilidad de participar en la industria de las drogas. Por eso, para sobrevivir a los violentos ataques de los Zetas, tuvieron que replegarse hacia la zona limítrofe de Michoacán con Jalisco, aprovecharon las pláticas de paz ofrecidas por *el Chapo* Guzmán y aceptaron una alianza. Nació un nuevo cártel: Jalisco Nueva Generación.

El grupo que le dio origen estaba encabezado por Nemesio Oseguera Cervantes, Abigael González Valencia, José González Valencia, Rogelio Guízar Camorlinga, Gerardo Mendoza y Domingo Sandoval. Apenas integrados, se fraccionaron: a Nemesio se le acusó de haber dado muerte a un hermano de Domingo Sandoval, de nombre José. El encono pudo más que el parentesco y los años juntos, y se declararon la guerra entre sí: Oseguera es concuño de Domingo Sandoval, pero a pesar de ello mantienen una confrontación a muerte.

Domingo Sandoval y Gerardo Mendoza dirigieron el nuevo grupo, que siguió disputando a Oseguera Cervantes el control de los municipios de Coalcomán, Aguililla, Tepalcatepec, Aquila, Chinicuila y Buenavista Tomatlán, en la zona limítrofe de Michoacán con Jalisco. Se mantuvieron independientes, sin alianzas de ningún tipo; se les atribuye el financiamiento de los primeros movimientos de autodefensas en la zona de Tierra Caliente. *Los Cuinis*, José y Abigael González Valencia, se mantuvieron al lado de su cuñado Nemesio Oseguera y se extendieron hacia el estado de Jalisco.

Ante la violenta competencia por el cultivo y trasiego de mariguana y amapola, el cártel del Milenio buscó diversificar su oferta de drogas. De la mano de los hermanos Amezcua se introdujo al mercado de las metanfetaminas: las drogas sintéticas comenzaron a desplazar a la mariguana y la amapola, de las que seguían dependiendo centenares de familias. Michoacán dejó de ser productor de hierba para pasar a ser el principal generador de *cristal*.

La disputa por Michoacán entre los grupos dedicados a la producción de drogas no es fortuita. La región del sur representa una joya de incalculable valor para los cárteles: localidades marginadas, población en extrema pobreza para convertirla en mano de obra, infraestructura moldeada para el trasiego de drogas y zonas de difícil acceso para ocultar laboratorios y sembradíos. La cereza del pastel siempre ha sido el puerto marítimo, la puerta a los mercados internacionales.

Fue con el inicio del nuevo milenio cuando los grupos que se disputaban el control de las rutas del narcotráfico se volvieron más violentos. El grupo de familias michoacanas dedicadas a traficar mariguana comenzó a copiar el modelo de operación de los grupos armados como los Zetas, que buscaban amedrentar a sus rivales mediante escandalosas decapitaciones y cadáveres desmembrados; la exposición pública y mediática de las ejecuciones fue clave entre los bandos en conflicto para hacer notar su presencia en la sociedad.

El acto más escandaloso de terror contra la población michoacana para alcanzar el objetivo de la supremacía entre los grupos dedicados al narcotráfico fue el que se registró la noche del 15 de septiembre de 2008, cuando desconocidos —presuntamente miembros de los Zetas— lanzaron granadas a los civiles que participaban en los festejos conmemorativos de la Independencia de México, en Morelia. Las explosiones causaron la muerte de ocho personas y heridas a más de cien. Los detenidos por ese atentado, todos capturados por miembros de la Familia Michoacana, que actuó como órgano procurador de justicia durante el periodo de gobierno del perredista Leonel Godoy Rangel, quedaron finalmente exonerados y en libertad al reconocerse que no fue la Federación ni los organismos policiales del estado los que hicieron la captura de los acusados.

Terrorismo mediático

Los actos de terror que comenzaron a ejecutar los grupos del crimen organizado, que vieron en la exhibición sanguinaria y pública el conducto para ganar presencia en el ánimo de la población, no hubieran sido lo mismo sin la participación de la prensa local. Para la difusión —y la omisión— de sus actos terroristas, los cárteles vieron a los periodistas michoacanos como botín en disputa; los jefes de plaza en todo el estado compraron, cooptaron, amenazaron y obligaron a los medios a difundir u omitir sus actos, según correspondiera a sus intereses.

Los cárteles actuantes, todos, definieron encargados de "relaciones públicas" en cada uno de los 113 municipios. La prensa local obedeció; en ocasiones las instrucciones llegaron desde las oficinas del gobierno estatal. Los medios de comunicación, en su mayoría impresos modestos y de reducida circulación, se vieron atados de manos. Las ejecuciones de periodistas, desapercibidas para la Federación, eran con frecuencia la rúbrica que recordaba el acuerdo establecido.

El 9 de marzo de 2006 Jaime Arturo Olvera Bravo, reportero gráfico de *La Voz de Michoacán* en La Piedad, fue asesinado cuando se disponía a llevar a su hijo de cinco años a la escuela; había denunciado antes la intimidación por parte de un grupo de policías municipales que colaboraban con los Zetas. A menos de dos años, el 8 de diciembre de 2007, otro reportero murió por las balas del crimen organizado en Uruapan: Gerardo Israel García Pimentel, del diario *La Opinión de Michoacán*, de veinticuatro años de edad. Sus ejecutores lo siguieron por varias calles ante la mirada complaciente de una patrulla de policía.

El 9 de octubre de 2008 Miguel Ángel Villagómez Valle, director y editor del periódico regional *La Noticia*, del puerto de Lázaro Cárdenas, fue *levantado* al salir del cierre de edición: un comando se lo llevó y fue encontrado al día siguiente en la zona limítrofe con Guerrero con seis balazos en la espalda y el tiro de gracia en la cabeza. La PGR no atrajo el caso. El 12 de julio de 2009 Martín Javier Miranda Avilés, reportero del periódico *Panorama* y corresponsal en Zitácuaro de la agencia Quadratín, fue hallado muerto en el interior de su vivienda; su cadáver presentaba heridas y laceraciones con arma blanca. Fueron los primeros avisos del crimen organizado a la prensa: nadie se opuso a recibir instrucciones editoriales desde el anonimato de una llamada antes del cierre de edición.

Con esa intimidación, todos los bandos, principalmente los cárteles del Golfo, del Milenio, Jalisco Nueva Generación y la Familia Michoacana, tuvieron medios aliados para difundir sus actividades y promover el miedo entre los contrarios. En la mayoría de las redacciones de los informativos del estado siempre se esperaba la instrucción "de alguien" para conocer la distribución final de las páginas; la jerarquía de las notas —principalmente policiacas— se designaba en función de una llamada anónima.

A veces por la intimidación, a veces por el soborno, pero en la mayoría de los municipios de Michoacán, principalmente en las zonas de la Tierra Caliente y la costa, el centro y el oriente, los jefes de plaza de los cárteles en conflicto eran a la vez jefes de información de los medios impresos de circulación local y regional. El gobierno estatal y la misma Federación siempre supieron esa situación; el secretario de Gobierno y la propia Secretaría de Gobernación fueron omisos ante las denuncias que hicieron organismos empresariales de Michoacán. Los periodistas denunciaron el hecho, pero nunca hubo respuesta oficial, aunque sí del crimen organizado. El 10 abril de 2010 el periodista Enrique Villicaña Palomares, reconocido conductor en CB Noticias, articulista de *La Voz de Michoacán* y ex director del Sistema Michoacano de Radio y Televisión (SMRYTV), fue encontrado muerto luego de cinco días de secuestro. Fue ejecutado con gran violencia.

A menos de tres meses de la muerte de Villicaña, el 7 de julio de 2010 fue encontrado muerto Hugo Olivera Cartas, director de la agencia de noticias local ADN de Apatzingán; también trabajaba para la agencia Quadratín y era corresponsal de *La Voz de Michoacán*. Editaba un semanario de su propiedad, *El Día de Michoacán*. Su cuerpo fue encontrado con señales de tortura, tenía cuatro disparos de arma de fuego. Fue ejecutado dentro de su vehículo.

Ninguna institución oficial hizo lo suficiente para esclarecer estos hechos; los medios para los que trabajaron los periodistas guardaron silencio y en algunos casos no los reconocieron como parte de su plantilla laboral. En los casos de los desaparecidos es mayor el olvido: no hay cuerpo y para nadie están oficialmente muertos, aunque el duelo en sus familias se mantiene desde hace años.

El primer periodista desaparecido en Michoacán fue José Antonio García Apac, director del semanario *Ecos de la Costa*; la última vez que lo vieron fue el 30 de noviembre de 2006. Fue secuestrado en la carretera Morelia-Tepalcatepec: hubo testigos que vieron cuando era bajado de su automóvil para ser subido a la fuerza a una camioneta Ram color guinda. No se ha sabido de él. El gobierno federal ni siquiera tiene una averiguación abierta sobre el caso. El 13 de febrero de 2008, como si se tratara de turnos, siguió Mauricio Estrada Zamora, un reportero del periódico *La Opinión de Apatzingán*. Desapareció desde la noche de esa fecha: salió de su trabajo pero nunca llegó a su casa. Aún se desconoce su paradero. Dejó una mujer y un hijo que de manera indolente no han sido atendidos en las instituciones estatales y federales, a donde ha acudido a reclamar una investigación sobre el caso.

El 11 de noviembre de 2009 desapareció María Esther Aguilar Cansimbe, reportera y corresponsal en Zamora del periódico *Cambio de Michoacán*. Fue sacada del interior de su domicilio; se especializaba en información policiaca. La indagatoria de Reporteros sin Fronteras reveló que al parecer recibió una llamada telefónica en su celular para encontrarse con alguien. Ya no regresó con sus hijas.

Ramón Ángeles Zalpa, también periodista de *Cambio de Michoacán*, desapareció el 6 de abril de 2010. Era corresponsal en el municipio de Paracho, en pleno corazón de la zona de la meseta purépecha. La última vez que se le vio fue cuando se dirigía en su automóvil a cubrir la construcción de la sede local de la Universidad Pedagógica Nacional. Algunos reporteros michoacanos, ante la falta de interés de los gobiernos estatal y federal, han realizado su propia investigación y señalado como posible causa de las desapariciones los trabajos periodísticos realizados sobre la presencia del crimen organizado en los pueblos indígenas, principalmente en Angahuan y San Juan Nuevo Parangaricutiro.

Con esas advertencias, la mayoría de los periodistas de Michoacán no dejaron de oír las instrucciones de los cárteles para publicar o dejar de publicar información referente a ejecuciones. El señalamiento de funcionarios estatales y municipales coludidos con el crimen organizado era la nota segura por la que se podía recibir primero el apercibimiento, luego la advertencia y finalmente la ejecución o desaparición. Los medios optaron por dejar de publicar investigaciones de corte policiaco o temas relacionados con seguridad y corrupción; en el anecdotario local se registran movilizaciones de periodistas que llegaron al lugar donde presuntamente se encontrarían cuerpos aun antes de que fueran depositados por los ejecutores.

El 22 de noviembre de 2006 ocurrió lo que nadie hubiese imaginado: un cártel de las drogas anunció su nacimiento en las páginas del periódico local *La Voz de Michoacán*. Con desplegado a una página como inserción pagada, la nueva organización, autodenominada la Familia Michoacana, avisó de una confrontación a muerte contra el cártel del Milenio y los miembros de la familia Valencia. No sería la última vez que un cártel utilizaría las páginas de un medio para sentar postura ante la sociedad.

El periódico *AM* de La Piedad publicó el 12 de noviembre de 2011 una inserción pagada. El mensaje enviado por los Caballeros Templarios advertía a la población sobre el riesgo de votar en las elecciones del día siguiente por los candidatos del PAN; la candidata de ese partido a la gubernatura de Michoacán era Luisa María Calderón. El beneficiado fue el candidato del PRI, Fausto Vallejo, quien ganó la contienda. La publicación de ese desplegado fue el argumento planteado por el aún presidente de la República, Felipe Calderón, para pedir a la Compañía Periodística Meridiano el cese de actividades de ese diario en Michoacán.

CAPÍTULO II

LA FAMILIA MICHOACANA

El nacimiento del grupo criminal la Familia Michoacana no fue algo fortuito. Sus principales fundadores estuvieron por mucho tiempo trabajando bajo las órdenes del cártel del Golfo, otros de sus miembros salieron de la familia Valencia, pero la mayoría de sus pistoleros fueron miembros de los Zetas que decidieron cambiar de cártel. También encontraron cobijo algunos desertores del grupo de Nemesio Oseguera, así como de las células del cártel de Sinaloa que operaron en Michoacán bajo el mando del *Chapo* Guzmán.

Las versiones oficiales, principalmente los informes de inteligencia militar, insisten en señalar a Carlos Rosales Mendoza como el líder fundador de la Familia Michoacana, pero en realidad él había sido detenido el 24 de octubre de 2004 —dos años antes del nacimiento formal del cártel michoacano— y recluido en el penal federal de Puente Grande. Varios de los miembros de su estado mayor sí participaron en la fundación de la Familia Michoacana.

Rosales fue capturado por elementos del Ejército mexicano en el fraccionamiento Vista Bella de Morelia en un operativo especial donde también fue aprehendido Heriberto Lazcano, *el Lazca*, mando principal de los Zetas, pero este fue liberado al sorprender al grupo especial que tomó por asalto a las cinco de la mañana la residencia de Rosales. Pudo engañar a los miembros del Ejército encargados del operativo argumentando otra personalidad; versiones afirman que se hizo pasar por el velador de la finca.

Tras la detención de Rosales Mendoza, el michoacano que quedó al frente del grupo local de productores y trasegadores de droga fue Jesús Méndez Vargas, quien mantuvo por espacio de casi dos años relaciones directas con el cártel del Golfo a través de Jorge Eduardo

Costilla Sánchez, quien tenía el control del cártel desde marzo de 2003 en una clara disputa con el "heredero natural" Antonio Cárdenas Guillén, el violento *Tony Tormenta*, apodado así por su hermano Osiel.

Sin el compadrazgo de Osiel Cárdenas Guillén y Carlos Rosales Mendoza para mediar en la relación, los entendimientos entre los michoacanos y el cártel del Golfo para la comercialización de mariguana y amapola fueron cada vez más difíciles. Jesús Méndez comenzó a diferir sobre los territorios controlados por el Golfo en Michoacán; la actitud de sometimiento en que se mantenía a la población, la ola de violencia y la forma en que "calentaban" el suelo michoacano las ejecuciones de los Zetas fueron las causas del disenso.

El primer indicio de separación de los michoacanos del cártel del Golfo se registró a mediados de noviembre de 2005, cuando los integrantes del grupo de Méndez Vargas decidieron no acudir a una reunión "de trabajo" que se llevó a cabo en Monterrey. Allí se revisarían, aseguran ex integrantes de la Familia Michoacana, las recomposiciones necesarias para continuar con el control del estado de Michoacán ante la creciente influencia de los cárteles del Milenio y el también reconocido como Jalisco Nueva Generación, los que insistían en hacerse con el control del puerto de Lázaro Cárdenas.

Cuando el estado mayor de Méndez Vargas no acudió a la convocatoria del cártel del Golfo, hubo un rompimiento tácito en la comunicación. Méndez se convirtió en el principal blanco de captura y ejecución de los Zetas tras ser señalado como traidor por la jefatura del cártel del Golfo. El precio por su cabeza alertó a los michoacanos. Frenaron el trasiego de drogas por los conductos establecidos por el Golfo y comenzaron una nueva ruta que ellos mismos abrieron: pasaba por el centro del país, por los estados de Guanajuato, Zacatecas, Durango, Chihuahua y Sonora, hasta llegar a la frontera norte.

Los michoacanos, aún sin organización formal de cártel, comenzaron a cooptar —por la vía del soborno— a los cuerpos policiales de esos estados: las millonarias invitaciones a permitir el trasiego de drogas no pocas veces llegaron a tocar las puertas de los palacios de gobierno, oficinas de secretarios y procuradores. Se tejió una red de distribución donde no se le tenía que pagar derecho de piso a ninguno de los cárteles establecidos en el territorio nacional. Se comenzó a formar una telaraña de corrupción política tan peligrosa como efectiva.

En tanto se estructuraba el ducto por el cual debería fluir la cosecha michoacana de mariguana y amapola, sumada a embarques de cocaína que comenzaron a ofertarse al por mayor —si no en la vía pública, sí en el recinto portuario de Lázaro Cárdenas—, el baño de sangre en Michoacán fue brutal. Los Zetas entraban a los pueblos de donde eran originarios los principales colaboradores de Jesús Méndez para asolarlos mediante el terror; familias completas fueron masacradas en el interior de sus domicilios, decenas de hombres fueron sacados de sus hogares sin volverse a saber jamás nada de ellos.

Sabiendo de su popularidad y arraigo entre la población, Jesús Méndez convocó a los vecinos de los municipios donde las familias se dedicaban mayoritariamente a la siembra y trasiego de mariguana —Tepalcatepec, Aquila, Coalcomán, Buenavista Tomatlán, Apatzingán, Churumuco, Arteaga, Aguililla y Chinicuila— y comenzó a formar un frente común que permitiera combatir a los escuadrones de zetas que incursionaban en esas localidades, reconocidos por portar una letra Z en la portezuela de todos sus vehículos. En el llamado se incluyó a civiles que nada tenían que ver con la siembra de mariguana; se les asignó un salario y se les dotó de armamento y equipos de radiocomunicación. Otros grupos, dependientes directos de la estructura que había conformado Méndez Vargas, comenzaron a armarse y encararon frontalmente a los ex militares al servicio del cártel del Golfo. Para mayor efectividad en la lucha antizetas, los seguidores de Méndez Vargas dividieron la región de la Tierra Caliente en comandancias regionales.

La primera, en Apatzingán, la organizó Dionisio Loya; la segunda, en Buenavista Tomatlán, la vigiló Enrique Plancarte. A Arnoldo Rueda Medina le encargaron la seguridad de la tercera comandancia, que comprendía los municipios del centro que rodean a la capital del estado, Morelia. Nazario Moreno se hizo cargo de la protección de la cuarta comandancia, que abarcaba los municipios de Coahuayana, Chinicuila y Coalcomán, en tanto que a Servando Gómez se le encomendó el combate a los Zetas en los municipios de Arteaga, Tumbiscatío, Lázaro Cárdenas y Aquila. Jesús Méndez Vargas era el comandante en jefe.

Los choques entre los michoacanos y los escuadrones de los Zetas fueron cruentos. No hay cifras oficiales sobre los muertos que dejó esa guerra: ni los organismos del gobierno federal o estatal mantienen datos reales para cuantificar el saldo entre los años 2005 y 2006. Tras las refriegas que se presentaban en forma diaria en todos los municipios de Tierra Caliente, cada bando levantaba sus muertos, recogía las armas de los caídos y se perdían en el accidentado y ardiente paisaje michoacano.

En ese marco el gobernador del estado, Lázaro Cárdenas Batel, aseguraba que el mayor problema que enfrentaba la entidad era la falta de educación. Anunció la acción "estrella" de su mandato: Alfa TV, un mítico programa de alfabetización para adultos basado en el trabajo de 40 profesores cubanos, con el que se aseguró a sólo unos meses de estar en operación que se había logrado alfabetizar a 250 mil adultos en Michoacán. Para el gobierno de Cárdenas Batel el problema de la violencia y los enfrentamientos entre cárteles de las drogas nunca existió, y esto fue así porque tan sólo en 2005 vecinos de las comunidades de Coalcomán y Tepalcatepec demandaron una investigación por parte de la procuraduría de justicia estatal para dar con el paradero de 86 desaparecidos en apenas dos meses, pero nunca hubo una respuesta oficial.

Desde el gobierno del estado no hubo ningún tipo de apoyo para la población civil, que de pronto se encontró en el fuego cruzado de los cárteles. Los michoacanos dedicados al narcotráfico, a cargo de cada una de las comandancias regionales en que habían dividido la región sur, trataron de compensar el daño a sus comunidades: impulsaron la ejecución de obra social, distribuyeron dinero entre los más pobres, emplearon en el trasiego de droga a los desempleados, y contrataron mano de obra para vigilar los caminos y poblados de la zona de Tierra Caliente.

El grupo de Jesús Méndez afianzó su presencia en la región. La Tierra Caliente fue el bastión del narcotráfico michoacano tras decretar la zona libre de zetas a mediados de 2006. En un acto público donde habló Enrique Plancarte Solís, oficialmente se anunció el triunfo de lo que llamó "las familias michoacanas" sobre los Zetas; el discurso de *Kike,* o *la Chiva* —como le decían desde niño—, fue aplaudido por cientos y saludado con decenas de descargas de *cuernos de chivo* en la plaza principal de Apatzingán.

Tras ser replegados hacia la zona del puerto de Lázaro Cárdenas, los Zetas dejaron de perseguir el control del estado; se limitaron a mantener presencia en la zona portuaria para conservar la red de negocios que habían establecido con el cártel de Cali, al que le seguían comprando algunos embarques de cocaína. En la zona de Tierra Caliente se volvió a sentir el ánimo de los viejos tiempos, cuando la siembra de mariguana y amapola se podía hacer sin mayor problema mientras el gobierno estatal miraba hacia otro lado. Volvieron a florecer las siembras.

Así llegó el 20 de noviembre de 2006. En el municipio de Apatzingán se llevó a cabo una reunión de élite del narcotráfico michoacano; tras casi un año de sólo comunicarse vía teléfono celular, de nueva cuenta todos los que inicialmente habían establecido relaciones de narcotráfico con el cártel del Golfo volvieron a verse. El único que no estuvo presente fue Carlos Rosales Mendoza, que permanecía preso en una celda de segregación en la cárcel federal de Puente Grande, en el estado de Jalisco, donde solamente lo sacaban veinte minutos al sol cada tercer día.

Los michoacanos congregados en la casa de Enrique Plancarte Solís eran los mismos que habían logrado que los Zetas se replegaran. Jesús Méndez Vargas presidió la reunión a la que asistieron Dionisio Loya Plancarte, Servando Gómez Martínez, Arnoldo Rueda Medina, Nazario Moreno González, Arnoldo Zavala Hernández, Otoniel López Aguayo, Nicolás Ureña Aguirre, Antonio Chávez Andrade, Carlos Delgado Cendejas y Flavio Gómez Martínez: allí se acordó el nacimiento de la Familia Michoacana.

Entre los convocados aquella tarde en Apatzingán, la mayoría con estudios inconclusos de primaria, resaltó la elocuencia de los hermanos Gómez Martínez: Servando y Flavio habían concluido la licenciatura en Pedagogía en el Centro Regional de Educación Normal de Arteaga, el principal centro formador de maestros de la zona sur de Michoacán. Sus opiniones fueron escuchadas con atención por los presentes. A propuesta de Servando, se acordó que la difusión de la noticia sobre el nacimiento de un cártel michoacano debería llegar a todo el estado; se acordó dar a conocer el suceso a través de periódicos y volantes.

La tarde del 21 de noviembre, en la mayor parte de los 113 municipios de Michoacán se distribuyó por medio de volantes el manifiesto de la Familia Michoacana: las papeletas, lanzadas desde camionetas a toda velocidad por calles empedradas y plazoletas de los pueblos michoacanos, daban cuenta a la población sobre el nacimiento de un grupo que se dijo dispuesto a "limpiar a Michoacán de las drogas sintéticas". Al día siguiente, dos de los principales diarios de circulación local, *La Voz de Michoacán* y *El Sol de Morelia*, desplegaron a toda plana el manifiesto del nuevo cártel.

El nacimiento de la Familia se dio durante el mandato de Lázaro Cárdenas Batel, el tercero en la dinastía del general Lázaro Cárdenas del Río. Antes de ser candidato por el PRD para gobernador de Michoacán, Cárdenas Batel fue diputado federal de la izquierda por el distrito electoral número XII, con sede en la cabecera municipal de Apatzingán, donde bullía desde hacía más de una década el surgimiento de un cártel oriundo del estado. La curul que ocupó en el Congreso federal fue la que dejó Víctor Silva Tejeda, que también surgió como diputado terracalentano y a la postre sería coordinador en Michoacán de la campaña del priísta Enrique Peña Nieto a la Presidencia de la República.

Antes de que apareciera en periódicos el desplegado con que se reconocía oficialmente la constitución del cártel, el 10 de marzo de 2006 aparecieron en por lo menos seis municipios de la entidad —Morelia, La Piedad, Apatzingán, Zamora, Sahuayo y Ciudad Hidalgo— mantas que anunciaban el surgimiento de un grupo para luchar contra la presencia de los Zetas, aunque no se mencionaba a la Familia. El grupo firmó posteriores comunicados públicos como "La Guardia Michoacana", dedicado también al narcotráfico, pero sin nexo aparente con la Familia.

Aun cuando el hartazgo de los que conformaron inicialmente la Familia Michoacana era contra el cártel del Golfo —que a través de su brazo armado los Zetas intentaba controlar el estado—, en su manifiesto oficial arremetieron contra la familia Valencia, ya reconocida como el cártel del Milenio, atribuyéndole "todo tipo de pillerías y atropellos en el Estado".

En su comunicado oficial al pueblo de Michoacán, la Familia también señaló a "la banda de los 30, que ha tenido aterrorizada desde los años ochenta hasta la fecha a gran parte del Estado [*sic*]", atribuyéndole también "secuestros, robos, extorsiones y otros delitos que perjudican la paz de los michoacanos". Según se pudo leer en los periódicos que difundieron el posicionamiento de la Familia, la misión de esa organización era "erradicar del Estado de Michoacán el secuestro, la extorsión directa y telefónica, asesinatos por paga, el secuestro express, robo de tráilers y automóviles, robos a casa-habitación, por parte de gente como la mencionada que han hecho del Estado de Michoacán un lugar inseguro". "Nuestra única razón —se leía en el texto— es que amamos a nuestro Estado y ya no estamos dispuestos a que la dignidad del pueblo sea atropellada."

Entre la misión que se planteaba el entonces naciente cártel michoacano estaba la de erradicar "en su totalidad en todo el Estado la venta al menudeo de la droga LETAL conocida como 'ICE' o 'HIELO', por ser una de las peores drogas que están haciendo daños irreversibles a la sociedad y se va a prohibir la venta de vino adulterado que se comenta viene de 'Tepito', y sabemos que lo que viene de ahí es de mala calidad [sic]". También aseguraban que era posible combatir a los delincuentes provenientes de otras partes del país que se establecieron en el estado, "a quienes no dejaremos que entren a Michoacán a seguir delinquiendo".

En el texto podía leerse el objetivo del nacimiento de la Familia Michoacana: "Seguir manteniendo los valores universales de las personas, a los cuales tienen pleno derecho". Advertían "estrategias muy fuertes" como única forma para poner orden en el estado, orden que estaban dispuestos a mantener y que no iban "a permitir que salga de control de nuevo [sic]".

El manifiesto de la Familia Michoacana declaraba de manera implícita la importancia de mantener una base social: ofrecían públicamente "apoyar a la gente con despensas, literatura, así como aulas para mejorar la educación de la sociedad: esto dirigido principalmente al área rural, la cual es la más marginada, humillada y sobre todo en la región de Tierra Caliente [sic]". En su reflexión mediática la misma Familia no se engañaba en cuanto a la dificultad de erradicar el consumo de drogas y la delincuencia, pero aseguraban que "gracias al gran número de personas que han tenido fe, se está logrando controlar este gran problema en el Estado [sic]".

La redacción del manifiesto y posicionamiento de la Familia Michoacana, que se difundió en todo el estado y luego tuvo ecos en otras partes del país, fue encargada a los profesores Servando y Flavio Gómez Martínez; en el documento plasmaron el sentir del grupo de narcotraficantes michoacanos que habían decidido nacer como cártel. Durante la última semana de noviembre, el Centro de Investigación y Seguridad Nacional (Cisen) ordenó a todos sus agentes en Michoacán bosquejar la estructura del cártel en cada una de las regiones del estado; sin embargo, tardaron más de cinco meses en tener resultados.

En el texto, Servando Gómez no sólo hizo el anuncio del nacimiento del cártel, sino también explicó —como nunca había ocurrido— las razones de la organización. Al encomendárselo se hizo énfasis en que el desplegado debía incluir la misión y el objetivo, como si se tratara de una empresa, con los que surgía el cártel. El contenido debería cerrar con un agradecimiento a los medios de comunicación.

El manifiesto

La edición de *La Voz de Michoacán* del miércoles 22 de noviembre de 2006 no fue normal: el periódico más influyente del estado apareció con un desplegado donde se anunciaba el nacimiento de un cártel de las drogas cuando no existía antecedente histórico en México sobre ese tipo de anuncios. Desde allí, la Familia Michoacana dejaba ver su inclinación por el empleo de los medios públicos de comunicación para hacer llegar mensajes a la sociedad.

El gobierno federal supo del inserto horas antes de su aparición y lo permitió. Lo que sucedió la noche del 21 de noviembre para que el desplegado de la Familia Michoacana, anunciando su nacimiento, apareciera en los más importantes medios impresos de comunicación estatales, es una historia que atesoran los políticos que conocieron del hecho. Apenas se supo de la petición de inserción que solicitaban, el secretario de Gobierno, Enrique Bautista Villegas, intentó informar al secretario de Gobernación del presidente Fox, Carlos María Abascal Carranza, sobre el caso inédito que se registraba en la entidad. Abascal no tomó la llamada del encargado de la política interna de Michoacán, dadas las diferencias que mantenían en el plano ideológico los gobiernos estatal y federal; la responsabilidad de la decisión recayó en Bautista Villegas.

También se había pedido a los periódicos *Provincia, Cambio de Michoacán* y *La Jornada Michoacán* hacer el inserto. Enrique Bautista dio su aprobación; desde el Palacio de Gobierno estatal se autorizó que el manifiesto saliera a la luz pública, pero sólo *La Voz de Michoacán* y *El Sol de Morelia* aceptaron bajo sus políticas internas —por razones que sólo sus directivos conocieron— hacer valer la voz de la Familia. Los otros medios, bajo su propio riesgo, optaron por no ser voceros del crimen organizado.

Como fue del conocimiento de los gobiernos estatal y federal, una persona había hecho la solicitud a la oficina de comercialización del periódico local *La Voz de Michoacán*; el gerente de área, ante el inusual anuncio, solicitó aprobación al director del periódico. Miguel Medina Robles, presidente del consejo de administración y director general, no quiso tomar una decisión propia e informó de la inusual petición al secretario de Gobierno del estado, quien a su vez notificó al gobernador Cárdenas Batel. Buscada inútilmente por la administración michoacana, puede decirse que finalmente el inserto fue autorizado desde la Presidencia de la República. Sesenta mil pesos fue el pago que hizo la Familia Michoacana por anunciar públicamente su nacimiento: el desplegado fue firmado, como responsable de la publicación, por Juan García Cornejo, una persona que no existe en los registros públicos de Michoacán.

Para causar mayor efecto, el anuncio del surgimiento de la Familia Michoacana no se limitó a la inserción pagada en *La Voz de Michoacán* sino que fue abordado como noticia por todos los medios informativos del estado. Dionisio Loya Plancarte, *el Tío*, publirrelacionista del cártel, cumplió cabalmente con su cometido: entre el 22 y el 30 de noviembre de 2006, la mayoría de los 178 medios informativos impresos de Michoacán tocaron el tema y difundieron la noticia. Sumado a ello, para cubrir aquellas localidades donde no llegaban los semanarios y los modestos periódicos, la distribución del desplegado en volantes hizo que todo el territorio rural de Michoacán literalmente fuera tapizado con el desplegado informativo, que rezaba íntegramente:

¿QUIÉNES SOMOS?
Trabajadores nativos de la región de Tierra Caliente en el Estado de Michoacán, organizados por la necesidad de salir de la opresión, de la humilla-

61

ción a la que siempre fuimos sometidos por personas, que siempre tuvieron todo el tiempo el poder, lo que les permitió realizar todo tipo de pillerías y atropellos en el Estado, como los del Cártel del MILENIO, algunos de apellido Valencia y de otras organizaciones, como la banda de los 30, que ha tenido aterrorizada desde los años ochenta hasta la fecha a gran parte del Estado, sobre todo en las áreas de Puruarán, Turicato, Tacámbaro y Ario de Rosales, y que han realizado secuestros, robos, extorsiones y otros delitos que perjudican la paz de los michoacanos.

MISIÓN

Erradicar del Estado de Michoacán el secuestro, la extorsión directa y telefónica, asesinatos por paga, el secuestro express, robo de tráilers y automóviles, robos a casa-habitación, por parte de gente como la mencionada que han hecho del Estado de Michoacán un lugar inseguro. Nuestra única razón es que amamos a nuestro Estado y ya no estamos dispuestos a que la dignidad del pueblo sea atropellada.

Quizá en este momento la gente no nos entienda, pero sabemos que en las regiones más afectadas comprenden nuestras acciones, ya que es posible combatir a estos delincuentes, los cuales se establecieron provenientes de otros estados y a quienes no dejaremos que entren a Michoacán a seguir delinquiendo.

Se está erradicando en su totalidad en todo el Estado la venta al menudeo de la droga LETAL conocida como "ICE" o "HIELO", por ser una de las peores drogas que están haciendo daños irreversibles a la sociedad y se va a prohibir la venta de vino adulterado que se comenta viene de "Tepito", y sabemos que lo que viene de ahí es de mala calidad.

OBJETIVO

Seguir manteniendo los valores universales de las personas, a los cuales tienen pleno derecho.

Erradicar lo que nos hemos propuesto, aunque para esto desgraciadamente se ha recurrido a estrategias muy fuertes por parte de nosotros, ya que de esta forma hemos visto que es la única manera de poner orden en el Estado y no vamos a permitir que salga de control de nuevo.

Apoyar a la gente con despensas, literatura, así como aulas para mejorar la educación de la sociedad: esto dirigido principalmente al área rural, la cual es la más marginada, humillada y sobre todo en la región de Tierra Caliente.

¿POR QUÉ NOS FORMAMOS?

Cuando empieza esta organización de LA FAMILIA Michoacana no se esperaba que fuera posible que pudiera llegar a erradicarse el secuestro, asesinato por paga, la estafa y la venta de droga conocida como "hielo", pero gracias al gran número de personas que han tenido fe, se está logrando controlar este gran problema en el Estado.

LA FAMILIA somos un grupo de gente la cual ha ido creciendo, de tal forma que en la actualidad abarcamos todo el Estado de Michoacán. Esta organización surgió con la firme intención de combatir la delincuencia desenfrenada que había en nuestro Estado.

LA FAMILIA ha logrado grandes avances importantes al ir combatiendo poco a poco estos males, pero aún no podemos cantar victoria, pero sí podemos decir que el Estado ha mejorado en estos problemas un 80%. Y hemos erradicado el secuestro también en el mismo porcentaje.

Las personas que trabajan decentemente en cualquier actividad no deben preocuparse. Nosotros las respetamos, pero no permitiremos que gentes de aquí o de otros estados cometan delitos o quieran controlar otro tipo de actividades.

Cuando empezamos a organizarnos y a proponer quitar la venta de drogas al menudeo de las calles como el "Hielo" muchos nos dijeron que ni en los países del primer mundo lo habían podido controlar, y ya lo estamos haciendo.

PARA REFLEXIONAR

Tú qué harías como michoacano: ¿Te unirías a la familia si ves que estamos combatiendo estos delitos? o ¿Dejarías que sigan creciendo?... Danos tu opinión.

A ti, padre de familia, pregunto: ¿Te gustaría que tu hijo anduviera en las calles en peligro de caer en las drogas y en la delincuencia?

¿Apoyarías a esta organización en su lucha contra estos males que atacan a nuestro Estado?

Los medios de comunicación han sido muy acertados y objetivos en sus comentarios ante los acontecimientos ocurridos, cosa que se les agradece por su imparcialidad y damos las gracias a estos medios por sus comentarios sobre nuestras acciones.

Aún en otros países no se han organizado para realizar este tipo de actividades a favor de su pueblo y aquí ya empezamos... El éxito esperado dependerá del apoyo y la comprensión de la Sociedad Michoacana.

ATENTAMENTE
LA FAMILIA MICHOACANA

La Familia Michoacana, que luego conseguiría el control de todo el estado, fincó inicialmente su fortaleza en Apatzingán, Buenavista, Tomatlán, Morelia, Coahuayana, Chinicuila, Coalcomán, Arteaga, Tumbiscatío, Lázaro Cárdenas y Aquila; en esos municipios tenían pleno control de las estructuras municipales de gobierno. En el resto de la entidad pudo mantener presencia mediante células dedicadas, más que al trasiego de drogas, a la compra de autoridades municipales, principalmente mandos policiales.

La estructura de la entonces Policía Judicial del estado fue minada por la insistencia corruptora de los operadores políticos del naciente cártel. Se estructuró una red de funcionarios del gobierno estatal que trabajaban abiertamente para la Familia Michoacana: comenzó a organizarla Rafael Cedeño Hernández, un agente del Ministerio Público del fuero común que fue contactado por Nazario Moreno. *El Cede* fue el encargado de mantener "aceitada" la estructura policial estatal para someterla al servicio de la Familia. Los primeros resultados fueron satisfactorios para el grupo criminal: muy pronto la Familia depositó en él toda la confianza para reclutar a policías, agentes del Ministerio Público, secretarios de juzgados estatales y federales, agentes de tránsito, así como a peritos en criminalística y hasta periodistas.

Nazario Moreno conocía a Rafael Cedeño desde mediados de 1988; lo contactó por medio de un pastor cristiano cuando frecuentaba una congregación religiosa en Morelia. Le llamó la atención el que Cedeño fuera mencionado por el pastor como el "licenciado de la policía", por ser agente del Ministerio Público; conversaron y a la brevedad Cedeño, identificado con el fervor religioso de Nazario, se puso a sus órdenes. Al ser comandante encargado de la seguridad en el sur del estado, la Familia no dudó en buscar su apoyo.

La presencia de Cedeño, con un perfil extremadamente religioso, es el origen del carácter ideológico místico dentro de la estructura de la Familia que luego habría de distinguirla frente a los otros segmentos organizados del narcotráfico en el país. *El Cede,* como se le conocía, estaba asignado como ministerio público en Morelia, pero su influencia alcanzaba a todo el estado; como primer acto de trabajo, debía evitar la consignación judicial de un grupo de pistoleros detenidos con armas y cocaína en Uruapan.

Esa fue una de las "adquisiciones" más rentables para el recién nacido cártel, además de ser punta de lanza para penetrar a las estructuras de gobierno. Por medio de Cedeño el grupo criminal consiguió lo que no había podido en los últimos cinco años cuando, como aliados del cártel del Golfo, intentaron un primer acercamiento para corromper a funcionarios estatales a partir de la insistencia económica. Con *el Cede* se buscó que fuera más suave el reclutamiento de funcionarios; la Familia quería dejar atrás la era de violencia, cuando los Zetas obligaban a su servicio "por las buenas o por las malas".

La muestra más palpable del terror sembrado por los Zetas en Michoacán cuando de reclutar funcionarios estatales se trataba fue lo que le sucedió al secretario de Seguridad Pública del estado, Rogelio Zarazúa Ortega, quien fue muerto a balazos el 16 de septiembre de 2005 mientras celebraba su onomástico al lado de su familia en un restaurante de Morelia. Hasta su mesa llegaron dos sujetos fuertemente armados y a quemarropa, frente a su esposa e hijos, recibió tres impactos de bala calibre .45. Junto con él perdieron la vida dos de sus escoltas, César Bautista y César Manríquez.

El policía Cesar Bautista era hijo del entonces coordinador de la Policía Estatal Preventiva (PEP), Mario Bautista Ramírez, quien posteriormente sería encarcelado y procesado como uno de los mandos policiales involucrados en el mediático evento que desplegó el gobierno federal el 26 de mayo de 2009, conocido como *El Michoacanazo,* cuando la PGR detuvo a once presidentes municipales, dieciséis altos funcionarios estatales y un juez del fuero común bajo el señalamiento falso de pertenecer a la estructura criminal de la Familia.

Las investigaciones que en torno a la muerte de Rogelio Zarazúa realizó el personal de la procuraduría de justicia de Michoacán revelaron que la razón del homicidio fue la negativa de la víctima a colaborar con el cártel del Golfo; el funcionario era pieza clave para posibilitar el trasiego de droga y la operación sin problemas del cártel tamaulipeco en Michoacán. Zarazúa Ortega era además esposo de Guadalupe Sánchez Martínez, quien en ese momento trabajaba como subsecretaria de Gobierno y encargada del programa federal México Seguro, acción principal con la que el gobierno federal intentaba hacer frente a la creciente ola de violencia que ya se avistaba en el país.

APÓSTOLES Y EMPRESARIOS

La Familia Michoacana no quería que el estado fuera foco de atención de las fuerzas federales de seguridad, por eso optaron por hacer un reclutamiento más terso. El trabajo de Cedeño consistía en dialogar con los funcionarios estatales y municipales que interesaban a la estructura del cártel; tras el ofrecimiento económico a cambio de su participación, aseguraba que cada funcionario contactado era libre de aceptar pertenecer o no a la estructura del cártel aunque no cesaron las ejecuciones de funcionarios públicos, principalmente policías. La lista de asesinatos de mandos municipales se disparó en 2007, cuando en la entidad se registraron un total de 1 739 muertes violentas, al menos 83 de policías o funcionarios municipales.

De cualquier forma, el plan de reclutamiento fue eficiente. Para finales de 2007, la Familia Michoacana ya había consolidado su presencia en casi 70 por ciento de los 113 municipios. Las principales zonas estratégicas del estado para posibilitar el trasiego de drogas estaban bajo su control. Los puntos que el cártel mantuvo como prioridades fueron las zonas limítrofes de Michoacán con Guerrero, Jalisco, Guanajuato y Estado de México.

La expulsión de los Zetas permitió que la Familia se asentara con pleno control en las regiones de la costa, el Bajío, la capital del estado, la zona oriente y gran parte de la zona serrana de la meseta purépecha. Pronto comenzó el reclutamiento y la infiltración de los cuerpos de seguridad de Guanajuato y Jalisco: el encargado de las negociaciones al más alto nivel con las policías de esos estados fue Enrique Plancarte Solís.

La Familia Michoacana diseñó su estrategia de infiltración de las policías estatales a partir de la nueva ruta de trasiego de droga que había trazado desde que dejó de prestar sus servicios al cártel del Golfo: compraron elementos en Guanajuato, Zacatecas, Durango, Chihuahua, Sonora y Baja California. La ruta por el centro del país comenzó a ser una realidad a partir de los primeros meses de 2008. Los precios tasados para comprar policías estatales en el centro y norte del país se ubicaron desde cincuenta mil hasta trescientos mil pesos mensuales.

Ex miembros de la Familia aseguran que las negociaciones, de las que en ocasiones tenía que encargarse el propio Jesús Méndez en su calidad de jefe principal del cártel de Michoacán, llegaban a veces a las oficinas de los mandatarios o por lo menos de los procuradores de justicia. En el año del acuerdo para la creación de la nueva ruta del narcotráfico desde Michoacán, los gobernadores de los estados involucrados eran: en Guanajuato, el panista Juan Manuel Oliva Ramírez; en Zacatecas, la perredista Amalia García Medina; en Durango, el priísta Ismael Hernández Deras; en Chihuahua, José Reyes Baeza Terrazas, del PRI; en Sonora, el priísta Eduardo Bours, y en Baja California, el panista José Guadalupe Osuna Millán.

La decisión sobre los policías y funcionarios estatales que debían comprarse en la apertura de la nueva ruta no era fortuita ni decisión de uno solo, sino una acción bien calculada. Méndez Vargas contaba con un grupo que hacía el análisis de riesgo de las operaciones de soborno, doce personas cuya identidad era secreta y se hacían llamar los Doce Apóstoles; también tomaban decisiones sobre inversiones legales con los fondos de la rentable venta de droga, se hacían cargo de los pagos a los abogados de los presos por narcotráfico, y tenían relación con algunos empresarios del estado a quienes brindaban servicios de seguridad personal o cobranza de deudas irrecuperables.

Por decisión de los Doce Apóstoles, en los últimos días de octubre de 2006 la Familia se involucró en el asunto del adeudo de Alfonso Reyes Hinojosa con unos empresarios, los que solicitaron el apoyo del cártel con el compromiso de pagar 10 por ciento de lo recuperado. El consejo instruyó a Servando Gómez para que atendiera el caso, que se resolvió satisfactoriamente para todos los involucrados aun cuando se estableció un peligroso juego entre el cártel y la familia de Felipe Calderón, el presidente en funciones, de origen michoacano.

Reunidos en consejo, los Doce Apóstoles, haciendo oración cada vez que iniciaban y terminaban una sesión de trabajo, manejaban el cártel como una empresa: diseñaron un programa de reclutamiento de nuevos miembros, especificaron escalafones, bosquejaron un plan de ascensos, definieron pagos de seguro por riesgo, decretaron indemnizaciones, pagos de vacaciones y de aguinaldo, jornadas de trabajo y liquidaciones. Se reunían por lo general en Uruapan y en Morelia.

Desde la cúpula del consejo de los Doce Apóstoles se ordenó, a finales de 2006, que se hicieran las inversiones necesarias a fin de duplicar el número de personas al servicio del cártel. Se recomendó la contratación de policías municipales, a los que se ofrecía un salario que iba desde los cinco mil hasta los quince mil pesos mensuales por realizar labores de vigilancia e información, lo que luego sería clasificado como delito federal contra el sistema de seguridad pública: el llamado *halconeo*.

También fueron los Doce Apóstoles quienes decidieron crear una estructura propia e independiente, similar a la de la Policía Judicial estatal, al interior de cada célula de las que operaban en la mayoría de los municipios del estado. A los jefes de plaza se les asignó el rango de comandantes: cada uno tenía hasta tres o cuatro jefes de grupo, y cada grupo estaba conformado por no más de cuatro sicarios. Cada comandante debía reportar sus acciones y novedades a una comandancia regional, que agrupaba no más de tres plazas; en cada comandancia había un encargado de nómina y un administrador general.

Las prestaciones sociales con que contaban los miembros de la Familia eran las mismas de un trabajador promedio en el país, a veces mejores: descanso dominical, jornadas de trabajo de no más de ocho horas diarias, vacaciones de ocho días al año, pago de seguro médico, de aguinaldo y prima vacacional, indemnización por accidente o "riesgo de trabajo", pensión permanente para las viudas o huérfanos, pago de abogado en caso de ser sometido a proceso penal por causa de servicio al cártel y ejecución inmediata en caso de traicionar a la Familia. Las mismas prestaciones vigentes en Michoacán se hicieron extensivas a todos los policías estatales que ingresaron a la nómina del cártel.

Con las prestaciones económicas y laborales ofrecidas por la Familia Michoacana en un estado donde el nivel de pobreza es de los más agudos de todo el país, donde siete de cada diez niños manifiestan algún grado de desnutrición, donde el índice de emigración en busca de empleo lo engrosan seis de cada diez adultos y donde cualquier padecimiento puede ser causa de defunción por no tener atención médica al alcance, el servicio al cártel era la mejor alternativa, la única que alguien en una comunidad rural donde se come una sola vez al día podía tener en años para remontar la pobreza que los gobiernos estatal y federal nunca reconocieron.

La Familia Michoacana comenzó a operar con una plantilla estimada en 396 hombres; antes de un año el número de sus integrantes ya llegaba a más de seis mil no sólo en el estado sino en todas las ciudades por donde pasaba la nueva ruta del narcotráfico. En Michoacán el reclutamiento era un guion bien ensayado: una camioneta con sicarios a bordo arribaba a la comunidad marginada, reunía a los hombres jóvenes del lugar —todos desempleados, sentados en las esquinas o a las afueras del tendajón del pueblo— y les hablaban de la nueva organización que estaba naciendo; les explicaban la necesidad de proteger a las comunidades para que no volvieran a llegar los Zetas ni ningún otro grupo criminal. La contratación era inmediata. Los que aceptaban recibían un pago por adelantado de 5 mil a 10 mil pesos, los dotaban de armas cortas y los convocaban a un entrenamiento.

Los iniciados eran llevados a un campo de entrenamiento que algunos ubican en las inmediaciones de Uruapan, otros en la zona de Apatzingán y hay quien asegura que estaba ubicado en la zona suburbana de Morelia. La capacitación duraba de cinco a ocho días, según las habilidades para disparar del instruido. Se les entrenaba en manejo de armas y defensa personal, se les daba un curso de supervivencia, se les instruía para perder el miedo a matar y luego pasaban a una instrucción ideológica donde hacían un juramento de lealtad.

Los reclutas que aprobaban el curso regresaban a sus comunidades a bordo de una camioneta y portando armas largas que les suministraba el cártel. Estaban siempre bajo las instrucciones de un jefe de grupo que les asignaba tareas, desde labores de vigilancia en sus demarcaciones hasta traslado de droga en unidades que les eran entregadas en sus propias plazas. No se les permitía el narcomenudeo, ni el consumo de drogas o alcohol; estaba penado con la muerte robar o causar desmanes en la plaza a la que eran asignados. Después de un tiempo, a la manera de los cuerpos estatales de policía, los reclutas eran rolados a distintas plazas, bajo el mando de diferentes jefes de grupo y comandantes locales.

La red de corrupción oficial que tejió la Familia por todo el país fue eficiente: en menos de un año de operación el cártel michoacano estaba a la altura de cualquier otro grupo del narcotráfico en cuanto a competencia para la producción y trasiego de drogas hacia la Unión Americana. La DEA tardó casi cuatro años en reaccionar y reconocer la nueva ruta diseñada; fue hasta 2012 cuando se reconoció el uso del puerto de Lázaro Cárdenas como el principal centro en México de introducción de cocaína de Colombia hacia Estados Unidos.

Hacia 2008, la ruta diseñada por la Familia se sumó a los doce trayectos que ubicaba para ese entonces la DEA. La primera puerta de entrada de la droga michoacana (cocaína y mariguana) generada por la Familia fue siempre la ciudad de Tijuana, pero llegado 2010 se abrió en la frontera un nuevo punto que tenía como destino el estado de Texas: Laredo.

Tras el establecimiento de sus propias rutas para el trasiego de drogas a Estados Unidos y con el control de casi toda la zona costera del estado y parte del puerto de Lázaro Cárdenas, la Familia decidió, a partir de 2009, diversificar las drogas que traficaba. Aun cuando en su origen el cártel michoacano manifestó su cruzada para terminar con la presencia de las drogas sintéticas —resultantes de la síntesis química de la efedrina, anfetaminas y metanfetaminas—, terminó por elaborar esas mismas sustancias, y es que en la lucha contra los Zetas y el cártel del Golfo, las células de la Familia se fueron apropiando de laboratorios clandestinos donde se elaboraban drogas químicas.

A principios de 2009 en Michoacán, principalmente la franja de la sierra-costa nahua, el área geográfica que se extiende desde Guerrero y llega a Colima, se convirtió en el principal laboratorio de drogas sintéticas de todo el país. Estimaciones de la propia PGR indican que el promedio de producción anual de ellas en el estado podría llegar a más de treinta toneladas, lo que representa más de 54 por ciento de la producción anual nacional. Durante los últimos ocho años las fuerzas federales han logrado incautar un total de 52 toneladas de drogas sintéticas en diversos operativos en todo el territorio, la mayor parte en Michoacán.

La producción de droga sintética con metanfetamina en el estado se redimensiona al observar los comparativos que ofrece el Informe Mundial de Monitoreo de Drogas Sintéticas 2014 de la ONU, donde se establece que la producción anual de México, sólo en los años 2011 y 2012, fue de más de 55 toneladas. Si se atiende a este informe, en la entidad se produce casi la misma cantidad de alcaloides que se elaboran en Estados Unidos, y supera en tres veces a Canadá.

De acuerdo con fuentes de la PGR, la producción de drogas sintéticas que comenzó a evidenciarse en Michoacán a partir del surgimiento de la Familia, tiene su principal destino en los mercados de Estados Unidos. Los alcaloides, a diferencia de la mariguana y la cocaína, tienen una mayor demanda en las ciudades donde se concentra la población de latinos. Setenta por ciento de las drogas derivadas de las metanfetaminas y anfetaminas tienen como destino las principales ciudades del oeste de Estados Unidos; sólo 10 por ciento se destina a mercados en Europa y el norte de África. Se calcula que 10 por ciento de la producción de drogas de Michoacán se queda en el mercado nacional: el principal mercado es la zona metropolitana de Guadalajara.

Tras asentarse como un cártel poderoso en cuanto a la producción de drogas tanto sintéticas como naturales, la Familia se enfrentó a un conflicto: el armamento de sus células para la defensa de las plazas era obsoleto. Hacia principios de 2007 la cúpula del cártel recurrió a sus viejos contactos con el cártel de Sinaloa; se logró una alianza temporal con el *Chapo* Guzmán, pero a diferencia de otras alianzas, en esta ocasión la Familia no aceptó a ciegas la tutela paramilitar del *Chapo*: optó por el intercambio de mariguana y amapola por armas, municiones y adiestramiento.

Antes de establecer el acuerdo, la Familia comenzó a hacerse de armamento por dos vías: cuando se enfrentaban con grupos adversos del crimen organizado o fuerzas federales se apropiaban de las armas de los caídos, o las compraban en las comandancias de policía. Entre 2007 y 2008, en los municipios de Michoacán era frecuente que los elementos policiacos "perdieran" el arma de cargo, principalmente subametralladoras Uzi.

Las armas que suministraba el cártel del Pacífico como parte del trato con la Familia provenían del norte: llegaban desde Washington y entraban a Michoacán por el puerto de Lázaro Cárdenas una vez que hacían el trayecto hasta Los Ángeles, California. Desde California el embarque de armas se hacía a la inversa del envío de drogas desde Michoacán hacia el norte: utilizando lanchas rápidas que navegaban en paralelo a la costa del Pacífico. Los primeros embarques llegaron a mediados de 2008 ante el disimulo del gobierno federal de Felipe Calderón, el que a pesar de mantener un combate a los cárteles de las drogas no blindó la zona del puerto michoacano.

Los embarques realizados para la Familia Michoacana se estiman en por lo menos mil armas cada mes. Los cargamentos estaban compuestos en su mayoría por fusiles de asalto tipo AR-15 y AK-47, estos últimos conocidos como *cuernos de chivo*, los dos de la mayor capacidad para el combate, con una cadencia de disparo automático de hasta seiscientas balas por minuto; también se suministraban municiones para ambos tipos de fusil. Se estima que el cártel del Pacífico entregó al de Michoacán por lo menos cincuenta mil de esos fusiles de asalto en sólo tres años.

El cártel del Pacífico no fue la única organización criminal que inundó el estado con armamento diverso: también el cártel del Golfo envió embarques hacia el puerto de Lázaro Cárdenas desde la frontera con Tamaulipas. A manera de trueque, pagaba con armas provenientes de Estados Unidos los cargamentos de cocaína que recibía desde Colombia; los embarques bajaban a Michoacán desde Ciudad Victoria, cruzaban el estado de Veracruz y se internaban por el centro del país, tocando el propio Distrito Federal, para entrar por el Estado de México.

De acuerdo con informes de la Secretaría de la Defensa Nacional (Sedena), el suministro de armas que llega a Michoacán se hace por al menos cuatro rutas identificadas, alternas a las arriba mencionadas. La más utilizada es la que se conoce como *Ruta Golfo*, que recorre la zona norte de Tamaulipas, baja por Veracruz, se adentra por Hidalgo, cruza Querétaro y llega a Michoacán. La *Ruta Pacífico* es la que recorren las armas que entran por Tijuana, cruzando Sonora, Sinaloa, Nayarit, Jalisco y Colima, hasta llegar a Michoacán. La *Ruta Centro* es la que sigue la misma trayectoria que diseñó la Familia Michoacana para mandar droga hacia la frontera norte sin tener que pagar *cuota de piso* a los cárteles del Pacífico o del Golfo, pero a la inversa: los embarques de armas salen de Tijuana y se adentran por Sonora, Chihuahua, Durango, Zacatecas y

Guanajuato para llegar a Michoacán. La hipótesis oficial establece que en la cuarta, la *Ruta Sur*, el suministro de armas llega por la frontera con Guatemala, cruza por Chiapas, Oaxaca y Guerrero y llega a Michoacán.

Al de armas a gran escala se debe sumar el llamado "tráfico hormiga", que se realiza en forma esporádica y con volúmenes menores, pero de manera constante. Los cargamentos de armas desde Estados Unidos ingresan por cualquiera de los diecinueve cruces fronterizos oficiales o en su defecto por los más de 452 puntos de ingreso ilegal —brechas y caminos agrestes, por las montañas o por el desierto— que se registran en la frontera México-Estados Unidos. Los traficantes cuentan con unidades especialmente equipadas: poseen compartimentos dentro de los tanques de gasolina, las llantas de refacción, los respaldos de los asientos, las defensas, el interior de las portezuelas o en paneles especiales dentro del tablero y parte de la carrocería del vehículo. Hay reportes de inteligencia que revelan el ingreso de armas por medio de camiones de carga.

Autoridades de Estados Unidos conocen la ubicación y la forma en que legalmente se pueden adquirir armas en por lo menos 12 mil establecimientos a lo largo de la frontera con México, lo que hace que el principal proveedor de ellas para el estado de Michoacán sea Estados Unidos, aunque el puerto de Lázaro Cárdenas no deja de ser otro punto de ingreso para el mercado negro de armas; los decomisos realizados por la PGR de contenedores provenientes de Asia demuestran la activa presencia ilícita de pequeños ofertantes. Tras el surgimiento del grupo criminal de la Familia Michoacana, la PGR ha incautado armas provenientes de China, España, Turquía, Italia, Israel, Rusia, Japón, Bélgica e India, lo que convierte a Michoacán en el tercer estado con mayor mercado de armas en el país, apenas después de Tamaulipas y Sinaloa.

Las principales empresas armeras del mundo que han inundado el mercado mexicano, con nexos comerciales con los cárteles de las drogas que operan en Michoacán, son la china Norinco, la rusa Izhmash, las estadounidenses Winchester, Marlin Firearms, Browning, Remington, Sturm Ruger, Smith & Wesson International, Raven Arms, Repeating Arms Company, Inc. y Colt Manufacturing Company, así como las españolas Star y Llama Gabilondo & Cía., las alemanas Heckler & Koch y Rheinmetall, además de la empresa belga FN Herstal.

Estimaciones hechas por el Cisen sugieren que en los primeros años de operación de la Familia Michoacana, el cártel hizo una inversión de por lo menos 30 millones de dólares para equipar y armar a todas sus células. Las armas eran entregadas a cada uno de los reclutados en propiedad; cada miembro de la Familia, una vez que recibía su armamento, era responsable de su cuidado y mantenimiento. El cártel era responsable de suministrar el parque, el que se entregaba en forma rigurosa cada quince días en cada plaza, aunque se hacían suministros emergentes a las células que sostenían enfrentamientos con fuerzas federales o grupos de otros cárteles.

EL CHAYO

Hacia mediados de 2008, la Familia había crecido en forma exponencial: la cifra estimada de seis mil integrantes ya se había convertido en más de doce mil miembros activos. En las nóminas del cártel había de todo: funcionarios, policías, empresarios y población civil no sólo de Michoacán sino de Guanajuato, Estado de México, Jalisco, Guerrero, Zacatecas, Durango, Sonora, Chihuahua y Baja California. El mando jerárquico, sin embargo, estaba a punto de dividirse: Méndez Vargas comenzó a chocar con la conducta de Nazario Moreno. *El Chayo* se manifestaba más autónomo y rebelde, no tomaba en cuenta las decisiones que emitía el consejo de los Doce Apóstoles para llevar por "buen camino" el crecimiento del cártel, y comenzó a traficar droga por su cuenta.

Antes de romper por completo con Méndez, Nazario se fue afianzando dentro de la estructura criminal como el principal mando visible. Ideó una forma de mantener la lealtad de todos los miembros del cártel: comenzó a escribir un texto ideológico donde desde su particular óptica pretendía plantear la cosmovisión de la Familia. Finalmente, el resultado fue un ideario que se imprimió a manera de libro bajo el título: *Me dicen: el Más Loco,* el cual se entregó a todas las células del cártel a fin de fortalecer los lazos éticos y morales de todos los miembros de esa agrupación.

Se trata de una exposición casi íntima, a manera de explicación, sobre las causas que consideraba que lo empujaron al narcotráfico, principalmente la pobreza extrema y el ansia de sacar adelante a su familia. En principio era un escrito que inició durante su estancia en la cárcel de McAllen, Texas, entre 1994 y 1995, en donde estuvo preso acusado de haber introducido a suelo estadounidense más de setecientas toneladas de mariguana bajo las órdenes de Osiel Cárdenas Guillén.

El texto no cobró relevancia hasta 2007, cuando Nazario Moreno ya estaba encumbrado dentro de la naciente estructura de la Familia Michoacana; por decisión propia mandó imprimir su manuscrito y lo hizo distribuir entre todas las células de la Familia. La instrucción era simple: entregar un ejemplar a cada elemento de la organización. Quienes lo recibían eran obligados a leerlo para hacer exposiciones sobre su contenido al menos una vez por semana; los jefes de plaza hacían la función de supervisores en la empresa de aprender el contenido del libro.

Aun cuando era lectura obligada, el capítulo tres era el que se desmenuzaba a conciencia entre los miembros de las células de la Familia. A todos se les obligaba a aprender de memoria el primer párrafo escrito por Nazario, donde decía que nació en la comunidad de Guanajuatillo, en el municipio de Apatzingán. Cada sicario de la Familia era obligado a recitar como un ejercicio cotidiano lo escrito allí en torno al amor por Michoacán: "Soy como un árbol con raíces profundas que lo tienen sujetado al suelo donde por azares del destino nació y de donde nunca puede irse [*sic*]".

El capítulo tres mantiene el tinte autobiográfico. El autor trata de explicar las condiciones adversas que tuvo que encarar desde niño: "Mi familia —cuenta—, como muchas de aquellos tiempos, era numerosa. Éramos doce hermanos entre hombres y mujeres. Nunca fui a una escuela, por la sencilla razón de que la que había en mi rancho nunca tenía profesor. A leer y escribir aprendí yo solo cuando tenía más de diez años, por pura curiosidad para leer las revistas del *Kalimán* y otras de moda. Crecí prácticamente salvaje", refiere el jefe del cártel.

Esa enseñanza, la del hombre pobre que logra remontar la adversidad de su destino, es la que comenzó a inculcarse entre los miembros de la Familia Michoacana, a los que se les insistía en las carencias materiales del medio rural michoacano, donde no había ningún vestigio de desarrollo: "No había electricidad, mucho menos televisión", les contaba Nazario Moreno en su libro, donde no duda en narrar algunas anécdotas personales, que eran retomadas por los sicarios de la Familia como pasajes de una vida excepcional. A manera de justificación expone las razones para hablar de su niñez, su familia y su entorno de pobreza: "Insisto en poner en relieve la vida de mi niñez dentro de mi familia, porque creo que esa situación fue el cimiento de mi forma de actuar en el futuro. Trabajo y cintarazos era lo rutinario. ¿Qué se podía esperar de un niño tratado de esa manera?"

"En una ocasión en que se habían agudizado las carencias, tenía yo unos ocho años, me quise comer un huevo de gallina, pero antes de hacerle un agujerito a la cáscara del huevo para succionarlo fui descubierto por mi hermana mayor, Lupita, que impidió que yo llevara a cabo mi intención. Me dio tanto coraje, pues yo pensaba en mi mente infantil que con el huevo me iba a poner bien fuerte para poder pelear más bien, que opté por sacarles un susto; para el efecto me metí al chapil o troje donde se guardaba el maíz que la familia consumía durante el año, hasta las nuevas cosechas que volvía a llenarse.

"Total, que me metí entre las mazorcas de maíz y ahí permanecí desde aproximadamente la una de la tarde hasta las doce de la noche. Desde mi escondite escuchaba los gritos de mis hermanos llamándome, pero yo no contestaba. Pasó el tiempo y creció la alarma. Mis hermanas y hermanos, con el pendiente reflejado en sus gritos, me buscaron, primero por el monte cerca de la casa y después en parcelas alejadas. Como no me encontraban entraron en pánico y pidieron ayuda a los vecinos, mismos que se unieron a la búsqueda hasta ya entrada la noche. Yo sentía que estaba castigando a mi hermana Lupita, pero el castigado fui yo, pues como a las doce de la noche que salí de mi agujero y se dieron cuenta de que me había escondido a propósito, mis hermanos mayores, asustados e indignados, me pusieron una chinga que se me figuró de más de 200 azotes, para que no volviera a andar haciéndome pendejo. Y efectivamente, no volví a hacer ese tipo de travesuras, o si se quiere decir más correctamente, de pendejadas."

Un allegado a Nazario asegura que el texto que dio origen al libro —que se ha convertido en una lectura prohibida por el gobierno federal en suelo michoacano— fue escrito a la par de su conversión al cristianismo, religión que le fue inculcada en la prisión de McAllen. El texto inicialmente estaba destinado a uno de los pastores cristianos que asisten a los reos de esa prisión, a manera de confesión, pero fue ampliándose, de tal forma que Nazario optó por conservar aquellas hojas de reflexión personal que en algunos momentos cobran el sentido de un diario particular donde reconoce el origen de ciertos rasgos fundamentales de su personalidad, como cuando cuenta de su inclinación al idealismo: "En aquella época —narra—, en la ranchería solamente funcionaba un viejo y destartalado radiecito de pilas que se oía todo ronco, pero mi hermano mayor *Canchola* y yo no nos perdíamos la serie de radionovelas *Kalimán* y *Porfirio Cadenas* [*sic*] pensando que todo lo que decían era cierto, haciendo hondo impacto en mi conciencia ya que siempre tuve una marcada inclinación al idealismo, dándole rienda suelta a mi imaginación".

Fueron las radionovelas que escuchaba Nazario Moreno desde niño las que lo fueron moldeando, con algunas inclinaciones particulares, como la de creer que tenía poderes mentales con los que podía influir en otros. Pensaba que los animales podían obedecerle, según describe. "Cuando se me acercaba una gallina, me le quedaba viendo fijamente y le ordenaba mentalmente: 'Pon un huevo'. Claro que la gallina no me hacía caso, pero yo lo atribuía a mi falta de práctica y seguía con mis experimentos con otros animales. El único que me hacía caso, o era tan inteligente que me seguía la corriente, era mi burro; me le acercaba a unos tres o cuatro metros y le ordenaba mentalmente que se me acercara y de inmediato me obedecía por la fuerza de mi mente o por interés. Lo que sí pude comprobar, en repetidas ocasiones, es que por más poderosa que sea la mente, los puercos son más rebeldes y desobedientes, al grado que llegué a convencerme que ni al mismísimo *Kalimán* en persona le harían caso. Esa fue la razón de que en lugar de ordenarles algo con la mente, los hacía obedecer a mentadas de madre y varazos. Según mis experimentos, saqué por conclusión que los que más se sugestionaban con mi mente eran los perros, las vacas, los caballos y algo, muy poquito, los chivos. Esos eran mis pasatiempos infantiles en mi rancho, y creía yo, era la forma de superarme para llegar a ser como *Kalimán* y poder hacer el bien a la humanidad."

Durante el tiempo que estuvo en prisión en McAllen, Nazario Moreno se distinguió por disciplinado. No propició nunca un altercado con ninguno de los otros reos, se dedicaba la mayor parte del día a mejorar su condición física. Las tardes las dedicaba a leer textos religiosos y manuales de Alcohólicos y Drogadictos Anónimos. Siempre se reconoció como un alcohólico en recuperación y trató de resaltar en sus escritos el sentido orientacional de la organización Alcohólicos Anónimos, destacando los principios de experiencia, fortaleza y esperanza para afrontar los problemas de las adicciones.

Cuenta Nazario que nació el 8 de marzo de 1970, a las cinco de la mañana, en la ranchería Guanajuatillo del municipio de Apatzingán. Fue el noveno de 12 hermanos que no contaban con su padre, sólo con la férrea disciplina de su madre. Creció en la más extrema de las pobrezas, donde lo peor era el hambre: comía sólo una vez al día, por lo que se tuvo que emplear como cortador de limón apenas a los nueve años de edad.

Pasó su primera infancia entre la violencia que se vivía en su casa, las extenuantes jornadas en el corte de limón y los pleitos entre niños. Le gustaba sentir el sabor de la sangre durante las peleas. Cuentan que decía que ya entrado en trompadas no le dolían los golpes; eso le permitía mantenerse en pie en cualquier pelea. Relata una lucha épica, a partir de la cual ganó respeto y fama entre los vecinos de su comunidad: fue en la ranchería de El Rufino, donde se congregaba la gente de los alrededores durante los festejos de Navidad. Allí, narra en su libro: "Vivía una familia muy respetada, porque tenían dinero y casi todos andaban con sus pistolas fajadas en la cintura, apellidados Juárez Chiprés. Uno de ellos, un poco mayor que yo, quiso pasarse de bravo y me la quiso hacer de valiente. A este lo apodaban *el Tillín*. Nos quiso correr dizque porque no éramos de ahí y le salí respondón, pues le dije que ni la calle ni la fiesta eran de su propiedad.

"Esa contestación la tomó como agravio y azuzado por sus amigos se me abalanzó con la intención de darme una lección, 'para que aprendas a respetarme, pinche indio de la sierra'. Yo alcancé a contestarle, 'Pues éntrale, pinche dientón'. Como haya sido, nos liamos en una pelea tan violenta y feroz que pronto los dos empezamos a sangrar de boca y nariz. Al ver la sangrienta pelea la muchachada nos hizo rueda y durante más de diez minutos nos dimos golpes con furia y resentimiento. Yo tengo la ventaja de que cuando peleo ni los golpes siento, por lo que me dejo ir a lo loco. De pronto logré darle un tremendo puñetazo en la quijada, y cayó al suelo hecho un guiñapo. Yo también recibí lo mío, pues mi contrincante era bueno y fuerte, pero pudo más mi habilidad, entrenamiento y ejercicio que practicaba con mi hermano que los atributos de mi enemigo [*sic*]. De ahí para adelante, 'santo remedio', ya nadie quería pelear conmigo, pues ya sabían a lo que le iban tirando". Después de esa pelea lo apodaron *el Más Loco*.

En el rancho de Guanajuatillo, a fin de ganar mayor respeto, comenzó a decir que estudiaba defensa personal por correspondencia, cuando aún no sabía leer. Su hermanastro Arnoldo Mancilla González, al que cariñosamente asumió como padre y que de cariño apodaba *Canchola*, fue quien le dijo que de todos los hijos en aquella numerosa familia, él, Nazario, era *el Más Loco*. Aquella locura fue la que hizo que saliera pronto de su pueblo.

A la edad de 16 años, Nazario salió de su pueblo tras haber golpeado a dos de sus compañeros en el corte de limón. Se fue de Guanajuatillo hasta Apatzingán escondido en una camioneta cargada de melones; haciendo *autostop* en la carretera llegó a Morelia, donde estuvo dos días trabajando en los mercados municipales para reunir los 248 pesos que costaba el boleto de camión hasta Tijuana. Para remontar la pobreza en la que había estado inmerso desde que tenía uso de razón, cruzó a Estados Unidos por San Diego; estuvo viviendo un tiempo en la localidad de Redwood City con unos familiares que lo acogieron.

La familia que lo recibió en California pronto le ayudó a conseguir empleo: lo colocaron como ayudante de jardinero con un vecino que le pagaba la suma de 60 dólares al día, cuando el dólar equivalía a 634 pesos viejos. El trabajo era pesado y Nazario seguía buscando la forma de ganar más dinero para poder ayudar a sus hermanos en Apatzingán, sumidos en la miseria. En su libro explica que un día conoció el negocio de las drogas: el jardinero a quien ayudaba se dedicaba al narcomenudeo. "Me di cuenta de que el negocio era grande", narra. Pronto comenzó a ganar las calles frente a otros vendedores, a los que superó en agilidad y agresividad al momento de las peleas.

Observó que era bueno el negocio de la venta de drogas, pero tuvo la visión de hacerlo más grande: regresó a Michoacán y comenzó a financiar a algunos sembradores de la zona; él pagaba la siembra y entregaba la semilla, en tanto que los campesinos se dedicaban sólo al cultivo y a la cosecha de mariguana. Eran los tiempos del gobernador Luis Martínez Villicaña, cuando la corrupción en la esfera del gobierno estatal estaba en uno de sus periodos más brillantes. *El Chayo* pudo afianzar sus relaciones en la estructura de la policía estatal sin mayor dificultad.

La producción de mariguana financiada por Nazario pronto dejó de ser imperceptible. En medio de la guerra que sostenía la familia Valencia contra las familias de Tito Chávez, José Luis Mendoza y José González, Nazario tuvo que apegarse a un bando y se alió al grupo de Tito Chávez, donde ya estaban incorporados otros pequeños productores de mariguana, entre ellos Jesús Méndez Vargas, Dionisio Loya Plancarte, Enrique Plancarte Solís, Servando Gómez y Arnoldo Rueda Medina.

Nazario no se limitaba a la venta de mariguana a sus socios en Michoacán: su naturaleza incapaz de respetar el orden jerárquico o cualquier figura de autoridad quedó de manifiesto cuando comenzó a hacer tratos directos con algunos compradores de mariguana del cártel de Guadalajara, a los que también hacía suministros de autos robados que llegaban desde la frontera de Tijuana por medio de una red que él personalmente fue organizando. La introducción ilegal de autos a México le representó grandes utilidades que se reinvertían en el ilegal negocio del trasiego de mariguana. Los viajes de negocios entre Apatzingán y McAllen se volvieron más frecuentes.

Hacia 1989 el nombre de Nazario Moreno González, *el Chayo*, ya se mencionaba con insistencia entre los cuerpos de policía del estado de Michoacán: era el principal corruptor de la autoridad local. Un comandante municipal, para posibilitar total impunidad al *Chayo* o a cualquiera a su servicio, se cotizaba entre tres y 10 millones de pesos. Para pagar la nómina de las policías estatales al servicio del narcotráfico local entre 1980 y 1993, se estiman sumas que pudieron oscilar sin dificultad entre 90 y 110 millones de pesos por mes.

Ex miembros de la Familia aseguran que el flujo de efectivo que llegaba a Nazario Moreno en forma mensual era incalculable. Por un lado la venta de droga hacia Estados Unidos, y por otro la comercialización de vehículos robados, le generaban el problema de acumular "montañas" de dinero, por lo que tenía un grupo de trabajadores dedicados solamente a empacar los pagos que le eran entregados en billetes de mil pesos, los de más alta denominación. Guardaba el dinero en una cueva permanentemente vigilada por hombres de su confianza: no había forma de blanquear el enorme producto de las actividades delictivas.

Nazario comenzó a idear la posibilidad de invertir en negocios legales. La red de corrupción tejida en torno a su figura sirvió para mantener el control de la zona agrícola y ganadera de Apatzingán; en el corazón de la Tierra Caliente no escapaba ningún giro económico a las pretensiones del *Más Loco*. Comenzó a comprar todos los productos de las huertas —limón, melón, toronja y mango— al menor precio posible; la mayoría de las veces tuvo que emplear la intimidación para conseguir precios de oferta, a fin de poder colocarlos con altos márgenes de utilidad en los mercados nacionales. Comenzó a suministrar productos legales michoacanos a todos los mercados del país, principalmente en Guadalajara, Distrito Federal y Monterrey.

Otro de los giros de los que se apropió Nazario Moreno fue la explotación de minas en todo el sur del estado. El trasiego de mariguana pasó a ser una actividad secundaria frente a las utilidades que redituaba el cobro por protección a los empresarios mineros: impuso a cada uno de los concesionarios federales de la explotación del subsuelo una tasa de tres dólares por tonelada de mineral extraído. El argumento que planteó para que accedieran a la demanda fue la obligación de retribuir algo de la riqueza del suelo michoacano a los pobres, que no tenían posibilidad de remontar el estado de abandono en que los mantenían los gobiernos estatal y federal. Sólo por *cuotas* de los dueños de las minas, *el Chayo* recibía arriba de dos mil millones de dólares al año.

Mientras por un lado se iba acumulando el dinero, por otro se fugaba la cordura. Su creencia en que poseía un don para "dominar con la mente a los animales" no había desaparecido en su edad adulta: a muchos de sus trabajadores les daba instrucciones telepáticamente y si no las llevaban a cabo estaban de por medio sus vidas. Muchos de los que le servían comenzaron a desertar. Mantuvo el control de su célula delincuencial a base de miedo: nadie quería estar cerca de él cuando comenzaba a intentar que los animales le obedecieran con sólo clavar en ellos la mirada vidriosa, lo que algunos aseguran era el preludio para asesinar sin mayor razón. "Los poderes mentales" de Nazario Moreno no sólo se limitaban al dominio y la comunicación con otros seres vivos, también aseguraba que tenía la facultad de recibir vibraciones para ubicar tesoros; su afición por la búsqueda de riquezas enterradas no tuvo límites.

Pronto comenzó a sumirse en el mundo de las sociedades secretas. Cuando no estaba en la zona montañosa buscando tesoros perdidos o haciendo meditación, Nazario Moreno llegó a frecuentar en Morelia una agrupación religiosa de corte cristiano, donde se reunía a menudo con su amigo Rafael Cedeño. *El Cede* lo adentró en el conocimiento de la francmasonería: le habló de la fraternidad filantrópica, simbólica y filosófica que se finca en el sentimiento de hermandad; le habló como a un hermano con el que compartía la búsqueda de la verdad y la forma para alcanzar el desarrollo social y moral de los seres humanos en su entorno. Él fue quien puso en sus manos el libro *El Kybalión de los Tres Iniciados*, documento que resume el principio hermético de la masonería.

Las enseñanzas religiosas de Cedeño, la sociedad secreta de los masones, la doctrina filosófica del hermetismo y la creencia en mundos fantásticos donde el poder de la mente lo es todo, dieron por resultado un Nazario Moreno dispuesto a hacer que sus trabajadores primero y luego sus socios en el cártel de las drogas de Michoacán se formaran en una colectividad donde el principio rector fuera la rectitud moral y el servicio a la comunidad a la que se debían. Nazario pidió al *Cede* que platicara sobre los principios de la masonería a todos los jefes de plaza que inicialmente le servían a él y que luego formaron parte de la estructura de la Familia Michoacana.

A Cedeño se atribuye haber mantenido en su posesión en un inicio el escrito carcelario de Nazario Moreno; le fue entregado por él para que lo conociera, a fin de que redondeara las ideas necesarias y lo distribuyera luego entre la base de las células criminales. Cedeño fue quien sembró en el propio Nazario la idea de que su persona fuera reconocida —y después mitificada— como la de un caballero de noble corazón que formó una sociedad al servicio de la comunidad, donde la principal causa de existir sería eliminar la desigualdad social y combatir la pobreza.

Tras los diálogos que sostenía con Cedeño, *el Chayo* se volvió adicto a la lectura de cuanto documento masónico podía obtener. La Biblia se convirtió en su libro de cabecera: todos los días leía por lo menos quince minutos. Aseguran que le gustaba leer antes de dormir y que hacía una breve oración. Un día despertó con una nueva habilidad: fue dotado con el poder de sanación. Aseguraba que podía curar con sólo pasar las manos sobre las personas que sufrían algún padecimiento. Hizo la primera prueba con uno de sus escoltas, que aseguraba tenía un dolor de muelas desde hacía dos días; *el Chayo* le pasó una mano sobre el lado derecho del mentón y la molestia desapareció. El escolta no tuvo el valor de decirle que el dolor fue apagándose gracias a la acción del diclofenaco sódico que ese día le recetaron en el centro de salud de Apatzingán. Nazario Moreno comenzó a hacerse llamar *el Doctor*.

El texto autobiográfico *Me dicen: el Más Loco* de Nazario Moreno llegó incluso a los iniciados de las células criminales que operaban en Guanajuato, Zacatecas, Durango, Estado de México, Guerrero y Baja California. Circulaba a manera de hojas sueltas: la distribución de las primeras se atribuye a Cedeño Hernández. Estaban impresas en hojas de papel bond, con mimeógrafo; no estaban siquiera corregidas en la sintaxis con que aparecieron formalmente años después como libro, luego de que se diera por muerto a Nazario el 9 de septiembre de 2010.

Las investigaciones del Cisen apuntan a Rafael Cedeño como el autor final del material, con un tiraje inicial estimado de poco más de diez mil piezas que se distribuyeron entre la población civil, pero principalmente entre los miembros de las células del narcotráfico en el estado. Él fue conocido entre los integrantes del cártel como *El Libro Rojo* —por el color de la portada— y se asumió como la ideología oficial de la Familia Michoacana. Con efecto sensacionalista, algunos periodistas locales nombraron a este texto como "la Biblia Negra" de la Familia.

En la región de Apatzingán la presencia de Nazario Moreno era totalizadora. Agrupó a comerciantes de diversos giros y les explicó la necesidad de distribuir más equitativamente la riqueza que generaban; arguyó el beneficio de la gente más miserable de la zona. Propuso una serie de cuotas a todos los comerciantes y transportistas a fin de hacer llegar esos recursos a las miles de familias en extrema pobreza, y ofreció la red de sus trasegadores de droga para hacer llegar los fondos a los beneficiarios; nadie se opuso a su propuesta. Instituyó una red de recaudación de cuotas cada semana para todos los comerciantes, y sus trabajadores no dejaban de circular por todas las localidades urbanas de la zona de Tierra Caliente, a veces para cuidar el trasiego, a veces para cobrar cuotas, a veces para entregar recursos a las familias pobres.

La entrega de dinero, despensas y útiles escolares a las familias más pobres de la zona de Tierra Caliente, y el cariño mezclado con miedo —porque se sabía de sus extremos— con que era recibido, lo llevaron al autoconvencimiento de que llevaba a cabo una revuelta social; en no pocas ocasiones frente al grupo que lo acompañaba reconoció su trabajo comunitario como una "genuina labor social". Las células a sus órdenes —que también estaban obligadas a entregar apoyos a las familias más necesitadas— nunca dudaron de su dicho: que la acción que realizaba era equiparable a los movimientos que en su momento realizaron algunos personajes como José María Morelos, Emiliano Zapata, Francisco Villa, Lucio Cabañas o Ernesto *Che* Guevara. De hecho, el propio Nazario a veces se identificaba con el seudónimo de Ernesto Morelos Villa, en alusión a sus tres héroes favoritos.

Alguien le aconsejó, como primer paso para transformar políticamente al país, que hiciera llegar su pensamiento a las bases de las células de sicarios. Su autobiografía *Me dicen: el Más Loco* ya se distribuía con efectividad entre el grueso de la población, pero le recomendaron que expresara por escrito sus ideales. Al *Chayo* se le ocurrió escribir otro libro, destinado a transformar la forma de pensar de aquellos bajo su mando, para que a su vez replicaran ese pensamiento entre la sociedad. Existen versiones que lo ubican escribiendo un documento en el silencio de la famosa Fortaleza de Anunnaki, su cuartel general, donde se mantenía como en un claustro hasta el surgimiento de los grupos de autodefensa.

El resultado de los largos días sin salir de la finca, donde la vigilancia se mantenía en tres anillos de seguridad, uno al interior de la Fortaleza de Anunnaki, otro al exterior y otro más en un radio de cinco kilómetros bajo el cuidado de la policía municipal de Apatzingán, fue el libro *Pensamientos*, cuyos ejemplares se entregaban junto con túnicas blancas con cruces patadas en el pecho, espadas y cotas de malla para que los jefes llevaran a cabo las iniciaciones de los Caballeros Templarios tal como lo hacía *el Chayo*.

Iniciado meses antes del comienzo de la década de 1990 en una libreta como una serie de ideas religiosas y cívicas sin ningún orden, en *Pensamientos*, publicado en 2007, Nazario Moreno plantea sin ilación narrativa, con pensamientos aislados y a veces con frases ocasionales su concepción del bien y la permanencia de los ideales como único fin de las personas, a similitud de lo que se halla en la Biblia en el libro de Proverbios; se trata de un breviario del sentir social, político y religioso de su autor. La intención de ese documento era formar una base social en las poblaciones donde estaban asentadas las células de la Familia. Cuando comenzó a escribirlo, ya se había convertido en un megalómano: nada podía suceder en sus dominios sin que él no lo decidiera o estuviera bajo su control.

En esas 92 páginas, de las que se asegura se distribuyeron más de sesenta mil copias y que pronto se convirtieron en material prohibido, el cual era requisado por las fuerzas federales, Nazario Moreno se enfrasca en una discusión íntima sobre el hombre y la sociedad, con tópicos que van desde el bien y la justicia hasta los ideales y Dios. La lectura parece no llevar a ninguna parte, pero finalmente está destinada a ubicar a su autor como un gran pensador aunque algunas de las ideas allí expuestas son paráfrasis de los libros de Sabiduría y Proverbios de la Biblia: en el prefacio, la frase "La justicia sin poder está vacía, el poder sin justicia sólo genera violencia. Hay que ser fuertes para defender a los más desprotegidos", es en sí una paráfrasis del texto bíblico encontrado en Proverbios, 31:9.

El segundo libro de Nazario Moreno destaca la personalidad ambivalente del fundador de los Caballeros Templarios, el que por un lado busca integrar a un grupo armado, pero por el otro parece consolidar a una agrupación religiosa donde la premisa es el servicio al cártel y a Dios. También deja a flote una personalidad egocéntrica al presentarse como sabio, inteligente y correcto, lo que —reconoce en su escrito— lo lleva a ser necio, soberbio y a no querer escuchar a los demás. "Yo no quisiera que nuestro grupo cayera en eso y es por eso que deseo me den su crítica sin miedo ni pena", terminó por escribir. Sin embargo, nunca aceptó la crítica ni los comentarios en torno a sus libros y a la devoción hacia él que se había generalizado entre las células leales, las que profesaban como religión el servicio a los Caballeros y adoraban la imagen de san Nazario.

La férrea disciplina de que *el Chayo* fue objeto durante su infancia, tuvo que implantarla dentro de las células a su servicio: era la única forma —señalaba cada vez que aplicaba un castigo— de hacer que las personas "no se distraigan de su camino y cumplan con su cometido". A los hombres bajo su mando, cuando incurrían en alguna falta menor, les daba de cintarazos o los laceraba con una tabla plana en la espalda y nalgas; si recurrían los dejaba hincados o los sepultaba de pie, sólo con la cabeza visible, hasta por veinticuatro horas, y tras una tercera infracción ordenaba su fusilamiento.

Sus castigos para con los integrantes de su grupo criminal eran una repetición constante de los que recibiera de su madre cuando niño, lo que lo marcó de por vida y que él mismo relató en el libro *Me dicen: el Más Loco*. Su mamá lo obligó una vez a ponerse de rodillas, durante todo un día, con los brazos en cruz porque se había robado una gallina; fue un escarmiento que él mismo consideró en el texto como "un ultraje a mi orgullo y una humillación enorme y exagerada que todavía, cuando la recuerdo, siento que me hierve la sangre". Por eso aplicaba esa sanción a sus seguidores; por eso el robo era tan castigado. Era un delito que equivalía en su fuero interno a una violación o al asesinato de una persona inocente.

Antes de decretar un castigo, Nazario, en su concepto de justicia, daba oportunidad al acusado de que se defendiera ante él. También acostumbraba tener a la parte acusadora en la misma sala: *el Chayo* se sentaba frente a ambos y escuchaba acusación y defensa. Antes de emitir su juicio final leía algunos pasajes de la Biblia que consideraba adecuados a la situación en comento. Si el acusado era absuelto, le ordenaba retirarse y hacer una breve oración a su modo; si era condenado, mandaba que se le aplicara el castigo corporal.

La presencia de Nazario Moreno entre los michoacanos se manifestó con más fuerza cuando el gobierno federal lo consideró muerto. En las comunidades rurales más apartadas en las zonas de Tierra Caliente, la costa y la sierra nahua creció en forma considerable esa extraña mezcla de fe e incondicionalidad al jefe de los Templarios. Era una preocupación para el movimiento de las autodefensas, por eso se insistió en demostrar al incrédulo gobierno federal que Nazario no sólo estaba vivo, sino que se mantenía dirigiendo los ataques de las células criminales que azotaban el sur del estado.

Las penas de muerte ordenadas en los juicios internos y sumarios de la organización criminal de Nazario Moreno eran ejecutadas por los nuevos miembros que se sumaban al grupo; por un lado constituían actos de aplicación de justicia y por otro eran ritos de iniciación como pruebas de obediencia. El sentenciado era colocado contra la pared, en una especie de paredón; el iniciado lo ejecutaba a balazos a quemarropa. Junto con la prueba de obediencia se aplicaba una de valentía, que consistía en mirar fijamente el rostro de la víctima, sin cerrar los ojos al momento de las detonaciones.

A las de valor y obediencia se sumaba también la prueba de paciencia. Todos los que ingresaban a la célula de Nazario Moreno eran llevados a un campamento ubicado en las montañas de Apatzingán; al iniciado se le obligaba a estar en oración y meditación durante 24 horas, tiempo en el que no recibía alimentación, solamente podía beber agua. Luego, ante el propio Nazario Moreno hacía un juramento en el que renunciaba al consumo de drogas y alcohol; la renuncia al sexo y al placer del buen comer era opcional. El iniciado hacía también un juramento de lealtad a Nazario Moreno, además de ofrecer acercarse a Dios y servir a sus prójimos y a las personas más necesitadas de la comunidad. Especial mención merece el juramento de lealtad y defensa del suelo michoacano.

Después del juramento que se hacía frente a Nazario Moreno y en presencia de todos los ya iniciados, el nuevo miembro era enterrado de pie: sólo salía de la tierra su cabeza. Por lo general, las ceremonias de iniciación eran de noche; los enterrados permanecían así por espacio de 24 horas, "muriendo para renacer a una nueva vida". Al término del plazo eran sacados del foso y dotados de ropa y armas, asumidos como miembros de la Hermandad de los Caballeros Templarios. Eran principios de 1990 y aún no se había conformado siquiera la Familia Michoacana; todavía pasarían más de veinte años para que naciera el cártel de los Caballeros Templarios.

Aun cuando al principio los ritos de iniciación se daban en campamentos establecidos en las montañas, Nazario Moreno mandó construir una finca donde se hicieran las ceremonias: entre los límites de Apatzingán y Tumbiscatío, a la orilla de las veintitrés casas que tiene la población de Guanajuatillo, donde nació, ordenó el levantamiento de su fortaleza. El rancho, con rodeo, palenque y amplias y lujosas habitaciones, tenía un área destinada al rito iniciático. El nombre de la casona en sí ya denotaba el sentido místico del lugar: la Fortaleza de Anunnaki.

En Michoacán la iniciación en las logias masónicas es una tradición arraigada en todos los actores de la vida pública: 75 por ciento de los funcionarios del gobierno estatal aseguran ser iniciados y miembros activos de alguna logia. Existe la firme convicción en el sector público estatal de que sólo mediante el rito de iniciación se puede lograr ascensos y escalar posiciones en la clase política; Rafael Cedeño, al igual que cientos de comandantes de la entonces Policía Judicial estatal y agentes del Ministerio Público, se identificaba como masón.

Por recomendación de Cedeño, Nazario comenzó a leer algunos textos básicos de iniciación. El que más le impactó fue la historia de los Anunnaki, con los que desarrolló una empatía personal. Pese a que siempre se sintió atraído por la personalidad fantástica de *Kalimán*, del que sabía por las radionovelas que desde muy niño escuchaba en su natal Guanajuatillo, fue la figura de los Anunnaki la que más lo apasionó, al grado de incorporarlos al nombre del rancho construido para su esparcimiento.

Los lujos de la finca —decomisada por el gobierno federal el 15 de marzo de 2014—, que se extiende sobre un terreno de más de cinco hectáreas, contrastaban con la pobreza extrema en que viven los poco más de 300 habitantes de los poblados vecinos de Guanajuatillo y El Alcalde; además del palenque y el rodeo, contaba con área de casino, un salón de fiestas con cupo para más de mil personas, cinco habitaciones de lujo y una lujosa cabaña anexa. Las iniciaciones en la Fortaleza de Anunnaki eran solamente los jueves, no porque lo marcara así el rito esotérico, sino porque la finca siempre debía estar disponible los fines de semana por si se hacía alguna fiesta.

Para los vecinos de Guanajuatillo y El Alcalde no era extraño que los fines de semana aterrizaran helicópteros en las vastas extensiones de los patios de la finca; el arribo de vehículos de lujo por los polvorientos caminos solamente auguraba jolgorios que duraban hasta una semana. Desde el salón de fiestas, en el silencio de las noches, se podía escuchar en los dos poblados el sonido de las bandas y los cantantes que alternaban sus interpretaciones con tableteos de metralletas que disparaban al aire.

Hacia 2009 la Fortaleza de Anunnaki fue el escenario que vio crecer como cantante a Melissa Plancarte, hija de Enrique Plancarte Solís, amigo personal de Nazario Moreno y de los fundadores del cártel michoacano; actuaba como telonera de los artistas de talla internacional que acudían contratados a los festejos que en ese lugar organizaba el *Chayo*. Pese a que posteriormente la cantante —exiliada en Estados Unidos— negó cualquier tipo de relación con grupos criminales de Michoacán, la incrimina una de las principales canciones de su autoría: "Mis soldados, mis guerreros", donde hace clara apología al liderazgo social de Nazario Moreno y su designación divina como jefe del cártel.

Antes que Melissa Plancarte, otros artistas comenzaron allí a despuntar. Uno de los que con mayor frecuencia realizaban presentaciones era Valentín Elizalde, del que se asegura fue ejecutado en Tamaulipas como respuesta del cártel del Golfo, pues había estado dos días antes cantando para Nazario Moreno en Michoacán en una fiesta privada. Sergio Vega, *el Shaka*, también se hizo presente en varias ocasiones en la Fortaleza. Ex miembros de la Familia Michoacana que sirvieron al *Chayo* en aquellos días aseguran también haber visto cantar en ese lugar a Jenny Rivera, a la Banda Calibre 50 y a Mariano Barba, todos ellos mencionados en algún momento por la PGR en averiguaciones penales previas.

Cuando terminaban las fiestas, en un gesto humanitario de Nazario Moreno, les entregaba a las familias pobres de las dos localidades vecinas a la finca todo lo que quedaba en buen estado de las comilonas: refrescos y alcohol iban a parar a las mesas de gente en condición de extrema pobreza que ni siquiera estaban registrados en los padrones de asistencia social del gobierno federal. Las botellas de whisky Buchanan's o coñac Martell resaltaban al centro de las reuniones de los muchachos en las esquinas, que daban cuenta de los regalos del *Chayo*.

ROBIN HOOD EN LAS MINAS

Influenciado, como él mismo cuenta en su libro *Me Dicen: el Más Loco;* "por los actos valerosos y humanitarios que realizaba el personaje de la radionovela *Porfirio Cadenas* [*sic*], héroe de mil enfrentamientos y justiciero por vocación, que desafiaba y castigaba a los poderosos que abusaban del pueblo, quitándoles riqueza para repartirla entre los pobres",

Nazario comenzó a organizar a los jóvenes de la zona de Guanajuatillo y El Alcalde. Decidió distribuir la principal riqueza de Michoacán: las minas de oro, plata, cobre y hierro que se extienden en toda la zona sur del estado. Mandaba llamar a grupos de cinco muchachos para organizarlos: les daba armas, dinero y apoyo para que acudieran a las minas a robar el mineral extraído.

Puso en marcha su propia revolución social, esa era su forma de imitar los actos del héroe de radionovela Porfirio Cadena. Los *talacheros* —así fueron apodados por el propio Nazario Moreno— llegaban por las noches a los patios de las minas y a punta de pistola se llevaban el mineral en greña. Las caravanas de camiones que circulaban toda la noche por los agrestes caminos de las minas eran una escena cotidiana. Las gavillas de *Chayo*, como eran conocidos popularmente esos grupos, vendían lo saqueado al mejor postor a empresas chinas asentadas en el puerto de Lázaro Cárdenas. Los chinos nunca fueron exquisitos en la verificación de la procedencia lícita del mineral comprado; el dinero obtenido era distribuido entre las familias más pobres de la región.

El robo a las minas no afectó la producción. Las mineras, tanto nacionales como internacionales que se vieron afectadas por el robo, ante la omisión del gobierno estatal para aplicar esquemas de seguridad más puntuales optaron por dos vías: crearon grupos de seguridad privada para la vigilancia perimetral de las minas y pactaron con los grupos delictivos que azotaban la zona. Cuando los mineros se negaban a pagar la cuota impuesta por Nazario entraban en operación las gavillas de robo, por lo que la industria de la protección resultó una veta altamente rentable.

Los empresarios mineros entendieron rápidamente el juego de corrupción que se instalaba en Michoacán: ellos hicieron lo propio con las autoridades federales y estatales, a fin de explotar sus minas más allá de los límites establecidos en las concesiones. Muy pronto, el propio Nazario Moreno fue el encargado de entregar permisos de explotación del subsuelo hacia zonas aledañas a las minas legalmente establecidas. La explotación minera comenzó a crecer en forma desordenada, y el gobierno estatal ignoró el problema; las utilidades fueron para los mineros y el crimen organizado. Como efecto de esa acción, hasta 2014 menos de 1 por ciento de las minas que operaban en la entidad contaban con los permisos correspondientes. Sólo 2 por ciento de los ingresos generados por la extracción de minerales era declarado ante el fisco para el correspondiente pago de impuestos.

Las más beneficiadas en la vorágine que generó el crimen organizado fueron siempre las mineras chinas. Oficialmente extraían hierro, pero en el material que compraban y mandaban a su país iban impregnados otros minerales como oro, plata, cobre, platino y zinc, por cuya extracción y comercialización no pagaban impuestos al gobierno federal. El acuerdo de pago sólo se mantenía con las bandas del crimen organizado.

Las mineras chinas dejaron de acercarse al gobierno federal: hicieron negocios directamente con representantes personales de Nazario Moreno. El *boom* chino en Michoacán comenzó hacia finales de 1987 y se mantuvo hasta 2014. Son las empresas asiáticas las que así lograron el control de casi 70 por ciento de la extracción mineral en la entidad. El desinterés y la falta de vigilancia del gobierno mexicano permiten desde hace más de veinte años que se extraigan otros minerales sólo con el permiso de extracción del hierro; pese a tener permiso sólo para la extracción y traslado de mineral con hierro, solamente 62 por ciento de la carga corresponde a ese mineral, en el resto están integrados al menos veinte más que no se pagan a la autoridad.

La riqueza mineral de Michoacán se tasa, en cuanto al oro, en un contenido mínimo promedio de tres gramos por tonelada. Eso equivale a que en 45 mil toneladas métricas (la capacidad promedio de los barcos) los chinos se llevan aproximadamente 135 kilos de oro sin pagar, porque al mineral extraído sólo se le hacen pruebas para la detección de hierro. En el mismo material obtenido de las minas michoacanas que se clasifica como "con bajo contenido de hierro" predominan otros minerales como cobre, manganeso y níquel.

Actualmente, entre los principales compradores del hierro michoacano se encuentran las empresas chinas Shenzhen Golden E-Fast Technology Co., Ltd., Zhejiang Losun Holding Group Co., Ltd., Sunju Mining & Resources, S.A. de C.V., y Liming Heavy Industry Science & Technology, las que ofertan una compra rápida y seria del mineral, ofreciendo pagos en forma inmediata; ninguna indaga sobre la procedencia del material ni sobre la personalidad de quien hace la venta. La característica en el trato con las empresas chinas es que ofrecen comprar cualquier cantidad de mineral, sin especificar la necesidad de mostrar certificados de calidad o permisos oficiales para la extracción metalúrgica; todos los documentos comprobatorios que garantizan que una mina está en orden se omiten en esos procesos de compraventa.

Las firmas chinas tienen participación directa en la explotación de las cuatro minas más importantes que operan en la entidad, de donde extraen principalmente material con bajo contenido de hierro, el cual tienen pactado comprar sin limitación alguna hasta el año 2070.

Tras las facilidades otorgadas por la célula criminal de Nazario Moreno para la explotación del subsuelo en Michoacán, creció la presencia de empresas mineras trasnacionales. A principios de 2010 Michoacán ya estaba en la mira de al menos ocho empresas mineras mundiales, las que buscaban una concesión a manera de pretexto para iniciar los trabajos. Muchos de los asentamientos por los que se interesaron se encuentran en zona indígenas, donde la propuesta de las mineras comenzó a permear: ofrecieron un bono anual de 200 mil pesos para cada poblador a cambio de la explotación, que les puede representar 200 mil millones de dólares anuales. Algunas comunidades ya han aceptado, otras aún mantienen en la mesa de diálogo la oferta.

La riqueza mineral de Michoacán hizo que empresas chinas e inglesas entraran en franca competencia por el control de las minas. Ninguna de ellas se apartó de la posibilidad de negociar antes con el crimen organizado, a fin de recibir protección para sus mandos ejecutivos y los bienes de la empresa; el pago constante de tres dólares por tonelada de material extraído se respetó en la mayoría de los casos. Donde no hubo acuerdos, las empresas se obligaron a crear sus propias guardias blancas, que hacen funciones de policías municipales en algunas localidades cercanas a las minas.

Pero no sólo las compañías extranjeras habían iniciado la explotación minera de Michoacán; también algunos grupos indígenas, asentados en la zona costa-sierra nahua, comenzaron la extracción y comercialización de minerales. Las minas rudimentarias que operaron bajo el principio de usos y costumbres, sin necesidad de permisos del gobierno federal, tuvieron que protegerse a sí mismas de los robos y cobros del crimen organizado. Toda la producción minera indígena fue a parar a las empresas chinas, que pagaban precios hasta 60 por ciento por debajo del valor internacional, por la ventaja de que no requerían la procedencia legal del mineral.

La célula criminal de Nazario Moreno se acercó a dichos pueblos indígenas para exigirles cobros por protección y derecho de piso para el traslado del material extraído. Los indígenas respondieron copiando el modelo de protección que algunas empresas chinas e inglesas utilizaban: se armaron grupos de civiles para la vigilancia de las minas. El equipamiento de las guardias en las vetas indígenas corrió por cuenta de algunos funcionarios locales y estatales encargados de las policías en los municipios.

La corrupción en cuanto al mineral extraído no se limitaba a la zona minera de la entidad, también alcanzó el puerto de Lázaro Cárdenas. Allí, funcionarios federales encargados de la administración portuaria permitían el movimiento y flujo de carga sin mayor control. Investigaciones de la PGR hechas hacia 2014 apuntan a malos manejos en el puerto michoacano durante los periodos de administración de Armando Palos Nájera, Héctor Mejía Bautista, Rubén Medina González y Juan Paratore García, en cuyas épocas se registró una movilización irregular de hierro y otros minerales con destino a China y Corea del Sur. Fue en esos periodos cuando la célula de Nazario Moreno se asentó como una empresa más dentro del recinto portuario a fin de contabilizar el mineral que se subía a los barcos chinos, para poder aplicar las *cuotas* correspondientes.

La comercialización de mineral y su extracción ilegal del subsuelo michoacano podrían también alcanzar a funcionarios federales, los que se desempeñaron en la entidad en los últimos quince años, principalmente en las delegaciones de la Secretaría de Economía, Secretaría de Energía y del Fideicomiso de Fomento Minero, de donde salieron sin normatividad los permisos y autorizaciones para la explotación de minas por parte de particulares.

Cabe recordar que fue durante el gobierno de Felipe Calderón, cuando fungía como secretario de Economía Bruno Ferrari, o cuando se incrementó exponencialmente el número de permisos otorgados por la Federación para la explotación de minas en Michoacán, principalmente para la extracción de hierro, cuya normatividad no fue cumplida en la mayoría de los casos. Por las manos del entonces subsecretario para la Pequeña y Mediana Empresa, Juan Bueno Torio, pasaron las solicitudes de permisos para minas en el estado, los que en su mayoría fueron para empresas chinas, estadounidenses e inglesas. La mayoría de las gestiones, solicitudes de operación y permisos que se tramitaron en las administraciones perredistas ante la Secretaría de Economía federal fueron impulsadas por el gobierno de Michoacán por medio de la Secretaría de Desarrollo Económico, encabezada entonces por Eloy Vargas Arreola, quien sería el primero de una lista de funcionarios contratados en los gobiernos de Lázaro Cárdenas Batel y Leonel Godoy en ser acusado de peculado; se le inhabilitó por malversación de fondos y desfalco al erario estatal tras establecerse su participación en la triangulación de fondos federales, retención de partidas y manejo secreto de ellas por 7.5 millones de pesos, decisión que recurrió y ganó. El funcionario además se habría quedado con dinero del Fondo Nacional de Desastres enviado por la Federación para la reconstrucción del pueblo de Angangueo, arrasado por las lluvias el 2 y 4 de febrero de 2010, lo que aún se investiga.

La mayoría de los permisos entregados por la Federación contaron con el aval ciego del estado; no hubo revisión a la normatividad ni verificación de los datos de la persona o agrupación civil que solicitaba la explotación del subsuelo. Fueron avalados por el entonces tesorero estatal Humberto Suárez López, quien ordenó su entrega discrecional y después de su gestión pudo adquirir dos mansiones, una en París y otra en Madrid para sus ratos de descanso. Suárez López se encuentra actualmente bajo proceso penal, acusado de desviar a su favor más de 40 millones de pesos del erario público; las imputaciones que se le hacen van desde desviar fondos de obra pública a sus cuentas, hasta otorgar permisos de explotación minera sin ninguna regulación. Fue detenido el 18 de marzo de 2014, pero no pisó la cárcel porque los delitos que se le inculpan no son considerados como graves. Pagó una fianza de 49 895 455 pesos, la más alta en la historia judicial de la entidad.

En 2014 operaban oficialmente en Michoacán 926 minas, pero solamente 47 de ellas contaban con los permisos oficiales debidamente requisitados. La producción total de hierro en la entidad ascendía a un promedio de cuatro millones de toneladas anuales, cuyo destino en 98 por ciento era la industria china. Hasta 2013 las células del crimen organizado ya habían incrementado su cuota a las empresas mineras a cinco dólares por cada tonelada de mineral extraído.

El monto anual de la riqueza que se genera globalmente por la explotación de las minas en Michoacán, según un estudio del Servicio Geológico Mexicano, asciende a más de 5 826 millones 982 900 pesos, cifra que equivale a casi 10 por ciento del presupuesto de gastos del gobierno de Michoacán. Aun cuando el mayor monto que genera dicha industria proviene de la extracción de hierro, seguido por el cobre y la plata, también existen importantes minas de otros minerales no metálicos, como agregados pétreos de arena, barita, calcita, cantera, caolín, yeso y tezontle principalmente, cuya explotación alcanza anualmente casi los 500 millones de pesos anuales según datos de la Secretaria de Economía.

Al observar el despegue que comenzó a registrar la industria minera en Michoacán, en cuyo convencimiento personal Nazario Moreno atribuía a su protección, decidió dejar de cobrar *cuotas* por el mineral extraído y optó por entrar directamente al negocio de la minería: comenzó una cacería contra pequeños propietarios de minas, a los que mediante el secuestro, intimidación u homicidio logró arrebatarles propiedades. Hacia los años 1998 a 2000, se estima que el grupo de Nazario Moreno mantenía bajo su control directo al menos unas 200 minas en toda la zona de Tierra Caliente, y de las 926 que operaban, al menos 60 por ciento de ellas le pagaban cuota.

De todas las empresas mineras asentadas en Michoacán, solamente una expresó de manera frecuente reclamos de seguridad al gobierno estatal: Arcelor Mittal, por medio de sus directivos, denunció insistentemente los actos vandálicos de robo y extorsión de que era objeto. El gobierno de Michoacán, como siempre, no respondió a las exigencias, pero extrañamente el grupo de Nazario Moreno supo del hartazgo y de la petición de la minera y comenzó a lanzar ataques directos contra los ejecutivos de la empresa. Uno de sus directores, Virgilio Camacho Zepeda, fue ejecutado, y Arcelor Mittal cedió a las presiones de cobro de la célula criminal.

No hay cifras exactas, pero se estima que las 200 minas que mantenían en operación los seguidores de Nazario Moreno sólo en la zona de Tierra Caliente debieron haber generado por año la cantidad de 119 mil toneladas de mineral de hierro, que puestas en el mercado internacional significaban una utilidad directa al crimen organizado por más de un millón de dólares, recursos suficientes para financiar cualquier empresa que se dispusieran a realizar.

Las guardias blancas fueron la respuesta de numerosos centros de extracción de mineral para garantizar su operatividad. Las mineras se armaron: varias empresas establecidas en suelo michoacano contaron de alguna forma con el apoyo de sus países para el suministro de armas a pequeños ejércitos irregulares privados que desde los primeros meses de 2000 empezaron a observarse en las inmediaciones de las minas.

Fueron más de dos mil los hombres armados por las mineras para defenderse del reinante crimen organizado. Su única tarea era salvaguardar los intereses de las empresas transnacionales, aunque también realizaban labores de seguridad pública en los poblados cercanos a las minas. Militares de China, Estados Unidos y Alemania llegaron para adiestrar a los grupos de michoacanos que en su función como guardias de seguridad en las minas comenzaron a ser objeto de los ataques de las células criminales. Ninguna minera intentó dar una explicación —porque ningún organo del gobierno estatal o federal se las solicitó— sobre las operaciones de sus guardias blancas, aunque el argumento que esgrimieron los propios michoacanos involucrados en esa labor tenía que ver con hacer uso de su derecho a defender su trabajo, su vida y sus familias.

Desde 2001 y hasta entrado 2014, al menos nueve de las 12 empresas internacionales asentadas en la zona de Tierra Caliente y de la costa-sierra nahua pusieron en operación de manera abierta grupos de civiles armados, los que tenían la encomienda de repeler la presencia de las células del crimen organizado además de garantizar seguridad a los directivos de las mineras.

Entre las firmas que se sabe pusieron en actividad a personal armado, mejor conocidos como guardias blancas, para asegurar la tranquilidad de sus intereses económicos, se señala a Arcelor Mittal, Shenzhen Golden E-Fast Technology Co., Ltd., Zhejiang Losun Holding Group Co., Ltd., Sunju Mining & Resources, S.A. de C.V. y Liming Heavy Industry Science & Technology. También las empresas chinas Zhong Ning México y Mining Investment, de las más importantes en la explotación minera de Michoacán, fueron señaladas de organizar a grupos de civiles en su mayoría formados por michoacanos, pero también con elementos traídos de otras partes del país, a los que se les dio capacitación policial, instrucción de tiro y se les dotó de armamento de grueso calibre para resguardar la seguridad de sus instalaciones y de sus minas o bancos de minerales. La minera Ternium, asentada en el municipio de Aquila, es la que mayor número de guardias ha integrado al servicio de seguridad de sus minas no sólo en el estado sino también en Colima y Jalisco, donde mantienen en operación otros yacimientos de minerales que también han sido golpeados por el crimen organizado.

Los municipios de Michoacán donde la presencia del crimen organizado llevó a las mineras a parapetarse son Lázaro Cárdenas, Aquila, Huetamo y La Huacana. La mayoría de las guardias blancas que armó y capacitó Ternium, principalmente las de Aquila, fueron la semilla de los grupos de autodefensa: inicialmente formaron los cuerpos de la policía rural de esa localidad, y luego pasaron a ser parte de los grupos de autodefensa que se alzaron contra la delincuencia en toda la región de Tierra Caliente.

Cabe recordar que la empresa Ternium se asentó en Michoacán desde hace más de una década, cuando se dio el *boom* minero luego de que en Aquila se encontraron bancos minerales con reservas probadas para la explotación de hierro por más de 30 años. La empresa logró la concesión federal para la explotación del subsuelo, pero los vecinos de la comunidad se opusieron argumentando deterioro ambiental en la zona.

Frente a ese panorama, Ternium integró su propio grupo de seguridad privada, el que inicialmente tuvo como fin evitar la presencia de manifestantes y quejosos dentro de las áreas de extracción de mineral; sin embargo, muy pronto el cuerpo de seguridad de Ternium comenzó a apoyar a la policía de Aquila en la vigilancia del municipio para garantizar la tranquilidad del lugar.

El grupo armado formado por Ternium para asegurar sus intereses económicos en la zona pasó de ser un comando de 10 personas a más de 50 hombres armados en menos de dos meses, y comenzaron a amenazar a quienes se oponían a la explotación del subsuelo. Para encararlos, los vecinos de la comunidad de Aquila se integraron en una agrupación de comuneros a fin de solicitar una negociación con la empresa, a la que requirieron a manera de regalías un pago por persona; en marzo de 2013 Ternium comenzó a pagar en forma mensual regalías a 401 comuneros por 13 millones de pesos en promedio por la explotación del hierro.

El líder que consiguió las regalías de Ternium era Octavio Villanueva Magaña, quien después fue señalado por los propios comuneros, organizados por agentes del Cisen, de haber desviado para su beneficio la suma de 14 millones de pesos; el gobierno estatal, basándose en dichos señalamientos, obsequió una orden de aprehensión girada por un juez en contra de Villanueva y lo recluyó en la cárcel estatal de Morelia. El grupo civil armado de Ternium, mezclado con comuneros de Aquila, saltó luego a las trincheras y se hizo llamar Grupo de Autodefensa de Aquila.

La operación de las empresas mineras extranjeras en la zona costa-sierra nahua y Tierra Caliente de Michoacán sigue causando malestar entre los vecinos de los poblados donde se asientan. En realidad nunca llegó el desarrollo económico para la región, la pobreza siguió creciendo y lacerando a los habitantes; los caminos polvorientos por donde se traslada el mineral para llevarlo al puerto de Lázaro Cárdenas siguieron igual o peor en algunos casos que antes de que llegara la maquinaria pesada y los equipos de extracción de tierra con hierro. El reclamo de los colonos se ha presentado al gobierno estatal de Michoacán, pero nadie parece escuchar.

Hasta entrado 2013, era común ver a los grupos de civiles armados contratados por las mineras en circulación a bordo de camionetas de doble rodada, en vehículos estadounidenses sin placas o sin ningún tipo de rótulos o identificación. No había forma de diferenciarlos de los gavilleros de las células del crimen organizado, por lo que la gente les tenía miedo y prefería voltear a otro lado para no verlos: nadie quiere saber quiénes son los que viajan a toda velocidad por los caminos polvorientos del sur.

Oficialmente las guardias blancas de las mineras no existen ni existieron, pese a que la misma Sedena emitió algunas de las licencias colectivas que ampararon la legitimidad de las armas con las que las firmas internacionales buscaron resguardar sus intereses. Dentro de las empresas mineras, a quienes se sumaban a la vigilancia y cuidado de sus bienes se le registraba y asignaba como personal de seguridad o de vigilancia perimetral; la mayor parte de las partidas para el financiamiento de esos grupos quedaron dentro del rubro de "investigación y desarrollo". Algunas de las armas registradas ante la Sedena, señalan fuentes de una empresa acerera, pertenecían a las células criminales que ellos mismos combatían, otras veces las compraron las mineras, y algunas más las decomisaron sus propias guardias.

El patrullaje que realizaban las brigadas de las mineras fue lo que comenzó a generar confrontaciones con las células criminales actuantes en la zona. El primer blanco que los particulares tuvieron en la mira fue la cabeza de Nazario Moreno, al que contradictoriamente siempre se le pagaban las *cuotas* que exigía; después pactaron con las fuerzas federales para que se permitiera su existencia al exterior de los perímetros de las minas, llegando a acuerdos con los gobiernos locales a fin de apoyar en la vigilancia de algunas localidades en Tierra Caliente.

Los excesos —robos, extorsiones, violaciones y secuestros— de los guardias particulares de las mineras en funciones de policías fueron denunciados con insistencia ante las autoridades del gobierno estatal. Las primeras denuncias presentadas ante la procuraduría de justicia datan de los últimos meses de 1992, cuando Jesús Reyna García estaba al frente de ella y conducía la administración en calidad de interino Ausencio Chávez Hernández. La omisión oficial fue lo único que observaron los vecinos ofendidos.

Nunca hubo una postura oficial de las mineras sobre los abusos de sus guardias contra la población civil. Las mineras en Michoacán se caracterizaron por no tener rostro: sólo en la cumbre estatal se sabe quiénes son dichos empresarios, los que siempre argumentaron la necesidad de garantizar sus cuantiosas inversiones, que veían amenazadas con la presencia de células criminales primero del grupo de Nazario Moreno, luego de la Familia Michoacana y principalmente de los Templarios. Tan sólo las mineras chinas tienen inversiones globales por más de 3 500 millones de dólares.

Hasta antes de la integración de las guardias blancas, según se informó en su momento a la procuraduría de justicia de Michoacán, las empresas mineras registraban pérdidas económicas por más de 100 millones de pesos al año, toda vez que casi 10 por ciento del mineral extraído les era robado y vendido a ellas mismas por el crimen organizado. Armar grupos de vigilancia y seguridad para la protección de sus intereses económicos les representó menos de 0.1 por ciento de sus gastos de operación.

En sólo 10 años, entre 1990 y 2000, el número de guardias al servicio de las compañías mineras de Michoacán creció en forma exponencial. Hacia junio de 1990 se estima que existían al menos unos 50 civiles armados y financiados por las mineras; hacia 2000 se calcula que la fuerza civil armada y entrenada por las firmas transnacionales ya había llegado a por lo menos 6 500 hombres. Capacitaron a esos grupos armados ex militares estadounidenses que llegaron a la entidad con la misión oficial de integrar los equipos de seguridad de los mandos ejecutivos de esas compañías.

El buen sueldo —considerando las condiciones de pobreza en la zona sur de Michoacán, donde el ingreso promedio diario para un campesino es de 30 pesos al día—, el alto desempleo y la posibilidad de portar un arma para el cuidado de la propia familia, hicieron que muchos michoacanos vieran como una opción inmejorable enrolarse en el trabajo de vigilancia de las mineras. En la década de 2000 a 2010, el número de guardias llegó a casi nueve mil personas, cuando la mayoría de ellos ni siquiera pisaban las inmediaciones de las minas: estaban asignados a la seguridad y vigilancia de los caminos de acceso o a las comunidades aledañas a los centros de extracción de mineral.

De las guardias blancas de las mineras comenzaron a nutrirse las policías municipales de Aquila, Lázaro Cárdenas, Tumbiscatío, Huetamo, Coalcomán, Tepalcatepec, Apatzingán, Nueva Italia, Buenavista Tomatlán, Aguililla y Churumuco. Pronto las mineras no sólo tenían pleno control de los cuerpos de seguridad de los municipios más pobres de Michoacán, sino que comenzaron a imponer alcaldes en cada una de las poblaciones donde se asentaban las minas. El caso más evidente es el municipio de Lázaro Cárdenas, donde la empresa Arcelor Mittal sigue manteniendo el control político y desde 1990 financia a funcionarios públicos del PRD y del PRI para asentarse en la administración local como parte del cuidado de sus intereses.

Conforme a lo que dice su página oficial, Arcelor Mittal, que se dedica a la producción de acero, es la "número uno en el mundo, con operaciones en 60 países y ventas en otros 174 de ellos, empleando a más de 260 mil personas". En 2011, la acerera que controla Lázaro Cárdenas tuvo ventas globales por 93 900 millones de dólares; en ese mismo año asegura que hizo una inversión en "investigación y desarrollo" por más de 306 millones de dólares.

Arcelor Mittal creció en el puerto de Lázaro Cárdenas al amparo de la corrupción del gobierno estatal. En 1992 se hizo dueña de la Siderúrgica del Balsas, adquirida al grupo Villacero. La Siderúrgica del Balsas era una empresa creada y constituida por el gobierno de Gustavo Díaz Ordaz en 1969; fue un proyecto que impulsó hasta el día de su muerte el general Lázaro Cárdenas del Río. Fue inaugurada, y puesta en operación como el proyecto mundial que sacaría a los michoacanos de la pobreza, por Luis Echeverría el 4 de noviembre de 1976. En 1979 la siderúrgica michoacana se integró al sistema de siderúrgicas propiedad del Estado mexicano (Sidermex).

Como paraestatal, la Siderúrgica Lázaro Cárdenas, que se creó con la intención de explotar la zona minera ubicada en la comunidad de Las Truchas, rica en hierro, fue desincorporada y vendida por el gobierno de Salinas de Gortari al grupo Villacero en 1991 en una operación cuestionada por los propios trabajadores, los que denunciaron la subvaluación de los activos de la empresa: sólo la fundidora valía diez veces más de lo pagado. Cuando se vendió, la siderúrgica mantenía una producción de acero valuada en 2 500 millones de dólares; el grupo Villacero pagó 170 millones de dólares por la compañía.

Ese fue sin duda uno de los negocios que afianzaron económicamente al grupo Villacero. Sin embargo, sólo un año más tarde, tras los primeros conflictos con las células del crimen organizado, en franca disputa por el puerto y que insistían en el cobro por operación, el grupo empresarial de Monterrey vendió la Siderúrgica Lázaro Cárdenas en 1 443 millones de dólares a la empresa de capital indio Mittal Steel, fundada por Lakshmi N. Mittal, que en 2006 se fundiría con la compañía Arcelor, de capital inglés.

Desde sus inicios en Michoacán, la acerera Mittal buscó la forma de encarar el problema de la delincuencia organizada, aunque fue la primera en pactar con los enviados de Nazario Moreno el pago de tres dólares por cada tonelada de mineral que pasaba por sus instalaciones. No se excluyó de integrar a sus propios grupos armados para defender sus instalaciones e intereses, y también comenzó a financiar las campañas de quienes aspiraban a llegar a los mandos de gobierno locales.

La fórmula que aplicó Mittal en el puerto de Lázaro Cárdenas para mantener a salvo sus intereses, financiar a todos los aspirantes a los ayuntamientos y diputaciones locales, federales y al Senado de la República, pagando las campañas de los candidatos del PRD y PRI para asegurar el éxito de su inversión, fue replicada por otros grupos empresariales en todos los municipios mineros del sur del estado de Michoacán; las candidaturas a gobernador no escaparon a la subvención de las empresas mineras.

En la elección estatal de 1992, todos los candidatos al gobierno estatal fueron financiados por las mineras. Hubo aportaciones de las transnacionales en las campañas de Fernando Estrada Sámano, del PAN, Eduardo Villaseñor Peña, del PRI, Luis Coca Álvarez, del PARM, Octaviano Alanís, del PFCRN, y Cristóbal Arias Solís, del PPS; ganó la elección Villaseñor Peña, que no pudo cumplir con las demandas de las mineras pues permaneció en el cargo sólo veintiséis días. Ausencio Chávez Hernández, impuesto por el secretario de Gobernación Fernando Gutiérrez Barrios, fue quien completó el periodo y los compromisos del gobierno priísta que no pudo atender Villaseñor, quien murió en un accidente vial por demás extraño en el estado de Guanajuato.

A Eduardo Villaseñor Peña lo encumbró y lo mató el PRI. De ser un empresario de medio pelo, en menos de dos años, la estructura política de Carlos Salinas de Gortari lo proclamó como el modelo del mexicano exitoso, el de la cultura del esfuerzo. Fue la bandera del pragmatismo neoliberal: el empresario convertido en gobernante preocupado por los que menos tienen. Le diseñó una carrera espectacular en la política a fin de convertirlo en gobernador. Ya en 1992, el PRI insistía en un nuevo modelo de gobernantes para Michoacán. "Un Hombre Nuevo para un Nuevo Michoacán" fue el eslogan de campaña del empresario piedadense.

Ninguno de sus socios y amigos —los que lo llevaron a la aventura de la política— pudo siquiera imaginar el trágico final que tendría la carrera política de Eduardo Villaseñor Peña. Sus financiadores: Roberto Saldaña Villaseñor, Alipio Bribiesca Tafolla, Jaime Mares Camarena, Enrique García Arciga y Antonio Soto —los que se enriquecieron a la sombra de Humberto Romero Pérez— no terminan de llorar el fracaso en el que acabó la empresa de la gubernatura del estado.

Eduardo Villaseñor Peña no era brillante. Era soberbio. Era de los que aprendían rápido y se adaptaban a las circunstancias. Era entrón. Por eso el grupo empresarial de La Piedad lo cobijó y lo utilizó. Durante muchos años fue el negociador de los empresarios del bajío frente a las bandas de secuestradores que golpeaban sus intereses. Así se ganó una posición en la clase empresarial que asentó sus feudos en la agricultura. Su primo Roberto Saldaña Villaseñor fue su contador y principal soporte para la incursión en el mundo de los negocios.

En ese mundo, Eduardo Villaseñor Peña estrechó relaciones con un hermano del ex presidente Carlos Salinas. Raúl Salinas de Gortari visitaba de vez en vez el municipio de La Piedad para reunirse con algunos empresarios locales. Con algunos se trataba de compadre. La engorda de cerdos o la siembra de granos básicos pudieron ser los negocios que llevaron al hermano incómodo a esa árida zona del bajío. A principios de 1989, con Carlos Salinas de Gortari superando los señalamientos del fraude electoral, el municipio de La Piedad —una localidad de no más de 90 mil habitantes— vivía su propio drama.

En la hegemonía política del PRI el municipio de La Piedad había sido gobernado por todo tipo de personajes, desde un alcalde que estuvo a punto de mandar a hacer, frente al mercado municipal, un monumento a la prostituta del pueblo, hasta el que se pasaba los días pegado al confesionario para pedir perdón por sus actos de gobierno. Pocos fueron los políticos que imprimieron un verdadero sentido de desarrollo a esa localidad; la lista es corta: José Arroyo Domínguez, José García Castillo, Agustín Belmonte Belmonte, Javier García Castillo, Marco Antonio Aviña Martínez, Raúl García Castillo, Rogelio Valtierra Flores, José Adolfo Mena Rojas y Ramón Maya Morales.

El drama del municipio se agudizó cuando al frente de la alcaldía estuvo José Luis Fernández Alba, dicharachero y alcohólico, que sumió al municipio en la peor de las crisis. Como en toda la historia contemporánea, el PRI actuó con su política gatopardiana: cambió algo para no cambiar nada. Aprovechó el descontento social que existía entorno al alcalde José Luis Fernández Alba, un fiel soldado del PRI, para proponer un cambio con la llegada de un nuevo hombre para el municipio. Se propuso el primer ensayo del neoliberalismo en Michoacán. Los empresarios fueron traídos para hacer negocios con los fondos públicos.

Las administraciones locales fueron convertidas en empresas, la población solo significó cifras y las demandas sociales una mercancía. Eduardo Villaseñor fue el hombre idóneo en la Presidencia de la República para abanderar el nuevo modelo económico.

Sin ser nadie en la política, ni siquiera priísta, le llegó la propuesta de ser gobernador de Michoacán. El ofrecimiento —contó el profesor Guillermo Montoya Cervantes, testigo de los hechos— se lo hizo Raúl Salinas de Gortari durante una fiesta que le organizaron unos empresarios del bajío. En punto de borrachera, el hermano del presidente de la Republica puso en marcha un proyecto personal que le costaría a la federación cerca de 2 mil millones de dólares, cuando el dólar estaba a 2 361 pesos nuevos.

Con la orden presidencial, el PRI puso en marcha su estructura para hacer de Eduardo Villaseñor Peña el candidato ideal. El presidente del partido, Luis Donaldo Colosio Murrieta fue enviado al polvoriento pueblo de La Piedad para entrevistarse con el prospecto a alcalde. Eduardo no creía que fuera cierta la oferta de Raúl Salinas y en dos ocasiones dejó plantado al luego mal logrado candidato a la Presidencia de la República. En el tercer intento Colosio se pudo reunir con Villaseñor. Acordaron llegar a la alcaldía a costa de lo que fuera. El naciente movimiento democrático de Cuauhtémoc Cárdenas Solórzano no representó ningún obstáculo.

Para difundir los actos de gobierno y proyectar su imagen política, Eduardo Villaseñor Peña no reparó en gastos: contrató despachos de asesoría e imagen, llegaron funcionarios federales a gobernar a su lado. La aldea —como bautizó al municipio de La Piedad el director de Banobras Gustavo Carbajal Moreno— se llenó de funcionarios federales y estatales, revestidos de asesores. Hasta un periódico compró el edil. El diario *a.m.* de León, a cambio de un contrato millonario, se asentó en La Piedad para convertirse en el vocero oficial de la administración priísta. El presupuesto anual del municipio, programado en 38 mil millones de pesos nuevos, se gastó en sólo 2 meses de administración. Eso no le preocupó a Villaseñor, no pensaba quedarse en el cargo para sortear con los problemas derivados de la falta de recursos.

Aun no tenía un año al frente de la administración municipal cuando Eduardo Villaseñor solicitó licencia para ausentarse del cargo. Dejó el gobierno municipal en manos de su socio Alipio Bribiesca Tafolla e hipotecada la Hacienda Pública durante 20 años, tras la contratación de la primera deuda municipal, que ascendió a 18 mil millones de nuevos pesos. Eduardo Villaseñor fue convertido por Luis Donaldo Colosio Murrieta en candidato a diputado federal por el Distrito del norte de Michoacán.

Con la estructura política del PRI y la disposición irrestricta de recursos de la federación a su disposición, Villaseñor fue el primer diputado que durante su campaña ejecutó obras para los municipios que le garantizaban el voto. En los círculos de poder de la federación seguían viéndolo con recelo. Hubo algunas publicaciones nacionales que lo relacionaron con teorías sospechosas de financiamiento en su explosiva carrera política. Nunca se demostró nada.

Aun no debía terminar su periodo para el que fue designado acalde de La Piedad, cuando Eduardo Villaseñor Peña fue elegido de entre las huestes priístas como el hombre idóneo para la gubernatura de Michoacán. Su candidatura la divulgó, unos días antes de hacerla oficial, el propio Raúl Salinas de Gortari. En un grupo pequeño se anunció la disposición del presidente Salinas de Gortari para terminar con el reinado de la familia Cárdenas, que hasta ese momento era la que ponía y quitaba gobernadores en Michoacán.

La estrepitosa salida de Luis Martínez Villicaña, para dar paso al encumbramiento de Genovevo Figueroa Zamudio como gobernador era la muestra más evidente del poder tras el trono que ostentaba Cuauhtémoc Cárdenas Solórzano en Michoacán. El hijo del general no miró con buenos ojos la candidatura del Piedadense. A final de cuentas Michoacán era el bastión del cardenismo, el último reducto de la resistencia al salinato que llegó por asaltó al poder de la república. Por eso, prefirió encender su casa para ver la de Carlos Salinas arder.

Con el repudio de la dirigencia estatal priístas, encabezada por los hermanos Servando y Ausencio Chávez Hernández, el Piedadense fue oficializado como candidato al gobierno de Michoacán. El dinero broto de las fuentes inacabables del PRI. Fue la campaña más fastuosa de la que se tenga memoria en Michoacán. No hubo control en la aportación de recursos. Llegaron donaciones a la campaña priista de distintos empresarios, el círculo de Carlos Hank González fue el que más aportó.

A los 2 mil millones de dólares que fueron enviados desde la presidencia de la republica para lograr el triunfo a costa de lo que fuera, se sumaron fideicomisos y préstamos que lograron algunos empresarios michoacanos, que hipotecaron sus empresas a favor del PRI.

Al término de la jornada electoral del 5 de julio de 1992, Eduardo Villaseñor logró una votación de 418 080 votos, que representó el 52.8 por ciento del total de sufragios. En segundo lugar quedó el candidato del PRD, Cristóbal Arias Solís, con una votación de 289 724 votos, que eran el 36.6 por ciento del cómputo total. Los otros candidatos no tuvieron cara de decirse defraudados, la votación no llegó, en el mejor de los casos, ni al 8 por ciento. Pese a ello, hubo una convulsión generalizada en todo el estado.

En los cortos 21 días que Eduardo Villaseñor Peña fue gobernador constitucional de Michoacán, nunca pudo ejercer su mando. No había sitio público al que acudiera en el que no se hicieran presentes los manifestantes cardenistas, que repudiaban su triunfo electoral. El empresario porcícola fue denostado por la turba hasta en su profesión. En decenas de ocasiones y plazas públicas, los manifestantes desbandaron cerdos para exponer al gobernador "las marranadas" de las que eran objeto. Al calor del imaginario popular, a Villaseñor —que sólo tenía la conclusión oficial de estudios de primaria— le asignaron el título de C.P. no por ser Contador Público, sino por el insolente calificativo de "Criador de Puercos". Desde la oposición, al efímero gobernador siempre se le reconoció como el C.P. Eduardo Villaseñor Peña.

Las movilizaciones cardenista no lo tomar el control de la Casa de Gobierno. Los días de su mandato los hizo desde la fría habitación de un hotel de la ciudad de Morelia. Solamente en la ciudad de México se sentía gobernador de Michoacán. De los 21 días de gobierno, pasó 12 en la capital del país, bajo el pretexto de gestionar acciones de gobierno en dependencias federales. Fue un visitante consuetudinario de la residencia oficial de Los Pinos, donde Raúl Salinas le ofreció el derecho de picaporte. Todavía no se sabe la razón por que el presidente de la Republica perdió el entusiasmo por mantenerlo en el cargo. Hay quienes apuntan que Villaseñor fracasó en el compromiso de apagar el incendio hecho por el ingeniero Cárdenas, otros señalan la antipatía de Eduardo Villaseñor con José Córdoba Montoya, el jefe de la oficina de la presidencia. Córdoba se lo dijo en la cara: el único conducto para ver al presidente era él. Villaseñor, rencoroso como era, lo acusó con Raúl Salinas. Sin saberlo, pudo allí haber cavado su tumba política.

Después de siete reuniones entre el gobernador que no podía asentarse en el cargo y el presidente Carlos Salinas, el asunto de Michoacán fue cedido para su solución en las manos del secretario de gobernación, Fernando Gutiérrez Barrios, el más ferviente cardenista dentro del equipo del de Agualeguas, Nuevo León. Tres días después, a mitad de la noche del 5 de octubre, Fernando Gutiérrez Barrios le estaba hablando por teléfono al gobernador para exigirle su renuncia. Fue un balde de agua fría para los que invirtieron en la candidatura.

A las 11:23 de la mañana del 6 de octubre de 1992, el gobernador Eduardo Villaseñor Peña anunció su intención de solicitar licencia para ausentarse del cargo, no esgrimió argumentos. Nadie los necesitaba ante el estado de caos en el que se había sumido Michoacán. Unas horas después Ausencio Chávez Hernández asumiría el cargo de gobernador interino, observando cómo se fueron desvaneciendo poco a poco los plantones de inconformes que se extendieron por todo el territorio estatal. El nuevo gobernador, con el apoyo del secretario de gobernación, llegó a un consenso con los grupos inconformes del cardenismo entregando posiciones de gobierno.

En Los Pinos Eduardo Villaseñor fue recibido por octava ocasión y le ofrecieron un cargo federal. Su perfil empresarial lo colocó en la dirección de fomento minero de la secretaría de energía, minas e industria paraestatal, bajo el mando de Fernando Hiriart Balderrama. Desde esa posición, el depuesto gobernador pudo pagar los compromisos adquiridos con las mineras internacionales que habían financiado parte de su campaña. Gestionó, aprobó y entregó al menos 870 concesiones de explotación minera en el estado, casi 30 por ciento de las concesiones vigentes.

Desde su puesto federal, Eduardo Villaseñor Peña no dejó de ser una constante molestia para el gobernador Ausencio Chávez Hernández, al que podía llegar a desplazar en cualquier momento. Si bien era cierto que Villaseñor solicitó licencia para ausentarse un año de su encargo, también era cierto que la podía suspender en cualquier momento. La muerte del secretario de gobernación Fernando Gutiérrez Barrios y la consecuente llegada de Patrocino González Garrido alentaron la idea de regresar. Inició la gestión. Patrocinio González Garrido le ofreció la posibilidad de volver, pero se interpuso la figura de José Córdoba Montoya, quien lo obligó a solicitar una nueva licencia días previos al 6 de octubre de 1994.

El gobernador Ausencio Chávez Hernández sabía que no podría mantenerse en el poder basado en las licencias de Villaseñor. Al vencerse la segunda ausencia se presentaban dos opciones, de acuerdo a la legislación local de ese tiempo: el gobernador ausente podría regresar a su cargo o podría extender la licencia. De ser la segunda daba pie a una elección extraordinaria. En ninguno de los escenarios permanecía Ausencio Chávez Hernández en el poder. Por eso maniobró con el congreso local.

Con el poder que un gobernador tiene en Michoacán, le alcanzó a Ausencio Chávez para doblar el congreso. A unas horas de que venciera la segunda licencia de Eduardo Villaseñor, se acordó que el depuesto gobernador presentara una tercera licencia, esta vez por tiempo indefinido. El congreso eligió por tercera ocasión como gobernador interino a Chávez Hernández, y se acordó adecuar la legislación local para validar la permanencia del gobernador por casi un sexenio sin haber sido electo en las urnas. A Eduardo Villaseñor le notificaron desde la Presidencia de la Republica los acuerdos de su separación definitiva del cargo.

A poco más de un mes de haber sido despojado de su cargo, sin ser recibido por el presidente de la República, el 20 de noviembre de 1994, Eduardo Villaseñor Peña murió en forma extraña. Fue encontrado muerto sobre la carretera La Piedad-Manuel Doblado, en un aparente choque vehicular. Diez minutos antes estaba departiendo en una fiesta, cuando recibió una llamada para encontrarse con alguien, y ya no regresó. Si el cuerpo presentaba algún tipo de lesiones, nadie lo supo.

Un reporte del Centro de Investigación de Seguridad Nacional (Cisen), fechado con el día de su muerte, indica que el cuerpo del gobernador con licencia nunca fue sometido a peritajes de identificación por ninguna autoridad judicial de Guanajuato o de Michoacán. La carretera en donde ocurrió el accidente se encuentra en los límites de esos dos estados. El informe federal también refiere que, al parecer, el cuerpo de Villaseñor Peña, estaba dentro de una camioneta pick up y fue sustraído del lugar del accidente.

Aparentemente Eduardo Villaseñor Peña viajaba a exceso de velocidad y estrelló su camioneta —una pick up del año— contra otra camioneta de carga. El impacto fue de frente, pero el único vehículo que sufrió daños considerables al volcarse fue la unidad en la que viajaba solo el gobernador con licencia. En la cabina había algunos rastros de sangre, pero en el asiento de la camioneta estaba impecablemente acomodado un libro. Luego de que la camioneta diera varias volteretas, sobre el asiento del copiloto —de acuerdo a la versión oficial—, permaneció intacto el libro *Sangre Política*, de Rafael Loret de Mola.

La escena del accidente fue resguardada por elementos de la entonces Policía Federal de Caminos, quienes por orden superior fueron enviados a custodiar la unidad cuando ya no estaba el cuerpo del gobernador. Hay versiones confusas sobre la forma en que se levantó del sitio del accidente el cuerpo de Eduardo Villaseñor. La más cercana a la realidad apunta a que fue el síndico de La Piedad, Rafael Espinoza Álvarez, el que ordenó el traslado del cuerpo, sin esperar la presencia de los peritos de la procuraduría de justicia de Guanajuato, jurisdicción a la que corresponde el sitio del accidente.

Los elementos de la policía federal de caminos que enviaron para resguardar el área —se sabría después— fueron movilizados media hora antes del percance. La notificación para que se trasladaran al lugar de los hechos la recibieron en un rango de 15 a 20 minutos antes de que Eduardo Villaseñor Peña recibiera la llamada que lo sacó de la fiesta, para encontrarse con la muerte. Pese a la presencia de los elementos de la Policía Federal de Caminos, nunca hubo parte oficial del accidente. La versión periodística que se alentó desde el gobierno estatal de Michoacán señalaba un accidente derivado del exceso de velocidad y el alcohol que estuvo consumiendo horas antes el occiso.

Del cuerpo del malogrado gobernador de Michoacán nadie supo en el momento. Hasta una hora después de que fue sustraído del sitio del percance lo entregaron a la morgue del hospital Benito Juárez de La Piedad, donde por orden expresa del gobernador interino, el que ocupó su cargo, Ausencio Chávez Hernández, exceptuó la autopsia. Por otra orden emanada de algún lugar, a nadie se le permitió observar el cuerpo, que permaneció por 30 minutos sobre la plancha la morgue, cubierto desde la cabeza a los tobillos con una sábana blanca, se asomaban solamente un par de botas cafés de piel de armadillo.

El cuerpo fue entregado a sus deudos en un ataúd de madera sellado herméticamente. Su viuda, Yolanda Meza de Villaseñor se conformó con acariciar el féretro para despedir a su marido. La fila de funcionarios estatales y federales que acudieron para darle el último adiós fue interminable. Los grandes ausentes en las exequias fueron el presidente Carlos Salinas de Gortari y su hermano Raúl. En representación de la Presidencia de la República se hizo presente el secretario de gobernación Jorge Carpizo Mc Gregor.

A los tres días de fallecido, sepultado en la cripta familiar, el cuerpo de Eduardo Villaseñor Peña ardió: un grupo de extraños ingresó al panteón municipal de La Piedad, roció el féretro de madera con litros de combustible —al parecer diesel—, y lo incendió. Las llamas que iniciaron a deshoras de la noche se consumieron con la llegada de la luz del día. El cuerpo del gobernador michoacano se redujo a cenizas. El informe que levantó el Cisen descartó que se tratara de un acto de vandalismo común, se turnó el caso a la procuraduría de justicia de Michoacán, pero allí se detuvo cualquier intento de investigación.

Las exequias del gobernador de Michoacán se llevaron a cabo con la solemnidad de las de un secretario de estado. Hubo duelo oficial, también la iglesia católica lo decretó por medio de campanas en solidaridad con los michoacanos. En el gobierno municipal nombre una calle con su nombre y se erigió una estatua en su honor. El siguiente funeral fastuoso, llorado con lágrimas oficiales, ocurriría 17 años después, cuando fue asesinado el alcalde panista de ese mismo municipio, Ricardo Guzmán Romero, cuya muerte la lloró y la silenció el presidente Felipe Calderón Hinojosa.

Política y delito

En las elecciones locales de 1995, cuando aspiraron a la gubernatura de Michoacán Felipe Calderón Hinojosa, del PAN, Víctor Manuel Tinoco Rubí, del PRI, y Cristóbal Arias Solís, del PRD, se sintió la mano de las mineras al igual que en el proceso electoral local de 2001, en el que contendieron Salvador López Orduña, del PAN, Alfredo Anaya Gudiño, del PRI, y Lázaro Cárdenas Batel, del PRD. También hubo dinero de las transnacionales mineras en las campañas a gobernador de 2007, donde participaron Salvador López Orduña por el PAN, Jesús Reyna García por el PRI, Leonel Godoy Rangel por el PRD, y Alejandro Méndez López por el PVEM.

La enseñanza de las mineras fue entendida rápidamente por las células del crimen organizado, que hacia mediados de 1996 ya se habían afianzado en todo el territorio estatal. Para finales de 2000 ya era del dominio público la versión creada sigilosamente en la oficina del Cisen en Michoacán: desde la célula de Nazario Moreno fluían recursos en apoyo a los candidatos que consideraba idóneos a sus intereses. En por lo menos 34 de los 113 municipios la derrama del narco a las campañas políticas fue permanente sin que el propio gobierno federal quisiera hacer algo, según revelan fuentes del Cisen en la entidad.

En las campañas políticas de 2011, donde contendieron a la gubernatura Luisa María Calderón, Fausto Vallejo y Silvano Aureoles, el dinero del narco también llegó a las campañas de algunos de los candidatos a alcaldes y regidores según los informes del Cisen, los cuales han sido el sustento para el procesamiento penal de varios ediles.

Pese a que la presencia del crimen organizado fue por demás evidente en las campañas políticas a lo largo de todo el territorio estatal, ningún medio local se atrevió a hacer señalamientos a los alcaldes ganadores; como después de cada votación, se aplaudió el triunfo de los que arrasaron en las urnas y se fustigó a los perdedores. Nada se dijo en la prensa, pero la presencia del crimen organizado en las elecciones de noviembre de 2011 en Michoacán fue muy evidente en los municipios de Apatzingán, Lázaro Cárdenas, Aguililla, Pátzcuaro y Huetamo, donde las células salieron a la calle durante la jornada a fin de promover el voto a favor de los candidatos de su preferencia, los que finalmente lograron el triunfo en las urnas para constituirse como autoridades. En Apatzingán ganó el candidato del PRI, Uriel Chávez Mendoza; en el puerto de Lázaro Cárdenas, el perredista Arquímedes Oseguera Solorio; en Aguililla, el priísta Jesús Cruz Valencia; en Pátzcuaro, la priísta Salma Karrúm Cervantes; en Huetamo, la priísta Dalia Santana Pineda, y en Numarán

José Luis Madrigal Figueroa, cobijado por el PRD. La suma de los votos gestionados por el crimen organizado afianzó al PRI como la primera fuerza política en la entidad. Hacia principios de 2015 todos estos alcaldes estaban presos, procesados por sus probables nexos con el crimen organizado como resultado de una práctica hereditaria que no se había querido reconocer

Chávez Mendoza, alcalde de Apatzingán —en el epicentro de la zona de control de los Caballeros Templarios—, fue detenido el 15 de abril de 2014, acusado de cobrar la décima parte del salario de sus empleados para entregarlo como cuota de apoyo a las células del crimen organizado. Sus reuniones con el jefe de los Caballeros Templarios fueron registradas en video, lo que constituyó la principal prueba en su contra dentro del proceso penal que se le sigue por parte de la Federación.

El alcalde de Lázaro Cárdenas, Arquímedes Oseguera, fue detenido el 28 de abril. La acusación que presentó la PGR fue por su probable participación en los delitos de secuestro y extorsión, además de colaborar con el crimen organizado. Se le otorgó auto de formal prisión con base en los señalamientos que hicieron en su contra algunos de sus empleados en la administración pública; también existe un video donde el ex edil se encuentra reunido con Servando Gómez.

El 13 de mayo se difundió por parte de la procuraduría de justicia de Michoacán que el alcalde de Aguililla, Jesús Cruz Valencia, también había sido aprehendido. Se le imputó el cargo de delincuencia organizada, presuntamente por colaborar con los Caballeros Templarios. De los detenidos, fue el único remitido a una cárcel federal de máxima seguridad, el Cefereso de El Rincón en Nayarit.

El 4 de agosto la alcaldesa de Pátzcuaro, Salma Karrúm, fue sometida a investigación y llevada a las instalaciones de la PGR para luego verse sometida a proceso por su probable responsabilidad en el delito de colaboración con el crimen organizado. La principal acusación que el Ministerio Público de la Federación le hizo fue haberse reunido con el jefe de los Templarios: existen videos donde Servando Gómez aparece reunido con ella y con su colega de Huetamo, Dalia Santana Pineda, del mismo partido y detenida el 14 de agosto del mismo año. Se acusó a Santana de colaborar con el crimen organizado además de delitos del fuero común, destacando su presunta participación en un homicidio y varias extorsiones; hasta principios de 2015 se encontraba recluida en una cárcel de mínima seguridad en la cabecera municipal de Morelia.

Ritos de integración

El control que como máximo líder del crimen organizado mantuvo Nazario Moreno en la década de 1990 a 2000 sobre la producción minera y las estructuras de gobierno locales en todo el estado no hubiera sido posible sin contar con una red de células fieles, obedientes, casi devotas de su persona. El efecto causado por su libro entre sus huestes fue efectivo: la hermandad de los iniciados dentro del cártel-logia afianzó su identidad. Allí se reflejó el aleccionamiento ideológico como resultado de los ritos de iniciación que se instituyeron en forma oficial dentro de todos los grupos que controlaban las plazas de Michoacán entero. Nadie, desde adentro de las células, era capaz de traicionar el principio de lealtad que había jurado.

Los ritos de iniciación, que sólo se daban en la Fortaleza de Anunnaki y siempre con la presencia de Nazario Moreno para encabezarlos en calidad de Gran Maestro, pronto dejaron de ser exclusivos. Los jefes de plaza al servicio del *Chayo* fueron ordenados en ceremonias especiales, se les otorgaba el rango masónico de Gran Caballero para poder encabezar ellos mismos las ceremonias de iniciación en sus propias localidades. En la mayoría de ellas se hacían lecturas de *Me dicen: el Más Loco*; en algunos casos, dejado a la experiencia espiritual del jefe de plaza, el Gran Caballero que ordenaba podía leer cualquier otro texto que considerara conveniente, si se ajustaba a la enseñanza que hacía Nazario en su propia obra. En la mayoría de las iniciaciones se utilizaba como texto complementario algún pasaje de la Biblia, a veces la católica, a veces la versión protestante.

Los pasajes más leídos de su libro eran los que tenían que ver con la infancia de Nazario Moreno. Se hacía hincapié en las condiciones adversas que había tenido que afrontar aquel chiquillo sin escuela y en extrema pobreza hasta llegar a ser "el hombre más poderoso de Michoacán". Hacían apología de su valentía: le gustaba jugar a los balazos y casi siempre ganaba porque se levantaba luego de estar muerto, contaban con emoción muchos de los iniciados. Algunos ex miembros del cártel aseguran que la enseñanza de ese pasaje les salvó la vida; ellos, como Nazario, entendieron las ventajas de verse muertos sin estarlo.

Algunos jefes de plaza entendieron esas palabras como un episodio visionario, asegurando que en ese relato Nazario Moreno predijo de alguna forma su falsa muerte, anunciada por el gobierno federal en voz de Alejandro Poiré, secretario técnico y vocero del Consejo de Seguridad Nacional, el 10 de diciembre de 2010; el discurso del Gran Caballero en turno siempre recordaba a los iniciados la sagacidad de Nazario, que en su inocente juego de policías y ladrones siempre se simulaba abatido en la refriega, tenía la paciencia para fingirse muerto y luego remontaba hacia su escondite.

Nazario Moreno siempre fue visto por los iniciados como un padre. Los jefes de plaza lo sabían, por eso era común que las células se reunieran en alguna ocasión en la semana y repasaran el texto de *Me Dicen: el Más Loco*, en el capítulo tres, donde se lee: "Mi madre, en su afán de hacer de nosotros, sus hijos, gente de bien, no atinó más que a corregirnos a base de férrea disciplina, haciéndonos desdichados en nuestra niñez, pues fue tanta su severidad que le temíamos, al grado que le pusimos por sobrenombre *la Pegalona*. Sufrimos su energía todos los hijos por igual, hombres y mujeres". Esa enseñanza tenía que ver con la obediencia: había que aceptar la férrea disciplina que se daba en las células, donde eran frecuentes los golpes a manera de castigo. Así se ganó Nazario Moreno un mote más entre los iniciados, el del *Pegalón*, pues muchos conocieron la disciplina de las tablas en las nalgas.

Tras la detención en 2004 de Carlos Rosales Mendoza, quien era reconocido como jefe de todas las familias que en Michoacán se dedicaban al trasiego de drogas, los jefes de las células del narcotráfico vieron la posibilidad de que otros cárteles del país llegaran a tratar de ganar el estado. Para hacer frente a ese escenario, los michoacanos optaron por formar su propio cártel. Se hicieron encuentros al más alto nivel de las estructuras criminales en la entidad: las reuniones para unificar a todas las células del narcotráfico, que aunque trabajaban en armonía no se repartían proporcionalmente las utilidades, duraron varios meses. Las primeras se realizaron en Uruapan y después la sede fue llevada a

Apatzingán, donde era imposible la presencia de las fuerzas federales. Hasta marzo de 2005 se llegó a un acuerdo de unificación. Se redistribuyó la geografía michoacana: *el Chayo* se quedó con el control de Morelia, la capital del estado, y todos los municipios de la zona centro; Jesús Méndez Vargas se hizo cargo de Apatzingán y los municipios de la zona de Tierra Caliente; Nicandro Barrera Medrano, *el Nica,* fue asignado al control de Uruapan y los municipios de la meseta purépecha; Alfredo Méndez Villafaña, *el Inge,* recibió a su cargo el municipio de Turicato y todos los demás de ese corredor hasta Pátzcuaro. A Servando Gómez, *la Tuta* o *el Profe,* se le dejó como encargado de los municipios de Arteaga y Lázaro Cárdenas, en la zona costera de la entidad.

A Dionisio Loya, *el Tío,* se le asignó la función de publirrelacionista: fue el encargado de corromper a las autoridades estatales, funcionarios públicos y mandos policiales que se requerían para la operación del cártel. Era el primer contacto con los medios de comunicación del estado, el que hacía llegar los pagos semanales a cada uno de los reporteros requeridos para el servicio de la Familia.

Enrique Plancarte Solís y Arnoldo Rueda Medina fueron asignados a la tarea de vigilar y controlar las rutas de trasiego de drogas hacia el exterior de Michoacán, además de coordinar la función de células que se encargaban de las relaciones con funcionarios públicos de otros estados donde aspiraba a mantener presencia la Familia, principalmente en Guanajuato, donde pactaron con el gobernador panista Juan Manuel Oliva Ramírez.

Otro miembro importante en la integración de la Familia Michoacana fue Saúl Solíz, *el Lince,* al que se le encomendó la presencia del naciente cártel en el Estado de México y en el Distrito Federal. Se le asignó esa tarea dadas sus relaciones políticas: en 2009 había sido candidato del PVEM a la diputación federal por el distrito electoral XII, con cabecera en el municipio de Apatzingán, el mismo por el que anteriormente resultó electo Lázaro Cárdenas Batel. Sin embargo, Solíz perdió la elección ante el candidato del PRD, José María Valencia Barajas.

Aunque agrupados en un mismo cártel, el reacomodo en 2005 de los grupos del narcotráfico le costó a Michoacán poco más de 650 ejecuciones. El índice de violencia se disparó debido a que muchos de los jefes de plaza que trabajaban en forma independiente para los que integraron el estado mayor del nuevo cártel se negaron a trabajar con otros que de la noche a la mañana comenzaron a llegar a cada una de las localidades a lo largo y ancho del estado.

Las negociaciones para frenar el baño de sangre en que se estaban sumergiendo las células del cártel eran lentas; la comunicación entre los mandos y los jefes de plaza no alcanzaba a fluir en forma correcta. En los municipios no tenían eco los tratos para hermanar a las células que se habían formado al amparo de jefes distintos. Pocos eran los grupos que reconocían el nacimiento de la Familia Michoacana: para muchos sólo era un mito la posibilidad de un nuevo cártel. La cúpula optó por la forma más simple de difusión: diseñaron un desplegado para publicarlo en uno de los medios informativos con más tradición en la entidad.

Tras la publicación, todos los jefes de plaza, que para entonces cubrían ya 90 por ciento de los municipios de Michoacán, recibieron la instrucción de presentarse oficialmente ante los ayuntamientos de cada localidad. La instrucción también comprendía presentaciones ante las comandancias de la Policía Ministerial, agencias del Ministerio Público, comandancias de policía municipal y delegaciones de tránsito. La intención de esas introducciones era establecer un vínculo de trabajo entre las autoridades locales y las células de la Familia, las que se consideraban auxiliares del gobierno.

Los jefes de plaza fueron recibidos por los alcaldes o en su defecto por los secretarios de los ayuntamientos. Informaron sobre sus acciones para limpiar la zona de delincuentes: anunciaron una campaña para disminuir los robos, secuestros y extorsiones. En esas primeras presentaciones fueron vertidas también las primeras instrucciones oficiales de la Familia Michoacana a los gobiernos locales: informar al jefe de plaza sobre la ubicación de centros de distribución de drogas en sus demarcaciones.

Después, en la cotidianidad del contacto con los alcaldes y funcionarios municipales, demandaron el control de las policías a su cargo: decidirían quién estaría al frente de ellas en cada localidad. La dinámica era simple: el alcalde presentaba al jefe de plaza de la Familia Michoacana una terna de aspirantes para ocupar la Dirección de Seguridad Pública; éste, tras dialogar con algunos de los candidatos, elegía a quien quedaría al frente de la corporación. Los directores de policía rendían cuentas tanto al alcalde como al jefe de la célula criminal en el municipio, al que también dotaban de armas y municiones.

La Familia Michoacana puso especial atención en los municipios colindantes con otros estados, principalmente Jalisco, Guanajuato y Guerrero, donde la principal función de los directores de policía era mantener informados a los jefes de plaza sobre la presencia de grupos armados antagónicos. Las células actuaban como grupo de reacción inmediata: apenas algún vehículo con hombres armados ingresaba a Michoacán, se decretaba el estado de alerta y la seguridad del municipio pasaba a manos de la Familia hasta que se lograba la ubicación, detención y ejecución de los intrusos.

Bajo ese esquema, decenas de policías ministeriales de otros estados que realizaban labores de investigación en Michoacán fueron desaparecidos: los directores de las policías municipales los tomaron por miembros de cárteles contrarios a la Familia Michoacana. De igual forma fueron confundidos militares y policías federales francos que portaban armas a la vista.

LOS DESAPARECIDOS, SIEMPRE PRESENTES

En 2006 Michoacán se comenzó a perfilar como la tierra de los desaparecidos. Las cifras oficiales de la procuraduría de justicia del estado y de la Comisión Estatal de los Derechos Humanos (CEDH) señalan que hasta 2014 en la entidad habían desaparecido 365 personas, pero los recuentos de los medios locales apuntan hacia la cantidad de por lo menos 2 082 hombres, mujeres y niños desaparecidos.

El número no sólo es atribuible a la acción de las células del crimen organizado, también los cuerpos federales de seguridad que han llegado a Michoacán han contribuido al enrarecimiento del clima. Un ejemplo de ello es lo ocurrido la noche del 17 de febrero de 2011, cuando hubo un despliegue policiaco de élite en las principales ciudades del estado. Por "órdenes superiores", la Policía Federal realizó un operativo para depurar a la corporación: se hablaba de infiltración del crimen organizado en su estructura. La instrucción fue más allá; se extendieron las acciones contra elementos de las policías municipales y población civil. El saldo no reconocido de la operación fue de 56 personas *levantadas* y desaparecidas.

Entre los desaparecidos de esa noche se encuentran policías federales, locales, civiles, ex militares y estudiantes; todos fueron secuestrados por comandos de élite organizados por la comandancia regional de la Policía Federal de aquel entonces. La lista extraoficial de desaparecidos en Michoacán entre 2006 y 2011 llegó casi a 1 100 personas; la mayoría de los casos se atribuyen a las células del crimen organizado, pero hay evidencias que apuntan también hacia la actuación de las fuerzas federales. Las autoridades estatales ni siquiera saben con exactitud el número de desapariciones.

Cientos de personas que siguen en busca de sus familiares aseguran que fue el gobierno de Fausto Vallejo y Jesús Reyna, por medio de un cuerpo especial de seguridad pública, el que *levantó* y desapareció a las víctimas. El planteamiento no es descabellado si se toma en cuenta que fue la procuraduría de justicia del estado de Michoacán uno de los órganos del gobierno que más se vieron infiltradas por el crimen organizado durante el colapsado mandato priísta.

La mayoría de las desapariciones se ubican en los municipios de la zona de Tierra Caliente, donde habría de surgir el movimiento de los grupos de autodefensa como respuesta del hartazgo ante las células del crimen organizado, pero contrario a la lógica, se atribuyen a acciones realizadas por las fuerzas federales de seguridad desplegadas en la entidad para el combate a la delincuencia, según revela el Comité de Familiares de Personas Detenidas-Desaparecidas en México.

Para este organismo no gubernamental, Michoacán es uno de los principales estados del país donde las desapariciones forzadas se dan en la mayor impunidad, mientras el gobierno estatal no brinda la menor atención a los familiares de las víctimas. Además, el marco jurídico no se ha adecuado para reconocer como víctimas a quienes sufren una desaparición forzada.

De acuerdo con la Comisión Nacional de los Derechos Humanos (CNDH), hasta 2014 se tenía un padrón de 43 300 personas desaparecidas. De esa cifra, casi 5 por ciento corresponde a casos registrados en Michoacán, lo que no ha sido suficiente motivación para el gobierno local a fin de que se establezca una política de atención al problema, tal como se lo han venido exigiendo los familiares de desaparecidos.

Miembros del Comité de Familiares de Personas Detenidas-Desaparecidas en México se quejan del desprecio con que el gobernador Vallejo trató el tema; de hecho, aseguran, nunca lo abordó. En repetidas ocasiones han hecho llegar al gobierno estatal peticiones escritas para plantear la problemática que como parientes de víctimas de desaparición enfrentan en su búsqueda. No ha habido respuesta oficial.

El lanzado por la Policía Federal desplegada en Michoacán la noche del 17 de febrero de 2011 se conoció entre los mandos policiales como Operativo Centella. La orden fue precisa: detener a los infiltrados de las células del crimen organizado que operaban en corporaciones policiacas, desde fuerzas federales hasta policías municipales o dependencias de protección civil. La operación fue sigilosa: decenas de personas fueron detenidas bajo sospecha de colaborar con la delincuencia organizada.

Sólo bastó la suspicacia de los mandos para ordenar la detención de supuestos infiltrados en la estructura policial. Sin embargo, tras la redada desaparecieron muchos de los detenidos, la mayoría de ellos inocentes; el caso más concreto es el de los policías federales Adrián Domínguez Rolón y Miguel Gutiérrez Cruz, ambos desaparecidos en Uruapan.

Las pesquisas realizadas por sus familiares revelan que fueron los propios compañeros de estos oficiales quienes los desaparecieron. La última vez que se les vio con vida fue en las inmediaciones del hotel donde se hospedaban, tras concluir su jornada de vigilancia; luego de esa noche no se volvió a saber de ellos.

La prestigiada organización Human Rights Watch ha reconocido como desaparición este caso, para lo que realizó un informe amplio donde se hace de igual forma un señalamiento a la administración del entonces presidente Felipe Calderón al asegurar que funcionarios federales participaron en desapariciones forzadas.

Según la organización internacional de derechos humanos, en el informe titulado "Los Desaparecidos de México", en Michoacán se han documentado al menos 149 casos donde es evidente y comprobada la participación de las fuerzas federales en casos de desaparición forzada. Sin embargo, en el estado no existe un solo proceso penal en contra de miembros de las fuerzas federales por su probable participación en hechos relacionados. De manera oficial, todos los casos de desaparición son cargados a la cuenta de las células del crimen organizado.

En la CEDH, organismo autónomo del gobierno de Michoacán, se estima que el número de desaparecidos en la entidad llega a las 365 personas. De esos expedientes, que se comenzaron a integrar desde 2006, se han resuelto sólo cuatro; oficialmente, más de 360 personas siguen existiendo sólo por un archivo arrumbado en la oficina local de los derechos humanos.

En la procuraduría de justicia del estado de Michoacán tampoco hay cifras exactas sobre el número de personas desaparecidas; allí se alardea que la entidad se encuentra por debajo de la media nacional en cuanto a desapariciones forzadas. Las cifras más actuales que maneja la PGJEM datan de 2006, cuando se tenían menos desaparecidos que en Jalisco, Aguascalientes, Colima, Veracruz o Tamaulipas.

La razón por la que el gobierno estatal no considera elevado el número de personas desaparecidas obedece a un aspecto técnico: no hay una ley en el estado que establezca la desaparición forzada como delito. Hacia 2010 se presentó una iniciativa en el congreso local para crear una ley que previniera y sancionara la desaparición forzada o involuntaria, la cual fue rechazada por la mayoría perredista a sugerencia del secretario de Gobernación, Francisco Blake Mora. Actualmente en el código penal michoacano no está reconocido como un delito el que alguien sea sustraído y desaparecido de manera forzada.

Ex miembros de la Familia consideran que las estimaciones sobre la desaparición de más de dos mil personas en Michoacán ni siquiera se aproximan a los cálculos que ellos mismos hacen. Aseguran que el número podría ubicarse en por lo menos cuatro mil personas, la mayoría de ellas en los municipios de la zona de Tierra Caliente, donde desde 2005 la población va en decremento. La principal causa de esa condición poblacional son los homicidios y las desapariciones, seguidos por el fenómeno del desplazamiento.

Desde que la Familia Michoacana anunció su nacimiento —ante la silenciosa omisión del gobierno de Lázaro Cárdenas Batel—, inició en el estado una era de terror. Poblaciones completas fueron gobernadas por los jefes de plaza; fueron las células criminales las que dispusieron el manejo de los fondos públicos de cada dependencia municipal. Las policías municipales fueron apéndices de la estructura criminal. A médicos, abogados, notarios y comerciantes de cualquier giro se les estableció un sistema de cobro de *cuotas* —"servicios de protección", les llamaban algunos jefes de plaza— por el ejercicio profesional. La propiedad privada dejó de ser un bien jurídico tutelado por la Constitución: los jefes de plaza en cada localidad podían repartirse propiedades a su antojo.

La mayoría de los presidentes municipales, ante la invasora presencia de las células de la Familia, optaron por no tomar decisiones propias. La ejecución de obras públicas fue consultada con los jefes de plaza; las licitaciones fueron sometidas a la revisión de un enviado del cártel para decidir a qué empresa se beneficiaba con la concesión. La ampliación de servicios públicos como alumbrado y dotación de agua potable fue decidida por la Familia. Se obligó a los alcaldes a que se atendiera primero a los puntos más marginados de cada localidad, el sentido de asistencia social del cártel afloraba de vez en vez.

Todos los funcionarios públicos que tenían a su disposición partidas económicas del presupuesto estatal o federal eran "llevados y entrevistados" por los jefes de plaza, para conocer la forma en que se manejarían los recursos; la mayoría de las células criminales exigían 10 por ciento de participación, además de recomendar un listado de empresas locales para que ejecutaran las obras o servicios requeridos por la administración municipal. A las compañías que colocaban dentro del presupuesto estatal o federal, el cártel también les cobraba 10 por ciento de participación. El *diezmo* se popularizó como un sistema de cobro por uso de piso; algunos alcaldes lo aplicaron a las nóminas de sus propios empleados de confianza, argumentando que era una participación para el crimen organizado.

El cobro de plaza del cártel también llegó a algunas de las oficinas recaudadoras de impuestos locales. Las cajas de los sistemas de agua potable y del impuesto predial fueron base del financiamiento de las células criminales: a los encargados de esas dependencias se les obligaba a difundir públicamente, en los medios locales de comunicación, a cuánto ascendía el ingreso por cobro de impuestos a la población, y esa era la base de partida para el cobro del *diezmo*. En los municipios donde no se difundía la "nota" del cobro de impuestos al término del primer semestre

del año, la Familia enviaba un contador para hacer balance con los re-
caudadores del municipio, a fin de conocer los ingresos netos.

Los cuerpos de las policías municipales en todo el estado fueron
copados. Se convirtieron en centros operativos y logísticos de la delincuencia organizada; eran la fuente primaria de información para las
células criminales. El cártel no sólo decidía quién estaría al frente de
ellos, también revisaba la trayectoria y el currículo de todos los policías,
y luego disponía a qué elementos se debía dar de baja. Diseñaba planes
de trabajo y rutas de vigilancia. Los cuerpos de sicarios eran asignados
como grupos de reacción para apoyar en las tareas de seguridad, principalmente en la zona rural. A la Secretaría de Seguridad Pública del
gobierno estatal se le replegó en la mayoría de los municipios.

Con el control de los gobiernos municipales, las células de la Familia en la mayor parte del estado siguieron avanzando. Continuando con
el modelo de fortalecimiento económico que Nazario Moreno impu-
siera en su grupo a mediados de la década de 1990, se ordenó desde
la cúpula que se aplicara el cobro de plaza a todos los que ejercieran
actividades rentables: la extorsión se disfrazó del "servicio de protección" que se ofreció a todos los profesionistas y comerciantes en cada
localidad de Michoacán. Todos comenzaron a financiar al crimen organizado; las denuncias ante las oficinas de la procuraduría de justicia
del estado nunca prosperaron.

Tan abrasadora fue la presencia de la Familia y tan ajena la función
del gobierno estatal que muy pronto los jefes de plaza fueron casi om-
nipotentes: comenzaron a disponer el destino de vidas y propiedades de
las personas que no se ajustaban a las reglas de cobro de plaza. El destierro era la mejor opción para alguien que no le resultaba grato al cártel:
miles de familias, de la noche a la mañana, dejaron las localidades donde
les habían antecedido generaciones.

Fue histórica la emigración que comenzó a registrarse en Michoacán a causa del crimen organizado. No se había sabido de tanta gente
saliendo del estado: el antecedente más inmediato de una ola de emigración se remontaba a la vigencia del Programa Bracero, de 1942 a 1964,
que alentaba la llegada de mexicanos a Estados Unidos, con lo que en
aquel tiempo salieron más de 40 mil michoacanos. Ahora, el crimen organizado empujaba al exilio a miles de personas. No hay una dependencia

estatal o federal que tenga cifras exactas, pero en las presidencias municipales se habla de que más de 450 mil michoacanos han optado por abandonar la entidad.

La mayoría de los que han salido para siempre —principalmente comunidades rurales de las zonas de Tierra Caliente, costa-sierra nahua, Bajío, meseta purépecha y oriente— son familiares directos de alguno o varios de los 7600 muertos o los 2082 desaparecidos que se contabilizaban hasta finales de 2014 en el recuento extraoficial de los medios locales de información. Nadie sabe el destino de quienes ya no viven en esa parte de Michoacán: se presume que los más optaron por buscar residencia en Estados Unidos aunque se sabe que el crimen organizado también desapareció familias completas, las que erróneamente se ubican entre las cifras de quienes emigraron.

Pese al fenómeno de emigración, el gobierno estatal nunca hizo nada. Nunca hubo una dependencia que atendiera el problema; el apoyo que comenzó a observarse fue el que brindaban algunos abogados para orientar sobre los trámites a cumplir en la embajada de Estados Unidos si se solicitaba asilo político. Se calcula que al menos unas 2150 familias de Michoacán hicieron trámites ante el gobierno estadounidense en busca de alcanzar un estatus migratorio que les permitiera vivir legalmente en ese país. La mayoría de esas familias argumentaron lo evidente: su condición de vulnerabilidad frente a la amenazante presencia del crimen organizado.

En las localidades rurales de Tumbiscatío, Arteaga, Chinicuila, Apatzingán, Coalcomán, Aguililla, Tepalcatepec y Nueva Italia, la población comenzó a decrecer a partir de 2005, cuando la Familia tomó el control de ellas. Hasta 2014 el decremento poblacional alcanzó allí 20 por ciento, cifra equiparable sólo a desplazamientos sociales en áreas en conflicto como algunos países del Medio Oriente o de África central.

Hacia 2015, la emigración seguía siendo el rostro principal de la nueva fisonomía que se extiende por todas las regiones del estado de Michoacán, principalmente en la otrora próspera zona de Tierra Caliente, donde sólo queda en el recuerdo de algunos habitantes la abundancia agrícola, que contrasta con las imágenes de barricadas abandonadas, autos calcinados, caminos bloqueados, casas rafagueadas y escupitajos de plomo que hablan en primera persona por todas partes.

La industria del secuestro

El predominio de la Familia sobre todas las estructuras sociales de Michoacán mostró hacia principios de 2007 uno de sus rostros más perversos y dolorosos: el secuestro. La población se sumió en el terror al ventilarse los nexos entre las autoridades de justicia y las bandas del crimen organizado; fue una deducción fácil, pues quienes denunciaban los secuestros ante el Ministerio Público eran amenazados de muerte, *levantados* o ejecutados a mansalva. Las escenas de ejecuciones en la vía pública, dejando las averiguaciones previas por secuestro clavadas con un picahielos en el pecho de los caídos, desalentaron las quejas.

Fue en el periodo de Lázaro Cárdenas Batel cuando la Familia Michoacana avanzó y se afianzó en toda la estructura oficial. Atrás habían quedado los días de esperanza de un gobierno de la gente: la imagen de abandono y desolación que se comenzó a vivir en el estado entero contrastaba con el halo de alegría y festejo en la cumbre con el que fue recibido el mayor de los nietos del general Lázaro Cárdenas del Río. Nunca se había celebrado tanto la llegada de un gobernador al solio de Ocampo: a su entronización, en calidad de testigos de honor, acudieron personalidades de la talla de Felipe González, ex jefe del gobierno español; el jefe de gobierno del Distrito Federal, Andrés Manuel López Obrador; el presidente de la República, Vicente Fox, y su esposa Marta Sahagún; el empresario Carlos Slim; el propio Cuauhtémoc Cárdenas, y la viuda del general Cárdenas, Amalia Solórzano.

Las cifras oficiales de la procuraduría de justicia estatal hacia 2007 sobre los índices de secuestros eran alegres: se registraba un promedio de solamente 86 eventos al año, los que siempre se colocaban en perspectiva frente a los números arrojados por la violencia en el estado de Chihuahua, entonces el más violento del país. Los recuentos de los periodistas locales eran distintos. En realidad, entre 2007 y 2009 el número de secuestros atribuidos al crimen organizado llegó a ubicarse en 98 eventos por mes, casi tres al día.

La tradición de maquillar las cifras de los secuestros en Michoacán es casi ancestral. Antes de que el gobierno de Cárdenas Batel diera cuentas felices ante la realidad que sufrían los michoacanos, en el gobierno de Víctor Manuel Tinoco Rubí también se emitieron datos que distaban de la realidad. Según la información de la procuraduría de justicia, a cargo de Jorge Eduardo García Torres, de octubre de 1997 a julio de 1998 fueron capturados 317 plagiarios, y el índice de secuestros durante los primeros siete meses del año anterior fue de 40, con un promedio de 5.7 por mes, uno de los niveles más bajos de todo el país para ese mismo lapso. Pero increíblemente, pese a la versión oficial del bajo índice de secuestros, tuvo que intervenir en Michoacán la Oficina Federal de Investigaciones (FBI) de Estados Unidos. Personal del FBI comenzó a capacitar a los policías locales; entre ellos había integrantes de la Familia Michoacana.

El problema del secuestro, que en realidad no era tal en el discurso oficial del gobierno estatal, fue reconocido por Raúl G. Salinas, agregado jurídico adjunto de la embajada de Estados Unidos en México, quien a petición de un grupo de empresarios estadounidenses —principalmente los involucrados en la industria minera, los que mantuvieron el pago de *cuotas* al cártel de Nazario Moreno— organizó la llegada del FBI a la entidad.

Contra cualquier lógica, las víctimas de secuestro en Michoacán dejaron de ser los empresarios y grandes comerciantes: ahora el foco de atención del crimen organizado eran los profesionistas, empleados de gobierno y pequeños comerciantes. Los cobros de rescate dejaron de tasarse en millones de pesos: cualquiera que tuviera la posibilidad de pagar diez mil pesos era candidato a convertirse en estadística de la violencia. El secuestro de escolares —sobre todo niños de secundaria— fue uno de los fenómenos que más causaron temor entre los michoacanos. Muchos fueron los padres de familia que optaron por sacar a sus hijos de las escuelas, principalmente en los centros urbanos de mayor concentración poblacional como Morelia, Uruapan, puerto Lázaro Cárdenas, La Piedad y Zitácuaro.

El beneficio económico no siempre fue el móvil de los secuestros durante el florecimiento de la Familia: también se raptaba a menores de edad para obligar al reclutamiento del jefe de casa. Como resultado final, en el mejor de los casos, el jefe de familia terminaba trabajando para el cártel; era la forma en que el cártel se hacía de cobradores de piso —los que recaudaban los cobros por extorsión a otros pequeños comerciantes o profesionistas—, una tarea de poco riesgo con la que los jefes de plaza no querían distraer a sus hombres más instruidos en el manejo de armas. El secuestro para reclutamiento impulsó en forma notable el éxodo de los michoacanos hacia Estados Unidos.

Las células de la Familia Michoacana desolaron las poblaciones indígenas de Santa Cruz Tanaco, Nahuatzen, Janitzio, Arantepacua, Comachuen, Quinceo, Paracho, Nurio, Comanja, Naranja, Cotija y Primo Tapia, donde los pobladores no sólo fueron sometidos al cobro del piso, sino que fueron obligados a entregar 50 por ciento de su actividad laboral al cártel. Cientos de indígenas de la meseta purépecha fueron puestos en condición de esclavitud por parte de las células criminales a cambio de no sufrir secuestros.

Un gran número de víctimas de secuestro por parte de la Familia se trasladaron precariamente a la ciudad fronteriza de Tijuana, donde los michoacanos son la comunidad desplazada más grande de todo el país. Desde 2007, cuando comenzó el éxodo, han arribado allí más de 35 mil familias, las que salieron huyendo de la violencia y fijaron como su primera intención llegar a Estados Unidos en busca de asilo político. Pocas han regresado de allí.

De acuerdo con Hugo Cortez, líder de la comunidad de michoacanos en Tijuana, la población de exiliados ha crecido notablemente desde entonces. "Ya se venía registrando un crecimiento constante desde antes de 2000 —asegura—, pero definitivamente a raíz del incremento de los secuestros y de la guerra de los cárteles que se vive allá, el flujo de personas aumentó notablemente."

No se tiene una cifra puntual del éxodo que ocasionó la Familia Michoacana, pero la colonia michoacana en Tijuana comenzó a engrosar con un promedio semanal de entre cuatro y 10 familias. Organizaciones altruistas no gubernamentales atendieron el problema, aunque sólo dos de cada 50 familias han obtenido asilo político en Estados Unidos; el resto optó por no regresar a Michoacán.

Lo que sí se tiene claro es que la mayoría de las familias michoacanas que llegan a Tijuana y a Rosarito salieron del estado para salvar la vida, luego de ser amenazadas de muerte por las células del crimen organizado tras haber sido víctimas de secuestros o despojo de sus propiedades. A casi todas se les intentó reclutar algún miembro para el servicio del cártel; se presentaron denuncias ante las autoridades estatales, pero no hubo respuesta. La falta de confianza en la autoridad fue lo que terminó por convencerlos de abandonar la tierra de sus padres.

Hacia finales de 2014, Tijuana y Rosarito sumaban una población de más de 176 mil michoacanos, provenientes en su mayoría de los pueblos indígenas de la meseta purépecha y de la zona de Tierra Caliente, donde la violencia ha arreciado. Se calcula que solamente en ese año fueron casi seis mil las familias que emigraron hacia Estados Unidos, la mayor parte de ellas en forma ilegal, y solamente 810 pudieron alcanzar el estatus migratorio de asilados políticos.

UNA HISTORIA DE MUCHAS

Julián Cruz Ramiro es un michoacano que ha buscado en tres ocasiones asilo político en Estados Unidos: la primera vez se lo negaron y en dos más ni siquiera le recibieron la solicitud. Asegura que habrá de presentarla de nueva cuenta en unos meses más, y si no se lo otorgan está decidido a cruzar ilegalmente la frontera. Está viviendo en Tijuana desde hace dos años; llegó con su esposa, dos hijos, una nuera y tres nietos. Sigue a la espera de que llegue otro de sus hijos, que no pudo hacer el viaje con ellos porque era perseguido por la Familia para reclutarlo y se mantuvo escondido con unos familiares en Morelia.

Julián y su familia no lo saben, pero van a sumarse a una lista de espera donde se encuentran inscritas más de 27 320 personas de origen mexicano que en los últimos 12 meses han solicitado asilo político a la representación de Estados Unidos en esa ciudad fronteriza, la mayoría niños que en compañía de sus padres salieron de la zona de Tierra Caliente para mantenerse a salvo de la guerra que se vive en Michoacán.

El argumento más fuerte que esgrime Julián para convencer a las autoridades estadounidenses de que le otorguen un periodo de residencia legal en ese país, es la narración de cómo ha sido perseguido y amenazado por el crimen organizado: en dos ocasiones lo han *levantado* para que ceda los derechos de un predio de 10 hectáreas que le fue heredado por su padre.

"El predio que me reclamaron los integrantes de la Familia se encuentra en las inmediaciones del lago de Pátzcuaro. A alguien le gustó mi terreno —dice con desaliento—, y ahora esa es la causa por la que tuvimos que salir del pueblo. Me dijeron [los criminales] que si no se los cedía matarían a mis hijos. Yo no quise saber si hablaban en serio o sólo mentían: decidí venirme para Estados Unidos —explica mientras mira convencido más allá de la línea fronteriza. Sus ojos se clavan en la distancia brumosa de la mañana fría de Tijuana—. Al mayor de mis hijos también lo quisieron reclutar como sicario.

"Michoacán se inundó de sangre —hace su propia alocución sin pregunta de por medio—. De la noche a la mañana dejó de ser nuestra tierra, los delincuentes son los verdaderos dueños de nuestro estado y toda su belleza. Es muy triste ver que la tierra que fue de nuestros padres ya no será más de nuestros hijos, perdimos nuestra tierra y ese será el dolor más grande que tendremos: saber que nuestros hijos no van a vivir donde murieron nuestros viejos."

Mientras Julián Cruz y su familia están a la espera para acudir a la que será la cuarta petición de asilo político en la garita de Tijuana-San Diego, en la colonia de michoacanos no los desatienden. La solidaridad se desborda: comparten una casa con otra familia que tiene más de 11 años radicando en ese lugar. Las mujeres hacen la comida mientras los hombres hablan de las bellezas de Pátzcuaro y Janitzio. No es domingo, pero van a comer corundas (tamales envueltos en hojas verdes de maíz) y mole de guajolote.

Para los indígenas michoacanos avecindados en Tijuana y Rosarito, algo tan preciado como la vida es la preservación de las costumbres y tradiciones. La comida habla del apego de estas familias en el exilio; las fiestas patronales de los pueblos indígenas se siguen respetando en esta parte de la ciudad de Tijuana, donde para la mayoría es la colonia Zona Norte, pero para los michoacanos allí radicados es un pedacito de su estado natal.

Con toda la carga de ser extranjeros dentro del territorio nacional y la adversidad de no contar con instituciones u organismos del gobierno federal que les ayuden, los michoacanos avecindados en Tijuana son la comunidad más grande de emigrantes nacionales en esa localidad, superando por mucho el número de desplazados por la violencia en Sinaloa, Jalisco y Guerrero.

En medio del infortunio de ser desplazados, los michoacanos en Tijuana intentan restablecer su identidad: todo el año se mantiene un calendario folclórico religioso muy activo, que les brinda la posibilidad de preservar sus costumbres. Miles que salieron de la meseta purépecha y que hoy se asientan en las colonias Cañón de las Carretas, Reforma, Zona Norte, 10 de Mayo, Valle Verde, Nido de las Águilas, Lomas de la Amistad, Otay y Pedregal de Santa Julia, cantan, beben y ríen por las noches con la misma alegría con que lo hacían antes de verse sometidos a la esclavitud y a la violencia por el crimen organizado.

Y es que el afán totalizador de la Familia se evidenció en su intención por tomar como esclavos a los pueblos indígenas de Michoacán. Los primeros actos de violencia fueron para amedrentarlos: decapitados y fusilados fueron creando un estado de terror entre la pacífica población purépecha. Comandos que llegaban a mitad de la noche a los poblados enclavados en la Sierra Madre Occidental, donde la policía estatal nunca ha tenido presencia, hicieron que los consejos comunales cedieran derechos de explotación de los bosques a favor de las células criminales.

A los jefes de plaza de la Familia Michoacana no les fue suficiente que los mandos indígenas cedieran el derecho de extracción de la madera: eligieron a los hombres y jóvenes más capaces de cada comunidad para que se dedicaran exclusivamente a la tala de árboles. La escena era digna de un filme: llegaban los jefes de plaza a las comunidades, haciendo disparos al aire los sicarios reunían en la plaza del pueblo a todos los hombres presentes en la comunidad, y sin explicación alguna eran seleccionadas cuadrillas de trabajo para la tala del bosque. A cada uno de los participantes se les aseguraba un salario de 80 pesos al día; la jornada sería de sol a sol. Los que se opusieron fueron ejecutados en juicios sumarios ante la mirada de los demás, por lo que muchos indígenas huyeron con sus familias a mitad de la noche.

CHERÁN

Cherán fue la primera localidad que le declaró la guerra al crimen organizado. Los hombres de ese municipio se negaron a rendirse en condición de esclavos a los jefes de la Familia Michoacana; decenas de familias de indígenas reclutados para trabajar como obreros para el cártel buscaron el apoyo del gobierno municipal. El alcalde, el priísta Roberto

Bautista Chapina, ni siquiera escuchó el reclamo de los pobladores. Él mismo era parte del problema.

En 2007 la campaña de Bautista Chapina, como la de cientos de políticos de todos los partidos en todo el estado, fue financiada por el crimen organizado. La intención de la Familia era apropiarse de la explotación del bosque de Cherán, una extensión arbolada de más de veintisiete mil hectáreas donde el tronco de árbol tenía un valor de 1 610 pesos en promedio. Roberto Bautista había llegado a la alcaldía con el único propósito de entregar los recursos naturales del municipio a la Familia Michoacana.

Frente a la ola de secuestros, robos, extorsiones, homicidios y desplazamientos que se registraba en Cherán, ante la que los pobladores no tenían eco a sus quejas, el gobierno estatal del perredista Lázaro Cárdenas Batel atribuyó todo a "enfrentamientos y rivalidades añejas" entre grupos de vecinos. Esa postura fue una carta blanca a las células de la Familia para ampliar su presencia intimidatoria en la zona: sólo en los meses de enero de 2006 a diciembre de 2007 se registraron 84 homicidios, 56 secuestros y el desplazamiento de 474 familias cuyos jefes habían sido reclutados como esclavos.

El alcalde, lejos de apoyar a los pobladores que en forma insistente acusaban el hostigamiento de las células criminales, optó por tratar de solucionar la inconformidad de los quejosos. Comenzó a reunirse con los vecinos afectados y les ofreció un primer trato: compensar económicamente a los hombres que eran reclutados para talar madera en provecho del crimen organizado. Ofreció entregar de las arcas municipales una cantidad igual a la que les daban los jefes de plaza: el ayuntamiento pagaría ochenta pesos y las células criminales otros tantos a cada trabajador, con la única petición de que no hubiera quejas ni demandas públicas. Ninguno de los afectados aceptó la propuesta.

En la procuraduría de justicia de Michoacán se cerraron las puertas a los reclamos de los comuneros de Cherán. La célula de la Familia que buscaba el control de ese municipio arreció su presencia en la zona: comenzó a ejecutar a los que habían recurrido al alcalde. Una lista de veintitrés personas que se oponían a ser esclavos del crimen organizado fue preparada por la comandancia de la policía municipal, se entregó al jefe de plaza del lugar y uno a uno fueron apareciendo asesinados los comuneros que recriminaban la sorda actuación del gobierno local y de la propia administración estatal.

Hasta la misma Federación fue notificada de las condiciones de sometimiento que se vivían en esa localidad indígena. Pobladores hicieron llegar una carta al secretario de Gobernación a finales de 2007; el documento sólo fue recibido en la oficialía de partes de la dependencia, nunca hubo respuesta de Francisco Javier Ramírez Acuña. Las puertas de la residencia oficial de Los Pinos, adonde había llegado Felipe Calderón con la promesa de que a los michoacanos les iría muy bien, nunca se abrieron para la comisión de comuneros de Cherán, que seguían tocando puertas en espera de que alguna autoridad escuchara del sometimiento del que estaban siendo víctimas.

El interés de la Familia Michoacana en el control de los bosques de Cherán no sólo era económico, sino también logístico: pretendían establecer una red de laboratorios de producción de drogas sintéticas en la zona serrana del centro del estado. Desde Cherán era más fácil el acceso de esas sustancias a las rutas comerciales que parten de Morelia, Uruapan, Zacapu y Lázaro Cárdenas. Hicieron tal denuncia los comuneros esclavos, a los que se les obligó a cargar a lomo de mula diversos implementos para el funcionamiento de los laboratorios.

A principios de 2006, según informes del Cisen —que siempre mantuvo informado al gobierno federal sobre lo que realmente ocurría en Michoacán—, en Cherán el crimen organizado había reclutado mediante la intimidación a más de 890 personas entre hombres, jóvenes y niños. A la mayoría los mantenía en condiciones de esclavitud, siempre pendiendo sobre ellos amenazas de muerte o de secuestro de sus seres queridos. Para finales de ese año casi la mitad de los reclutados había abandonado el municipio junto con sus familias.

El 11 de diciembre de 2006, a sólo diez días de haber llegado a la Presidencia de la República, el michoacano Felipe Calderón lanzó su llamada ofensiva contra el crimen organizado. Se desplegaron en el estado más de siete mil elementos de las fuerzas federales: ninguna de esas partidas armadas fue asignada a la zona de Cherán. Los comuneros indígenas vieron con desesperanza la omisión del problema por parte de la autoridad federal, las pocas veces que arribaron las patrullas a la localidad fue para ubicar y detener a supuestos miembros de los cárteles del narcotráfico: de diciembre de 2006 a diciembre de 2007, el gobierno federal detuvo como probables delincuentes a 552 indígenas, la mayoría de ellos señalados desde las presidencias municipales de Cherán, Zacapu, Nahuatzen, Paracho y Uruapan.

Hacia marzo de 2010 el gobierno federal anunciaba por conducto del procurador general de la República, Arturo Chávez, el éxito de la guerra contra el crimen organizado. En sólo tres años de combate al narcotráfico se había detenido y procesado a 121 199 personas, aunque se omitía mencionar que para ello no se requirió mayor prueba que las suposiciones de los agentes del Ministerio Público de la Federación.

La guerra de Felipe Calderón contra el narcotráfico fue costosa en términos económicos, según el especialista Jorge Carrillo Olea: de las cuatro dependencias concentradas exclusivamente en la tarea —Sedena, Secretaría de Marina (Semar), Secretaría de Seguridad Pública (ssp) y la PGR—, tres registraron incrementos notables en su presupuesto, casi de 60 por ciento durante la administración, y el de la ssp fue de casi 140 por ciento. El presupuesto de la Sedena pasó de 32 200 millones de pesos en 2007, a 34 861 millones en 2008 y a 43 623 millones en 2009; la Semar pasó de 10 951 millones de pesos en 2007, a 13 382 millones en 2008 y a 16 059 millones en 2009; la ssp pasó de 13 664 millones de pesos en 2007, a 19 711 millones en 2008 y a 32 916 millones en 2009, y el de la PGR pasó de 9 216 millones en 2007, a 9 307 millones en 2008 y a 12 309 millones en 2009.

Durante el sexenio de Calderón, como parte de la guerra contra el narcotráfico, fueron detenidas 228 678 personas, acusadas de tener vínculos de cualquier tipo con el crimen organizado. A 175 101 se les recluyó e incomunicó en penales federales, el resto afrontó sus procesos lentamente en cárceles estatales. Para 2015, un total de 79 329 acusados de narcotráfico ya estaban en libertad al no poder la PGR demostrar los ilícitos atribuidos.

La mayoría de los detenidos en la zona indígena de Michoacán eran pobladores esclavizados por el crimen organizado, entre ellos algunos de los denunciantes de la complicidad entre los gobiernos locales y los jefes de plaza de la Familia Michoacana. Para principios de 2015, solamente once de los 552 indígenas encarcelados continuaban en prisión, sometidos a procesos retardados intencionalmente. Ninguno de los acusados de colaborar con el narcotráfico voluntariamente pudo ser sentenciado: las indagatorias fueron creadas al vapor, sin soporte de pruebas, salvo con los señalamientos procedentes de las dependencias oficiales.

En Cherán, el hartazgo estaba llegando a su límite. Los pobladores comenzaron a desconocer las disposiciones del gobierno municipal en materia de reglamentación local; se hizo un llamado a la desobediencia civil. Todos los acosados por el crimen organizado empezaron a organizarse para evitar que llegaran a sus colonias los grupos de sicarios a sacar por la fuerza a los jefes de familia. Los comuneros se armaron con palos y machetes. La primera muestra de resistencia la dieron los vecinos de Cherán la noche del 5 de diciembre de 2007, cuando una turba enardecida con palos y machetes hizo frente a un comando de sicarios que intentó sustraer a dos comuneros de sus localidades; los indígenas respondieron con piedras a las ráfagas de metralla que en lo oscuro de la noche dispararon los sicarios. Los criminales tuvieron que huir a pie, la camioneta en la que viajaban fue incendiada por los habitantes.

El hecho no tuvo mayor importancia en las esferas del gobierno estatal, sólo las fuerzas federales desplegadas por el gobierno de Calderón se hicieron presentes a la mañana siguiente para tomar únicamente fotografías del vehículo incendiado y volver por donde llegaron. Nadie tomó declaración a los comuneros, que seguían armados con palos y machetes; nadie preguntó las razones por las que se había conformado la turba. El alcalde Bautista Chepina aseguró que el incidente obedecía a una riña entre barrios.

La explotación inmoderada en el bosque de Cherán continuaba en forma intensa. Hacia comienzos de 2008, en medio de una confrontación abierta entre los comuneros y las células del crimen organizado, se estimaba que más de 20 000 hectáreas de las veintisiete mil contabilizadas oficialmente en esa demarcación ya habían sido arrasadas. Decenas de camiones cargados con madera en rollo bajaban de la sierra sin que autoridad alguna lo impidiera; en menos de dos años se arrebató a los comuneros de Cherán la única posibilidad de trabajo.

El reclamo de los indígenas de Cherán fue llevado a la cámara de diputados de Michoacán; los poderes del estado se habían renovado, y con ello la esperanza de un cambio en lugar de la política sorda del gobierno de Lázaro Cárdenas Batel. Sin embargo, la petición de ayuda para terminar con el crimen organizado en Cherán fue sepultada en el oficialismo burocrático estatal. La petición de los comuneros era simple: designar una comisión legislativa que escuchara las quejas de inseguridad en el municipio. A los diputados locales les pareció complicado y optaron por ignorar la exigencia.

Entre los cuarenta legisladores que recibieron la queja de lo que pasaba en Cherán se encontraban Wilfrido Lázaro Medina, miembro del equipo de trabajo y hombre de todas las confianzas de Fausto Vallejo, entonces alcalde de Morelia por tercera ocasión; Eligio Cuitláhuac González, cabeza del filtro de las audiencias de Vallejo, y Carlos Campos Ponce, señalado después escandalosamente por corrupción al desviar fondos oficiales en contubernio con el diputado federal Ernesto Núñez Aguilar, quien a su vez fue beneficiario en la distribución de notarías en la gubernatura fallida de Vallejo Figueroa.

Entre los miembros del congreso local que no quisieron atender a tiempo el reclamo de justicia de los pobladores de Cherán también figuraba, en calidad de plurinominal, José Trinidad Martínez Pasalagua, ubicado posteriormente por la PGR en un video donde aparecía conversando con *la Tuta*. Hasta entrado 2015, se le mantenía en proceso penal en la cárcel federal del Altiplano.

Arquímedes Oseguera Solorio, del PRD, fue otro de los entonces diputados que no hicieron nada por atender el problema de inseguridad en la zona indígena de Michoacán, y cómo iba a hacerlo si se le relacionaba ya con células del crimen organizado que actuaban en el puerto de Lázaro Cárdenas según las investigaciones de la PGR. Apresado como edil de Lázaro Cárdenas junto a su tesorero, Omar Alejandro Soto Gil, luego de que la PGR descubriera un video donde los dos aparecían reunidos amenamente con Servando Gómez, hasta principios de 2015 la jueza Amalia Herrera Arroyo lo mantenía en prisión.

Otros más que pecaron de omisión en el caso del sometimiento de los pueblos indígenas por parte de las células criminales de la Familia Michoacana fueron los priístas Jaime Rodríguez López y Alfredo Anaya Gudiño, quienes llegaron a la posición de legisladores locales en calidad de plurinominales como una cuota de poder de su amigo, el entonces gobernador del Estado de México, Enrique Peña Nieto, quien gestionó directamente para su inclusión en el congreso de Michoacán.

Era también diputado local Eduardo Villaseñor Meza, muerto en forma misteriosa —al igual que su padre, el ex gobernador Eduardo Villaseñor Peña— justo cuando salía de una fiesta en honor de Luisa María Calderón en Morelia; Villaseñor Meza había tocado con algunos cercanos el tema de solicitar a la Federación su intervención en Cherán. De su muerte no hubo siquiera levantamiento de pruebas periciales.

Ante la ceguera del congreso, los comuneros de Cherán insistieron en la Secretaría de Gobierno del estado: había llegado a la dependencia Fidel Calderón Torreblanca, pero no tuvieron mayor respuesta que la recepción de la queja. Comisiones de comuneros desfilaron por diversas dependencias de la administración estatal, incluida la propia Casa de Gobierno, donde ya despachaba Leonel Godoy. Los reclamos de atención a los problemas de los pueblos indígenas sometidos por el crimen organizado se ventilaron en los despachos de Aída Sagrero Hernández, titular de la Secretaría de Educación, Citlalli Fernández González, secretaria de Seguridad Pública, y de Miguel García Hurtado, el procurador de justicia. No pasó nada.

La demanda de los comuneros también se hizo presente en los medios de comunicación. A las redacciones de los principales periódicos asentados en Morelia llegó un manifiesto informando del desgobierno que se vivía en la zona de la meseta purépecha, concretamente en el municipio de Cherán; se hacía hincapié en la falta de interés del gobierno estatal para solucionar el problema de seguridad. Se denunciaba el saqueo de los recursos naturales por parte de células del crimen organizado; se resaltaba la condición de esclavitud en que vivían cientos de indígenas. Muchos directores de medios resolvieron como hacían con la mayoría de las crisis noticiosas: literalmente solicitaron autorización al recién nombrado secretario de Gobierno, Calderón Torreblanca, para hacer la difusión del manifiesto.

El gobierno estatal recomendó no publicar la postura de los habitantes de Cherán; a cambio se establecieron sendos convenios económicos que garantizaban la inserción permanente de publicidad oficial a precios que ningún particular pagaría. La voz de los indígenas fue callada por los promotores de la libertad de expresión. Tan sólo en algunos medios de circulación local, principalmente de los municipios de Uruapan, Zamora y Lázaro Cárdenas, hubo difusión del drama que se vivía en Cherán. Los indígenas únicamente fueron noticia en los medios informativos de la capital del estado cuando había sangre de por medio.

Los promotores de las denuncias sobre la situación de violencia que se vivía en Cherán eran el ex alcalde y profesor Leopoldo Juárez Urbina, el enfermero Plácido Fabián Ambrosio y los comuneros Tirso Madrigal, Santiago Ceja Alonso y David Campos Macías, quienes encararon en diversas ocasiones al presidente municipal y le exigieron públicamente que no permitiera que la policía local actuara como empleados de las células del crimen organizado. Demandaron que el gobierno estatal revisara el armamento policial, al tener la certeza de que algunas de las armas de cargo habían sido instrumentales en la ejecución de los comuneros que defendían la propiedad del bosque.

Con sus peticiones firmaron su sentencia de muerte: el 9 de mayo de 2008 fue encontrado muerto Juárez Urbina. Sus restos fueron hallados en un predio cerca del camino Aranza-Cheranástico, en el municipio de Paracho; había desaparecido un día antes en el municipio indígena de Nahuatzen, donde se reunió con otros comuneros para organizar rondas de vigilancia en el bosque que comparten las dos comunidades. Lo secuestró un grupo de sicarios, al parecer apoyados por elementos de la policía municipal de Cherán. Se volvió incómodo para los gobiernos estatal y local tras haber encabezado la toma de la alcaldía como medida de presión para que el congreso del estado decretara la desaparición de poderes en el ayuntamiento, esto luego de las protestas que se registraron cuando un joven comunero fue asesinado por policías municipales.

Las acusaciones públicas sobre la responsabilidad en el asesinato de Leopoldo Juárez apuntaron siempre hacia el alcalde priísta Roberto Bautista. El gobierno estatal no quiso hacer la investigación correspondiente y optó por el olvido; el pueblo se incendió en protestas. Los pobladores bloquearon la carretera Carapan-Uruapan y retuvieron dos vehículos de la Comisión Federal de Electricidad (CFE) y cuatro de empresas particulares. La turba intentó linchar a un hermano del alcalde: el gobierno estatal negoció entonces con los comuneros. Se mandó una partida policial para evitar roces entre policías y funcionarios municipales y los inconformes.

En Morelia, el gobernador Godoy aseguró que la muerte de Juárez Urbina tenía su origen en rencillas políticas: había perdido la elección interna del PRD a la alcaldía, luego contendió auspiciado por el Partido Alternativa Socialdemócrata, para ser derrotado al final frente al candidato del PRI, Roberto Bautista. Se insistió en esa tesis para echar tierra al asunto.

El enfermero Plácido Fabián Ambrosio fue ejecutado a las afueras de su domicilio: un comando a bordo de una camioneta le disparó, acertándole dos balas calibre .9 mm en la cabeza. Había salido de su domicilio al filo de las diez de la noche del domingo 4 de octubre de 2009 para cerrar el portón de su casa. Los homicidas se dieron a la fuga sin que la partida de más de trescientos policías que había designado el gobierno estatal para vigilar el entorno de la comunidad se diera cuenta de los sucesos.

Las desapariciones forzadas de otros líderes comuneros como Armando Gerónimo Rafael, Rafael García Ávila, Jesús Hernández Macías y Tirso Madrigal Madrigal, que se oponían a la agobiante presencia del cártel michoacano en la zona indígena, exacerbaron los ánimos de los vecinos de Cherán. Se interpusieron las querellas ante las autoridades procuradoras de justicia del estado, señalando probables responsables, pero no se hizo nada; antes hubo persecución en contra de los denunciantes. Muchos comuneros fueron señalados como narcotraficantes, y algunos optaron por salir de la zona para exiliarse en Baja California y Sonora.

Entre los años 2009 y 2011, sólo en el municipio de Cherán se registraron ocho desaparecidos y veintisiete asesinatos, todos de miembros del grupo comunal que defendía la propiedad del bosque y se negaban a ser esclavos del crimen organizado. La lista de los desaparecidos de Cherán se engrosó con otros indígenas, principalmente de la región de la sierra-costa nahua, donde la Familia Michoacana intentaba apoderarse de las tierras de minas que por años han pertenecido a los pobladores naturales.

El delito de los líderes comuneros de la región sierra-costa nahua fue el mismo que el de los indígenas de Cherán: defendieron a sus familias y se negaron a entregar los recursos de sus localidades al crimen organizado. En febrero de 2010 los pobladores de Santa María Ostula, municipio de Aquila, denunciaron la desaparición de Javier Martínez Robles y Gerardo Vera Orcina; en abril fueron secuestrados y desaparecidos Francisco de Asís Manuel, presidente del Comisariado de Bienes Comunales, Martín Santos Luna y Enrique Domínguez Macías.

También en la zona del lago de Pátzcuaro padecieron al crimen organizado. Por negarse a colaborar con las células delincuenciales y promover la instrucción entre los indígenas que se negaban a ceder los recursos naturales de sus localidades, en agosto de 2008 fueron desaparecidos Alejandro Cortés Laguna y Juan Hernández Bautista, oriundos de la comunidad indígena de Santa Fe de la Laguna. Los dos eran abogados de profesión y trabajaban en el Juzgado Comunal de Uruapan.

El gobierno federal y el estatal no emitieron postura alguna en torno a las desapariciones de los comuneros de las zonas nahua, lacustre y de la meseta purépecha, pues en Michoacán se consideran cosa común. La CEDH fue creada sólo para dar empleo a algunos amigos de los gobernadores que ni siquiera saben litigar, por eso la mayoría de los casos de personas desaparecidas no llegan a ser notificados por ese organismo.

El antecedente más inmediato de desapariciones en Michoacán ni siquiera es atribuido a los cárteles de las drogas: algunos luchadores sociales señalan a las fuerzas federales —miembros del Ejército mexicano— como precursores en su utilización como método efectivo para eliminar opositores al sistema de gobierno local. En 1974, siendo gobernador el priísta Carlos Torres Manzo, fueron torturados y desaparecidos cinco miembros de la familia Guzmán Cruz: José de Jesús Guzmán Jiménez, Armando, Amafer, Solón y Venustiano Guzmán Cruz, fueron sustraídos del interior de sus domicilios en la comunidad purépecha de Tarejero por elementos del Ejército mexicano; miembros de la extinta DFS los interrogaron bajo tortura en Morelia por espacio de cinco días. Su delito fue promover la instalación de un comité del Partido Mexicano de los Trabajadores en la zona de Zacapu y distribuir el *Manifiesto del Partido Comunista* de Karl Marx y Friedrich Engels entre los pobladores indígenas del estado. Semanas después también desaparecieron José Luis Flores Cruz, de la misma comunidad, y Rafael Chávez Rosas, originario del poblado indígena de Caltzontzin.

Tras observar el silencio de la prensa, la pasividad del gobierno estatal, la complicidad de la autoridad municipal y la persecución incesante del crimen organizado, los comuneros de Cherán decidieron no esperar más lo que claramente sabían que nunca llegaría. Optaron por asumir la justicia en sus manos: desconocieron el mando del alcalde y renunciaron a la tutela del Estado para salvaguardar sus vidas, familias y propiedades. Decidieron declarar su autonomía tomando como modelo de gobierno el que reconocía los usos y costumbres ancestrales para la elección de mandos.

San Nazario y el fin de la Familia

En tanto las poblaciones indígenas, muy sometidas, intentaban quitarse el yugo del crimen organizado, 2010 encontró a la Familia Michoacana muy fraccionada. La imponente figura de Nazario Moreno había ganado notoriedad dentro de la cúpula del cártel. Pese a que el jefe establecido de la organización era Jesús Méndez Vargas, *el Chayo* era imponente y carismático. Nazario Moreno, desde adentro de la dirigencia del cártel, fue respaldado totalmente por Servando Gómez y Enrique Plancarte; consolidaron una alianza de grupo que podía hacer contrapeso a las decisiones de Méndez Vargas cuando no les eran gratas. Méndez se limitó al apoyo que recibía de Arnoldo Rueda Medina y Nicandro Barrera Medrano, quienes se volvieron sus incondicionales.

Nazario Moreno, mediante su estrategia de iniciación hermética, pudo mantener el control de 70 por ciento de las células de la Familia tanto en Michoacán como en Querétaro, Guanajuato, Zacatecas, Chihuahua, Sonora y Baja California. La capital del grupo de Nazario era el municipio de Apatzingán, en el corazón de la Tierra Caliente; la Fortaleza de Anunnaki fue el centro estratégico de operaciones de las células de la Familia leales al *Chayo.*

Muy pronto las órdenes de Jesús Méndez para dirigir las acciones de la Familia Michoacana comenzaron a ser cuestionadas. Nazario, Enrique y Servando se convirtieron en sinodales del jefe de la Familia: eran quienes avalaban finalmente las decisiones grupales. Loya Plancarte, el publirrelacionista del cártel, no atendía ninguna instrucción del propio Méndez si no recibía antes la autorización de Nazario. El trabajo promocional entre los sectores de la sociedad civil por parte del vocero oficial comenzó a hacerse a favor de Nazario Moreno: con él era con quien se hacían los negocios de la Familia. La figura de Méndez Vargas comenzó a ser decorativa dentro de la organización criminal.

Un año antes Rafael Cedeño, mentor ideológico de Nazario Moreno, ya había observado el crecimiento de la figura del *Chayo* dentro de la estructura del cártel. Le advirtió de ello al jefe: le propuso que para contrarrestar esa creciente lealtad de los jefes de plaza hacia él era necesario comenzar con iniciaciones al estilo masónico, pero debían ser presenciadas por Méndez y no por Nazario, a fin de que la lealtad de los nuevos miembros se canalizara hacia el fundador de la Familia. Méndez no aceptó participar en ese tipo de ceremonias.

Nazario Moreno conoció de la estrategia planteada por Cedeño a Méndez y se sintió traicionado por su maestro; fue uno de los mayores puntos de quiebre registrados dentro del cártel. A los pocos días una llamada anónima —se presume que de un jefe de plaza leal a Nazario— alertó a la Policía Federal Preventiva (PFP) sobre la presencia de Cedeño Hernández en Morelia; en el centro de mando de la PFP en la ciudad se conoció a detalle el movimiento que haría ese día *el Cede*.

El 19 de marzo de 2009, en conferencia de prensa, los mandos de la PFP dieron a conocer la detención de Rafael Cedeño Hernández, quien fue capturado, dijeron, "en base al trabajo de inteligencia de la Policía Federal" cuando se encontraba en el bautizo de una de sus nietas en un club social de Morelia. Junto con él fueron detenidas otras 44 personas que mantenían nexos con la Familia. Era generalmente sabido que tenía lealtad con Jesús Méndez y se oponían al liderazgo de Nazario Moreno dentro del cártel.

Al momento de su detención, Cedeño Hernández era el responsable de los grupos de expansión de la Familia hacia el estado de Guerrero; también mantenía a su cargo el control de la franja costera entre Lázaro Cárdenas y Zihuatanejo. Esos puntos fueron asumidos por gente de confianza de Nazario Moreno, que de esa forma arrebató al grupo de Jesús Méndez uno de sus principales bastiones. La operación del *Chayo* para hacerse con el control total de la Familia se había puesto en marcha.

Tras el arresto de Cedeño vinieron en forma casi escalonada los de los más cercanos y leales colaboradores de Jesús Méndez. La PFP comenzó a hacer cuentas alegres en los medios de comunicación sobre el trabajo de inteligencia que se hacía para desmantelar al principal grupo del narcotráfico en Michoacán; algunos jefes de plaza cercanos a Nazario tuvieron contacto casi permanente con los mandos policiacos federales para debilitar al sector enemigo dentro del mismo cártel.

Arnoldo Rueda Medina fue detenido por elementos de la Policía Federal el 11 de julio de 2009: otra llamada anónima alertó a los cuerpos federales sobre la presencia del más importante colaborador de Jesús Méndez Vargas en la comunidad de Guacamayas, donde realizaba operaciones para la Familia; tras un enfrentamiento, lograron la captura del que era reconocido dentro de la organización como *la Minsa*. El hecho se tomó casi con euforia dentro del grupo cercano a Felipe Calderón, desde donde se alardeaba sobre su saldo positivo en la guerra contra el narcotráfico en la tierra del presidente.

Al día siguiente de la detención, los medios nacionales de comunicación daban cuenta de una ola de violencia desatada en todo el estado de Michoacán. Grupos de sicarios de la Familia atacaron en forma sincronizada los destacamentos de la Policía Federal en ocho de las principales ciudades del estado —Morelia, Lázaro Cárdenas, Zitácuaro, Apatzingán, Huetamo, Taretán y Pátzcuaro—; iniciaron a las 4:30 y concluyeron al filo de las tres de la tarde. Los sicarios de la Familia también fueron contra el cuartel militar del municipio de Zamora, y las agresiones se extendieron a las poblaciones aledañas de Salamanca, en Guanajuato, y Ciudad Altamirano, en Guerrero. La Secretaría de Gobernación atribuyó los ataques a una respuesta de la Familia contra el gobierno federal por la captura del hombre más cercano a Méndez Vargas. Nada más lejano a la verdad.

En realidad se trató de actos de provocación que en forma deliberada hicieron las células leales a Méndez para *calentar las plazas* asignadas a las células leales a Nazario Moreno; la intención era provocar al gobierno federal para que fuera contra los hombres del *Chayo*. La guerra se había desatado entre dos grupos que se anunciaban irreconciliables al interior de la Familia; las fuerzas federales se movían al antojo de los dos grupos criminales en función de la información filtrada vía telefónica o con la socorrida denuncia anónima.

Tras los ataques a los cuarteles de las fuerzas federales luego de la captura de Arnoldo Rueda Medina, el gobierno de Calderón decidió reforzar su presencia en Michoacán. Se anunció un blindaje para la sociedad civil que abarcó los municipios de Morelia, Lázaro Cárdenas, Zitácuaro, Apatzingán, Huetamo, Taretán, Zamora y Pátzcuaro. Surtió efecto la estrategia de Jesús Méndez: las células del *Chayo* se vieron limitadas en el trasiego de drogas ante la notoria presencia de elementos del orden. La economía del trasiego de drogas comenzó a menguar. La falta de negocios en el narcotráfico obligó a las células de Nazario a operar en otros renglones para sostenerse: arreciaron el secuestro, la extorsión, el robo y el financiamiento desde las estructuras de los gobiernos municipales.

Con todo y la presencia histórica de más de once mil efectivos de la SSP del gobierno federal y de la propia Sedena, sobrevino un incremento en los homicidios: el promedio de ejecuciones en toda la entidad alcanzó la cifra de cuarenta muertos por semana. El gobierno estatal, aún bajo la conducción de Leonel Godoy, informaba de una situación de tranquilidad; la tesis era que la violencia se focalizaba sólo en algunas regiones del estado, prueba de ello eran las primeras planas de los medios impresos locales, donde se anunciaban inversiones, obras y discursos oficiales. Se instituyó la política del "no pasa nada".

Hacia mediados de 2010 las células de Nazario Moreno y Jesús Méndez entraron en una guerra abierta, pero ninguno de los grupos se desistía de utilizar el nombre original de la organización; ante todos seguían siendo la Familia Michoacana. Pese a la situación de confrontación, la presencia del cártel michoacano siguió extendiéndose. Jesús Méndez se posicionó en municipios como Uruapan, Los Reyes, La Ruana, Buenavista, Tancítaro, Sahuayo, Peribán y Cotija; también amplió su influencia en Jalisco, Guerrero y el Estado de México. Los dos grupos seguían utilizando el sistema de llamadas anónimas para informar a la Policía Federal sobre la presencia de células enemigas en sus propias plazas. Las fuerzas federales arreciaron en las detenciones.

Producto de una llamada telefónica anónima, la mañana del 4 de diciembre de 2010 el gobierno federal movilizó a más de dos mil elementos de la Marina, Policía Federal y Ejército hacia la zona de Tierra Caliente. La voz alertaba sobre una reunión cumbre que se llevaría a cabo en el municipio de Apatzingán: allí estaría Nazario Moreno con todo su estado mayor y los principales jefes de plaza, aseguró el informante. En realidad, Nazario se había reunido en un cerro cercano a

Apatzingán para sostener una reunión de organización con algunos de sus colaboradores; hay quien asegura que era una iniciación, como las que llevaba a cabo en la Fortaleza de Anunnaki.

La movilización de las fuerzas federales fue intensa. Desde el 5 de diciembre de 2010 se estableció un cerco en torno a Apatzingán: nadie entraba ni salía de esa localidad sin ser revisado en los retenes. Se decretó el estado de sitio y se practicaron revisiones en muchos de los domicilios donde se sospechaba que se llevaba a cabo la reunión delatada. Grupos afines a Nazario Moreno iniciaron una guerrilla contra las fuerzas federales que tomaron el municipio; desde la noche del 6 de noviembre hubo ataques aislados a las fuerzas federales. Con vehículos incendiados impedían el paso de los convoyes militares, en las calles del municipio aparecieron barricadas. Desde algún punto Nazario ordenó a algunas de sus células que incendiaran vehículos en todo el estado, para distraer a los federales que intensificaban su presencia en Apatzingán.

Fue en la madrugada del 6 de diciembre cuando un helicóptero *Black Hawk* de la Marina ubicó lo que parecía un campamento enclavado en la sierra de Acahuato, cerca de la comunidad de Holanda. Se organizó el ataque desde el aire; no hubo enfrentamiento terrestre en la sierra. El ataque fue sorpresivo en punto de las diez de la mañana del 9 de diciembre. Desde lo alto, tres helicópteros artillados dispararon sobre el campamento; la mayoría de los que estaban en el lugar corrieron hacia lo espeso del bosque, otros subieron a las camionetas para descender de la sierra. Nazario Moreno no estaba en el lugar, aseguran fuentes consultadas sobre el hecho. Una caravana de ocho vehículos que descendía con al menos veinte hombres a bordo fue atacada con cohetes desde los tres helicópteros. No quedaron restos para reconocer.

En la zona urbana de Apatzingán los combates de las células leales a Nazario que intentaban expulsar a los federales se extendieron por más de veinticuatro horas; la batalla dejó un saldo de 11 personas muertas, entre ellas cinco policías federales, dos presuntos sicarios y tres civiles. A la lista se agregó el nombre de Nazario Moreno González, el que según presumió Alejandro Poiré, vocero oficial del gobierno federal en materia de seguridad, se encontraba entre las camionetas destrozadas por los cohetes aire-tierra de la Marina. El anuncio de la muerte del *Chayo* se hizo con bombo y platillo desde el gobierno federal pese a no tener elementos materiales para soportar el dicho; su cuerpo nunca fue encontrado, todo era una suposición con la finalidad de ganar espacios mediáticos y atribuir avance a la lucha contra el narcotráfico que era la bandera de la administración calderonista.

Existe la versión de que cuando supo la noticia de su muerte Nazario Moreno soltó una carcajada. Le gustaba escuchar las noticias de radio; se enteró de su fallecimiento mientras cortaba una toronja para comerla en la Fortaleza de Anunnaki, a menos de cuarenta kilómetros de donde se dieron los enfrentamientos. Tras soltar la risa y mover la cabeza, ordenó a uno de sus lugartenientes que pusieran una cruz con su nombre en el lugar donde decía el gobierno que había sido abatido. Sin saberlo, las autoridades le habían decretado la absolución.

A tres días de su "muerte", Nazario Moreno se reunió con su estado mayor: fueron convocados a la Fortaleza de Anunnaki Enrique Plancarte, Dionisio Loya y Servando Gómez. Revisaron las posibilidades que tenían las fuerzas federales de ubicar el campamento de iniciación en la sierra de Acahuato y completar el operativo de cateo a los domicilios que frecuentaba Nazario. Dedujeron que el gobierno federal se había movilizado en función de información filtrada desde el bando de Jesús Méndez y decidieron ir contra la cabeza del que fundara la Familia Michoacana.

Otras de las decisiones tomadas en esa reunión, celebrada entre el 11 y el 14 de diciembre de 2010 en Apatzingán, fue difundir —con todo el aparato informativo a disposición del grupo criminal— la muerte de Nazario, para permitirle actuar con mayor facilidad y sin la presión de ser el más buscado por las fuerzas federales. Se acordó que Servando Gómez, el más propio en su forma de hablar, hiciera un comunicado oficial a través de internet, anunciando la muerte del líder; pero lo más trascendental fue la resolución de despojar a Jesús Méndez del cártel que había creado. Se acordó formar uno nuevo y dar por sepultada a la Familia Michoacana; se decretó el nacimiento de los Caballeros Templarios.

Inicialmente los reunidos en torno a la convocatoria de Nazario no sabían qué nombre debería llevar el nuevo grupo que estaba por anunciarse. La pista la dio Servando Gómez, quien propuso que se llamara "los Caballeros Templarios" toda vez que los jefes de plaza de la organización que estaban a punto de abandonar ya se reconocían entre sí con el nombre clave de "caballero". La idea se redondeó con una explicación masónica sobre la orden medieval de caballeros pobres al servicio de Cristo cuyo propósito original era proteger las vidas de los cristianos camino de Jerusalén; se acordó también intensificar el adoctrinamiento en el principio de lealtad que tanto resultado le había dado a Nazario Moreno con los grupos que comenzó a formar personalmente.

En ese mismo encuentro se acordó además difundir con mayor intensidad, ahora con la población en general como destinataria, la ideología de Nazario Moreno, escrita en un legajo que se venía distribuyendo entre todas las células leales. La idea de hacer un libro de ese material surgió de Enrique Plancarte, quien pidió a Servando Gómez, el más letrado al tener el grado de profesor, que hiciera el trabajo de edición y se encargara de la impresión formal; la intención era dotar a la organización de principios ideológicos que pudieran ser aceptados por la sociedad en general, entre la que con mucho tino pretendían crear una base social de apoyo.

Declarado oficialmente muerto, Nazario Moreno renació a su misma vida, tal como hacía cuando jugaba con su medio hermano Arnoldo Mancilla González, al que de cariño apodaba *Canchola* y que siempre lo miró con respeto, como la figura paterna que Nazario nunca tuvo. El gobierno de Felipe Calderón lo consideró muerto y *el Chayo* hizo lo que en sus juegos de niño: "Nos escondíamos en la maleza o en las rocas y tratábamos de sorprendernos uno al otro, y cuando alguien lograba disparar antes, el otro caía redondito al suelo haciéndose el muerto, pero todavía así tirando balazos. Cuando él me alegaba que me había matado antes, yo le replicaba que solamente me había herido y que todavía tenía alientos para 'hacer mi deber'. Yo salía ganando porque no me podía demostrar lo contrario. Pero también él me jugaba chueco, pues cuando yo veía clarito que le había dado un balazo en medio pecho, él decía que solamente había sido un rozón. Así, empatábamos la alegata y cada uno se retiraba a esconderse de nuevo; él cojeando y yo dando traspiés, como si de veras estuviéramos heridos".

A partir de que se decretó su muerte, Nazario Moreno se sometió al menos a tres cirugías estéticas faciales. El lujoso salón que operaba como casino en las noches de fiesta en la Fortaleza de Anunnaki se convirtió en improvisado quirófano, donde al menos dos médicos especialistas le hicieron modificaciones en el rostro. También cambió su identificación oficial. Pudo obtener dos credenciales, una con el nombre de Ernesto Morelos Villa, en honor a sus tres héroes históricos: Ernesto *Che* Guevara, José María Morelos y Francisco Villa; y otra con los datos de Faustino Andrade González, con domicilio en la calle Monterrey, número 303 de la colonia Roma, en la ciudad de México.

El 15 de diciembre Servando Gómez se convirtió en la cabeza visible del grupo de Nazario Moreno. Lanzó a la red una grabación de audio donde, en tres minutos y nueve segundos, anunciaba la muerte del *Chayo*; tenía como propósito confirmar la versión del gobierno federal, para que Nazario Moreno no fuera buscado más. "Compañeros —habló en tono eufórico—, pónganle un poco de atención al Brujito. Tiene toda la razón del mundo, eran las cosas del *Doctor*, eran las cosas que él nos inculcó. Que Dios lo tenga en su santa gloria. Dondequiera que se encuentre sabe que cuenta con nosotros. No se desesperen —arengó a las células—, algún día tenía que pasar. Esto no se acaba, vamos a seguir adelante, todos unidos con mucha fuerza y con mucho anhelo vamos a lograr lo que *el Doctor* quería y que con mucho cariño nos inculcó; aunque de alguna manera algunas personas lo tachen de delincuente o de mala persona, eso es una gran mentira, los que lo conocimos sabemos el gran corazón que tenía."

Después se ordenó que en todos los municipios donde hubiera pequeñas capillas de adoración a la Santa Muerte (la religión casi oficial que implantaron en la entidad los grupos de zetas que llegaron cuando el cártel de Tamaulipas era aliado de los michoacanos) se cambiara su imagen por la de Nazario Moreno. Se mandaron a hacer, entre los artesanos de Pátzcuaro y algunas monjas de Morelia, figuras de yeso de tamaño natural: un portentoso caballero templario ataviado con una túnica blanca y con las manos al pecho, empuñando una espada hacia el piso. En realidad era el molde de san Bernardo de Claraval, pero le agregaron un rostro parecido al de Nazario Moreno, con la inconfundible barba de candado: así nació san Nazario, patrono de los pobres.

Junto con los cientos de bultos del nuevo santo michoacano, fue también distribuida una oración entre las células criminales y algunos sectores sociales donde la devoción a san Nazario pronto creció. El rezo al criminal fue fustigado desde el púlpito por algunos sacerdotes, principalmente en la región de Apatzingán, donde el obispo Miguel Patiño Velázquez condenó el hecho, convirtiéndose así en el principal enemigo del cártel en la zona de Tierra Caliente. El padre Gregorio López Jerónimo fue más allá: amenazó con la excomunión a quien implorara la intercesión de Nazario Moreno ante Dios para la realización de milagros.

El texto que se distribuía entre la población civil por parte de los sicarios rezaba: "Oh Señor Poderoso,/Líbrame de todo pecado/Dame protección bendita/A través de San Nazario./Protector de los más pobres,/Caballero de los pueblos,/San Nazario danos vida,/Oh bendito santo eterno./Luz bendita de la noche,/Defensor de los enfermos,/San Nazario, santo nuestro,/Siempre a ti yo me encomiendo./Gloria a Dios Padre,/Te dedico mi rosario,/Danos salud y más trabajo,/Abundancia en nuestras manos,/Que nuestro pueblo esté bendito,/Yo te pido San Nazario". Junto con la oración se entregaban imágenes de san Nazario, a veces también el libro *Me Dicen: El Más Loco*.

Mientras la Iglesia fustigaba la figura y la oración como bases del culto a san Nazario, el gobierno federal se encargó de hacer crecer el mito involuntariamente a través de la curiosidad de la gente. El libro de Nazario Moreno comenzó a prohibirse no sólo en la zona de Tierra Caliente, sino en todo el estado de Michoacán; su sola posesión era, en la lógica del gobierno federal, prueba fehaciente de adhesión a alguna célula criminal de los Caballeros Templarios. A principios de 2011 el Ejército lanzó una campaña para incautarlo en los estados de Guerrero y Michoacán; hubo revisiones en puestos de revistas, librerías de viejo, vehículos, transporte público y en algunos domicilios en busca de copias.

A quienes se les encontraba en su poder un ejemplar de *Me Dicen: el Más Loco* se les detenía, interrogaba y el libro era decomisado; al menos un centenar de michoacanos fueron procesados como miembros de la Familia con la posesión de la obra de Nazario Moreno como principal prueba de cargo. Una decena de esos detenidos estaba en la cárcel federal de Puente Grande entre mayo de 2008 y mayo de 2011, tratando de evitar sentencias hasta de veinte años de prisión. Al interior del grupo que se estaba separando de la Familia Michoacana se fortaleció la unidad con la utilización de la imagen redentora de Nazario Moreno González.

CAPÍTULO III

LOS CABALLEROS TEMPLARIOS

El 10 de marzo de 2011 aparecieron en diversas localidades de Michoacán mensajes escritos en mantas donde se anunciaba el nacimiento del grupo autodenominado los Caballeros Templarios, quienes aseguraban haber llegado para tomar el lugar que venía ocupando el cártel de la Familia Michoacana. El texto replicado en al menos dieciocho mantas en todo el estado decía textualmente: "Los Templarios: A la sociedad michoacana les hacemos de su conocimiento que a partir del día de hoy estaremos laborando aquí [en] las actividades altruistas que antes realizaban los de la Familia Michoacana. Estaremos a la orden de la sociedad michoacana para atender cualquier situación que atente contra la integridad de los michoacanos. Nuestro compromiso con la sociedad será la de: salvaguardar el orden, evitar robos, secuestros, estorsiones [*sic*], blindar el estado de posibles instrucciones [*sic*] de organizaciones rivales. Los Caballeros Templarios".

El nacimiento de los Caballeros Templarios se hizo público un día después de que el Departamento de Estado de Estados Unidos declarara su visión fundada de que en Michoacán se había generado un "narcopoder paralelo al gobierno" constitucional. Era el último año del mandato de Leonel Godoy; los candidatos del PRI, PAN y PRD se disputaban los cargos de elección popular. Todos apostaban a ganar a costa de lo que fuera: muchos pactaron con las células del recién nacido cártel y le ofrecieron prebendas a cambio de inclinar la balanza entre el electorado. Las células de los Templarios en todo el estado entraron al terreno de la política; varios jefes de plaza del crimen organizado lo fueron también de campaña de al menos la mitad de los candidatos. El narco se hizo presente de una u otra manera en las campañas de al menos 87 de los 113 municipios.

Mientras Nazario Moreno y sus células criminales intervenían en la vida política michoacana, no descuidaban la lucha contra el grupo de Jesús Méndez; con labor de inteligencia a veces más eficiente que la gubernamental conocieron la ubicación y movimientos de su enemigo. Mediante una llamada anónima, el 21 de junio de 2011 informaron a la Policía Federal sobre la presencia de Méndez Vargas en la ciudad de Aguascalientes: los Templarios movilizaron a las fuerzas federales hacia la casa donde se ubicaba el fundador de la Familia Michoacana.

El gobierno federal había ofrecido treinta millones de pesos como recompensa a quien diera información sobre el paradero de Méndez Vargas; los Caballeros Templarios la proporcionaron sin pago alguno. Alejandro Poiré, en la información emitida el 22 de junio, dio a conocer datos caducos sobre Méndez Vargas, asegurando que era el segundo al mando de la Familia y el principal colaborador de Nazario Moreno: nada más alejado de la realidad que se vivía en Michoacán. Sin empacho Felipe Calderón tuiteó: "Gran golpe de la Policía Federal al crimen organizado. Uno de los criminales más buscados fue capturado. Felicidades". Entre los Caballeros Templarios el mensaje del presidente fue considerado como dirigido a ellos; hubo festejos en la cúpula del cártel, risas por la ingenuidad del mandatario.

Tras la detención de Méndez Vargas, ante el panorama electoral que se abría en el estado, las células de los Caballeros Templarios y lo que quedaba de la Familia Michoacana eligieron indistintamente a sus candidatos en sus localidades de dominio; financiaron y apoyaron a sus aspirantes y amenazaron a los de sus rivales. Algunos contendientes decidieron renunciar al proceso. El 20 de septiembre el presidente del Comité Directivo Estatal del PRI, Antonio Guzmán Castañeda, anunció que cinco de los candidatos de su partido a igual número de alcaldías recibieron amenazas del crimen organizado; a causa de ello su abanderado a la alcaldía de Ecuandureo, Francisco Torres Ramírez, decidió abandonar la elección. Los otros cuatro amenazados decidieron seguir en la contienda, bajo su propio riesgo, en los municipios de Hidalgo, Tiquicheo, Huetamo y Zitácuaro.

El presidente nacional del PRI, Humberto Moreira Valdés, conoció de primera mano la situación que prevalecía en Michoacán y no sólo no alejó al partido de los municipios controlados por el crimen organizado sino que instruyó, a manera de recomendación interna, acciones de diálogo con todos los representantes de los poderes reales y fácticos en cada municipalidad. Públicamente Moreira se manifestó preocupado por la situación de violencia en que se llevaban a cabo las campañas; incluso ofreció una camioneta blindada a su candidato a la gubernatura, Fausto Vallejo, y recomendó públicamente que los aspirantes no hicieran trabajo proselitista de noche y se alejaran de las grandes concentraciones.

Las instrucciones del Comité Ejecutivo Nacional del PRI fueron ejecutadas en el estado por el delegado Fernando Moreno Peña, un hombre formado al cobijo de Miguel de la Madrid Hurtado pero cercano a Roberto Madrazo Pintado, del que fuera uno de sus coordinadores en la fallida campaña a la Presidencia de la República en 2006. Fue el artífice del triunfo electoral de Fausto Vallejo, cuyo mérito radicó en la comunicación estrecha y sin secretos que siempre mantuvo con Jesús Reyna, coordinador general de campaña del priísta al gobierno de Michoacán, al que luego el propio sistema le cuestionaría sus métodos.

En las campañas para la elección de noviembre de 2011 fueron muy pocos los municipios donde los sicarios y jefes de plaza no se reunieron con los representantes de colonias populares para informarles a favor de cuál candidato se debería verter el sufragio. Las células criminales corrieron con gastos de distribución de despensas, pago de movilizaciones y mítines, hasta diseño, impresión y publicación de propaganda política. El gobierno federal sabía lo que ocurría, pero no quiso aplicar acciones de reacción inmediata: no quería enturbiar el proceso que estaba seguro ganaría la hermana del presidente, la senadora con licencia Luisa María Calderón.

Ante el escenario convulso, enmascarado en una falsa tranquilidad social, el 7 de septiembre el líder estatal del PAN, Germán Tena Fernández, anunció la decisión de su partido para no mandar candidatos a la alcaldía en diez municipios, la mayoría de ellos asentados en la zona de Tierra Caliente. La razón que manifestó Tena Fernández fue la seguridad de sus candidatos; dijo que la intimidación del crimen organizado atentaba contra el clima de paz y certeza en que se deberían de llevar a cabo los comicios.

En las filas del PRD, dirigidas en el estado por Víctor Báez Ceja, hubo cambio de planillas en por lo menos 17 municipios luego de que los candidatos a alcaldes fueran amenazados, intimidados y obligados a dejar la campaña electoral; casi todos se dijeron enfermos o sin ganas de participar de última hora. El caso más notable fue el denunciado por el líder nacional del PRD en ese momento, Jesús Zambrano, quien hizo público el secuestro de Javier Ayala Ramírez, abanderado de ese partido a la alcaldía de Taretan. El secuestrado fue devuelto ileso físicamente 48 horas después, pero con la instrucción de renunciar a la postulación. El candidato a alcalde de Ziracuaretiro fue confinado a su propio domicilio ocho días antes de la elección. Al candidato del municipio de Múgica el crimen organizado le "recomendó" renunciar horas antes de la jornada electoral. Los candidatos a ediles de Indaparapeo, Tumbiscatío, Churumuco y Arteaga también fueron intimidados. En la reposición de postulantes el crimen organizado trató de posicionarse, aunque el Instituto Electoral de Michoacán (IEM) negó el registro a tres aspirantes del PRD porque públicamente se conocían sus nexos con el crimen organizado.

Las células criminales actuaron en el proceso electoral con total impunidad. Basta recordar la escena que se vivió en el municipio de Nueva Italia, en la zona de Tierra Caliente, cuando a punta de pistola el candidato del PRD no sólo fue obligado a renunciar, sino que se le exhibió al ordenarle "por su bien" que subiera al templete en un mitin del contendiente del PRI y se colocara la playera roja distintiva de la campaña del priísta Vallejo Figueroa.

En el marco de las campañas atípicas, los tres aspirantes al gobierno estatal evitaron las menciones públicas sobre el tema de la presión del crimen organizado a la mayoría de los candidatos a alcaldes. Ninguno de ellos denunció en el momento la participación indirecta de los cárteles de los Caballeros Templarios y la Familia Michoacana en el proceso electoral; *a posteriori* vinieron los señalamientos.

Cuando las cifras de la elección dieron como ganador a Vallejo, una cascada de alusiones comenzó a fluir en los medios de comunicación locales; la más insistente en la tesis sobre el apoyo recibido por Vallejo Figueroa del crimen organizado fue la candidata perdedora del PAN, que tras conocer el cómputo final puso en marcha la campaña mediática orquestada y respaldada primero por el secretario de Gobernación,

Francisco Blake Mora, y después por su sucesor, Alejandro Poiré. Luisa María Calderón siempre supo de la actuación de las células del crimen organizado en Michoacán, pero la administró a su favor.

La menguada salud del virtual ganador de las elecciones —cuyo expediente fue filtrado por el propio presidente Calderón a su hermana— pasó a segundo plano en la especulación mediática. El discurso de la candidata perdedora se centró en señalar las alianzas entre los Caballeros Templarios y los postulantes del PRI; nunca se refirió a la presencia de la Familia Michoacana en las campañas, siempre habló de la intervención del nuevo cártel. Los informes del Cisen fueron precisos en cuanto a la intervención de los cárteles: los Templarios apoyaron a algunos candidatos del PRI y del PRD indistintamente, mientras que la Familia Michoacana —lo que quedaba de ella— se alineó con algunos abanderados del PAN.

Tendrían que pasar poco más de dos años para que de voz del propio Servando Gómez, líder visible de los Caballeros Templarios, se conociera que también Luisa María Calderón buscó una alianza con ese cártel a fin de poder ganar la gubernatura. El jefe templario lo explica en un video difundido en la red el 27 de noviembre de 2013; con una duración de veintiséis minutos con veintiocho segundos, comienza desmintiendo el apoyo de los Templarios a los candidatos del PRI. Textualmente, Servando Gómez dice: "La única persona que tuvo acercamiento con nosotros, cuando las campañas de 2011 para la gubernatura de Michoacán, fue la señora Luisa María Calderón Hinojosa, por medio de un señor que jugó la diputación por el distrito de Apatzingán por el PAN, Francisco Javier Girón del Toro. Esta señora lo mandó tres veces a hablar con nosotros. Allí está y lo podemos constatar, les vamos a mostrar los videos para que vean que sí es cierto lo que decimos. Lo mandó a hablar con nosotros en tres ocasiones, la última vez que nos vio fue faltando dos días para las elecciones, que fue un viernes en la tarde, para decirnos que estábamos en los acuerdos y que la señora nos iba a respetar cuando ganara, y que íbamos de la mano porque ella ocupaba el triunfo, y que todo se olvidaba. Yo en lo personal me molesté un poco porque claramente le dije a esa persona, a Francisco Javier Girón del Toro, que nosotros no queríamos tratos con nadie, con ningún partido político, y que ganara el que mejor fuera".

La versión sería confirmada por él mismo en otro video, difundido por la periodista Carmen Aristegui el 22 de septiembre de 2014, con una duración de veinticuatro minutos con 57 segundos, donde el jefe de los Templarios aparece dialogando con los periodistas Eliseo Caballero, corresponsal de Televisa en Michoacán, y José Luis Díaz Pérez, director de la agencia local de noticias Esquema, a los que aseguró: "A mí quien me vino a pedir ayuda a nombre de Luisa María Calderón fue el hijo de su puta madre de Girón del Toro, que jugó la diputación de Apatzingán por el Partido Acción Nacional, y le digo: 'Yo se la regalo'. Lo tengo grabado; la voy a evidenciar, a Luisa María Calderón".

CHERÁN, DE NUEVO

En ese marco de colusión entre políticos y crimen organizado, la comunidad indígena de Cherán seguía reclamando atención. Exigía, sin que su voz fuera escuchada, que el Estado interviniera, que se aplicara un plan de seguridad pública en la zona de la meseta purépecha para erradicar a las células criminales que asumían a los indígenas como de su propiedad. El estado de esclavitud era evidente: las hijas de muchos pobladores de la zona de Cherán fueron sustraídas por los sicarios. La procuraduría de justicia ni siquiera atendía los reclamos que hacían los pobladores ante las agencias del Ministerio Público del fuero común; los asesinatos, desaparecidos y la devastación del bosque seguían siendo cosa cotidiana.

El 15 de abril de 2011 la comunidad decidió declararse autónoma. Mientras la mayor parte del estado se centraba en la organización de las elecciones, donde la presencia del crimen organizado ya era notoria al tratar de imponer candidatos, los indígenas de Cherán optaron por desconocer al gobierno estatal del PRD y al municipal del PRI. Fue la respuesta a sus reclamos no atendidos: los indígenas se organizaron a partir de los usos y costumbres para tener un gobierno representativo de todos. El primer gobierno emergente de Cherán lo formó una comisión electa entre los ciudadanos, y se programó el mes de enero de 2012 para efectuar la elección de un gobierno comunal.

El primer autogobierno colectivo de Cherán fue reconocido y apoyado primero por los sacerdotes de la corriente de la Teología de la

Liberación en la diócesis de Zamora, lo que le valió un fuerte impulso y respaldo moral entre otras comunidades indígenas de la zona de la meseta. La diócesis de Zamora estaba encabezada en ese año por el obispo Javier Navarro Rodríguez. El mayor respaldo a los indígenas de Cherán llegó a través de la denominada Provincia Mexicana de la Compañía de Jesús, organismo de la Iglesia católica formado por jesuitas, dispuestos —dicen en su página oficial— a estar en aquellos lugares donde hay situaciones de injusticia, donde otros no pueden o no quieren estar. "Cherán es el primer municipio que logra desactivar al crimen organizado en México", celebró en un comunicado la organización.

La primera acción del gobierno autónomo de Cherán ante la ominosa reserva del gobierno estatal sobre lo que estaba pasando en ese lugar fue expulsar del municipio al alcalde priísta Roberto Batista Chapina; junto con él fueron proscritos algunos de sus principales colaboradores. El pueblo, encabezado por el Concejo Mayor, se apropió de las instalaciones de la presidencia municipal, desde donde se comenzó a gobernar. Lo primero que se fortaleció fue la seguridad pública: optando por la autodefensa, los indígenas crearon sus propias rondas de vigilancia y montaron barricadas a las entradas del pueblo para cerrar el paso a todos los vehículos que no fueran de la localidad. Cansados de la situación, crearon una brigada de seguridad comunal para detener a los que estaban talando los montes al amparo del crimen organizado. La acción fue efectiva: en menos de cinco horas se logró la captura de quince taladores, los que fueron llevados a la plaza principal de Cherán y se les enjuició conforme a la tradición; se les halló culpables y se les dictó sentencia de muerte. Estaban a punto de ser linchados cuando entró en acción el gobierno michoacano: los quince fueron rescatados por la policía estatal.

La tensión entre el gobierno estatal y el pueblo de Cherán fue en aumento por el autogobierno decretado. Las células del crimen organizado reaccionaron con ataques constantes a las barricadas indígenas; células del cártel que buscaban el control de los bosques y la policía municipal desplazada se hicieron un solo cuerpo y comenzaron a agredir a los comuneros. En uno de esos asaltos resultó lesionado Eugenio Sánchez Tiandón, uno de los líderes del movimiento. Los delincuentes secuestraron a Armando Hernández Estrada y Pedro Juárez Urbina, quienes fueron encontrados muertos. Aun con todo eso, el gobierno federal no quería ver lo que ocurría en la localidad.

Todo el pueblo se armó con palos y machetes. Al caer la noche se encendían las fogatas y se aguzaban los sentidos: las mujeres se arrimaban a sus hombres para buscar la protección que el Estado les negaba, sólo se separaban para hacer la cena unas, y recorridos de vigilancia los otros. En la noche, las barricadas que bloqueaban los tres accesos al poblado eran reforzadas por silenciosos vecinos que se movían como sombras, atentos a la llegada de los criminales. Se mantuvo el estado de sitio por más de veintiún días. Ante los ojos de la prensa local era poco lo que estaba pasando; el interés en la noticia lo despertó la prensa internacional. Cuando los reporteros españoles, estadounidenses e italianos llegaron para conocer la historia de lo que tenía lugar en Cherán, entonces fueron seguidos de cerca por periodistas locales que se conformaron con las migajas de la información, resultado del eco noticioso global.

A causa del impacto que se generaba en la prensa internacional, el gobierno estatal designó un grupo de efectivos para apoyar a los comuneros en sus tareas de vigilancia, setenta policías que darían seguridad a 58 183 habitantes que reclamaban una acción oficial contra el crimen organizado y la tala clandestina; sin embargo, con todo y presencia policial continuaron los secuestros y las ejecuciones. El Movimiento por la Paz con Justicia y Dignidad, fundado por el poeta y periodista Javier Sicilia, fue la primera organización civil que resaltó lo que sucedía en Cherán; el 27 de junio de 2011 una comitiva escuchó a los comuneros y se respaldaron mutuamente. A causa de ese apoyo reaccionó la CNDH, que tampoco había querido escuchar a los indígenas michoacanos. Hasta principios de diciembre de 2012 la CNDH envió a la Cámara de Diputados un informe de lo que sucedía en Cherán, pero los legisladores federales lo echaron al olvido junto con los reclamos de justicia en Michoacán.

En Cherán se recibió 2012 con mayor indignación y con un creciente anhelo de desplazar a los gobiernos partidistas. La convocatoria para conformar un gobierno comunal por un periodo definido de tiempo se concretó el 22 de enero: ese día se integró un Concejo Mayor con tres representantes de cada uno de los cuatro barrios en que se divide el poblado. Cada barrio realizó asambleas populares para designar a sus tres representantes; la jornada electoral se celebró en la plaza principal, a la vista de todos. Votaron todos los mayores de edad, en total se emitieron 2 856 sufragios. Del primer barrio (Karhákua) fueron electos Salvador Estrada, Salvador Tapia y Trinidad Estrada; como representantes del segundo barrio (Jarhukutini) se eligieron a Jafet Sánchez Robles, Trinidad Ninis Pahuamba y Gloria Fabián Campos. Por el tercer barrio (Ketsikua) resultaron electos Héctor Durán Juárez, Antonio Durán Velázquez y Enedino Santa Clara Madrigal, y por el cuarto barrio (Paríkutini) se eligieron a José Guadalupe Tehondón Chapina, Gabino Basilio Campos y Francisco Fabián Huaroco.

El gobierno comunitario fue erigido como máxima autoridad para decidir sobre el bien común, la paz, las personas y sus cosas. Se acordó que de la asamblea comunitaria dependieran seis comisiones que se encargarían de las áreas de Gobierno Municipal; Gobierno de Procuración, Vigilancia y Mediación de Justicia; Gobierno de lo Civil; Gobierno de los Programas Sociales, Económicos y Culturales; Gobierno de los Barrios, y Gobierno de los Bienes Comunales. Bajo esa misma figura de mando único se acordó como primer punto de gobierno que en Cherán no hubiera más elecciones de partidos políticos; se decidió no aceptar la presencia de candidatos en esa localidad. La primera elección en la que no participaron los indígenas fue la del primer domingo de julio de 2012, donde se elegirían presidente de la República, senadores y diputados: en lugar de ello se acordó hacer un magno festival musical y cultural para celebrar la palabra como base del entendimiento de los hombres.

Pese a la declaratoria de gobierno independiente, el crimen organizado no cesó, los enfrentamientos entre cheranenses y miembros de las células criminales continuaron. El líder comunal Jesús Sebastián Ortiz fue encontrado sin vida luego de ser secuestrado y permanecer desaparecido durante ocho días; también la procuraduría de justicia reportó la muerte de Urbano Macías Rafael y Guadalupe Gerónimo Velázquez, ambos desaparecidos dos días antes de ser encontrados ejecutados en un camino rural. El gobierno autónomo denunció la colusión de policías estatales, asignados a la vigilancia del lugar, con el crimen organizado que asolaba la región, por lo que se expulsó de la zona indígena a todos los cuerpos de policía estatal; sólo se permitió el paso a las esporádicas patrullas del Ejército que llegaban a la zona, pese a que en Michoacán el gobierno federal había decretado el combate frontal al narcotráfico.

Hacia mayo de 2014, la comunidad y el gobierno autónomo de Cherán asestaron otro golpe a los poderes estatales, de los que el congreso local y el propio Ejecutivo no querían reconocer a la autoridad indígena, a cuya población, para efectos políticos, consideraban en rebeldía. El Estado hizo todo lo posible para manifestar su reticencia a reconocer jurídicamente la autodeterminación del pueblo indígena de Cherán, pero al final la Suprema Corte de Justicia de la Nación (scjn) le reconoció su carácter independiente y de libre autodeterminación en materia de gobierno.

Antes de este reconocimiento, el congreso de Michoacán pasó sobre el derecho de los pobladores de Cherán a ser consultados: no se les tomó en cuenta en un referéndum que se realizó en 2012 para modificar la constitución política del estado. Los diputados argumentaron la inexistencia de una autoridad formal para llevar a cabo una consulta ciudadana en esa localidad.

Los legisladores que no quisieron reconocer la autonomía de ese pueblo que había decretado su independencia apenas un año antes fueron Sergio Enrique Benítez Suárez, Uriel López Paredes y Omar Noé Bernardino Vargas, integrantes de la Comisión de Asuntos Electorales y Participación Ciudadana, quienes impulsaron la modificación de la constitución política michoacana sin considerar el reclamo de Cherán de ser escuchado.

Ante el acto de marginación en que se vieron los integrantes del único poblado indígena independiente de México, tras la reforma constitucional aprobada por el congreso de Michoacán el 16 de marzo de 2012 se inició el juicio de controversia marcado con el número 32/2012, del cual conoció la scjn y emitió resolución a favor de Cherán.

El dictamen fue votado a favor por nueve de los once ministros de la Corte; fue promovido por la ministra Margarita Beatriz Luna Ramos, la que argumentó pleno reconocimiento al pueblo de Cherán para ser tomado en cuenta por las autoridades estatales en materia de consulta de leyes. Con esta resolución, al gobierno comunal de Cherán también se le otorgó la personalidad para poder demandar al gobernador de Michoacán, al congreso local y a los otros 112 municipios del estado.

La sentencia emitida sobre la controversia constitucional a favor del pueblo de Cherán fue celebrada por varios pueblos indígenas de la zona de la meseta purépecha. Su alcance histórico dejó la puerta abierta para que otros concejos mayores que surjan entre los indígenas a partir de una votación fincada en usos y costumbres sean reconocidos como mandos legalmente instituidos, similares en autoridad a un ayuntamiento surgido de una elección conforme a las leyes políticas y electorales vigentes en todo el país. Por eso se realizaron festivales culturales y artísticos en toda la zona indígena de Michoacán: la resolución dictada por la SCJN obligó al gobierno estatal a reconocer al Concejo Mayor Indígena de Cherán como autoridad única y legalmente electa.

Lejos de la política estatal, con sus propias leyes para garantizar la convivencia social, en menos de tres años de autonomía Cherán pudo contener el avance del crimen organizado. Disminuyó a cero el índice de robos, homicidios y secuestros; las escuelas están bajo control de la autoridad concejal y se cumple con los doscientos días de trabajo lectivo que marca la Secretaría de Educación. En materia de salud, el centro de atención médica del lugar trabaja todos los días del año, a la hora que lo requieren los vecinos.

La autonomía y personalidad jurídica reconocidas al Concejo Mayor de Cherán por parte de la SCJN abrieron la puerta al primer gobierno indígena para exigir por la vía legal recursos económicos que el gobierno del estado les había negado, lo que ha hecho que ese municipio alcance un mayor desarrollo al que se registra en otras localidades indígenas que continúan bajo el régimen de los gobiernos partidistas. A manera de ejemplo basta destacar que la cantidad de obras públicas en materia de infraestructura urbana, carretera, red de agua potable, alcantarillado, escuelas y centros de salud se ha triplicado desde que el Concejo Mayor tiene a su cargo el gobierno local. El Concejo de Cherán reconoce como una necesidad urgente el uso de telefonía propia, por ello ya han iniciado gestiones con recursos propios para el establecimiento de una red de telefonía celular como la que opera en la comunidad indígena de Talea de Castro, en la sierra de Oaxaca.

La personalidad jurídica de que fue dotado el Concejo Mayor de Cherán le permitió iniciar durante los últimos meses del mandato de Fausto Vallejo una serie de acciones legales para exigir la entrega de recursos retenidos desde el inicio de esa administración, toda vez que el Centro Estatal para el Desarrollo Municipal (Cedemun), encabezado por Jaime Mares Camarena, no atendió la demanda de obras presentada por no reconocer a la autoridad indígena electa por usos y costumbres. En ese sentido, Cherán también ha reclamado institucionalidad y una relación de igualdad y respeto en todo lo que corresponda a la emisión de leyes que afecten a los intereses de esa localidad purépecha.

Una de las acciones más polémicas del Concejo Mayor de Cherán es su negativa a aceptar la instalación del mando único de policía, proyecto que ha venido impulsando el gobierno de Enrique Peña Nieto como base de su programa de seguridad y combate al crimen organizado. El municipio dijo no a la propuesta de que la policía de esa localidad desaparezca para ser suplida por un grupo de uniformados comandados desde la capital del estado; el concejo indígena no aceptó que extraños ingresen a su territorio para hacerse cargo de la seguridad de la población. El argumento principal que sostienen es la eficiencia del mando de gobierno actual, que ha logrado erradicar los delitos del fuero común dentro de la demarcación. Pese a que el mando único de policía fue avalado ya por 110 de los 113 municipios del estado, el Concejo Mayor de Cherán dijo que la seguridad de su jurisdicción estaría siempre depositada en manos de su propia policía, para que no se vuelva a repetir la pesadilla de la que aún no acaban de despertar.

Desestabilización desde la cúpula

Mientras el estado en su conjunto observaba la rebeldía en la que renacía la comunidad purépecha, sobre Michoacán se cernía otra tormenta, alentada por filtraciones políticas desde el más alto nivel de la Federación: Luisa María Calderón, la candidata perdedora del PAN, hermana del presidente de la República, no dejaba de señalar la precaria salud del recién electo gobernador. Desde su oficina se filtró la versión de que Fausto Vallejo tenía un problema grave de hígado; el vaticinio era que, a pesar de haber ganado la elección, Vallejo ni siquiera asumiría el poder o cuando menos no podría concluir su periodo de gobierno.

El presidente Calderón, en una especie de defensa de su honor tras ver cómo fue rechazada su hermana por la mayoría de los votantes, comenzó su venganza personal contra los michoacanos. Filtró entre sus allegados en el estado, empresarios, políticos y periodistas, la certeza de que el gobernador priísta no cumpliría con el mandato para el que fue electo; los informes secretos del Cisen que mencionaban los padecimientos de Fausto Vallejo se pusieron al descubierto. Desde la Presidencia de la República se alentó la vieja tradición de los periodos de gobierno incompletos en Michoacán, donde se han registrado a lo largo de la historia 77 gobernadores interinos y solamente 38 mandatarios han concluido cabalmente el término para el que fueron electos.

El presidente le apostó a la inestabilidad en el estado para satisfacer sus intereses personales; hizo lo que estuvo a su alcance para obtener el control político de la entidad que nunca lo quiso. Otra vez la incertidumbre, de la mano con la violencia generada por los cárteles en disputa, hicieron que Michoacán entrara en un periodo de inestabilidad oficial como el registrado entre 1986 y 1992, cuando varios gobernadores ejercieron sexenios incompletos a causa de conflictos de interés en las cúpulas del poder.

El antecedente más reciente de inestabilidad política en Michoacán involucró a Luis Martínez Villicaña, cuando luego de recibir la estafeta de manos de Cuauhtémoc Cárdenas sólo pudo gobernar la entidad durante un año y once meses. En diciembre de ese año solicitó licencia para incorporarse como director de Caminos y Puentes Federales en la administración de Carlos Salinas de Gortari, pero en realidad dejó la gubernatura a causa de un conflicto personal que mantuvo con Cárdenas Solórzano, donde el eje de la disputa era ideológico: Martínez Villicaña le apostaba a erradicar de Michoacán la veneración que en algunos sectores se mantenía por la dinastía del general Lázaro Cárdenas, pero perdió frente al hijo de la leyenda: renunció el 3 de diciembre de 1988. En esa fecha hubo movilizaciones del grupo Antorcha Campesina, que exigía alimentación para los pueblos indígenas; el reclamo fue ignorado en todos los órdenes del gobierno estatal.

Concluyó la administración de Martínez Villicaña Genovevo Figueroa Zamudio, secretario de Gobierno en ese periodo y amigo personal de Cuauhtémoc Cárdenas, por quien llegó a esa posición y estuvo al frente de la UMSNH. *El Güero*, como llamaban a Figueroa Zamudio, terminó su mandato como gobernador interino en 1992, tras un periodo relativamente estable; durante su gestión sólo los maestros salieron a la calle para "mostrar el músculo". Al mismo tiempo, en la meseta purépecha comenzó a tomar fuerza el movimiento Nación Purépecha, que reclamaba atención a los pueblos indígenas. De nuevo el gobierno estatal seguía ignorando las demandas.

La rueda de la historia ha enseñado que la combinación entre malos gobernadores y la presencia militar nunca resulta; en Michoacán se sabe de eso. A las cinco de la mañana del 15 de septiembre de 1992, casi dos mil soldados del Ejército mexicano rodearon el auditorio del Centro de Convenciones de Morelia. En medio de un impresionante operativo nunca antes visto por los michoacanos, el gobernador electo de aquel entonces, el piedadense Eduardo Villaseñor Peña, rindió protesta al cargo en medio de una revuelta social en ciernes; la transición estuvo marcada por movilizaciones del PRD y de los maestros. Lalo Villaseñor gastó en su campaña más de dos mil millones de pesos, recursos de los que no se sabe bien a bien su procedencia; pero que fueron cobrados de las arcas estatales en los veintiún días que estuvo al frente de la administración estatal el grupo empresarial de La Piedad.

La oposición, la izquierda cardenista, encabezada por el candidato del PRD, Cristóbal Arias Solís, se posicionó en todo el estado y le impidió gobernar al empresario llegado a político, quien no atinó a realizar un solo acto abierto como mandatario. A los veintiún días de haber ascendido al máximo cargo público en la entidad tuvo que renunciar, argumentando problemas de salud. Los reclamos de atención social que se oyeron desde la Tierra Caliente no tuvieron eco en los políticos, que continuaron ciegos en la disputa por el poder.

Casualmente, once días antes de la renuncia del gobernador, en la Ciudad de México el secretario de Gobernación, Fernando Gutiérrez Barrios, respondió al ingeniero Cuauhtémoc Cárdenas una tajante negativa a la propuesta de desaparecer los poderes en la entidad ante el estado de convulsión social que se vivía. El argumento del desaparecido secretario se fincó en su convicción de no abonar al surgimiento de una guerrilla que pudiera disputar el control del estado; en Michoacán se comenzó a notar la presencia del Ejército Popular Revolucionario (EPR) en varias comunidades del Bajío.

La noche del 5 de octubre de 1992, Villaseñor Peña recibió una llamada de Gutiérrez Barrios. Con frases cortas, el funcionario federal le explicó que por el bien del estado y del gobierno de Carlos Salinas de Gortari debía presentar una licencia para ausentarse del cargo; Villaseñor no tuvo tiempo de preguntar la razón de la decisión. Al día siguiente llegaba volando desde España, para asumir el control del gobierno estatal, un aliado de la dinastía Cárdenas en Michoacán: Ausencio Chávez Hernández.

La llegada de Chávez Hernández a la gubernatura fue consensuada entre Cuauhtémoc Cárdenas y Salinas de Gortari; sus vacaciones en España se vieron interrumpidas para asumir el control de daños en Michoacán. Junto con él llegó uno de sus más fieles discípulos, Jesús Reyna García, a quien encomendó primero la Procuraduría General de Justicia en la entidad y posteriormente la Secretaría de Gobierno. Extrañamente, en la prensa local se comenzó a dejar de publicar sobre manifestaciones sociales, aparentando un periodo de tranquilidad; de las notas de los diarios regionales desaparecieron las movilizaciones y manifestaciones de grupos inconformes, aun cuando el reclamo de atención siguió vigente en comunidades de la meseta purépecha, la costa-sierra y Tierra Caliente.

A la distancia de veintidós años desde la renuncia de Villaseñor Peña, Michoacán de nueva cuenta se vio inmerso en una crisis política en la que Jesús Reyna fue uno de los principales actores: primero como secretario general de Gobierno, después como gobernador interino, y de nueva cuenta como secretario de Gobierno, asumiendo las funciones de gobernador que Fausto Vallejo no alcanzaba a desahogar.

Una renuncia anunciada

Las filtraciones desde la Presidencia de la República sobre la deteriorada salud del gobernador electo hicieron mella. La convulsión en el estado se intensificó tras la licencia presentada por Vallejo Figueroa, quien se separó del cargo bajo argumentos de salud por un periodo de noventa días; la autorización para ausentarse de sus funciones le fue otorgada por los diputados locales el 22 de abril de 2013. Quedaba a la luz pública que Fausto Vallejo había engañado al electorado aduciendo una condición plena en campaña, pese a los rumores y filtraciones sobre su deterioro físico. Era un político muy querido por los michoacanos, por eso a varios sectores les dolió que no reconociera su situación real; para muchos fue como si con engaños hubiera ganado el voto de los michoacanos. Fausto Vallejo no pudo más y se declaró enfermo, dejando al garete el encargo constitucional. Así, nunca puso atención en los reclamos de mejora social de las clases desprotegidas.

A sólo tres días de que venciera la primera licencia, el gobernador constitucional, en medio de un clima de violencia, con los cárteles de las drogas disputándose abiertamente las plazas entre paros y movilizaciones magisteriales, sindicales y campesinas, presentó una nueva petición para seguir ausente del cargo, pero ahora hasta por un lapso de 180 días, licencia que le fue otorgada formalmente el 18 de julio de 2013; con las de la ley recibió un segundo periodo de gracia.

Su ausencia no tomó por sorpresa a nadie. Desde el inicio de su gestión administrativa el estado de salud del gobernador era el tema recurrente y prohibido en todas las entrevistas que los medios nacionales hacían a los encargados del área de prensa de la entidad; hasta el entonces candidato del PRI a la Presidencia de la República, Enrique Peña Nieto, fue cuestionado al respecto durante una visita a Michoacán, pero hábilmente evadió la pregunta y habló de los compromisos que estaba haciendo con los michoacanos, de su intención por devolver la paz y la tranquilidad a todo el país, y dejó de lado el tema. Contribuyó al engaño.

El deterioro en su salud fue siempre un tema que incomodó no sólo al propio mandatario, quien contestó en más de tres ocasiones en forma violenta a los interrogatorios de los reporteros, sino también a su equipo de colaboradores, que se veían irritados ante las preguntas por parte de los comunicadores. La respuesta siempre fue la misma: el gobernador se encuentra en óptimas condiciones.

Desde el primer semestre de 2012 se insistía en la cesantía del jefe del Ejecutivo estatal, pero el entonces vocero oficial, Julio Hernández Granados, no tuvo empacho en resaltar que las condiciones de Vallejo no podían ser mejores para gobernar, como lo haría cualquiera con 63 años de edad. Guadalupe Santacruz Esquivel, que sucedió como vocera a Hernández, reiteró "el óptimo" estado de salud del gobernador.

A finales de septiembre de 2012, durante las festividades del natalicio de José María Morelos y ante la presencia de Felipe Calderón, el gobernador Vallejo presentó un desvanecimiento en público, el cual fue argumentado como cansancio por el esfuerzo de casi tres días de visita oficial del presidente de la República. Se supo luego que Calderón, maliciosamente, conociendo la condición delicada del mandatario estatal, lo llevó casi a trote en una caminata por las calles del centro de Morelia. En la risita de Calderón se observó la perfidia; en el rostro pálido de Vallejo se notó la falta de oxígeno y la desorientación previa al desmayo.

El titular del Ejecutivo local no soportó la caminata de más de trescientos metros al paso del Estado Mayor Presidencial; en un momento determinado se desvaneció y apenas alcanzó a ser sostenido por personal de su comitiva. Por el brazo izquierdo lo alcanzó a sujetar el alcalde de Morelia, Wilfrido Lázaro Medina, y ello evitó que se fuera de bruces. El presidente Calderón observó los festejos del natalicio de Morelos mientras revisaba su celular desde el balcón central del Palacio de Gobierno, a veces sonriente y ufano ante la ausencia del gobernador anfitrión, quien intentaba inútilmente reponerse.

Tras el desvanecimiento, las actividades públicas del Ejecutivo estatal fueron limitadas y se restringió su agenda de trabajo en cuanto a giras por diversos puntos de la entidad, según trascendió entre fuentes cercanas a la oficina de prensa; se programaron apariciones no mayores a quince minutos solamente dos veces al día, tres días a la semana. A medida que el gobernador revisaba la posibilidad de retirarse para reponer su salud, en Tierra Caliente, ante la falta de atención a los reclamos de seguridad, la población comenzó a armarse. La salud de Vallejo se fue debilitando, contrariamente a los rumores de su renuncia al cargo; las principales funciones de mando dentro de la estructura del gobierno estatal ya las venía haciendo el secretario general de Gobierno, Jesús Reyna, quien por ministerio de ley podría suplir la ausencia del gobernador hasta por un periodo de treinta días.

Fue el propio Jesús Reyna quien el 16 de abril de 2012 hizo público el anuncio de la ausencia del gobernador luego de ser hospitalizado en una clínica particular de la Ciudad de México: la oficina de prensa emitió ese día un comunicado atribuido al propio mandatario, anunciando su separación al cargo. En su momento, trascendió que el principal motivo de hospitalización del jefe del Ejecutivo fue un proceso de retención de líquidos manifestado en las extremidades inferiores, pero que según la versión oficial no representaba mayor riesgo para la salud de Vallejo; incluso se mencionó la posibilidad de su regreso en una semana. Desde hacía casi veintidós años no se presentaba en Michoacán un caso de ausencia del gobernador, y aun cuando la ausencia no era definitiva, implicó la sucesión temporal de poderes, con la consecuente inestabilidad al interior de la gubernatura y en todo el territorio de la entidad.

La razón de la ausencia de Vallejo —dijo a su vez Jesús Reyna— obedecía a una complicación postoperatoria de una hernia que no fue bien cuidada por el propio mandatario estatal; el que fuera encargado del despacho del Ejecutivo estatal confió en que Vallejo Figueroa podría estar de regreso en el cargo en un lapso de diez días.

Todas las versiones estaban alejadas de la realidad. Ningún funcionario se condujo con honestidad en sus declaraciones, todos torcieron la verdad; a la fecha no se sabe con certeza la razón del declive en la salud de Vallejo ni el diagnóstico real de sus padecimientos. La versión que ha salido del hospital donde fue intervenido habla de un trasplante de hígado, y la explicación que Rodrigo, hijo del gobernador, dio a Servando Gómez en una reunión registrada en video, habla de un trasplante multiorgánico.

En el video difundido en internet desde el 28 de julio de 2014 a través del portal YouTube, con una duración de seis minutos con 33 segundos, se observa a Rodrigo Vallejo explicando: "No, es que ya no importa si es compatible o no. Estaba dañado, ¿por qué? Porque tomaba pastillas. Tonces le van a cambiar el páncreas, le van a cambiar el hígado, le van a cambiar el intestino. O sea, son cinco cosas, es multivisceral". Tras la explicación de la situación, también expone que el gobernador interino sería Reyna García. "Yo le dije —se escucha—: 'Oye, Jesús ¿cómo va a ser?' Jesús es la persona comprometida con Michoacán, no conmigo, con Michoacán". En ese mismo video Servando Gómez expone que Alfredo Anaya Gudiño, diputado federal y ex candidato del PRI al gobierno de Michoacán, lo contactó para pedirle ayuda a fin de que lo nombraran gobernador interino en ausencia de Fausto Vallejo.

La ausencia temporal del gobernador, en apariencia inocente, causó convulsión en el estado tras la designación de Jesús Reyna como gobernador interino. Se registraron reacomodos en la administración estatal y hubo despidos de funcionarios de primera línea; los dos hombres "emblema" del equipo de trabajo de Vallejo, como fueron catalogados el procurador Plácido Torres y el tesorero Carlos Río Valencia, fueron despedidos en medio de cuestionamientos del encargado del despacho del Ejecutivo. Nadie puso atención al surgimiento de grupos de civiles armados en Tierra Caliente.

Coincidentemente, a la par de los despidos de funcionarios del equipo de Fausto Vallejo por cuenta del gobernador interino, comenzaron a aparecer en diversos puntos del territorio michoacano grupos de civiles armados que se declararon en rebeldía bajo el argumento de defender sus propiedades y familias. Las células del crimen organizado habían crecido a tal dimensión que ahora no sólo controlaban los gobiernos de los principales municipios en la entidad, sino que manifestaban poder sobre las personas y sus propiedades. El robo de mujeres en la zona de Tierra Caliente fue el colmo de la inseguridad; los pobladores comunes se organizaron en brigadas vecinales para vigilar sus casas y defender la integridad de sus mujeres. Cuando Fausto Vallejo solicitó licencia para ausentarse del cargo, al menos 35 localidades de Tierra Caliente ya tenían patrullas ciudadanas bien armadas que hacían frente a las células del crimen organizado.

VIOLENCIA SOBRE VIOLENCIA

La violencia contra las mujeres en la zona de Tierra Caliente ni siquiera fue escuchada por el gobierno estatal, que no alcanzaba a asentarse. Organismos de la sociedad civil alertaron a la autoridad en sendos informes que no fueron tomados en cuenta; se reclamó la aplicación de una alerta de género, pero el gobernador interino estaba ocupado en otras cosas. El índice de mujeres asesinadas se disparó a partir de 2008, cuando el crimen organizado se afianzó en la mayor parte del estado: de 2008 a 2014 se registraron, como efecto de la presencia de las células criminales en la entidad, 2117 homicidios dolosos, 623 homicidios culposos, 4427 casos denunciados de mujeres víctimas de violencia familiar, 1673 abusos sexuales, 485 delitos de estupro, 179 casos de hostigamiento sexual y 2270 mujeres violadas. A causa de esas cifras se fueron incrementando los grupos de civiles armados bajo el estatus de autodefensas.

El gobernador Reyna fue el primero en tolerar la presencia de civiles armados, haciendo un reconocimiento tácito al derecho de la población a armarse para vigilar sus calles y casas con implementos de uso exclusivo del Ejército, otorgando así reconocimiento formal a esos grupos con el siempre generoso calificativo de autodefensas, guardias comunales o policías comunitarias.

No sólo fue el abuso de las células criminales sobre la población civil lo que les orilló a tomar las armas: la pobreza y el estado de abandono en que se dejó a las comunidades alejadas de las grandes concentraciones urbanas del estado fueron otras de las razones que apuntalaron el fenómeno. Aun cuando históricamente los gobernadores de Michoacán sólo han tenido ojos y programas de apoyo para la población urbana de las siete ciudades más importantes, fue en los últimos diez años que el gobierno estatal y la misma Federación se desentendieron de socorrer a la población marginada. El desempleo, el hambre y la pobreza son el signo característico en al menos 97 de los 113 municipios que tiene la entidad; casi 90 por ciento de los michoacanos viven en condiciones de abandono oficial. Desde hace diez años no hay avance en el combate a la pobreza y el hambre, simplemente porque la Federación y el gobierno estatal no han querido reconocer el problema. Existen en el estado al menos 156 comunidades, en setenta municipios, catalogadas como de "alta marginación", en las que la pobreza es extrema y el hambre se agudiza, pero el programa oficial México sin Hambre sólo se aplica en catorce comunidades de siete municipios. Los más pobres de Michoacán no están siquiera contabilizados en el padrón de dicho programa.

El gobierno estatal poco o nada ha hecho para solicitar al federal que se apliquen fondos federales establecidos en el convenio de trabajo a favor de los más pobres en la entidad, a los que se ha terminado por abandonar, pues el programa local Contigo, instrumentado como herramienta de la administración estatal para tratar de abatir la pobreza, despertó celos en la Federación y se presionó para cancelarlo. Para no chocar con la administración de Enrique Peña Nieto, el gobierno estatal decidió no instrumentar programas de combate al hambre.

A principios de 2013, ante los reclamos de los habitantes de Tierra Caliente, que exigían al gobierno de Michoacán una acción inmediata para llevar alimentos a las zonas marginadas de esa región, la administración estatal y la Federación firmaron un acuerdo donde se comprometían a ejercer un fondo de 3 966 millones de pesos, de los cuales el gobierno de Michoacán aportaría la cantidad de 101 millones, pero sólo quedó en el papel: ni siquiera se ejerció la mitad de dicho presupuesto.

Por el poco interés del gobierno michoacano para combatir la pobreza y el obsceno disimulo de la Federación ante ello, en 2013 32 por ciento de los recursos destinados a programas contra el hambre se devolvieron a la Federación: la administración estatal realizó un subejercicio de las partidas destinadas a labores como pensión para adultos mayores, empleo temporal y apoyos a la producción rural. Es decir, tuvieron el dinero para distribuirlo entre la población, pero por alguna razón no lo quisieron hacer.

Tras el estallido de la guerra entre autodefensas y células del narcotráfico, el gobierno federal hizo el anuncio de un plan para el restablecimiento del tejido social de Michoacán, dentro del cual se prometieron inversiones por más de 45 mil millones de pesos, pero un año después los montos prometidos aún no eran entregados en programas de combate a la pobreza entre los grupos sociales más vulnerables.

La mayor parte de los fondos asignados al combate a la pobreza en la entidad se ha aplicado a "labores de operatividad", que incluyen el trabajo burocrático, el traslado de funcionarios federales a zonas marginadas y la difusión de los alcances del programa en medios locales de comunicación, pero la ayuda alimentaria no ha llegado a la población marginada. De acuerdo con el Informe de Pobreza y Evaluación en el Estado de Michoacán 2012, realizado por el Consejo Nacional de Evaluación de la Política de Desarrollo Social (Coneval), 13.5 por ciento del total de la población se encuentra en situación de pobreza extrema, lo que significa que 587 450 personas no tienen un ingreso suficiente para adquirir una canasta alimentaria. Se ubican principalmente en zonas marginadas dentro de las regiones indígenas de la meseta purépecha y la región de Tierra Caliente, donde incidentalmente se registra el mayor índice de violencia e inestabilidad social; por eso no es difícil comprender que adultos desempleados se sumen a los grupos de autodefensa, o a las células del narcotráfico, donde el ingreso promedio diario es de quinientos pesos.

Las cifras de medición del consejo federal que evalúa la política de desarrollo social revelan que la pobreza y la gente con hambre han ido en aumento en Michoacán. En los últimos doce años no se ha aplicado un solo programa eficiente para disminuir la marginación; los incrementos que se han dado al presupuesto para desarrollo social los han absorbido los salarios y las prestaciones de los funcionarios de la Secretaría de Desarrollo Social (Sedesol) en la entidad.

El mayor incremento en los empleos dentro de las dependencias que combaten la pobreza y el hambre en Michoacán ocurrió durante el sexenio de Felipe Calderón: la nómina de Sedesol creció 23 por ciento, casi a la par de las familias que padecen hambre, de las que se notó un aumento de 19 por ciento. Al inicio del actual sexenio se anunciaron acciones contra el hambre y con ello se autorizaron más plazas en la Sedesol, por lo que se estima un repunte en el gasto burocrático con el fin de erradicar la pobreza independientemente de los resultados.

Las cifras oficiales del Coneval indican que los municipios de Michoacán con mayor porcentaje de población en pobreza, y donde consecuentemente existe gente con hambre, son: Susupuato (86.6 por ciento), Nocupétaro (86.1 por ciento), Tzitzio (85.7 por ciento), Tumbiscatío (84.2 por ciento) y Parácuaro (83.4 por ciento). El cálculo revela que más de 80 por ciento de esa población se encuentra marginada. Los niveles de marginación social que se manejan dentro de la Sedesol y que no se reconocen públicamente indican que entre las veinte localidades más marginadas de Michoacán se hallan los municipios de Aquila, Aguililla, Tepalcatepec, Coalcomán, Chinicuila, Buenavista, Tocumbo, Peribán, Los Reyes, Múgica, Apatzingán y Parácuaro, puntos geográficos donde coincidentemente han surgido los movimientos armados que han dado origen a las autodefensas.

Nadie escucha a los que tienen hambre, son pocos los municipios donde se aplican a la fecha programas que busquen disminuir tal condición en la población. La mayor parte de las acciones de la Sedesol en la entidad están enfocadas a los municipios de Hidalgo, con 13.34 por ciento de población en pobreza; Maravatío, con 17.03 por ciento; Morelia, con 4.93 por ciento; Uruapan, con 10.59 por ciento; Zamora, con 7.55 por ciento, y Zitácuaro, con 12.54 por ciento de personas en condiciones extremas de vida.

Los municipios donde hoy se aplican los programas de asistencia social —aun cuando la ayuda se requiere con mayor urgencia en otros de las zonas de Tierra Caliente, sierra-costa nahua, meseta purépecha y Bajío— son atendidos por normatividad, ya que fueron anclados para ser sujetos de apoyo desde la pasada administración federal por un lapso de al menos tres años a partir de 2012. El criterio que normó el sexenio pasado para el manejo de los programas de desarrollo fue la afinidad política; todos los municipios que hoy cuentan con ellos en Michoacán fueron considerados fuerza política del PAN durante el gobierno de Felipe Calderón.

Existen cinco municipios que no necesitan de la asistencia de los programas de desarrollo social. En 2010 el Coneval los decretó gustosamente como áreas donde la pobreza se estaba erradicando al registrar el menor número de personas con carencias: se trata de Zináparo, Aporo, Churintzio, Chinicuila y Chucándiro. Lo que no dijo el Coneval es que ahí no hay pobreza porque tampoco hay gente, la mayoría emigró en los últimos cinco años; allí se ha registrado un decremento en la población de casi 90 por ciento.

De los seis rubros que el gobierno federal califica para establecer el estatus de pobreza, cinco de ellos son ignorados por la administración michoacana al no contar con una política pública de asistencia social que emane del gobierno local o municipal, ante lo que se argumenta la falta de recursos económicos; el único renglón que la Federación considera bien atendido a nivel estatal es el referente al acceso a los servicios de salud. La calificación en cuanto a rezago educativo, calidad y espacios de la vivienda, acceso a los servicios básicos, alimentación y autoridad estatal, le queda mucho a deber a los michoacanos.

Michoacán se ubica en el sexto lugar del *ranking* nacional en cuanto a población de la tercera edad. El último censo realizado por el Coneval revela que aquí se tiene una población de 289 350 adultos mayores, de los que sólo 14 169 están incluidos en alguna acción de la Sedesol pese a que la dependencia federal cuenta a la fecha con un fondo de 1 565 846 760.72 pesos para ser ejercido en ese sector.

La mayor parte de las 146 comunidades que registran altos índices de pobreza, con el consecuente incremento del hambre, se encuentran ubicadas en las zonas indígenas del centro y la costa; allí ni siquiera han llegado las brigadas de la Sedesol o de la Secretaría de Política Social (Sepsol), el órgano estatal, para hacer el levantamiento del padrón que revele la existencia de michoacanos con hambre. De esos puntos geográficos, 82 cuentan hoy con grupos armados de autodefensa.

A manera de ejemplo sobre el fracaso de la política contra el hambre en Michoacán destaca Nahuatzen, en pleno corazón de la meseta purépecha y también con policía comunitaria, donde existen al menos cinco comunidades con un ingreso promedio por familia de apenas doce pesos al día, derivado de la actividad agrícola o artesanal, lo que obliga a decenas de familias completas a buscar el sustento diario en la recolección de hierbas y hojas, o a la caza de animales silvestres para poder subsistir.

En las comunidades de Arantepacua, Comachuen, El Pino, Colonia Emiliano Zapata y El Padre, todas ellas indígenas, no conocen los beneficios del programa federal México sin Hambre, y mucho menos saben qué es recibir apoyo del gobierno estatal, de cuyos funcionarios encargados de la asistencia social ni siquiera conocen sus nombres o sus caras.

A los vecinos de Nahuatzen no les llega ayuda de tipo alguno, pero sus nombres y su condición de pobreza, al igual que los de otros miles de michoacanos, están registrados en alguna parte, ya que todavía en la pasada elección local llegaron hasta sus domicilios paraguas y playeras azules con el nombre de *Cocoa* Calderón, y una invitación para que acudieran a darle su voto en las urnas.

En la zona de Tepalcatepec, donde el crimen organizado era el único gobierno, fue donde se registró el epicentro del movimiento armado. La acción de los que se armaron para defender su patrimonio fue desacreditada por el gobernador Vallejo, quien insistió en señalar que detrás de esos grupos se encontraban algunos ex alcaldes y ex candidatos del PRD a alcaldías así como a cargos de elección en el congreso local, quienes sólo aspiraban —dijo— a desestabilizar el gobierno priísta que él encabezaba. Desde su nacimiento se pretendió minimizar al movimiento armado; se desacreditaron sus causas sociales en todos los foros federales y locales donde fueron cuestionados funcionarios al respecto. Los civiles alzados reaccionaron para tener la atención del gobierno federal: el grupo armado comenzó a autodenominarse Consejo de Autodefensas de Michoacán y se alió con la prensa internacional.

El primero en alzar la voz sobre las injusticias que se vivían en Tierra Caliente fue José Manuel Mireles, un médico local al que el crimen organizado había golpeado como a otros más con extorsiones, secuestros y amenazas de muerte; se le metió en la cabeza la idea de organizar una guardia civil al ver que los integrantes de los Caballeros Templarios eran los dueños de las vidas de los vecinos de toda la región. No había nada que le causara más dolor, reconoció públicamente varias veces, que ver en su consultorio a niñas de once años en estado de embarazo.

Los vientres abultados, los ojos llorosos y el desconcierto en el rostro de las niñas hacían que el doctor mentara madres, puteara hasta el cansancio y terminara por sumirse en la tristeza, en la soledad de aquel consultorio del centro de salud de Tepalcatepec.

Todos sabían que las células del crimen organizado tenían el control del poblado, al igual que de todos los de las zonas de la costa, sierra nahua y de la Tierra Caliente de Michoacán. Las autoridades municipales y estatales estaban subordinadas a lo que dictara el jefe de plaza en turno en cada localidad: si a uno le gustaba el auto, la casa, la mujer, la hija, el ganado, la huerta o cualquier propiedad de quien fuera, sólo bastaba con mandar un comando para avisar que a partir de ese momento "aquello" era ya de su propiedad. El que se negaba tenía dos opciones: salir del municipio o morir.

Los más pobres, los que no podían ni siquiera emigrar, fueron los que pagaron con sus mujeres la cuota de perversidad y poder del crimen organizado. Entre 2008 y 2012 Michoacán alcanzó el pico máximo en todo el país de niñas embarazadas; el recuento del propio doctor Mireles apunta que sólo en diciembre de 2012, en su consultorio del centro de salud de Tepalcatepec, atendió a catorce pequeñas que ya tenían entre seis y siete meses de embarazo. No estaban al tanto del estado en que se encontraban; fueron víctimas de violación por los integrantes de las células del crimen organizado en la región.

Dos padres de familia de Tepalcatepec se atrevieron a denunciar el hecho a la procuraduría de justicia; presentaron formal querella contra los violadores de sus hijas. Los actores estaban identificados con nombres y apodos; la procuraduría no hizo nada. Una patrulla de la policía ministerial detuvo a los dos padres de familia a dos días de interponer la denuncia: fueron entregados a los delincuentes denunciados y no se supo nunca más su paradero. Por eso la gente no se atrevía a hablar.

El motel Paraíso, a las afueras de Tepalcatepec, fue mudo testigo de las fiestas que hacían los delincuentes. Las borracheras de los jefes de plaza de la región duraban hasta cuatro días; las camionetas con sicarios a bordo recorrían las calles del poblado en busca de niñas entre los once y los dieciséis años para llevarlas a las fiestas. Las esperaban a las afueras de la secundaria del municipio, las secuestraban y violaban ante la ominosa reserva de las autoridades locales; después eran dejadas en la calle, drogadas y ultrajadas, a veces con dos mil pesos en la mano, y otras sus cuerpos inertes aparecían a manera de carroña, abandonados entre veredas y caminos cerriles.

Las hijas menores de los empresarios ganaderos y agricultores de la zona de Tepalcatepec, los de la clase media, eran las más cotizadas en las bacanales. Las células del crimen organizado reclamaban siempre niñas de once a dieciséis años como salvoconducto de seguridad para las familias: no les bastaba con el cobro de seiscientos pesos que hacían por cada cabeza de ganado, dos pesos por cada kilo de tortilla, cinco por cada kilo de carne, diez por cada caja de limón, o siete pesos por cada caja de mango. En todo el sur de Michoacán comenzó a prevalecer la ley del crimen organizado.

Para resguardar la integridad de sus familias, cientos de empresarios comenzaron a dejar la rica zona agrícola de la costa, sierra nahua y Tierra Caliente; abandonaron huertas y granjas ganaderas, se radicaron en Morelia y en otras ciudades del centro de país. El éxodo de michoacanos del sur del estado alcanzó casi once mil personas en menos de 48 meses, entre 2008 y 2012, cuando alcanzó su pico máximo la crisis de seguridad en la entidad.

Una idea, el origen

Cuando el doctor Mireles Valverde convocó a sus amigos a integrar una guardia colectiva para hacer frente a los secuestradores y violadores que azotaban la región de Tepalcatepec, nunca imaginó los alcances de su movimiento. Tampoco imaginó, ni remotamente, que su movimiento sería incómodo para el gobierno federal, y mucho menos que tendría que ir a compartir celda en una cárcel federal de máxima seguridad, construidas para albergar a los más peligrosos asesinos, secuestradores, violadores y narcotraficantes.

El día que Mireles platicó a sus amigos la idea de formar un grupo de civiles armados, nadie pensó que estuviera loco. Refiere que todos se quedaron en silencio; sólo se miraron unos a otros. Era la única alternativa que tenían en ese momento para defender sus vidas, sus familias y sus propiedades. No eran los únicos afectados: era toda la sociedad de

Tepalcatepec, Apatzingán, Arteaga, Coalcomán, Chinicuila y Aguililla. En otra medida también estaban siendo sometidos por el crimen organizado los pueblos del centro, Bajío, oriente y meseta purépecha, donde ya era imposible esperar la presencia del gobierno federal para imponer el Estado de derecho suprimido de facto por el crimen organizado.

Los presentes en la reunión donde Mireles platicó su idea de organizar un grupo armado de autodefensa dicen que el doctor estaba emocionado con la idea. Que los ojos le brillaban, a veces de emoción y a veces de coraje; que manoteaba ante la pasividad de los reunidos, los que no se atrevían a decir nada. Que varias veces el doctor les habló recio y los obligaba a opinar sobre la idea expuesta.

En esa misma mesa contó a sus amigos que en menos de tres años de servicio en el centro de salud del pueblo había atendido cerca de doscientos embarazos, y que todos eran de niñas de no más de catorce años de edad. Reflexionó sobre la necesidad de que los hombres se armaran para dar la cara a los integrantes del crimen organizado; insistía en que más valía morir como hombres que vivir como cobardes. Les reclamó el valor de hombres para defender la vida de sus mujeres y de sus niñas. "¿A poco no habemos hombres en este pueblo?", les sembró en la cabeza.

Pero no sólo eran las violaciones a las niñas lo que le prendía la sangre a Mireles: el secuestro y las desapariciones de mujeres también le ardían en el alma. Durante el reinado de las células del crimen organizado en los pueblos del sur de Michoacán se estima que desaparecieron al menos unas ochocientas personas; de todas las que se atribuyen al crimen organizado, al menos doscientas eran mujeres, las hijas, esposas o hermanas de quienes no quisieron pagar las *cuotas* impuestas por los Caballeros Templarios.

El mismo Mireles vivió en carne propia el secuestro, fue *levantado* por un comando que llegó por él hasta la clínica donde trabajaba. El hecho se registró a mediados de 2011. Es un pasaje que poco se conoce en la historia del líder de los civiles armados, porque a pocos lo ha contado; lo confió a los amigos que se reunieron para planear el surgimiento de las autodefensas.

Aquel día de junio, poco antes de salir de su trabajo, arribaron a su consultorio dos personas, lo sacaron a la calle sujeto de los brazos y lo subieron a una camioneta; uno más lo amagaba por detrás con una pistola. El encargado del grupo de sicarios sólo le dijo que el jefe lo quería ver. Mireles, franco como es, le dijo que metiera la mano a la bolsa de la bata, que allí llevaba el importe del cheque que acababa de cobrar; tenía un ingreso de ocho mil pesos quincenales. A los sicarios no les interesó el salario del médico. Le insistieron en que el jefe lo quería ver. Lo amarraron de las manos y lo encapucharon, lo subieron a una camioneta y lo mantuvieron retenido hasta que pidieron rescate a su familia.

Horas antes del secuestro, ya había sido contactado por la célula criminal uno de sus tíos, dedicado a la ganadería en la zona de Tepalcatepec; le dijeron que tenían en su poder a su sobrino el médico y que reclamaban diez millones de pesos para respetarle la vida. El tío dijo que sólo podía juntar la suma de siete millones. Comenzaron a negociar.

El doctor Mireles estuvo privado de la libertad varios días mientras se llevaba a cabo la negociación del rescate. En esos días se familiarizó con los cerros de Tepalcatepec, donde con la mayor impunidad los grupos criminales que decían dedicarse al trasiego de drogas tenían campamentos; los cárteles en realidad estaban desangrando a toda la población civil de los municipios de las zonas de la Tierra Caliente y de la costa-sierra nahua.

A las pocas semanas sobrevino otro golpe familiar: un hermano de su esposa fue secuestrado por el mismo grupo que antes lo había *levantado* a él. Asegura que ese episodio fue un proceso largo y doloroso para toda su familia. Tras el contacto con los criminales se acordó el pago de cinco millones de pesos; su familia vendió algunas propiedades y colectó la suma con la ayuda de algunos parientes que radican en Estados Unidos. Se hizo la entrega del rescate, pero el joven nunca regresó a casa. A través de la línea telefónica Mireles tuvo que soportar la risa diabólica del secuestrador, que bajo los efectos de la droga no supo dar razón sobre el destino final del secuestrado.

El doctor Mireles ofreció al jefe de la célula criminal —el que había secuestrado a su sobrino— la suma de cincuenta mil pesos más para dar con el paradero del cuerpo del muchacho. La voz en la línea telefónica, como si hablara de un objeto perdido, dijo no saber dónde había quedado; que lo habían tirado en bolsitas. De nada valió la súplica de Mireles, que reclamaba piedad para mitigar el dolor de la familia al darle sepultura al cuerpo. Su insistencia fue callada con la amenaza de aquella voz alterada por las drogas y el alcohol: "Dile a tu esposa que no esté chingando, si insiste en saber dónde está su hermano, le vamos a chingar a otro de sus familiares".

Mireles entendió y ya no insistió en recuperar el cuerpo. Para calmar la desesperación de su esposa, arregló una tumba en el patio de su casa y la llenó de flores; allí la familia rezó una misa de cuerpo presente ante el contrasentido del cuerpo ausente. Allí fue también el novenario. Los restos nunca fueron encontrados, al igual que los de cientos de familiares de empresarios de la zona de Tierra Caliente secuestrados por el crimen organizado cuando la región era controlada por Enrique Plancarte Solís, abatido el 1 de abril de 2014 en el estado de Querétaro.

Después del secuestro y asesinato de su cuñado, el doctor Mireles tuvo que soportar los secuestros de dos de sus hermanas: primero raptaron a su hermana menor y luego vino el plagio de su hermana la mayor. Por la primera pidieron cinco millones de pesos y por la segunda ocho millones. Nadie sabe cuánto pagó finalmente la familia por el rescate, pero las dos mujeres fueron entregadas sanas y salvas tras un proceso largo y penoso. Durante el secuestro de las hermanas de Mireles, su madre cayó en cama, afectada por la preocupación. La convalecencia duró poco: antes de ser liberada la segunda de las hijas, la madre falleció. Todo aquel dolor lo seguía acumulando el médico, que reclamaba al gobierno estatal un poco de ayuda, pero las autoridades policiales estaban atadas de manos por la corrupción.

Antes de acariciar la posibilidad de alzarse en armas, el doctor Mireles insistió ante las autoridades de la procuraduría de justicia para que se llevaran a cabo las averiguaciones correspondientes en torno a las violaciones, secuestros y desapariciones que ocurrían en la zona de Tepalcatepec: dio nombres, señas, apodos, *modus operandi* y ubicación de los responsables. No consiguió nada: al igual que a los dos padres de las niñas violadas que fueron desaparecidos, a Mireles le llovieron amenazas anónimas del crimen organizado.

Desde los dieciocho años el doctor Mireles es aficionado a la caza; era parte de un club cinegético donde varios de los vecinos de Tepalcatepec se reúnen y departen sanamente al amparo de ese deporte. Tenía una vida estable, su salario como médico en la clínica del lugar le garantizaba una módica existencia; sus ingresos los completaba con el funcionamiento de su modesta huerta. Asegura que amaba su profesión, sólo que el dolor por la injusticia de la que él mismo era víctima lo seguía corroyendo por dentro. Así lo externó a sus amigos cuando propuso la creación de las autodefensas.

Uno de los factores que influyeron en la vida del doctor Mireles para dar el paso sin retorno del levantamiento armado fue cuando lo eligieron, por su liderazgo moral dentro de la comunidad de Tepalcatepec, como presidente de la sociedad de padres de familia de la Escuela Secundaria Técnica Número 9; allí cursaba estudios una de sus hijas, y allí escuchó la otra parte de la historia de abusos que no conoció en su consultorio sobre las violaciones de niñas por parte de las células criminales que operaban en la región.

Supo que en menos de una semana los Caballeros Templarios habían raptado y violado a seis de las compañeras de su hija, en el turno de la tarde de la secundaria. Aquellas que serían niñas-madres, en breve tuvieron que abandonar la escuela y pronto fueron sus pacientes en el centro de salud; allí, con la inocencia que puede tener una chiquilla de doce años de edad, cada una contó al médico que ni siquiera sabían quién era el padre del hijo que esperaban, porque habían sido violadas en forma tumultuaria.

Mireles registró en varias entrevistas con medios nacionales e internacionales que tras conocer las versiones de las niñas sintió que la sangre le hervía. En el seno de su familia también hubo víctimas de violaciones: una ahijada de apenas quince años de edad estuvo a punto de ser secuestrada por un grupo de sicarios que buscaban niñas para llevarlas a una fiesta organizada para el jefe de plaza; pudo escapar al meterse a un sembradío donde no consiguieron encontrarla sus perseguidores. Una prima del doctor Mireles no corrió con la misma suerte: fue raptada y violada por varios días por los miembros del crimen organizado y devuelta media muerta, abandonada en una de las calles del pueblo.

En Tepalcatepec se narra que Mireles convocó a una reunión con los padres de familia de la Escuela Secundaria Técnica Número 9 para hablar sobre la situación de riesgo de sus hijas y buscar la forma de solicitar apoyo al gobierno estatal o federal. Lo que escuchó habría de inclinar su decisión hacia el levantamiento armado: fueron decenas los padres que comenzaron a contar sus desgracias con lágrimas en los ojos y con los puños cerrados de coraje narraron que sus hijas menores habían sido violadas; en el mejor de los casos no quedaron embarazadas. En esa reunión se cuantificó más de un centenar de casos de abuso sexual. Nadie quiso denunciar el hecho ante la autoridad estatal, todos temían por sus vidas.

El liderazgo de Mireles se amalgamó con aquel sentimiento de impotencia que los hombres llevaban sobre los hombros ante la desgracia de saber a sus hijas, esposas o hermanas violadas por criminales. En el silencio reinante de aquel salón de juntas de la secundaria de Tepalcatepec, la voz del doctor Mireles sacudió la conciencia de los presentes cuando preguntó al aire qué era lo que se iba a hacer para no permitir más esa situación. Como reflejo del miedo, saltaba la pasividad en el rostro de todos los reunidos: "¿Qué podemos hacer?", dijeron algunos por lo bajo. La explosión del doctor aclaró muchas dudas: en el pueblo eran más de veinticinco mil hombres, mientras que las células criminales las conformaban a lo mucho cien personas.

Allí comenzó a germinar la semilla de las autodefensas. Mireles les habló a los padres de familia de la posibilidad de enfrentar a las células del crimen organizado armados con lo que tuvieran a la mano: palos, machetes, piedras, escopetas, pistolas; con lo que se pudiera, les dijo. "Todos somos buenos para echar balazos cuando vamos de cacería, entonces vamos a aprovecharnos de eso." Se sintió cierta reticencia cuando alguien argumentó, en la misma lógica de Mireles, que no era lo mismo matar a un cristiano que a un conejo, pero la respuesta de Mireles fue más elocuente: "Claro que no —concedió—, a un conejo es más difícil pegarle. A un güey de esos templarios le pegas fácil, es más pendejo y se mueve más lento". Todos soltaron la carcajada. Mireles había dado el primer paso: al término de la reunión todos los presentes se acercaron al médico para preguntar la forma de organización que estaba considerando y cómo se deberían enfrentar al gobierno cuando les reclamara el alzamiento.

Una de las frases bandera del doctor Mireles se escuchó ese día en la secundaria de Tepalcatepec, cuando los reunidos no terminaban de convencerse de hacer frente por su cuenta a las células del crimen organizado. "Miren —les insistió el doctor—, tengan en cuenta una cosa, para que se animen a defender a sus familias: tanto nos han quitado ya los delincuentes, que yo pienso que también ya nos quitaron el miedo." Cuando le preguntaron el día y la hora para hacer el formal levantamiento del pueblo en armas, Mireles volteó a ver el calendario colgado en el salón de la reunión. Se acercó para elegir una fecha: miró un número encerrado en un círculo rojo y dijo que el día del levantamiento sería el 24 de febrero.

MIRELES, EL REBELDE

Hasta antes de asumir su conciencia social para encabezar la formación de los grupos de autodefensa en Michoacán, el doctor José Manuel Mireles era un ciudadano más, con sus virtudes y sus demonios a tope. Nació en Tepalcatepec el 24 de octubre de 1958, el mismo día que el gobernador David Franco Rodríguez arribó a la comunidad para inaugurar la clínica del centro de salud, que con los años sería dirigida por el propio Mireles Valverde.

Desde niño era guerroso, cuentan algunos contemporáneos en su pueblo; no se estaba quieto. Creció corriendo por la casa de los abuelos paternos, que lo consentían en exceso. Le agradaba meterse entre las patas de las vacas para tentar cuál de las ubres tenía más leche, la que le gustaba bronca, recién ordeñada: por eso no salía del corral donde estaban las vacas.

Nunca fue de pleitos, pero tampoco era dejado. Creció corriendo entre el barrio de Buenos Aires y la colonia Catarino Torres, al poniente de la ciudad, donde los muchachos mayores se burlaban de él por su aspecto larguirucho; aún se llevaban pantaloncillos cortos a la escuela, pero él se negaba a usarlos. Siempre fue objeto de bromas por su aspecto famélico y estatura sobresaliente: en sexto año de primaria ya rebasaba el metro con sesenta centímetros de altura. Sus piernas flacas eran el motivo de los más crueles chascarrillos. Es el más chico de cinco hermanos que crio el matrimonio formado por don José Mireles González y doña Margarita Valverde de Mireles.

El doctor Mireles cursó sus estudios básicos en la cabecera municipal de Tepalcatepec, sólo distraído en ocasiones por la pobreza en la que vivía y que lo obligaba a ayudar a veces a su padre en las jornadas de trabajo; don José era albañil. Fue en esas jornadas cuando Mireles sufrió un accidente golpeándose la cara con una varilla, lo que le dejó una cicatriz en el párpado izquierdo. Al terminar su formación básica en Tepalcatepec, se fue a estudiar la preparatoria a Irapuato.

El joven Mireles aspiraba a ser médico militar y por eso se decidió a salir de Michoacán para ingresar a la escuela preparatoria oficial de Irapuato, allí le apodaron *el Chiquilín*. Su carácter reservado y pacífico —que resaltaba en la ajetreada población escolar— le valió para ser incluido en la sociedad de alumnos. Durante los tres años en que cursó sus estudios se mantuvo en diversas carteras dentro de la comunidad estudiantil, siempre cerca de las cúpulas de mando.

Mireles regresó a Michoacán e ingresó a la escuela de medicina de la UMSNH, de donde se tituló con la generación de 1988: como médico cirujano y partero, se le asignó la cédula profesional número 1285178. Volvió a su pueblo natal enfundado en la corta bata de médico que lo habría de caracterizar toda su vida.

Siendo estudiante de la UMSNH, Mireles se afilió al PRI; en 1984 ingresó al Movimiento Nacional de la Juventud Revolucionaria, colaborando en la cartera de prensa y propaganda. Eran los tiempos del PRI bajo el control del gobernador —y aún priísta— Cuauhtémoc Cárdenas. Por disposición del ingeniero Cárdenas, Mireles se sumó a la campaña del candidato a gobernador de Michoacán Luis Martínez Villicaña.

Al no ser incluido en ninguna cartera del nuevo gobierno estatal, al término de sus estudios de medicina José Manuel Mireles regresó a Tepalcatepec; su carácter afable, que mantenía desde niño, le ganó siempre popularidad entre los vecinos de su pueblo natal. Se integró al comité municipal del PRI. Desde Morelia le encomendaron la organización y funcionamiento del comité directivo local: en menos de tres meses, aquel recinto abandonado que se ubicaba a un lado de la presidencia municipal comenzó a ser atractivo para los interesados en la política. La gente abarrotaba el comité cuando Mireles discurría sobre la pobreza y las tareas a realizar para sacar adelante al municipio.

Lo que comenzó casi como una diversión terminó siendo para Mireles una de sus experiencias más desastrosas. Se ilusionó con la política y por ello aspiró a ser candidato a la presidencia municipal de Tepalcatepec; bajo el argumento de no tener la experiencia política necesaria, desde Morelia se le negó el registro. No se le dejó participar en la elección interna por decisión del entonces presidente del Comité Directivo Estatal del PRI, Fausto Vallejo.

Decepcionado por su fracaso político, resolvió dedicarse por completo al ejercicio de su profesión; abandonó las filas del PRI y se dedicó a sus dos pasiones: la cacería y la práctica de la medicina. Antes de caminar, José Manuel Mireles ya era cazador; él mismo cuenta que con apenas unos meses de edad su padre lo llevaba a dispararle a los animales, lo amarraba a la bicicleta y se iban en busca de patos y venados. Aprendió a disparar con la escopeta antes que a escribir; la afición por la cacería se le quedó cincelada en la piel. Sus mejores amigos los hizo en el monte, en el silencio de la espera para lograr la mejor pieza.

Se casó con Ana Delia Valencia Chávez antes de terminar sus estudios; del matrimonio nacieron tres mujeres y dos varones, sobre los que la mayor parte del día prodigaba su cariño de padre. Se olvidó de sus aspiraciones políticas y comenzó a ver que el dinero no alcanzaba. Un día, uno de sus amigos de caza le propuso un negocio simple: desde su consultorio se encargaría de avisar a los que estuvieran en el monte, por medio de un incipiente sistema de radiocomunicación, sobre el arribo de la Policía Judicial Federal. Los que estaban en el monte se dedicaban a la siembra y cosecha de mariguana.

Era el 9 de noviembre de 1988 cuando un operativo de la Policía Judicial Federal arribó a la cabecera de Tepalcatepec. Mireles no tuvo tiempo de avisar a sus amigos sobre la presencia policial; antes de darse cuenta, un comando estaba entrando a su consultorio para confiscar su sistema de radiocomunicación: un soplón había dicho a los federales que Mireles era el encargado de avisar a los "mariguaneros" de la presencia de la autoridad en el pueblo.

El operativo que encabezó José Luis Arriaga Sierra concluyó con la detención de José Manuel Mireles Valverde, Ricardo Mireles Valverde, Jesús Cisneros Andrade y Jesús Cortez Leal; el resto del grupo alcanzó a huir. A los dos últimos los detuvieron en posesión de casi dos toneladas de mariguana que habían recolectado entre sembradores de las comunidades de Agua Buena, El Mechón y Los Laureles, donde era la actividad más común desde hacía décadas para su venta a compradores foráneos.

Mireles, junto con los otros detenidos, fue acusado de delitos contra la salud en la modalidad de siembra y cosecha de mariguana. Las indagatorias del Ministerio Público de la Federación terminaron por imputarle la posesión y propiedad de 86 kilos de hierba; se le instruyó el proceso penal marcado con el número 209/988, que lo mantuvo preso en el penal estatal de Uruapan. El juez de la causa encontró que Mireles Valverde era responsable de los ilícitos acusados; el 15 de mayo de 1991 fue sentenciado a siete años y tres meses de prisión, además de pagar una multa de cincuenta mil pesos.

La mayor parte de su condena la pagó en la cárcel estatal de Morelia, adonde fue trasladado luego de dos años en el penal de Uruapan. El doctor Mireles alcanzó el beneficio de la libertad condicional luego de que la Comisión Dictaminadora de la Dirección de Prevención y Readaptación Social de Michoacán valoró que la situación psicocriminal de Mireles no era de peligro; se le reconoció una "adecuada readaptación y evolución en el tratamiento". Salió libre por buena conducta el 9 de julio de 1992.

Tras su libertad, Mireles decidió no regresar a vivir a su pueblo: optó por emigrar a Estados Unidos para no castigar a familiares y amigos con el estigma de la cárcel. Se radicó en Sacramento, California, donde su carácter altruista y humanitario de nueva cuenta lo pusieron en el centro de la comunidad migrante; prestó servicios en la Cruz Roja y eso le valió para que los paisanos lo reconocieran y eligieran presidente de la Confederación de Clubes Michoacanos en el estado de California.

Mireles también fue detenido y preso en Estados Unidos; su delito fue ejercer su profesión. La asociación de médicos de California lo acusó de ejercer la medicina sin estar facultado para ello. Toda la comunidad hispana lo reconocía como médico porque daba consulta gratuita a los paisanos, pero no la legislación estadounidense, la que no reconocía el título otorgado por la UMSNH. Pasó noventa días encarcelado hasta que demostró que tenía la preparación y la debida formación académica para la práctica médica. Salió de prisión sin ningún cargo y con una beca de la Cruz Roja para especializarse en un hospital de Arizona en atención a enfermos de VIH.

El trabajo del doctor Mireles, al término de las jornadas agrícolas que le daban el sustento económico, consistía en gestionar ayuda a las familias de michoacanos que carecían de lo indispensable. Buscaba ante el consulado mexicano canalizar servicios médicos y asistenciales; se convirtió en el enlace de los michoacanos en California con las autoridades del gobierno del estado. Fue constante su gestión de apoyo a los michoacanos migrantes durante el gobierno priísta de Víctor Manuel Tinoco Rubí y el perredista de Lázaro Cárdenas Batel.

El servicio que brindó a los paisanos desde la Confederación de Clubes Michoacanos en el estado de California no hizo otra cosa que revivir sus deseos políticos. En 2008 Mireles buscó un acercamiento con Leonel Godoy, segundo gobernador perredista de Michoacán, a fin de proponerle un proyecto político: gestionar una diputación para los líderes de los michoacanos en Estados Unidos. La propuesta no cristalizó, pero Godoy le ofreció seguirlo impulsando a un cargo de elección popular.

En 2006, cuando Godoy fue electo senador por Michoacán, ya había gestionado una candidatura para el doctor Mireles; fue incluido en la lista para senadores del PRD por la vía plurinominal en las elecciones de ese año. La votación nacional no fue suficiente para darle el escaño, pero Mireles no desistió, siguió gestionando en otros partidos un espacio político desde donde impulsar su propuesta de trabajo a favor de los michoacanos radicados en la Unión Americana.

El planteamiento de Mireles fue escuchado por la dirigencia local del Partido Alternativa Socialdemócrata, cuya dirigencia lo registró como candidato a diputado propietario por el principio de mayoría relativa en el distrito XXI, con cabecera en Coalcomán, el 3 de octubre de 2007. El candidato migrante, que llevaba como suplente a su propia esposa, perdió la elección, pero no se alejó de la esfera pública.

Apenas iniciado el periodo de gobierno Leonel Godoy, conociendo la ascendencia de Mireles entre los michoacanos, le hizo una invitación para que se sumara al equipo de trabajo de la nueva administración estatal. Fue designado delegado de la Secretaría de Salud estatal para los michoacanos en Estados Unidos y también se desempeñó como asesor de asuntos internacionales en esa dependencia, de la cual era titular Armando Luna Escalante, hasta días antes de que concluyera la administración perredista.

Tras concluir su labor como funcionario público en Morelia, Mireles regresó a Tepalcatepec a cumplir con su plaza asignada como director del centro de salud de la localidad. Allí comenzó a ver que la población estaba copada por el crimen organizado: se indignó ante las violaciones, de las que tenía conocimiento porque por semana atendía al menos a dos jovencitas no mayores de catorce años en estado de gravidez. A las violaciones de niñas se sumaron los secuestros, robos, asaltos, cobros de piso y asesinatos que apuntaban hacia el imperio de la delincuencia.

Antes del levantamiento, Mireles buscó agotar la última instancia: pidió una audiencia con Fausto Vallejo, a fin de encontrar una solución urgente o plantearle un ultimátum. Lo que Mireles solicitaba, se conoció en la secretaría particular del gobernador, era que se aplicara un programa de seguridad pública permanente en la zona de la Tierra Caliente; expuso que las violaciones, robos, secuestros y extorsiones estaban a la orden del día. Por conveniencia o por enfermedad, Vallejo ni siquiera quiso escuchar la propuesta del médico. La Dirección de Gobernación —el órgano de inteligencia del gobierno estatal—, a cargo de Juan Carlos Becerra Beltrán, ya había advertido a Jesús Reyna sobre la movilización del doctor Mireles; la alerta estaba dada, sin embargo, nadie quiso ponerle atención. Mireles no fue recibido ni escuchado por nadie. Un informe de la Secretaría de Gobierno, en el perfil que se hizo de Mireles, lo tacha de rebelde.

Mireles comprendió que la corrupción reinante en los gobiernos municipales y entre diversos funcionarios estatales no tenía remedio; no había respuesta a las demandas de seguridad pública. Se convenció de que tras el levantamiento no había retorno. Su padre, de 86 años de edad, fue el primero en escuchar oficialmente de él mismo sobre el levantamiento: cuentan que se negó a la iniciativa de Mireles, que le pidió que no llevara a cabo la movilización porque estaba seguro de que perdería. El doctor Mireles no lo escuchó porque sus motivos eran más fuertes que la angustia de su padre.

A días del alzamiento, el secretario de Gobierno minimizó el movimiento del médico; el discurso oficial no se salió del guion relativo a que el estado se encontraba tranquilo y en paz. Mireles comenzó a señalar en su discurso la complicidad de funcionarios estatales con el crimen organizado; se hablaba de la existencia de videos donde "personajes políticos" de Michoacán dialogaban con Servando Gómez, cabeza visible del cártel de las drogas en la entidad.

Mientras el gobierno estatal buscaba negar lo evidente, los civiles armados iniciaron la guerra contra las células de los Caballeros Templarios. La reacción del cártel ante la insurgencia de los vecinos de Tierra Caliente fue aplastante. Tras el rumor de que Mireles estaba organizando a los pobladores, los secuestros, ejecuciones y desaparecidos aumentaron: sólo en enero de 2013 algunos reporteros de Apatzingán registraron 32 *levantones*, 18 secuestros y 47 ejecutados. En ese momento el gobierno estatal no tenía datos, porque en el sistema de procuración de justicia no había siquiera un titular responsable de la dependencia; fue la Iglesia católica en Apatzingán la que tuvo que dar la voz de alerta sobre lo que ocurría en los municipios de la zona, donde una violenta y desigual guerra se llevaba a cabo entre la población civil y los Caballeros Templarios. El padre Goyo denunció desde el púlpito la carnicería que se registraba en el sur del estado.

Las cifras dadas por el párroco hablaban de miles de asesinados y desaparecidos como resultado directo del enfrentamiento entre células criminales y grupos de civiles armados. El gobierno estatal utilizó el discurso del sacerdote católico para desviar la atención del problema real: alentó el debate sobre la procedencia de los recursos con que se estaban financiando y armando los civiles que enfrentaban al crimen organizado, y Fausto Vallejo dejó entrever la posibilidad de que detrás de los civiles armados se encontraran algunos mandos militares enviados por la misma Federación como parte de la estrategia del gobierno de Enrique Peña Nieto para el combate al narcotráfico.

La teoría filtrada desde el gobierno estatal —una de las causas del distanciamiento entre Peña Nieto y Vallejo— apuntaba sin duda hacia la figura del general colombiano Óscar Naranjo, que entre los años 1994-1998 ayudó al presidente de Colombia, Ernesto Samper, a encarar la crisis de violencia en ese país a partir de grupos de autodefensa, y hasta marzo de 2014 fue asesor en materia de seguridad del presidente Peña Nieto.

La teoría afinada indicaba que el general Naranjo estaba creando en Michoacán un laboratorio de experimentación para aplicar la estrategia colombiana a fin de erradicar el problema de la violencia generada por los cárteles de las drogas; su experiencia incluía armar a los civiles y pactar con las cabezas de los cárteles. Naranjo, a decir de los rumores que pronto se esparcieron en la cumbre del gobierno estatal, habría logrado introducir armas con destino a los civiles alzados en la zona de Tierra Caliente. En la Secretaría de Gobierno se dijo que Mireles era una pieza del ajedrez que Naranjo estaba jugando; en ese supuesto fincó la administración estatal las atenciones que posteriormente recibió Juan Manuel Mireles de parte del gobierno federal y del mismo secretario de Gobernación, Miguel Ángel Osorio Chong. Mireles, aseguraban especialistas de la Secretaría de Gobierno, era el alfil de Naranjo como en su momento en Colombia lo fue Carlos Castaño, jefe de las Autodefensas Unidas de Colombia (AUC). Cuando Naranjo perdió el control del aparato de seguridad del presidente Peña fue cuando Mireles cayó en desgracia.

Agentes de campo de la Secretaría de Gobierno adscritos a la Dirección de Gobernación reportaron por lo menos en tres ocasiones, en los últimos días de diciembre de 2012, la llegada "inusual" de camiones de abasto del Ejército mexicano, los que se internaron en los municipios de Apatzingán, Tepalcatepec y Aquila, donde militares llegados directamente de la Ciudad de México se habrían entrevistado con los organizadores del movimiento de autodefensas; a decir de los reportes de la Dirección de Gobernación, los camiones les habrían llevado "pertrechos de apoyo". La versión nunca fue explicada ni desmentida por el gobierno federal. En algunos funcionarios estatales quedó la convicción de que en esos camiones llegaron armas e implementos para el ejército irregular de Mireles.

Por los informes manejados en la Secretaría de Gobierno se sabe que entre la segunda semana de diciembre de 2012 y la última de enero de 2013, el mismo José Manuel Mireles se habría reunido en la Ciudad de México al menos en cinco ocasiones con mandos militares de primer nivel, cercanos al presidente; la aparente tesis central de los encuentros fue buscar la forma de confrontar al reinante crimen organizado con toda la fuerza del Estado, pero sin que éste interviniera oficialmente para no formalizar una guerra abierta en territorio nacional.

En dichas reuniones se ventiló la posibilidad de que un grupo de militares vestidos de civil acompañaran a los grupos de autodefensa para aparentar un alzamiento popular, pero finalmente se optó por operar solamente con los civiles de cada región para que no fuera cuestionada la presencia de extraños en cada una de las municipalidades en armas. El gobierno federal ofreció capacitación a los civiles que integrarían las autodefensas, pero se declinó la oferta: la mayoría de los que estaban dispuestos al alzamiento contra la delincuencia sabían del manejo de armas.

En el análisis de la información al más alto nivel del gobierno estatal, se estableció como marco adicional a todo el respaldo logístico que estaban recibiendo las autodefensas la inmejorable relación que tenían el general Naranjo y el saliente secretario de Seguridad Pública del gobierno federal, Genaro García Luna; ambos fueron contemporáneos como encargados de la lucha contra el narco en sus respectivos países. El enlace de esa relación fue Javier Garza Palacios, que era coordinador general de Seguridad Regional y luego del Grupo de Operaciones Especiales de la Policía Federal; al lado de García Luna, Luis Cárdenas Palomino y Olivia Lizeth Parra Salazar, fue señalado como creador del montaje en la detención de Florence Cassez, y también el primero en escuchar las recomendaciones de Oscar Naranjo para terminar con el problema de la violencia en México mediante civiles armados.

Por eso Naranjo, ya investido como asesor en materia de seguridad del presidente Peña Nieto, no tuvo empacho en reconocer públicamente la labor realizada por García Luna, del que alabó el trabajo de reconversión de la Policía Federal; dijo que la obra del secretario de Felipe Calderón era la semilla para el combate al crimen organizado. La relación de Naranjo con el gobierno panista fue lo que aguzó el escozor en la sensible piel del gobernador Vallejo, quien pidió a Jesús Reyna un seguimiento estrecho a las actividades públicas y privadas de Mireles, así como a los líderes visibles de los grupos de autodefensa.

CAPÍTULO IV

LAS AUTODEFENSAS

A la vista de todos, aun sin ser escuchado por el gobierno estatal, José Mireles no quitó el dedo del renglón: se decidió a organizar a un grupo de ciudadanos que armados pudieran hacer frente al crimen organizado. En un solar de su casa convocó a una reunión a varios de sus amigos y volvió a exponer su punto de vista, tantas veces repetido ante los padres de familia de la escuela secundaria de Tepalcatepec; habló de la necesidad de armarse para defenderse de las células al servicio de los Caballeros Templarios, y esta vez sus palabras tuvieron eco. Entre los presentes estaban Ricardo Valdez, de Aquila; Adalberto Fructuoso Comparán, de Aguililla; Ramón Contreras Orozco, de La Ruana; Jesús Gutiérrez, de La Ruana; Ángel Gutiérrez Aguilar, de Tepalcatepec; Hipólito Mora, de La Ruana; Misael González, de Coalcomán; Luis Antonio Torres, de Buenavista, y Jesús Díaz, de Chinicuila.

La mañana del 24 de febrero de 2013, Mireles personalmente organizó la instalación de las primeras barricadas, dirigió a los primeros grupos de civiles armados que salieron a tomar las calles y a controlar el acceso a los poblados, y supervisó la defensa de los municipios alzados ante la eventual reacción del crimen organizado. Desde Morelia, el gobierno de Fausto Vallejo trató de ignorar al movimiento: mandó difundir en todos los medios de circulación estatal y regional la agenda del jefe del Ejecutivo. Trató de sepultar el alzamiento; de su lado, en la nómina oficial, estaban muchos periodistas y medios que decían marcar liderazgo en la opinión pública.

Al mediodía del 25 de febrero, el doctor Mireles se estrenó en los medios nacionales de comunicación; los locales le hicieron vacío. La mayoría de los medios informativos de México daban cuenta del valor de un médico que dejaba la comodidad del consultorio y cambiaba el estetoscopio y la bata blanca por el chaleco antibalas y las armas: buscaba encarar al crimen organizado. La prensa local anunciaba acciones del gobierno de Fausto Vallejo. En los días subsecuentes la ola mediática nacional creció a tal grado que sacudió el cómplice silencio en el que se envolvían medios y autoridades locales; pronto fueron apareciendo, a cuentagotas, algunas notas sobre "incidentes" provocados por civiles armados en la zona de Tierra Caliente.

Desde un principio el discurso de Mireles fue bravo. No se anduvo por las ramas, habló de las cosas en forma puntual: aseguró que en todo el sur de Michoacán existía un poder alterno al del estado, el de los narcos; que muchos funcionarios incrustados en la estructura del gobierno de la entidad y en muchos municipios únicamente obedecían a los intereses del crimen organizado, que los Caballeros Templarios los habían puesto allí; que los intereses económicos entre narcos y algunos políticos eran de tal envergadura que no les importaba llegar a cualquier exceso para defenderlos.

El discurso de Mireles fue respaldado por los escasos integrantes del grupo que dio en llamarse Consejo Michoacano de Autodefensas. En el consejo estaban representados los movimientos armados que habían tomado los municipios de Tepalcatepec, Buena Vista Tomatlán, Chinicuila, Arteaga, Coahuayana, Tumbiscatío, Apatzingán y Coalcomán, donde el primer paso para llevar a cabo la guerra contra el crimen organizado fue decretar la expulsión de las policías estatales.

Junto a la lucha contra las células del narcotráfico se decretó un boicot al gobierno de Fausto Vallejo, al que se le acusó siempre de mantener vínculos estrechos con las estructuras de los Caballeros Templarios; se llamó a la desobediencia civil contra la administración estatal, y la gente dejó de pagar impuestos locales y de atender las instrucciones emanadas desde Morelia para sumarse a los grupos de civiles armados, que comenzaron a vigilar los pueblos y las comunidades rurales. Desde entonces resaltó la extraordinaria organización entre los grupos de civiles entreverados por las armas.

El rápido crecimiento de los grupos de autodefensa, la movilización sincronizada, los sistemas de radiocomunicación, el equipo de guerra utilizado, el armamento y la transportación, entre otras cosas, hicieron que se iniciara un debate a nivel nacional sobre el financiamiento del movimiento. Fue alentado desde el interior del gobierno estatal, desde donde se trató de denostar a toda costa los reclamos de seguridad de los vecinos que encabezaba Mireles.

Y es que el movimiento, que inició con apenas 330 personas de ocho municipios, muy pronto —en menos de tres meses— ya llegaba a más de tres mil ciudadanos activos, armados y pertrechados para el combate. Las escaramuzas que se dieron entre autodefensas y células del crimen organizado entre febrero y mayo de 2013 no tuvieron parangón; en algunas el saldo fue de sesenta a ochenta muertos. Cada bando recogía a sus caídos y se alistaban para otro encuentro. El gobierno de Michoacán se diluía entre la preocupación mediática por el estado de salud del gobernador y la deuda pública heredada por la administración estatal pasada. En los corrillos oficiales se insistía en el extraño origen del financiamiento de los grupos de civiles armados.

A pesar de las sospechas del gobernador acerca de la participación de la Federación en el levantamiento de los civiles armados, el Ejecutivo estatal dio todo su respaldo a la Federación para que incrementara la presencia militar en la entidad. Ofreció su apoyo para la instalación de al menos tres cuarteles más en Michoacán, mismos que estarían en los municipios de la zona limítrofe con Jalisco, a fin de hacer una suerte de blindaje al estado; el gobernador era otro cuando estaba ante funcionarios federales.

También el mandatario miró con buenos ojos y expresó su beneplácito a la propuesta de militarizar la seguridad pública de los municipios. Noventa y ocho de los 113 ayuntamientos de la entidad tenían a principios de 2015 respaldo formal del Ejército; en al menos once los militares tomaron el control de la seguridad pública, desplazando a los cuerpos de policía locales. Los municipios que primero tuvieron soldados como policías fueron Vista Hermosa, Briseñas, Uruapan, Apatzingán y Lázaro Cárdenas.

El extraño acercamiento entre el gobierno estatal y la cúpula militar en Michoacán causó nerviosismo entre la dirigencia de los grupos de autodefensa, donde se sabía que algunos funcionarios estatales eran cercanos colaboradores del crimen organizado. Se denunció la posibilidad de que los mandos militares, que oficialmente llegaron a la entidad para hacerse cargo de la seguridad pública, pudieran terminar respaldando a los grupos de la delincuencia organizada, contra quienes se mantenía la guerra. En forma inmediata se demandó la salida de los cuerpos de seguridad federales. Esa fue la primera fricción entre los grupos de auto-defensa y el gobierno federal, que se había manifestado aliado.

Para exponer sus presunciones, ante el vacío que los medios de co-municación locales les hacían, los grupos de autodefensa optaron por manifestar su exigencia a través de las redes sociales. Fue un recurso de comunicación insólito pero eficiente: ese fue el foro que permitió a Mireles manifestarse vivo ante el mundo. A través de la red se infor-mó públicamente sobre la relación personal y familiar que mantenían algunos integrantes de primer nivel del gobierno estatal con líderes de los Caballeros Templarios. El primer aludido fue el entonces secreta-rio de Gobierno y ex gobernador interino Jesús Reyna, quien no tardó en desmarcarse de las acusaciones.

Después, los señalamientos de la dirigencia de las autodefensas toca-ron a funcionarios de peso como el propio gobernador, al que se señaló como comprometido con algunos dirigentes de los Templarios; lo mis-mo la senadora del PRD Iris Vianey Mendoza, a quien se le cuestionó su relación personal con Melissa Plancarte, hija de uno de los líderes del cártel, con quien apareció en el video de una fiesta que se difundió en las redes sociales. Una decena de alcaldes fueron mencionados por los insurgentes como colaboradores de los Caballeros Templarios.

En contraofensiva, la voz autorizada del cártel, Servando Gómez, también utilizó el mismo medio para señalar a los grupos de autodefensa como "parapetos" de cárteles contrarios al michoacano, los que estarían buscando posicionarse en el estado. Las versiones que llegaron desde los Templarios apuntaban a un financiamiento de los grupos de autodefen-sa por parte de los cárteles Jalisco Nueva Generación y del *Chapo* Guz-mán, quienes se han interesado históricamente en el control de las rutas del narcotráfico que parten desde Michoacán hacia diversos puntos del sur de Estados Unidos y otros países allende el Pacífico.

En su dispersa política mediática el gobierno de Michoacán, ante el brote de insurgencia de los pobladores cansados del sometimiento al cri-men organizado, también fortaleció la versión de que era un movimien-to financiado por cárteles antagónicos a los Templarios; esa fue la tesis reinante antes de que se diera la primera iniciativa local para sentarse al diálogo. El secretario Jesús Reyna dijo públicamente que de los grupos de autodefensa, como muestra de buena voluntad, debían exhibir disposición para dejarse investigar y demostrar que no estaban siendo financiados ni tenían relación con grupos criminales; la propuesta fue rechazada por las autodefensas, que arreciaron la campaña de información sobre los nexos entre Reyna García y los Caballeros Templarios.

Los grupos de autodefensa insistieron en denunciar la colusión entre el gobierno local y el cártel michoacano, y la ofensiva del crimen organizado se intensificó: sumada a las acciones de guerra realizó una campaña mediática en redes sociales para señalar desde la clandestinidad la supuesta relación entre mandos del Ejército y miembros de otros cárteles, entre ellos el de Jalisco Nueva Generación y del Pacífico, que aspiraban al control de Michoacán. Desde el portal YouTube se señaló que esa era la estrategia oficial dictada desde la Presidencia de la República.

Los Caballeros Templarios volvieron a manifestar su capacidad de reacción ante la ofensiva. Comenzaron a movilizar, a veces con amenazas, a veces por convicción, a los grupos sociales que mantenían bajo su control; la presencia de las fuerzas federales fue rechazada con manifestaciones públicas en diversos puntos de Tierra Caliente y de la costa. En Lázaro Cárdenas hubo un paro generalizado del transporte público para exigir la salida de la Policía Federal y el Ejército: el argumento expuesto por algunos líderes transportistas para defender su movimiento y la demanda de retiro de las fuerzas federales de la zona del puerto era el fundado temor de ser criminalizados por la decisión unilateral de algún mando, lo que era suficiente para encarar un proceso penal en una cárcel de máxima seguridad.

Los transportistas, pescadores, agricultores y comerciantes que movilizó el crimen organizado también protestaron en los municipios de Aquila, Aguililla, Coalcomán, Buena Vista Tomatlán y Tepalcatepec, donde la Federación suplió a los policías municipales tras conocer el nivel de corrupción e infiltración de las corporaciones. La militarización en Michoacán era un tema que en lo público avalaba el gobernador, pero en privado la cuestionaba y hasta la rechazaba, reconociendo los excesos en que incurrían los militares frente a la población civil.

Los grupos civiles movilizados por el crimen organizado también realizaron plantones y tomas de carreteras locales en diversos puntos, principalmente en aquellos municipios donde los militares eran responsables de la seguridad pública; la ruta que comunica Lázaro Cárdenas con la zona minera de Aquila fue bloqueada por casi una semana en por lo menos siete puntos. Los grupos de autodefensa se abocaron a liberar esa vía de comunicación en medio de aquella fórmula indescifrable: los militares protegían los municipios, pero sus órdenes eran no desalojar a la población civil que exigía su salida; los civiles movilizados por el crimen organizado estaban secundados por patrullas de sicarios para atender cualquier agresión de los grupos de autodefensa, pero entre estos últimos la mayoría no querían ir contra la población civil.

La Secretaría de Gobernación, por conducto del Cisen, conoció que como parte de las reacciones de la población civil contra la presencia militar en Michoacán, se habían registrado en un lapso de quince días un total de diecisiete marchas en la zona urbana, se suspendieron las clases en por lo menos 327 escuelas de Tierra Caliente, se interrumpieron labores en 211 oficinas de los gobiernos local y estatal, se hicieron 38 bloqueos de carreteras y se registraron veintiún enfrentamientos entre militares y civiles armados, a veces grupos de autodefensa que fueron confundidos con sicarios, a veces autodefensas contra autodefensas confundidos con células de los Caballeros Templarios e incluso entre células del mismo cártel que se confundieron con autodefensas. El saldo en ese reporte llegó a ubicar por lo menos 63 muertos.

De acuerdo con las cifras oficiales, 2013 fue el año más sangriento en la historia de Michoacán. La devastación social del choque declarado entre los Caballeros Templarios y autodefensas empezó a rebasar cualquier proyección hecha desde la Presidencia de la República; nadie calculó los resultados y por lo mismo no hubo programas oficiales de apoyo, como buscando que no se resintieran los saldos de la guerra. A mediados de 2013 el comité internacional de la Cruz Roja y la organización internacional Médicos sin Fronteras manifestaron su intención de entrar a Michoacán para apoyar a la población civil que se encontraba entre el fuego cruzado, y el secretario Osorio Chong no autorizó su llegada a la zona de conflicto. Desde la Secretaría de Gobernación se mandó un informe tranquilizador sobre la "situación real" que se vivía en Michoacán, donde se atribuyó gran responsabilidad a la prensa internacional por hacer "eco a sucesos que ni siquiera pueden ser constatados y que en ocasiones son mitificados por la prensa local". El gobierno federal se comprometió ante las organizaciones no gubernamentales a llevar a cabo acciones y programas de apoyo a la población civil.

LAS VIUDAS DEL NARCO

Ser viuda es lo peor que le puede pasar a alguien, pero ser viuda de un narco significa vivir condenada para siempre. Rocío del Carmen lo sabe. Llora su desgracia. Dice que no ha encontrado la paz desde que se quedó sin marido. A Javier lo encontraron calcinado en un camino entre La Ruana y Coalcomán. Lo pudo reconocer por las piedras rojas del rosario que encontraron regadas junto al cuerpo humeante. Nadie quiso ayudarla a levantar aquel manojo de carne hinchada y negra. Unos hombres de las autodefensas la miraron a la distancia con odio. Tampoco dejaron que la policía ministerial interviniera. A Javier se lo llevaron de la puerta de su casa unos hombres armados. Era la segunda ocasión que lo levantaban.

"La primera vez que lo secuestraron fue un grupo de sicarios al servicio del cártel, cuando todavía se llamaban la Familia", cuenta Rocío. Se lo llevaron de La Ruana y estuvo perdido durante una semana. Regresó a los ocho días. Llegó un sábado en la madrugada, agazapado, tocando la puerta como a tientas. En voz baja, le pidió a su mujer que le abriera, le dijo que ya había regresado y que todo estaría bien. "Ésa vez me deshice en lágrimas por él", dice Rocío serena, como si ya no le afectara recordarlo. Respira hondo.

"Me dolía pensar que sus dos hijos se quedarían sin padre muy chicos, me los imaginaba creciendo solos, a la buena de Dios, pero esa mañana, cuando lo escuché a través de la rendija de carrizos, 'Carmela, Carmela, ábreme, soy yo, soy Javier, ya volví', supe que aún no acababa de llorar todo lo que tenía que llorar en la vida por ese hombre."

Javier regresó y con dificultades le contó a Rocío lo que había ocurrido durante su secuestro. Le explicó cómo se lo llevaron los de la Familia. Le respetaron la vida pues necesitaban sus servicios. Lo llevaron al cerro junto con otros hombres y ahí permaneció cuatro días. Los criminales los obligaron a empaquetar mariguana de sol a sombra, por la noche dormían en casas de campaña asentadas en el monte despoblado.

Cuando Javier terminó, uno de los sicarios le pagó 6 mil pesos: diez veces más de lo que ganaba en una semana en el taller de llantas que había improvisado sobre la carretera, cuando decidió que ya no quería irse para el norte y que deseaba pasar el resto de su vida al lado de Rocío del Carmen. Los 6 mil pesos lo deslumbraron; como hubiera ocurrido con cualquier habitante de esa zona de Tierra Caliente, donde el salario promedio no llega a los 40 pesos diarios.

Apenas acabó la labor de empacar la mariguana, Javier fue el primero en aceptar un trabajo que les propuso *el Pantera*, jefe del grupo armado, quien les dio la "oportunidad" de sumarse al cártel... para no tener que matarlos.

Javier pensaba en el futuro de Rocío, por eso dijo que sí a lo que viniera, por lo menos así lo justifica ella. Javier no era un hombre de armas, pero allí se enseñó a usarlas. Le dieron un rifle, tres cargadores, mil pesos para la gasolina y una camioneta Cherokee. La tarea era simple: salir al camino y regresar con al menos 10 mil pesos. Javier asaltó una tienda de abarrotes en Apatzingán y dos gasolineras. En dos días cumplió con la cuota impuesta por *el Pantera*. Pasó la prueba y se ganó la confianza del jefe.

"Cuando mi marido me platicó, entre emocionado y agitado, la aventura que le había tocado vivir en su secuestro, yo supe que aquello no iba a terminar bien", cuenta Rocío y hace una pausa, ahora se muerde los labios para no soltar el llanto. "Y no terminó bien", resume. Cuenta que la mortificación de saber que Javier se encontraba en peligro constante la mitigaba con el dinero que él le entregaba a manos llenas. Le costaba trabajo reconocerlo, pero tal vez entonces comenzó a gustarle más, admite: "No sé si era porque se vestía muy bien o porque sabía que era narcotraficante".

A sus 25 años, Rocío creyó que la vida le sonreía. Se sintió la mujer más feliz del mundo cuando hubo dinero para comprar una casa y darse los lujos que siempre había soñado. Ella era consciente de que Javier pertenecía a la Familia y que después formaría parte de las filas de los Templarios. De alguna forma, a ella le gustaba que así fuera, sobre todo cuando él la colmaba de regalos opulentos.

En las noches de ausencia, Rocío pensaba en su marido con huaraches de dos correas y gorra de mecánico, y contrastaba la imagen con la del nuevo hombre rasurado y perfumado, de texana y botas piteadas. "De alguna forma, yo fui cómplice de él", se lamenta en un murmullo.

Cuando surgieron los grupos de autodefensa, cuenta Rocío, Javier buscó la forma de pasarse del lado del gobierno. El grupo con el que estaba al servicio de los Caballeros Templarios se desintegró tras la muerte del *Pantera*, quien fue abatido por las fuerzas federales en abril de 2013. Sin embargo, ninguno de los grupos de civiles armados que se integraron en Tierra Caliente aceptó a Javier. Para nadie era desconocido que él había participado en el terror que estaba padeciendo la población del sur de Michoacán.

Aquellos días, la violencia arreció y los grupos de autodefensa comenzaron a levantar a los que sirvieron a los Templarios. Rocío le pidió a su marido que se fueran a Estados Unidos, pero él se negó a considerar esa posibilidad. Aún tenía la esperanza de llegar a un pacto para ser incluido en los grupos de autodefensa, donde ya estaban trabajando algunos de sus compañeros. Ellos mismos lo habían alentado a buscar la negociación. Esperó la llamada durante un mes, pero su celular nunca sonó.

Finalmente, un sábado en la tarde llegaron a su casa unos hombres que vestían la camiseta blanca de autodefensas y se lo llevaron, por las buenas, dijeron. Él estaba seguro de que iba rumbo a una entrevista que le permitiría integrarse con los civiles armados. Antes de subir a la camioneta, sus supuestos reclutadores le pidieron que renegara de los Caballeros Templarios. Su mujer escuchó cómo dijo con odio varios nombres, puteó madres y escupió al suelo. Lo único que pidió Javier fue que no le quitaran el rosario de piedras que se colgaba al cuello.

El convoy abandonó La Ruana a toda prisa. A Rocío le picó algo en el estómago mientras observaba cómo una nube de polvo se tragaba los cuatro puntos blancos y verdes en que se trasformaron aquellas camionetas. Fue el instinto lo que hizo que abrazara a sus dos hijos y se ahogara en un mar de llanto, pronunciando despacito el nombre de su marido. Él le había dicho que sumándose a las autodefensas estarían mejor, pero ella siempre desconfió…

El papel de la Iglesia

Los grupos sociales que denunciaban la barbarie que se vivía en Michoacán eran muchos, pero pocos eran los oídos que atendían. La Iglesia católica fue la primera en hacer patente la inacción del gobierno estatal; reclamó públicamente la intervención de la Federación en apoyo de los civiles que se habían levantado contra el crimen organizado. Desde el púlpito, todos los sacerdotes católicos de la zona de Tierra Caliente expusieron el estado de guerra que se vivía en esa parte del estado. No fueron pocas las ocasiones en que los ministros dejaron entrever lo que los líderes de los grupos de autodefensas decían en sus discursos públicos: que el crimen organizado y el gobierno estatal eran uno mismo.

La primera vez que se dejó escuchar fuerte la voz de la Iglesia fue a través de una carta del arzobispo de Morelia, Alberto Suárez Inda, quien se manifestó preocupado tras los ataques a las instalaciones de la CFE que durante septiembre de 2013 hizo un grupo armado en varios puntos de Michoacán. El prelado le recordaba al gobernador Vallejo los compromisos que debía atender en beneficio de los michoacanos; fue una llamada de atención que poco pesó en el ánimo del mandatario.

En el documento, el arzobispo manifiesta: "[...] su Gobierno deberá afrontar retos tan grandes como son la seguridad y la gobernabilidad, la cuestión compleja de la educación y el magisterio, las inversiones y oportunidades de empleo", por lo que lo invitaba a revisar la situación tan compleja que vive Michoacán. El líder de la Iglesia católica en la entidad también hacía alusión al problema social del miedo: "En las comunidades —escribió— escuchamos a diario verdaderos dramas de personas y familias que viven el miedo y la desesperanza. Estoy convencido de que esta situación puede cambiar, que Michoacán tiene recursos y condiciones para ser un Estado próspero, a condición de que se restablezca un orden de justicia, respeto y convivencia civilizada".

El pastor concluía manifestando su confianza al gobernador para sacar a Michoacán de la crisis social en que se encuentra, argumentándole: "Confío en que en este tiempo corto que resta a su administración, con el trabajo decidido y generoso de sus colaboradores, podremos vislumbrar tiempos mejores", a la vez que rubricaba la misiva en su convencimiento personal de "[...] alcanzar en el Cielo la patria definitiva, nos proponemos construir desde esta tierra una civilización de justicia, verdad y amor".

En la zona de Tierra Caliente los grupos de civiles armados ya habían salido a las calles para tomar la justicia en sus manos. La Iglesia de Michoacán estaba dolida, no sólo por la matanza de civiles que estaba costando la omisión de los gobiernos estatal y federal, sino porque algunos de sus ministros en la región eran amenazados y perseguidos por las células del crimen organizado. El 27 de diciembre de 2012 el sacerdote Santiago Álvarez, de la diócesis de Zamora, fue secuestrado. Nadie supo cómo ocurrió el rapto: el clérigo viajaba de Jacona a la comunidad de Paredones, en el municipio de Jiquilpan. La jerarquía de la Iglesia católica no tardó en atribuir la desaparición al estado de violencia que se vive en la entidad, toda vez que el padre Santiago había denunciado actos criminales en su localidad.

La voz eclesiástica que se alzó formalmente contra la violencia al denunciar la desaparición del padre Santiago fue la del obispo de Zamora, Javier Navarro, quien atribuyó el hecho a la situación anormal que afronta la sociedad. Hizo pública su postura de exigencia para que "devuelvan sano a un hijo a su madre, un hermano a sus hermanos, un sacerdote a la comunidad". Era una voz que predicaba en el desierto, porque nadie dio respuesta a la petición de ayuda lanzada a los cuatro vientos.

Tras la desaparición del sacerdote de veintisiete años de edad, la arquidiócesis de Morelia se volcó en constantes reclamos particulares a los encargados de la seguridad pública en la entidad: no sólo exigió la comparecencia del religioso desaparecido, sino que demandó mayor seguridad para todos los michoacanos. El arzobispo Suárez Inda fue incisivo no sólo acerca del caso del padre Santiago, sino por los que se han registrado en Michoacán en los últimos años. Insistió en resaltar que el aparato de justicia del estado ha resultado por demás obsoleto.

El que lanzó fuertes declaraciones fue el obispo de Apatzingán, Miguel Patiño Velázquez, quien en pleno acto religioso en la catedral de la diócesis denunció que el número de víctimas por los enfrentamientos entre civiles armados iba en aumento pese a la discreción con que la autoridad veía el conflicto. Tras la afirmación, el prelado comenzó a recibir amenazas y tuvo que salir de la zona.

Fue durante la misa del 3 de noviembre de 2013 cuando habló acerca de la población civil, que estaba siendo tomada como rehén en el clima de violencia que se vivía en Michoacán; en el mismo mensaje invitó a los fieles a perder el miedo y alzar la voz "para denunciar los actos de violencia de los que son víctimas los vecinos de la zona de Tierra Caliente". A propósito de la celebración del Día de Muertos, habló de "los 'muertitos' de Michoacán, que nadie quiere mencionar".

Adentrado en la homilía, invitó a que todos los presentes hicieran digna la muerte de los "muertitos de Michoacán" y los incentivó a que escribieran el nombre de una persona cercana que hubiese fallecido a causa de la violencia: inicialmente, pocos se atrevieron a escribir algún nombre; el resto fueron recriminados por el obispo, quien les increpó su falta de valor. La motivación tuvo eco: vecino a vecino fueron formándose para colocar las papeletas con los nombres de los fallecidos en los enfrentamientos. Antes de terminar la misa, se formó una cruz con cientos de papeles donde se leían diversos nombres: el prelado habló de esos muertos como víctimas de la violencia en esa parte de Michoacán.

Tras la denuncia, uno de los encargados de derechos humanos en el Vaticano, el cardenal Karl Josef Becker, difundió públicamente, con base en las cifras recabadas por el obispo de Apatzingán, que el número de muertos en esa región sólo en 2013 llegó a 920. El obispo Patiño Velázquez llamó la atención pública nacional el 15 de octubre de 2013, cuando escribió una carta donde denunciaba que la inseguridad que se vive en Michoacán obedecía a la complicidad de autoridades del gobierno estatal y de algunos municipios donde la delincuencia mandaba sobre las estructuras de gobierno locales.

Él mismo hizo una convocatoria a una marcha por la paz en la zona de Apatzingán; la gente respondió y se reunieron más de tres mil personas. Todos salieron a las calles vestidos de blanco y en silencio para hacer un llamado a la autoridad estatal y federal para que devolvieran la paz y la tranquilidad. En la capital del estado, como única respuesta al reclamo de seguridad, el gobernador Vallejo pidió una cita con el arzobispo Suárez Inda, con el que dialogó sobre temas que no se centraron en la violencia en Tierra Caliente.

Tras la publicación de la carta y la convocatoria a la marcha por la paz en el municipio de Apatzingán, según fuentes de la misma Iglesia, el obispo y varios de los sacerdotes de la región comenzaron a recibir amenazas de muerte, lo que hizo que se suspendieran algunos servicios religiosos en la zona. Después fue el gobierno federal el que asumió la responsabilidad de velar por la seguridad de los religiosos, instrumentándose un operativo que a la fecha mantiene bajo resguardo a varios de los sacerdotes adscritos a esa parte del estado. El Vaticano fue cauteloso y sólo emitió recomendaciones en secreto para que los sacerdotes no se expusieran ante el clima de violencia.

El obispo de Apatzingán no es el primero en alzar la voz en contra del clima de inseguridad que se mantiene en Michoacán: anteriormente el obispo de Zamora, Javier Navarro, ya había denunciado el clima de hostilidad perceptible en Michoacán. Las denuncias de los dos prelados han recibido el apoyo de la Conferencia del Episcopado Mexicano. En una carta, obispos de México expresaron su solicitud a las autoridades federales, estatales y municipales para que se lleve a cabo "una acción pronta y eficaz ante la injusticia de los *levantones*, secuestros, asesinatos y cobro de cuotas que afectan al bien y la prosperidad de tantas personas y comunidades, y les pedimos estrategias para favorecer la calidad de vida de los ciudadanos y su desarrollo integral".

El reclamo de los obispos, que abanderaron la voz de miles de michoacanos, católicos o no, tuvo eco en la Federación, pues se determinó aplicar una estrategia de acción, pasando por encima del pasivo gobierno estatal, a fin de retomar el control de la seguridad pública en los municipios considerados como "focos de violencia".

RESISTENCIAS

La guerra era cruenta. Para la primera semana de marzo de 2013, a sólo unos días del nacimiento formal de los grupos de autodefensa, el saldo estimado de los enfrentamientos contra el crimen organizado era de 372 muertos, la mayoría de ellos vecinos de Tepalcatepec, Aquila, Apatzingán y Buenavista. Las células de los Caballeros Templarios se tornaron implacables: hubo ejecuciones de familias completas que eran sacadas de sus viviendas a mitad de la noche para ejecutarlas, a manera de fusilamiento, en los patios de sus casas. El gobierno estatal estaba desdibujado.

La Federación arreció su presencia militar en la zona de Tierra Caliente. Desde alguna parte de la cúpula federal se decidió una alianza entre los grupos de autodefensa y las fuerzas castrenses: los civiles armados serían punta de lanza en la avanzada que llevaría a cabo el Ejército para entrar a los municipios bajo el control del crimen organizado. La teoría del general Naranjo se puso en marcha; los grupos de autodefensa también comenzaron a apoyar con labor de inteligencia, y fueron los informes de los alzados los que empezaron a dar resultados con la captura de algunos de los jefes de los Caballeros Templarios.

Como estrategia de guerra, los grupos criminales realizaron bloqueos a las principales carreteras de la zona sur del estado, utilizando como barricadas a la población sometida en sus zonas de influencia para cerrar el paso a los grupos de autodefensa, que llegaban secundados por el Ejército: toda la zona costera, desde los límites con Colima hasta los linderos con Guerrero, fue tomada por la población civil pagada por los Caballeros Templarios. En los poblados de Río Cachán, Maruata, Tisupan, Caleta de Campos y La Placita se concentraron movilizaciones de civiles en apoyo a grupos del crimen organizado, los que pagaban doscientos pesos a cada persona que se manifestara en repudio a la presencia de los militares; doscientos pesos es el equivalente al salario que una persona promedio puede obtener en una semana de trabajo en esa zona, una de las más pobres del estado.

Ante la amenaza de la "narcoinsurgencia", como fue calificada en los informes del Cisen la movilización de civiles en apoyo a las células criminales, el gobierno federal decidió tomar el control del puerto de Lázaro Cárdenas a fin de resguardar los intereses económicos y logísticos allí representados. Tras una reunión con los mandos militares, el gobernador Vallejo aceptó la propuesta de la Presidencia de la República y avaló la militarización del puerto michoacano; fue la última decisión en la que tomó parte.

Como si los problemas se les acumularan a los michoacanos, el 7 de marzo de 2013 el gobierno estatal entró en crisis. Se materializaron las sospechas que apuntaban hacia padecimientos graves en la salud del gobernador; ya no era posible seguir ocultando la ausencia del jefe del Ejecutivo. Desde hacía meses Vallejo había dejado de lado la agenda pública: sus apariciones al aire libre eran escasas, sus visitas a los municipios se suspendieron y a veces dejaba incompletas las reuniones de trabajo con su gabinete. Su secretario de Gobierno tuvo que salir a plantar cara a los michoacanos: notificó formalmente la ausencia temporal del gobernador. Trató de no alarmar a nadie; dijo que la salud de Vallejo no ameritaba solicitar licencia al congreso local, que sólo se trataba de un padecimiento derivado de una mala recuperación de una hernia y que estaría de regreso en diez días.

Los ojos de los encargados de la administración estatal se centraron en la ausencia temporal del gobernador, y comenzó el juego perverso de la sucesión y de los ajustes en los equipos; Jesús Reyna se vio en la posición que el electorado le negó en las elecciones locales del 11 de noviembre de 2007, y apostó su capital a ello. Desde hacía casi veintidós años no se presentaba en Michoacán un caso de ausencia temporal del gobernador como la que estaba propiciando Fausto Vallejo: aun cuando la separación no era definitiva, sí implicó en su momento la delegación de plenos poderes temporales, con la consecuente inestabilidad al interior del gobierno estatal y en todo el territorio de la entidad.

Fausto Vallejo sólo informó al secretario de Gobernación Osorio Chong sobre las causas reales de su separación del cargo; en Michoacán nadie fue digno de la confidencia, ni sus más cercanos colaboradores, los que siempre estuvieron en el entendido de que su ausencia no era por causa grave de salud. En un hospital de Chicago se realizaban las evaluaciones preoperatorias para esperar el trasplante multiorgánico que el gobernador necesitaba; el proceso no duró diez días, se prolongó por 72 horas más.

El 21 de marzo se anunció el retorno del gobernador a sus funciones, pero fue como si no hubiera regresado; siguió ejerciendo el mando de la administración el secretario de Gobierno. Vallejo dijo que tenía confianza en él, pero no era así: asignó al jefe del gabinete, Guillermo Guzmán Fuentes, para que diera seguimiento a algunas acciones de gobierno encargadas personalmente por el enfermo mandatario; Guzmán fue elevado a la condición de tercer gobernador.

En la medida en que se intensificaba la violencia y el nivel del desgobierno en Michoacán, el Ejecutivo estatal y los funcionarios de la Federación no afrontaron la crisis, antes bien diseñaron una estrategia de comunicación basada en el optimismo que rayaba en la negación de la realidad, pues mientras por un lado se militarizaba el estado y se mantenían sitiados los pueblos de Tierra Caliente, por otro se ignoraba el drama de la sociedad civil.

El discurso oficial de algunos funcionarios federales apunta a que imaginaban un Michoacán distinto al que vivían los michoacanos. El caso más palpable era el de Roberto Campa, subsecretario de Prevención y Participación Ciudadana de la Secretaría de Gobernación, quien de visita en la entidad dijo que "se vive una etapa de tranquilidad social". Habló de un Michoacán que no existe, tal vez para convencerse a sí mismo.

Enrique Peña Nieto, en su primera visita al estado, se comprometió a que no dejaría solo a Michoacán y anunció recursos para invertir en infraestructura carretera y de telecomunicaciones; no abordó directamente el tema de las autodefensas, sólo mencionó su respaldo al gobierno estatal "para recomponer el tejido social". Anunció que las fuerzas federales se quedarían en Michoacán el tiempo que fuera necesario hasta que las autoridades locales tuvieran la suficiente solidez para atender los reclamos sociales, aludiendo al concepto de estado fallido en que ya se encontraba Michoacán.

Por su parte el secretario de Hacienda y Crédito Público, Luis Videgaray, en su visita a Michoacán parafraseó al presidente al repetir que "Michoacán no está, ni estará solo" y anunció acciones de apoyo financiero para impulsar al gobierno estatal y fortalecer de esa manera el Estado de derecho.

Funcionarios como Roberto Campa ponían nerviosos a los michoacanos, pues a pesar de las muestras de efervescencia social, insistían en hacer sentir un estado de tranquilidad; durante una breve visita de trabajo en plena crisis social, sin empacho, el subsecretario de Prevención y Participación Ciudadana hizo cuentas alegres al reunirse con el entonces gobernador interino Jesús Reyna, al que reconfortó y le repitió la frase: "Habrá apoyo de la Federación para la recomposición del tejido social en Michoacán".

Más allá del discurso, el gobierno federal arreció su presencia militar como única fórmula para la contención de los enfrentamientos de autodefensas con el crimen organizado. El gobernador en turno alegaba paz y trabajo ante los medios locales, pero desde la Federación ya comenzaba a observarse la gestación del estado fallido. La presencia de los civiles alzados se extendía; inició una depuración de alcaldías. Las autodefensas comenzaron a aplicar sus propias leyes y expulsaron a los ediles que declararon como *persona no grata*.

Jesús Reyna habló de un regreso a la tranquilidad, y aplaudió la entrada de más elementos del Ejército a Michoacán. El reconocimiento de algunos sectores empresariales fue doble cuando después Fausto Vallejo anunció la construcción de al menos otros tres cuarteles en el estado para crear una suerte de blindaje: se pretendía aislar a los grupos de autodefensa, que tenían el control de la seguridad de 37 municipios. Los líderes de las autodefensas seguían aplicando juicios sumarios de desaparición de poderes en diversos municipios.

El alcalde de Aguililla, Adán Ceja Valencia, fue el primero en dejar su cargo. Se fue del municipio tras recibir amenazas de muerte por parte de grupos armados que relacionó con las autodefensas de su localidad; se mantuvo escondido con apoyo del gobierno estatal, que no hizo nada para imponer el Estado de derecho en ese lugar.

Le siguió el alcalde de Tepalcatepec, Guillermo Valencia Reyes: los grupos de autodefensa de la zona le dieron un ultimátum para que dejara el cargo. No quiso averiguar si las amenazas de muerte eran en serio, se exilió primero en la capital del estado, hasta donde fue perseguido; radicó después en la Ciudad de México, para finalmente exiliarse en Estados Unidos. Intentó regresar a su despacho y al pueblo en diversas ocasiones, pero la guardia ciudadana se lo impidió. Fausto Vallejo ni siquiera recibió en audiencia ciudadana al edil, que buscaba apoyo para salvar la vida.

Otro caso de destierro fue el protagonizado por el presidente municipal de Aquila, Juan Hernández Ramírez, quien fue expulsado en una ocasión pero regresó; la segunda vez fue literalmente sacado del pueblo a empujones a punta de pistola. Las autodefensas decidieron hacer su propio gobierno y manejaron el presupuesto oficial para ejecutar las obras que los vecinos más pobres habían demandado por décadas sin que autoridad alguna los escuchara.

El presidente municipal de Buenavista Tomatlán, Luis Torres Chávez, corrió con la misma suerte que los otros ediles desplazados. El funcionario fue expulsado tras un juicio sumario que se le hizo en la plaza principal, donde se le ofreció la garantía de respetar su vida a cambio del destierro; la guardia de autodefensas le prohibió volver al municipio y al desempeño de sus funciones. El gobierno estatal nunca quiso conocer del caso y los diputados del congreso local reconocieron "la situación extraordinaria", pero no hicieron nada.

El alcalde de Santa Ana Maya, Ygnacio López Mendoza, denunció un caso contrario al de los alcaldes desplazados por las autodefensas: pidió apoyo al gobierno estatal para encarar las extorsiones de que estaba siendo objeto por parte de células del crimen organizado, pero el gobernador, en ese momento Reyna García, ignoró su petición: a la semana siguiente López Mendoza fue secuestrado y su cuerpo apareció horas después con visibles signos de tortura. El gobierno estatal no supo cómo reaccionar, sólo atinó a decir mediante un comunicado que el crimen sería investigado. Nunca se detuvo a los responsables.

El gobierno estatal tampoco quiso intervenir en el caso de las amenazas de muerte que recibió la alcaldesa de Cojumatlán de Régules, Ana Lilia Manzo Martínez; informó al gobernador que estaba siendo amenazada por células del crimen organizado que buscaban el control de la policía y la tesorería municipal. En el despacho del Ejecutivo nunca tomaron en serio sus dichos, pese a que denunció el problema en por lo menos cinco ocasiones. Tuvo que separarse del cargo tras sufrir un accidente automovilístico que la dejó con lesiones irreversibles. El gobierno estatal no quiso conocer del caso.

Los grupos de autodefensa, fuerzas federales y los Caballeros Templarios se envolvieron en cruentos choques, cuyos saldos sólo eran conocidos por los participantes. El tejido social se veía difícil de recomponer; el gobierno estatal parecía cada vez más ajeno a lo que ocurría en Michoacán. En sus primeros discursos, el líder de los civiles alzados, José Manuel Mireles, denunció la existencia de dos Michoacanes: el que se revolvía en la sangre de sus muertos encarando al crimen organizado, y el que veía el gobernador Vallejo, que con dificultad había regresado para tratar de asumir el cargo del que llevaba separado casi siete meses.

El territorio michoacano era campo de batalla donde interactuaban tres grupos armados, dos de civiles y otro que representaba la fuerza del Estado. La condición de guerra salió de la zona de Tierra Caliente: otros municipios se incendiaron con la llama de la violencia. El gobierno estatal continuaba sin reconocer la condición de crisis en la que estaban sumidos al menos 73 municipios. De acuerdo con las cifras de la Iglesia católica, sólo en la región de Apatzingán los encuentros armados de 2013 dejaron por lo menos 1 100 personas muertas, mientras en la Secretaría de Gobierno oficialmente no había cifras del daño colateral de la violencia.

El obispo de Apatzingán, Miguel Patiño, siguió denunciando públicamente las calamidades de la guerra y las muertes por el enfrentamiento entre los grupos de autodefensas y las células del crimen organizado, las que estaban siendo literalmente expulsadas de las plazas que habían mantenido bajo su control por años. El prelado calificó como un "grado inimaginable de violencia" el que se vivía en la zona de Tierra Caliente, y sus dichos se comprobaron plenamente cuando se vio obligado a refugiarse en el cuartel militar de la zona luego de ser amenazado; posteriormente fue sacado de la región por miembros del Ejército para llevarlo a la Ciudad de México. A pocos días de esos sucesos el obispo anunció su jubilación, argumentando que ya había cumplido con la edad reglamentaria para ello.

El grado de barbarie que se observó en 2013 reflejaba el odio entre ambos grupos de civiles armados, autodefensas y células de los Caballeros Templarios; cuerpos desmembrados, cabezas humanas, brazos y piernas, se exhibían públicamente como si fueran trofeos de caza; a veces sólo eran abandonados a las orillas de los caminos rurales. Los prisioneros hechos por los bandos eran obligados a hablar para las cámaras, los hacían pedir perdón y renegar de sus líderes antes de ser ejecutados; las matanzas eran sanguinarias y públicas para generar temor en el contrario. Los medios locales daban cuenta de los cuerpos con el tiro de gracia o fusilados.

Nadie contabilizó oficialmente el número de muertos del primer año de operaciones de los grupos de autodefensa. Los combates fueron constantes, principalmente en parajes montañosos. Decenas de cadáveres, sobre todo de las bandas criminales, quedaron tendidos en la sierra a merced de los carroñeros, porque no hubo quien fuera a levantarlos; los integrantes de los Caballeros Templarios que corrieron con mejor suerte terminaron en una fosa común. Nadie se acercó a identificarlos ni a reclamarlos.

Sólo en octubre de 2013 se registraron 114 homicidios dolosos, la cifra más elevada en los últimos quince años. Como dato de referencia, abril de 1998 fue el mes más sangriento para el estado en veinte años cuando se contabilizaron 122 asesinatos en todo el territorio, la mayoría atribuidos a "ajustes de cuentas entre bandas delincuenciales", como han sido calificados los homicidios sin resolver.

La mayoría de los homicidios registrados en Michoacán durante 2013 fueron el resultado de por lo menos 58 combates protagonizados por los grupos de autodefensa y células de los Caballeros Templarios, gran parte de los cuales se registraron en la zona cerril de los municipios de Lázaro Cárdenas, Apatzingán, Aquila, Aguililla, Coalcomán y Buena Vista Tomatlán. En por lo menos la mitad de esos choques se registró la participación de brigadas del Ejército mexicano apoyando a los grupos de autodefensa.

Las células de los Templarios que aún no eran tocadas por la embestida reaccionaron; decidieron sembrar el terror entre la población. Hubo un reagrupamiento bajo el llamado de Nazario Moreno, y se acordó mandar un mensaje de guerra a la Federación. Una serie de atentados a las instalaciones de la CFE no sólo dejaron a oscuras gran parte del territorio estatal, sino que generaron miedo entre la población civil; el temor pretendido y logrado eficientemente fue comparable al que la sociedad experimentara después de los granadazos de septiembre de 2008.

En al menos diecisiete municipios se presentaron apagones generalizados a la medianoche del 26 de octubre de 2013 y la madrugada del día siguiente como resultado de ataques con granadas y bombas molotov a subestaciones eléctricas de las principales concentraciones urbanas; hubo incendios en seis gasolineras y detonaciones de armas de fuego por espacio de cinco horas en la mayoría de las poblaciones del estado. Los actos no dejaron víctimas humanas que lamentar, pero los daños materiales fueron cuantiosos toda vez que la primera versión de la CFE señaló que ascendían a más de cien millones de pesos.

El corte al suministro de energía eléctrica fue un acto coordinado. Al filo de las once de la noche del sábado 26 se registraron los primeros apagones generalizados, principalmente en algunas poblaciones de la región de Tierra Caliente; en la capital del estado comenzó a las 0:30 del domingo. El servicio se restableció en Morelia al filo de las seis de la mañana, en algunas localidades hasta 72 horas después. Los municipios donde se registraron ataques a las instalaciones de la CFE fueron: Aquila, Aguililla, Morelia, La Piedad, Zamora, Apatzingán, Ciudad Hidalgo, Sahuayo, Uruapan, Tarímbaro, Zinapécuaro, Queréndaro, Los Reyes, Yurécuaro, Vista Hermosa, Numarán y Puruándiro.

Como respuesta, el presidente Peña Nieto envió cinco mil soldados más para incrementar el estado de guerra en Michoacán, olvidando la proclama federal de privilegiar la inteligencia sobre el uso de la fuerza para tratar de recuperar la presencia y rectoría del Estado en materia de seguridad pública. De nuevo en la entidad no se veía una salida distinta a la planteada por Felipe Calderón: militarizar los 113 municipios y poner al Ejército a desempeñar labores de policías municipales.

Desde algún lugar en la Ciudad de México, el ex gobernador perredista Leonel Godoy ponía el dedo en la llaga al hablar ante los medios de comunicación, señalando que "Michoacán es sólo una parte del problema del Estado fallido en que se ha convertido todo el país". La frase apuntaba hacia el sentir de los michoacanos, que seguían viendo el desastre social causado por años de abandono de parte del gobierno y por la lucha intestina entre cárteles que se disputaban el territorio estatal para el trasiego de drogas, donde el principal fermento era la corrupción en los mandos de la administración estatal.

El avance

Con el poder de manos de Fausto Vallejo a las de Jesús Reyna y viceversa, 2014 llegó a Michoacán sin mayor esperanza que la continuidad en la espiral de violencia. Los seguidores del doctor Mireles siguieron engrosando las filas de la resistencia civil; en sus manifestaciones públicas, el líder de las autodefensas exigió la cabeza de los siete principales jefes de los Caballeros Templarios como condición para la desmovilización que aún nadie le pedía.

El líder de las autodefensas estaba siendo alentado en sus acciones de guerra contra los Templarios. Desde la Secretaría de Gobernación tenían aval sus movilizaciones; la única limitante a la expansión de los grupos de civiles armados eran las células de los Templarios que se resistían a entregar las plazas. Para los primeros días de enero, las auto-defensas ya tenían el control de 49 municipios. Mireles anunció que iría como si de cacería se tratara contra los jefes de los Templarios.

En la mira del fundador de los grupos de autodefensa estaban Servando Gómez Martínez, *la Tuta*; Nazario Moreno González, *el Chayo*; Enrique Plancarte Solís, *el Kike*; Dionisio Loya Plancarte, *el Tío*, y Jesús Vásquez Macías o Gerónimo Vásquez Mendoza, *el Toro*. Fue el propio Mireles quien proporcionó a las fuerzas federales la ubicación, fotografías y zonas de operación de los referidos. El gobierno federal desplegó una fuerza de guerra en todo Michoacán: veinticinco mil efectivos, entre militares y policías federales, se desplegaron por la entidad para secundar la acción de los civiles alzados en contra del crimen organizado.

Llamó la atención en la petición de Mireles el requerimiento de la detención de Nazario Moreno. En los anales del gobierno federal, *el Chayo* había caído "abatido en un enfrentamiento", según se dio a conocer el 10 de diciembre de 2010; Mireles dijo que entonces se trataba de una resurrección, porque *el Chayo* continuaba operando en toda la zona de Tierra Caliente, se había tornado más sanguinario y habían evolucionado sus ritos de iniciación para nuevos miembros del cártel.

"Ahora —reportaba en su momento un informe de un agente de campo del Cisen—, en los ritos iniciáticos de algunas células de los Caballeros Templarios que operan en la región de Apatzingán también hay inmolación de víctimas, a las que se les extraen algunos órganos internos, principalmente el corazón y el hígado. La sangre de las víctimas se unta sobre el rostro, pecho y manos de los nuevos miembros del cártel, quienes de esa forma consideran que tienen el poder de la inmortalidad y entran a un estado de gracia en el que pueden disponer de la vida de otras personas. Las víctimas sacrificadas en las ceremonias de iniciación por lo general son miembros de otros cárteles que son secuestrados tras ser detectados."

La ola de violencia e inestabilidad social ya se había acentuado en Michoacán; el gobierno federal en conjunto con el del estado no atinaban a apagar la insurrección de los grupos de civiles armados. En los meses de agosto y septiembre de 2013 se habían lanzado operativos para detener a quienes actuaban bajo el calificativo de autodefensas. El hecho no inhibió a los insurrectos; por el contrario, los obligó a organizarse mejor para evitar nuevas detenciones.

En agosto de 2013 militares detuvieron a cuarenta integrantes de una patrulla civil que hacía rondines en las inmediaciones de Aquila; todos portaban armas de grueso calibre, de uso exclusivo del Ejército. Eran las autodefensas que defendían las minas y evitaban extorsiones por parte de los Templarios: se encañonaron con la partida militar, pero terminaron por rendir sus armas para evitar una masacre, según sus declaraciones. Se dijo luego, en un parte oficial, que los soldados iban en cumplimiento de una orden judicial en contra de Juan Manuel Ramírez Magallón, Salvador Martínez Cárdenas, Guadalupe Magaña Orozco, Vicente Villanueva Ramírez y Agustín Villanueva, a los que se les había instruido proceso penal por la presunción de responsabilidad en los delitos de violación de domicilio, secuestro, lesiones y robo calificado.

Agustín Villanueva fue uno de los que iniciaron la movilización siguiendo las instrucciones de Juan Manuel Mireles, por eso el médico calificó la detención de los autodefensas de Aquila como una respuesta del gobierno a los señalamientos de corrupción que estaban haciendo al gobernador Vallejo y a su secretario general de Gobierno. En el operativo donde se detuvo al líder de los comuneros de Aquila también se aprehendió a Javier Orozco Cabellos (22 años de edad), Alfredo Sandoval Zambrano (44 años), Leonel de la Cruz Orozco (18 años), Octavio Farías Cruz (23 años), David Paulino Barragán (23 años), Juan Manuel Mendoza Cruz (42 años), Francisco Analco Marmolejo (51 años), Ubaldo Villanueva Ramírez (27 años), Juan Cruz Farías (25 años), Gonzalo Cruz Suárez (24 años), Martín Villanueva Cruz (34 años), Elías Villanueva Ramírez (23 años), Guillermo Orozco Gutiérrez (28 años), Jorge Mendoza Cruz (28 años), José Luis Madrigal Ramírez (29 años), Alonso Prado Castañeda (32 años), José Ángel Cruz Macías (19 años) y Mario Marmolejo Martínez (60 años), todos como como probables responsables de posesión de armas de uso exclusivo del Ejército y de armamento robado a la policía municipal.

En la que se considera la primera reacción de los gobiernos federal y estatal para tratar de desmantelar al movimiento de civiles armados, también fueron detenidos Javier Magaña Valdez (24 años), Francisco Alcalá Alcalá (34 años), Juan Reyna Pimentel (33 años), Israel Moreno

Cázares (27 años), Pablo Paulino Martínez (44 años), José Orozco Cruz (53 años), Efrén Pantoja López (30 años), Gustavo Villanueva Ramírez, Pedro Martínez López, Mario Enrique García Verduzco, Leonardo Rivas Estrada, Omar Gael Magaña Marmolejo, Alexis Omar García Huerta, Julio César Barragán Moreno, Luis Fernando Pantoja López, Jorge Alberto Villanueva Ramírez (todos de 19 años), Aurelio Paulino Martínez (20 años), Miguel Ángel Paulino Martínez (20 años), Luis Mario Cambrón López (21 años), Rigoberto Cruz Orozco, José Javier Rodríguez Bueno (de 24 años) y Ramiro Villanueva Ramírez (39 años).

En septiembre del mismo año, elementos de la Marina hicieron una incursión en el territorio de Aquila, que poco a poco estaba gobernándose bajo el mando de las autodefensas. En esa ocasión, en un operativo similar al realizado por el Ejército un mes antes, se logró la detención de otra patrulla de vigilancia fuertemente armada. Fueron aprehendidos Víctor Larios Sánchez (28 años), Ignacio Segura Zúñiga (39 años), Pedro Guillén Vargas (18 años), Jorge Rivera Valencia (33 años), Rafael Rivera Valencia (37 años), Venancio Merás Farías (51 años), Clemente Huerta Alvarado (40 años), Gabriel García Madrigal (19 años) y Gabriel Ramos Madrigal (48 años), a quienes se instruyó proceso penal federal.

Las acciones legales en contra de estos miembros de las autodefensas, pero sobre todo la reacción mediática del gobierno, hicieron que se integrara una suerte de federación de grupos alzados en armas: la intención era encarar a las fuerzas federales en caso de que las detenciones continuaran. El mando militar reculó: ya no hubo más aprehensiones de civiles armados, ni siquiera se les intentó desarmar. El crimen organizado no dio tregua, intensificó sus ataques a las patrullas de civiles que intentaban mantener bajo control los principales caminos y carreteras de la zona sur.

A convocatoria del doctor Mireles, tras reunirse en Tepalcatepec los representantes de las siete agrupaciones de autodefensas, policías comunitarios y guardias comunales que en ese momento ya se encargaban de la seguridad y vigilancia en gran parte de los municipios de Buenavista Tomatlán, Tepalcatepec, Aquila, Coalcomán, Chinicuila, Apatzingán y Aguililla, surgió el autodenominado Consejo de Autodefensas de Michoacán (CAM), que se convirtió en el mando único de todas las agrupaciones civiles alzadas en armas; al frente del Consejo se designó por unanimidad al convocante a la reunión.

A partir de ese punto, el movimiento de autodefensas tuvo una mayor organización y control sobre sus acciones: se intercomunicaron vía radio de banda civil, demarcaron zonas de vigilancia, establecieron puestos de control, organizaron las patrullas de vigilancia, decretaron la salida de las autoridades policiales de sus territorios y acordaron difundir sus acciones en redes sociales, sobre todo establecieron un acuerdo de ayuda irrestricta para evitar aun a costa de sus propias vidas que de nueva cuenta el gobierno federal hiciera detenciones de sus elementos: sabían que esa era la estrategia del gobierno estatal para alcanzar la pacificación de la entidad.

Las filas de las autodefensas continuaron engrosando, pasando en sólo unos meses de unos cuantos cientos de pobladores dispuestos a defender sus vidas y propiedades con machetes, palos y carabinas, a convertirse en una fuerza paramilitar con más de quince mil efectivos adiestrados, equipados y fuertemente armados. La rápida escalada de las autodefensas comunales a fuerza paramilitar causó escozor entre diversos sectores de la sociedad, mientras la pregunta sobre su financiamiento seguía en el aire. Nadie ha sabido dar una explicación a la duda generalizada no sólo de los michoacanos, sino de todos los mexicanos que se han adentrado a conocer el conflicto.

El movimiento armado —que se comparó, en los municipios donde nació, con la gesta revolucionaria— siguió creciendo frente a la gravedad de los señalamientos hechos por la dirigencia de los alzados. Mireles no cedía en sus acusaciones contra el gobernador de tener nexos con algunos de los integrantes del crimen organizado en la entidad; la administración estatal, fiel a su principio de diluir los reclamos con el silencio, dejó pasar por alto las imputaciones. En el grueso de la sociedad local se extendió la sombra de la sospecha.

Pero el peso social de las autodefensas quedó de manifiesto cuando la entonces senadora del PRD por Michoacán, Iris Vianey Mendoza Mendoza, fue acusada en la página oficial de apoyo a las autodefensas, Valor por Michoacán, de tener vínculos con la delincuencia: en una foto la senadora aparecía en una fiesta al lado de la hija del que se conocía como el líder de los Caballeros Templarios en la región. Vianey

Mendoza, apoyada por Leonel Godoy para llegar a la cámara alta, no pudo con la presión y solicitó licencia para ausentarse del cargo, a fin de someterse sin fuero a una investigación judicial.

Las pesquisas no arrojaron ninguna responsabilidad. La senadora Mendoza acudió a la PGR a declarar y después hizo cita con el presidente del Senado, el priísta Raúl Cervantes Andrade; desde la Secretaría de Gobernación le informaron que podía regresar a sus funciones, y que sus derechos políticos y ciudadanos estaban intocados. La PGR no mostró la menor reserva acerca de la relación de la senadora con la violencia en su estado, ni siquiera porque su secretario particular era hijo de José Luis Torres Castañeda, apodado *el Niño* Torres, quien murió en el conflicto entre los grupos de autodefensas y ex miembros de los Templarios.

Frente a ese panorama, Mireles siguió haciendo sendos llamados a que se alzaran los pueblos dominados por el cártel de las drogas. La tesis era que el gobierno estatal no estaba haciendo nada por la gente que seguía padeciendo el flagelo de las extorsiones, el robo, los secuestros y las violaciones. Otros líderes comunales como Hipólito Mora, de la guardia comunitaria de La Ruana, advirtieron por medio de internet del riesgo de confrontación que se padecía en Michoacán luego de conocer las intenciones de los gobiernos federal y estatal para iniciar un proceso de detención de todos los que se habían alzado para suplir la función del Estado en materia de seguridad.

En un comunicado conjunto, la mayor parte de los integrantes del Consejo de Autodefensas de Michoacán se pronunció a favor de la posibilidad de paralizar todas las oficinas del gobierno estatal si no se daba la liberación de los policías comunitarios de Aquila, a veinte de los cuales se les siguió proceso por delitos del fuero federal tras ser detenidos.

El apoyo a Mireles y su movimiento comenzó a notarse; por todo el territorio michoacano brotaron grupos que anunciaron su intención de ser parte de la red de autodefensas de la entidad. El CAM ofreció adiestramiento, apoyo financiero y suministro de armas. Los recursos económicos y armamento con que se movilizaban las autodefensas siguieron siendo un gran misterio para la población civil: los más suspicaces les atribuyeron un origen delincuencial, en tanto que el gobernador seguía apuntando a que era la misma fuerza federal desplegada en la zona la que avituallaba a los alzados.

En diversos momentos el propio Mireles tuvo que encarar las preguntas de algunos reporteros que indagaban sobre el tema; muy claro explicó que el sostenimiento se hacía con apoyos de la gente que simpatizaba con el movimiento. Las armas, dijo, eran las que iban recogiendo tras cada enfrentamiento. "Los Templarios andan bien armados", expuso en más de una ocasión. "Las armas que usamos, son las que les quitamos", reiteró cada vez que lo cuestionaron sobre el tema.

Desde Michoacán se filtraron a la prensa algunas versiones que hablaban del financiamiento de cárteles enemigos al de los Caballeros Templarios; indicaban que el médico estaba apoyado por el cártel Jalisco Nueva Generación, luego se dijo que por los del Golfo, los Zetas, los hermanos Beltrán Leyva y hasta por el cártel de Sinaloa. El doctor Mireles siempre lo negó, a veces serio y otras con una sonrisa en los labios, como apreciando la ingenuidad de algunos de los entrevistadores.

Eso sí, no dejó de reconocer en diversas ocasiones que apenas se comenzó a informar que la lucha de las autodefensas en Michoacán era contra las células de los Caballeros Templarios, el movimiento comenzó a recibir ofertas de financiamiento por parte de otros cárteles de las drogas, pero nunca las aceptó, según dijo. Aseguró, sin proporcionar mayores datos, que una vez un emisario del cártel de Sinaloa, enviado personal del *Chapo*, le ofreció apoyo logístico, dinero y hasta armas, pero los rechazó. No sólo de ese cártel recibió muestras de apoyo: también, dijo en entrevistas, sin precisar lugares ni personas, los visitaron enviados de otros grupos dedicados al narcotráfico.

"Vengo a saludarlo y a ponerme a sus órdenes —contó que le dijo un emisario del *Mayo* Zambada—. Tengo seis helicópteros artillados a la hora y en el lugar donde usted los necesite." Mireles aseguró, en una entrevista que concedió a la periodista Carmen Aristegui, que el emisario le comenzó a hablar del *Mayo* Zambada: "¿Quién es *el Mayo* Zambada?", dijo Mireles que preguntó a su interlocutor. "¿No sabe quién es *el Mayo?* —se sorprendió el emisario del cártel de Sinaloa—. *El Mayo* es el papá del *Chapo*", cuenta que le reviró.

"El interlocutor que fue enviado por *el Mayo* Zambada —continuó Mireles— se fue por donde llegó. Mireles —habla de sí mismo en tercera persona— no aceptó compromisos de ningún tipo, nada que pudiera comprometer la lucha que se había iniciado y que ya estaba costando la vida de miles de michoacanos. La gente estaba necesitada de justicia, pero la justicia no llegaba por ningún lado."

Mireles había pactado en primera instancia con el comandante de la zona militar con sede en Apatzingán: los grupos de autodefensa no portarían armas frente a los soldados, pero los militares no interferirían en la lucha contra las células de los Templarios. Por eso era común que las patrullas militares se cruzaran con autodefensas en los caminos y veredas de Tierra Caliente sin decirse nada; las autodefensas quitaban de la vista de los soldados las armas, y estos los dejaban continuar con sus rondines de vigilancia y persecución. Bajo ese esquema elementos la 43ª Zona Militar acompañaron en diversas ocasiones a las autodefensas a realizar la toma de varios municipios como Tancítaro, Los Reyes, Turicato y Tacámbaro, donde los civiles armados entraron escoltados por soldados.

Mireles nunca ocultó el plan del movimiento: limpiar de células criminales todo el estado, tomar el control de los 113 municipios y restablecer el orden que el gobierno estatal no era capaz de ofrecer a los ciudadanos. Desde Morelia, la administración seguía sumida en la crisis de poder y un enfermo Fausto Vallejo no se decidía a ejercer con orden el mando constitucional, mientras que Jesús Reyna se sumía en maniobras para hacerse con el control pleno del Ejecutivo.

Mireles sostenía reuniones con los mandos de la 43ª Zona Militar de Apatzingán a fin de indicar hacia dónde y cómo continuaría el desplazamiento de sus hombres; los militares se limitaban a darles apoyo a fin de evitar enfrentamientos con las fuerzas de seguridad estatales. Los cuestionamientos sobre el financiamiento de las autodefensas continuaron. Nadie sacó al médico de su argumento original: el movimiento estaba siendo sostenido por la misma gente cansada de ser víctima del crimen organizado. Muy pronto Mireles comenzó a utilizar una avioneta para trasladarse por las largas distancias de la Tierra Caliente, y una nueva versión se filtró a los medios desde el gobierno del estado: estaba siendo apoyado por el gobierno federal. Desde la óptica de Vallejo, una mezcla de ex candidatos del PRD y mandos militares buscaban desestabilizar al gobierno estatal. La idea fue sepultada tras una accidentada reunión del secretario de la Defensa Nacional, Salvador Cienfuegos, con el propio gobernador: el jefe de las fuerzas militares del país increpó la audaz versión del mandatario.

En ese tenor, para finales de 2013 el movimiento de las autodefensas, que inició con apenas treinta personas en el municipio de Tepalcatepec, ya se había extendido a 73 localidades urbanas y rurales de 43 municipios donde poseían el control de la seguridad pública municipal mientras eran sólo observados por los elementos del Ejército asignados a la región. Oficialmente la presencia militar en la zona de Tierra Caliente no obedecía al surgimiento de los grupos de civiles armados: según el propio Mireles, el incremento era a petición de los productores de aguacate, quienes se decían presionados por las organizaciones criminales que operaban en el estado; Mireles aseguró que no les permitían trabajar debido al cobro de piso y las extorsiones a que sometían a los empresarios de la zona. Hasta en el discurso Mireles mantenía una alianza con las fuerzas federales, donde era reconocido con el rango de comandante.

La congruencia era evidente entre el discurso y la actuación de los grupos de autodefensas. Anunciaron con estruendo mediático la toma del municipio de Uruapan, la tercera ciudad más importante de Michoacán, a menos de doscientos kilómetros de distancia de Morelia, donde se asentaba gran parte del feudo de los Caballeros Templarios; el líder de las autodefensas aseguró que por todo el estado se seguirían levantando trincheras, "en cada pueblito, en todas las comunidades; antier se levantaron tres pueblitos, ayer tres y hoy otros dos…Vamos a decir que somos un mal necesario, ojalá se nos siga viendo de esa manera porque el único objetivo de nosotros es ayudar al gobierno federal a restablecer el Estado de derecho en Michoacán", clamó desde la plaza pública de Tepalcatepec.

El movimiento civil armado puso bajo los reflectores mundiales al estado. La situación fue aprovechada para desmarcarse de la posibilidad de estar coludidos con grupos u organizaciones criminales; Mireles negó en repetidas ocasiones pertenecer a algún cártel de la droga, como muchos en Michoacán sugerían. Aseguró que tampoco tenía la intención de crear otro cártel frente a los ya existentes. "Que quede bien claro —dijo—, somos simplemente ciudadanos civiles [sic] que ya sufrimos lo que están sufriendo en Tancítaro, Los Reyes, Uruapan y muchos pueblos donde hoy por hoy hay muchas ejecuciones."

Las declaraciones de Mireles acusando al gobierno estatal de ser satélite del crimen organizado no tuvieron eco en muchos de los medios de comunicación más importantes de la entidad; desde la Secretaría de Gobierno se diseñó una estrategia para hacer vacío a los señalamientos del líder rebelde. Mireles sintió la ausencia de los medios locales, pero basó su estrategia de comunicación en los medios nacionales e internacionales, así como en las redes sociales e internet. Fue la red la que hizo que las autodefensas difundieran mayormente su programa de acción hacia la población en general.

La herramienta que el grupo de Mireles utilizó para el manejo de información hacia el grueso de la población en cualquier latitud fue el portal YouTube, al que permanentemente subieron manifiestos y posturas de la dirigencia conjunta de los civiles en armas; desde allí el doctor Mireles, quien también se nombró comisionado de Consejo de Autodefensas de Michoacán, hizo sus más importantes anuncios. La efectividad del medio, sin distorsión mediática, fue reconocida por los propios Caballeros Templarios, quienes usaron también ese canal para hacer sus declaraciones públicas.

El primer video para formalizar una postura del cártel de las drogas en Michoacán se hizo público el 8 de mayo de 2013. Era la primera ocasión que un jefe criminal, por el que el gobierno federal ofrecía una recompensa de un millón de dólares, salía del anonimato para convertirse en figura mediática. Servando Gómez apareció a cuadro durante trece minutos con 49 segundos para exponer la postura del cártel frente al convulsionado estado de cosas al que había llevado la interacción de las fuerzas federales, las autodefensas y ellos, los Caballeros Templarios, como grupo criminal en franca retirada tras las bajas ocasionadas por los grupos de autodefensa. En su aparición pública Servando Gómez acusó al mismo gobierno estatal de corrupción, se deslindó de las movilizaciones sociales que reclamaban la salida de las fuerzas federales, y hasta ofreció deponer las armas "si la Federación y el Estado asumen su papel" en el proceso de seguridad y pacificación que reclamaba la sociedad.

Cuando Servando Gómez comenzó a utilizar internet para lanzar comunicados a la sociedad y a las autoridades federales, el cártel ya se manifestaba desorganizado: la estrategia de los grupos de autodefensa de invitar a los que trabajaban para esa organización criminal a sumarse a las guardias comunitarias bajo la amenaza de ser fusilados en caso contrario, tuvo como resultado que cientos de miembros de los Templarios se pasaran al lado de las autodefensas; fueron reconocidos como "los perdonados".

Fue la información de "los perdonados" la que permitió a los grupos de autodefensas no sólo comenzar a ubicar a los principales líderes de las células criminales, sino también las casas de seguridad, los laboratorios para la elaboración de drogas sintéticas, los sitios donde mantenían en resguardo dinero, drogas, armas y cartuchos. Algunos de esos datos los compartieron con las fuerzas federales que seguían acantonadas en algunos municipios, a la espera de los grupos de civiles armados para avanzar a los sitios donde operaba el cártel.

Los que se quedaron dentro de las células de los Templarios emprendieron una cacería feroz de los que habían desertado y filtrado información de la estructura interna de la organización. En muchas ocasiones los jefes de plaza del cártel entregaron directamente a los desertores a las fuerzas federales: los dejaban amarrados en camionetas, a mitad de algún camino, en posesión de armas, drogas y dinero para garantizarles un proceso penal en una cárcel federal de máxima seguridad. Otros no corrieron con tanta suerte: fueron ejecutados y sus cabezas cortadas a manera de trofeos. Existen testimonios que aseguran que muchos desertores capturados por los Templarios fueron enterrados vivos al lado de sus familias.

La ola de terror que cimbraba la zona de Tierra Caliente fue aprovechada por los grupos de autodefensa. Se amplió la oferta para acoger a quienes desearan dejar a los Templarios: no sólo serían perdonados por los crímenes cometidos como narcotraficantes sino que se les permitiría quedarse, como botín de guerra, con una parte de las propiedades incautadas a las células criminales. La información fue moneda de cambio: todo el que aportara datos que llevaran a exhibir la relación entre funcionarios de cualquier nivel con el crimen organizado era bien recompensado.

Los primeros "perdonados" fueron quienes dieron a conocer a las autodefensas que existían muchas pruebas de la corrupción de funcionarios del gobierno estatal. Reseñaron que Servando Gómez, a manera de protección, gustaba de filmar los encuentros con los funcionarios públicos no para exhibirlos, sino para recordarles los acuerdos establecidos, muchos de ellos al calor de apasionadas reuniones. De acuerdo con la versión de algunos "perdonados", Servando Gómez instruyó a todos sus jefes de plaza a que hicieran lo mismo: documentar los encuentros con empleados de gobierno, para que no hubiera forma de que se desdijeran de sus tratos con ellos. Cada jefe de plaza era responsable de mantener a buen recaudo las grabaciones con políticos de sus regiones.

Con la información de los "perdonados" se aceleró la deserción de cientos de hombres fieles a Nazario Moreno y se incautaron depósitos de armas, dinero, drogas y cartuchos: los Templarios comenzaron a debilitarse. La captura de los jefes de plaza y de las principales cabezas que reclamaban los grupos de autodefensas era sólo cuestión de tiempo. Al interior de los civiles alzados se reconocía plenamente el liderazgo de Mireles, quien contaba con todo el respaldo del gobierno federal. No había interlocutores entre las autodefensas y el gobierno federal; un general acordaba las acciones con el doctor Mireles.

CAPÍTULO V

LA INTERVENCIÓN FEDERAL

El año de 2014 se anunciaba como el que marcaría la historia del país. En las redes sociales el doctor Mireles no dejaba de señalar a la administración estatal priísta como "el gobierno que vino a desgraciar a Michoacán". Los grupos de autodefensa estaban organizados, los motivaba el retroceso del crimen organizado y tenían la simpatía de la prensa mundial; su principal carta, el debilitamiento de los Templarios, era la prueba de que no había nada que se interpusiera entre ellos y el asalto al gobierno del estado.

Fausto Vallejo estaba de regreso, tras casi siete meses de ausencia para atender sus problemas de salud, con la intención de abordar plenamente el problema que afrontaba la entidad, pero insistía en solucionar el conflicto de inseguridad y violencia en que estaba sumido el estado negando los hechos y con una política de comunicación fincada en "cosas y gente buena". Aquel discurso optimista sólo tuvo eco en medios informativos pagados: su gobierno se desdibujaba a grandes pasos y la Federación comenzaba poco a poco a considerar tomar el control como única posibilidad para salvar al estado fallido en que se había convertido Michoacán.

Nunca se declaró la desaparición de poderes en la entidad, pero el convulsivo y visceral regreso del gobernador convaleciente hizo que el gobierno federal tomara de facto el control de Michoacán asumiendo por su riesgo y cuenta la seguridad pública de varios municipios, la mayoría de ellos en la zona de Tierra Caliente, donde se vivía un estado de guerra.

Como parte del control del estado, la Federación asumió el manejo de los fondos para la ejecución de obras públicas del orden federal. A todas luces se notaba la incapacidad de la administración estatal para salir de la parálisis financiera en que se encontraba; la deuda pública, que se desorbitó en el gobierno de Leonel Godoy, era otro lastre que no dejaba otra opción al gobierno federal más allá de tomar el mando del estado.

Fausto Vallejo, visiblemente desmejorado, mantenía una agenda ligera de trabajo. No había inversiones públicas en toda la entidad; los gobiernos municipales seguían reclamando participaciones estatales y se limitaban a la ejecución de lo que les permitía la recaudación municipal o las participaciones federales que les llegaban en forma directa. La mayor parte de las carreteras de cuota que cruzan por el estado se encontraban bloqueadas por maestros que faltando a clases continuaban su movimiento de rechazo a la reforma educativa federal; en otros puntos los agricultores pedían el establecimiento de un precio de garantía para sus cosechas. En la Tierra Caliente la guerra estaba en su máxima expresión: a la Federación le preocupaba el hecho de que el gobierno del estado no era capaz de garantizar el libre tránsito a los ciudadanos ni el acceso de los niños a la educación.

En torno al conflicto que se vivía en el corazón de la Tierra Caliente, el gobierno estatal se limitaba a observar la confrontación; los comunicados de prensa hablaban de un estado distinto al que habitaban casi dos millones de personas afectadas directamente por la violencia. La Iglesia católica, por su parte, no dejaba de denunciar desde el púlpito las atrocidades de la guerra; el obispo Patiño Velázquez había puesto el dedo en la llaga en cuanto al abandono de las obligaciones del gobierno de Michoacán para con sus ciudadanos en materia de seguridad. El Vaticano envió una nota diplomática al gobierno de México por las amenazas de muerte que cayeron sobre el obispo Patiño luego de sus declaraciones.

Ante la inminente llegada de la Federación para tomar el control de la administración estatal, el entonces secretario de Gobierno, Jaime Mares, hacía una tibia declaración para "calmar los ánimos": anunció que en los próximos días los elementos del Ejército "podrían tomar el control de la seguridad pública en otros municipios" y prometió capacitación para los policías preventivos, señalados de colusión con el crimen organizado.

El accidente

El liderazgo de Mireles sobre los grupos de autodefensa era sólido: ninguno de los comandantes cuestionaba las decisiones llevadas por el coordinador a las mesas donde se revisaban las acciones de guerra. El triunfo del movimiento era cuestión de tiempo; no se veía nada que pudiera truncar la unidad del grupo, que se manifestaba consistente e indivisible. Ni por asomo alguien hubiera imaginado una confrontación entre los civiles alzados contra el crimen organizado, pero la rueda de las circunstancias, la que teje los destinos, seguía afanosa rodando.

El doctor Mireles sufrió un accidente; la avioneta en que viajaba —tipo Cessna, con matrícula XB-MSA—, puesta a su disposición por el gobierno federal para su movilización por toda la zona de Tierra Caliente, se despistó cuando intentaba despegar en una pista clandestina luego de hacer una escala en el viaje proyectado entre Guadalajara y Tepalcatepec. Después del incidente, ocurrido poco antes de las seis de la tarde del 4 de enero de 2014, nada sería igual: Mireles terminaría proscrito, desconocido por algunos de sus compañeros autodefensas y encarcelado por el gobierno federal.

La tarde del accidente Mireles y sus escoltas regresaban a Michoacán luego de sostener una reunión con funcionarios de la Secretaría de Gobernación; el encuentro ocurrió en un hotel de Guadalajara a donde fue convocado. El accidente que sobrevino despertó la especulación de los simpatizantes del movimiento en Michoacán, donde se apuntó en forma inmediata a un posible atentado desde el gobierno federal para acabar con la vida del coordinador del movimiento civil armado. Las autoridadades filtraron otra versión, que aseguraba que el accidente tuvo lugar cuando el piloto de la aeronave hizo una escala en la comunidad de Zicuirán, en el municipio de La Huacana, para subir a la avioneta a una novia del doctor Mireles.

Tras el accidente murió Carlos Eduardo Farías, de la comitiva del médico; las otras cuatro personas que viajaban en la aeronave, incluido el propio Mireles, resultaron gravemente lesionadas. Entre los pasajeros estaba una jovencita de no más de dieciocho años de edad, Jennifer Contreras Ortega, quien resultó policontundida; días después el líder de las autodefensas aseguraría que se trataba de su novia.

En la medida en que Mireles fue construyendo el movimiento armado michoacano, vio derrumbarse su matrimonio. Ana Delia Valencia Chávez, tras veintisiete años de vida en común con el médico, decidió no seguirlo en esa nueva empresa, la conformación de las autodefensas. Mireles conoció a *la Niña*, como él le decía, y trató de iniciar una relación. Se enamoró: tenía 56 años de edad frente a los dieciocho de ella, aunque era una cuestión que no le preocupaba mucho; en la familia de Jennifer veían con buenos ojos la situación.

Se sentía querido y apoyado por *la Niña*, reconoció en alguna ocasión; de su esposa se separó desde diciembre de 2013, cuando oficializó su relación con Jennifer. Aseguraba que ya le era imposible vivir con su esposa, que le hacía "teatros" por teléfono mientras él estaba atrincherado, en medio de la refriega, combatiendo a los criminales. Tras los enfrentamientos en las localidades de Pareo y Zicuirán —contó el propio Mireles—, luego de las balas de los criminales tuvo que encarar otra batalla igual de intensa: las discusiones con su mujer, los celos, su inconformidad ante el movimiento. La situación lo empujaba a buscar la compañía de Jennifer.

Tras el rompimiento con su esposa, estando en la toma de Zicuirán, lugar de donde era originaria Jennifer, el doctor Mireles decidió pedirle a *la Niña* que se fuera a vivir con él. Ella aceptó, dicen que gustosa; sus padres, no de buena gana, aceptaron también y decidió hacer vida en común con la muchacha. Estaba a punto de salir del poblado cuando fue citado por funcionarios a una reunión urgente en Guadalajara, para analizar la forma en que el gobierno federal podría entrar a solucionar el conflicto armado que iba en aumento en Michoacán, por eso acordó con Jennifer que a su regreso la llevaría con él.

El plan de vuelo de la avioneta xb-msa, piloteada por Carlos Eduardo Farías, consistía en hacer el trayecto desde el aeropuerto de Guadalajara con destino a Tepalcatepec; a Mireles lo acompañaban sus escoltas, Efraín Bañuelos Mendoza y José Alfredo Jiménez Alvarado. En el viaje, el doctor Mireles instruyó al piloto para que se desviara de la ruta original: pidió que enfilara hacia Zicuirán, municipio de La Huacana. La intención era pasar por Jennifer y seguir hacia Tepalcatepec, donde habían acordado vivir juntos.

La avioneta de Mireles despegó de Guadalajara a las 18:30 del sábado 4 de enero de 2014; apenas 64 minutos después aterrizaba en una pista clandestina de la comunidad de Zicuirán. Mireles fue al encuentro de Jennifer: en la pista ya lo esperaba la muchacha en compañía de su madre y otros familiares. Sostuvieron una breve plática al pie de la avioneta, Mireles contaría después que en ese encuentro la madre de Jennifer no les quiso dar la bendición. Él se encogió de hombros y ayudó a *la Niña* a abordar la aeronave.

Cuando la avioneta se disponía a levantar el vuelo, ya estaba cayendo la noche; la visibilidad era poca. Se presume que la falta de pericia del piloto, la escasa visibilidad y las malas condiciones del terreno hicieron que la aeronave se despistara: el accidente sobrevino cuando alcanzaba los 98 kilómetros por hora. Los cinco ocupantes resultaron gravemente heridos y fueron llevados al hospital general de La Huacana, de jurisdicción estatal.

A poco menos de dos horas de su ingreso, Mireles fue puesto en custodia por el gobierno federal. Un helicóptero *Black Hawk* descendió a las 21:40 en las inmediaciones del hospital; Mireles fue sustraído en una camilla para ser trasladado a la Ciudad de México. Por instrucciones de Miguel Ángel Osorio Chong, un comando se hizo cargo del líder de las autodefensas. Inicialmente fue trasladado al hospital Star Medica de Morelia, de donde posteriormente fue llevado a un nosocomio de primer nivel en la Ciudad de México.

Mireles Valverde recibió del gobierno federal el trato de un secretario de Estado: su condición física estuvo siempre vigilada por médicos del Estado Mayor Presidencial, quienes evaluaron el estado de salud del jefe de las autodefensas y supervisaron el tratamiento a que fue sometido en el hospital particular donde fue atendido. El esquema de seguridad de Mireles fue también revisado por el Estado Mayor Presidencial desde que fue trasladado de La Huacana a Morelia y luego a la Ciudad de México. Después nadie conoció su paradero, sólo sus allegados, y se mantuvo en recuperación.

FRENTE AL ESTADO

En tanto Mireles era sustraído del escenario, Michoacán continuó en estado de guerra. Los grupos de autodefensa sintieron la ausencia del fundador, pero en forma inmediata, con la intervención de la Secretaría de Gobernación, el Consejo de Autodefensas de Michoacán designó a Estanislao Beltrán Torres como el nuevo encargado de hablar a nombre de los grupos de civiles armados y coordinar sus acciones de combate contra el crimen organizado, asegurando que era algo provisional mientras estaba de regreso Mireles, del que se dijo oficialmente que se recuperaba en una clínica de la Ciudad de México, donde estaba recibiendo atención especializada bajo el cuidado del gobierno federal.

En ausencia de Mireles los grupos de autodefensas siguieron avanzando: Estanislao Beltrán, apoyado por Hipólito Mora y Luis Antonio Torres, tomó exitosamente los municipios aledaños a la zona poniente del estado, casi en el límite con Jalisco. El grupo de civiles armados continuó creciendo; ya eran más de trece mil elementos. En aquellos días Estanislao Beltrán dijo que el avance continuaría hasta que las autodefensas estuvieran presentes en los 113 municipios de la entidad, tal como era la iniciativa de Mireles. La declaración le resultó provocadora al gobierno estatal.

El avance de los grupos de autodefensa tuvo una virulenta reacción por parte de las células criminales: se intensificaron los ataques entre los bandos armados y arreció el clima de violencia. Las ejecuciones, secuestros y desapariciones forzadas tuvieron su mayor pico estadístico en la primera quincena de enero de 2014; el fin de semana más violento que se ha vivido en Michoacán y posiblemente en todo el país en los últimos cien años fue el del viernes 10 al domingo 12 de enero de 2014: los medios locales cuantifican más de 67 ejecuciones, 18 desapariciones y 14 combates con uso de granadas y morteros entre autodefensas y células de los Caballeros Templarios. El gobierno estatal, una vez más, guardó silencio; la Federación abastecía de pertrechos a los grupos de autodefensa.

Ante la violencia del conflicto y la pasividad del gobierno estatal, el federal no pudo menos que reaccionar en forma inmediata. Al mediodía del lunes 13 de enero, el presidente Peña Nieto decidió intervenir en Michoacán a fin de suplir al disfuncional gobierno estatal de Vallejo Figueroa. El secretario de Gobernación Osorio Chong y el gobernador del estado firmaron el Acuerdo para el Apoyo Federal a la Seguridad de Michoacán; fueron testigos el entonces comisionado nacional de seguridad, Manuel Mondragón y Kalb, Jesús Murillo Karam, procurador general de la República, y el general Salvador Cienfuegos Zepeda, titular de la Sedena.

El Acuerdo para el Apoyo Federal a la Seguridad de Michoacán se presentó como un programa más de la Federación; nadie se percató de las "letras chiquitas" que en los siguientes días facultaron al gobierno federal para tomar el control político y administrativo del estado. Nadie creía que el gobierno central ahora sí iba en serio a pesar de la advertencia que en varias visitas anteriores hiciera el propio secretario de Gobernación sobre la necesidad de "revisar la agenda de colaboración" entre Federación y estado; muchas veces antes había referido también como una urgencia restablecer el Estado de derecho, aludiendo a la violencia civil que protagonizaban los maestros y los estudiantes normalistas.

Fue hasta después de la firma del acuerdo que el secretario de Gobernación fue más preciso sobre la intención de la Federación de tomar el control de todo el aparato de gobierno de Michoacán, el que se encontraba, dijo, "debilitado en sus instituciones", por no hablar llanamente del grado de corrupción oficial que se vivía en la entidad. Reconoció que el surgimiento de grupos armados fue motivado por el hartazgo de la sociedad, que veía con desaliento cómo gobiernos iban y venían sin atender la demanda de mejorar las condiciones de vida de los michoacanos.

Mientras se anunciaba la intervención federal en Michoacán, que se acompañó con un ofrecimiento de ayuda económica con un fondo de 45 500 millones de pesos para impulsar el desarrollo, Mireles se manifestaba convaleciente. Al interior del equipo de primer orden del presidente, el general colombiano Óscar Naranjo, el asesor estrella en materia de seguridad, mantenía roces con el asesor jurídico de la presidencia, Humberto Castillejos Cervantes, por el trato que se daba al conflicto armado en Michoacán: el reproche del asesor jurídico era el consentimiento con que eran tratados los civiles armados por parte del gobierno federal.

Al general Naranjo, principal protector de Mireles e impulsor de la paramilitarización en Michoacán, le fueron cortando el nivel de acción ante Enrique Peña Nieto; Naranjo se opuso a la designación de un enviado presidencial para la pacificación de la entidad, pero finalmente pudo más la amistad de Humberto Castillejos con el presidente de la

República para colocar en la posición de enviado presidencial a su primo, Alfredo Castillo Cervantes. El general Naranjo dejó de asesorar al presidente desde el 11 de enero, aunque se oficializó su renuncia hasta el 27 de marzo de 2014.

Sin el apoyo del general Naranjo, y convencido por funcionarios de la Presidencia de la República —del área jurídica encabezada por Humberto Castillejos—, el doctor José Manuel Mireles salió a cuadro para llamar al desarme: el video transmitido por Televisa en el noticiario estelar de Joaquín López-Dóriga mostró a un Mireles con dificultades para hablar, por la fractura de maxilar sufrida en el accidente, pero insistía en llamar a la desmovilización de los grupos de autodefensa, atendiendo a la propuesta de desarme expuesta ese mismo día por la mañana por el propio secretario de Gobernación.

La petición de que los civiles armados regresaran a sus localidades, deponiendo las armas, fue repudiada en Michoacán por la mayoría de los integrantes del Consejo de Autodefensas. Estanislao Beltrán fue el primero en señalar que la declaración de Mireles era a título personal, que no contaba con el consenso de todos los encargados de grupo que se habían alzado. La postura de los que estaban en ese momento enfrascados en la guerra contra los Templarios obligó a Mireles a recular: no pasaron ni diez horas cuando de nueva cuenta hubo un comunicado del jefe de las autodefensas. Desmintió el llamado que hiciera horas antes y dijo que sólo el Consejo General de Autodefensas estaba autorizado para hacer el anuncio del desarme; aun cuando trató de enmendar su postura, la molestia de algunos líderes que se sintieron traicionados abrió distancia entre ellos y el fundador del movimiento. La falta de cercanía estaba fracturando al Consejo de Autodefensas de Michoacán.

Con el Acuerdo para el Apoyo Federal a la Seguridad de Michoacán llegó a la entidad con plenos poderes Alfredo Castillo Cervantes, quien comenzó a suplir la figura del enfermo gobernador Vallejo, el que no tuvo empacho en ceder el control de la administración estatal ante las acusaciones de que venía siendo blanco por parte de los propios líderes de los grupos de autodefensa: uno de sus hijos estaba relacionado con Servando Gómez, el jefe visible de los Caballeros Templarios.

Antes del accidente, Mireles ya había soltado públicamente la versión de la colusión del secretario general de Gobierno y luego gobernador interino de Michoacán, Jesús Reyna García, con el crimen organizado; su dicho fue la base para que la PGR iniciara una investigación que finalmente culminaría con el encarcelamiento de Reyna García, acusado de delitos graves como delincuencia organizada con la finalidad de fomentar el narcotráfico. La imputación aún lo mantiene sujeto a proceso penal.

Tras la firma del Acuerdo para el Apoyo Federal a la Seguridad de Michoacán, Estanislao Beltrán, vocero de las autodefensas en suplencia de Mireles, insistió en que la presencia de los civiles armados continuaría en forma paulatina en todo el estado; tras la declaración surgieron nuevos grupos en al menos dieciséis municipios.

Con Mireles aún convaleciendo, ajeno a lo que pasaba en el estado, el gobierno federal lanzó su primer intento de pacificación. A través del comisionado Castillo, propuso a los alzados la firma de un acuerdo por medio del cual se les permitiría reintegrarse a la vida institucional; el único requisito de la Federación a las autodefensas fue que depusieran las armas y no siguieran expandiéndose por el territorio estatal.

En primera instancia el pacto fue aceptado por los comandantes de las autodefensas de los municipios de Churumuco de Morelos, Nueva Italia de Ruiz, La Huacana, Parácuaro, Tancítaro, Coalcomán de Vázquez Pallares, Aquila y Coahuayana de Hidalgo: a menos de quince días de haber sido designado como comisionado del gobierno federal en Michoacán, Alfredo Castillo Cervantes se anotó la primera victoria para desmovilizar a los grupos de civiles armados. Mireles no fue convocado para las primeras negociaciones del desarme; el secretario de Gobernación seguía viendo en él la figura impositiva de Óscar Naranjo. La nueva estrategia de pacificación no consideraba la participación del fundador del movimiento armado.

En las reuniones siguientes al acuerdo de desarme, la Federación ofreció la garantía de que ningún autodefensa que se sumara al armisticio sería investigado; a todos los "perdonados" se les aseguró una amnistía de facto. El acuerdo fue firmado por la comandancia de autodefensas a cargo de Estanislao Beltrán, donde aceptaba la institucionalización e incorporación a los cuerpos de policía estatal denominados Fuerza Rural. Los alzados se obligaron a registrar las armas a cambio de apoyo oficial en materia de comunicación, traslado y operación para continuar vigilando sus localidades. La desmovilización estaba en marcha.

El comisionado Castillo comenzó a dar buenos resultados al presidente Peña Nieto; pronto superó en imagen y presencia al secretario de Gobernación, avivando la pugna no declarada entre los grupos políticos que se disputan el futuro de la Presidencia de la República. Osorio Chong se vio poco dispuesto a ser relevado en resultados ante el presidente. La figura de Alfredo Castillo había comenzado a crecer desde que realizara el trabajo de investigación que finalmente llevó a la cárcel a la dirigente del Sindicato Nacional de Trabajadores de la Educación (SNTE), Elba Esther Gordillo Morales, apenas un año antes de ser propuesto para administrar la justicia en Michoacán: era la carta fuerte del grupo mexiquense para achicar la figura del secretario de Gobernación.

Y es que antes del conflicto en Michoacán, los del grupo mexiquense encabezado por Humberto Castillejos ya habían puesto en operación una estrategia para alejar al Grupo Hidalgo —abanderado por Miguel Ángel Osorio Chong y Jesús Murillo Karam— de las decisiones trascendentales del presidente Peña Nieto. Comenzó cuando Castillejos Cervantes pretendió arrebatar el control de la PGR a Murillo Karam al instalar a su primo Alfredo Castillo como titular de la Subprocuraduría de Control Regional, Procedimientos Penales y Amparo; el procurador trató de minimizar la acción de Castillo, pero desde la presidencia el poderoso asesor jurídico de Peña Nieto le iba ganando la partida. El predominio de Castillejos se notó cuando Alfredo Castillo fue designado fiscal especial para investigar las explosiones en la Torre de Pemex ocurridas el 31 de enero de 2013, con un saldo de 37 personas muertas y 126 lesionadas. En esa ocasión Castillo Cervantes desplazó la funcionalidad del procurador de la República y del propio secretario de Gobernación.

En Michoacán se buscó repetir la fórmula: tras su designación como enviado personal del presidente, Castillo Cervantes no sólo asumió el control del gobierno estatal, sino que también limitó la acción de Osorio Chong al hacerse interlocutor entre los grupos de autodefensa y el gobierno federal. Lo más cerca que estuvo Osorio de los rebeldes fue por medio de las institucionales y breves pláticas que pudo mantener con Mireles cuando todavía la estrategia de seguridad estaba en manos del general Naranjo; tras el accidente aéreo, Osorio dejó de hablar con el líder de las autodefensas.

El éxito del comisionado Castillo al asumir el control de daños en Michoacán se basó en la colocación estratégica de sus incondicionales, entre funcionarios y amigos, dentro de la menguada estructura del gobierno estatal, lo que le dio poder de maniobra frente a la actuación del secretario de Gobernación. Logró lo que muchos dudaban: comenzó a desarticular los grupos de autodefensa aun cuando venía de una encomienda tan manejable como la titularidad de la Procuraduría Federal del Consumidor (Profeco).

A su llegada a Michoacán, Castillo Cervantes se hizo del control de las dos áreas estratégicas de la administración estatal: la Secretaría de Seguridad Pública y la procuraduría de justicia. En la primera asignó al hombre de sus confianzas, Carlos Hugo Castellanos Becerra, y en la segunda a su eterno colaborador, Martín Godoy Castro. Los dos subordinados de Castillo habían trabajado bajo sus órdenes en los últimos diez años, se conocían y han entregado resultados.

Antes de llegar a velar por la seguridad de los michoacanos, Castellanos Becerra fue director general de Asuntos Jurídicos de la procuraduría de justicia del Estado de México cuando Castillo era titular de la dependencia; después se incorporó a la Profeco en la Dirección Jurídica, donde fue el apagafuegos y quien mantuvo a raya a los empresarios enemigos del presidente Peña Nieto.

Martín Godoy Castro fue subprocurador de Verificación en la Profeco bajo la dirección de Castillo. Fue también su subalterno en la procuraduría de justicia del Estado de México, donde se desempeñó como fiscal general en Ciudad Nezahualcóyotl. Antes estuvo en la PGR como delegado en Sonora, donde trabajó al lado de Adolfo Eloy Peralta cuando éste fue delegado de la Agencia Federal de Investigación (AFI) en ese mismo estado.

El comisionado para Michoacán tenía profunda ascendencia dentro de la estructura de la PGR desde que la institución fuera controlada por Genaro García Luna. La salida de las administraciones panistas de Vicente Fox y Felipe Calderón no fue obstáculo para que los amigos de García Luna se protegieran entre ellos, resguardándose en sus cargos: esa relación le permitió al comisionado en Michoacán filtrar información para allanarse el camino y eliminar mediáticamente a sus enemigos. Desde la PGR se filtraron los videos del líder de los Templarios, Servando Gómez, con Jesús Reyna; de la PGR procede también la grabación de Rodrigo Vallejo, el hijo del gobernador, con *la Tuta*. Desde la PGR se revivieron los antecedentes penales de Mireles.

El apoyo que la estructura de la PGR brindó a Castillo Cervantes en Michoacán no fue fortuito: el enviado del presidente Peña Nieto a solucionar el conflicto michoacano mantiene un pasado ligado al equipo de trabajo del ex secretario de Seguridad Pública federal Genaro García Luna, al que llegó por medio de Luis Cárdenas Palomino.

La relación de Cárdenas Palomino con Alfredo Castillo se deriva del matrimonio de Cárdenas con una hija del abogado Marcos Castillejos Escobar, padre del consejero jurídico de la presidencia Humberto Castillejos Cervantes y tío de Alfredo Castillo Cervantes. En 2002 Alfredo Castillo trabajaba en la PGR a las órdenes de Luis Cárdenas cuando éste se desempeñaba como director general de Investigación Policial de la AFI, dependiente de la PGR.

Fuera del campo de trabajo la relación entre Cárdenas Palomino y Alfredo Castillo se mantuvo por medio de Liliana Rosillo Herrera, amiga de ambos, quien era delegada de la PGR en Tlaxcala, luego trabajó al lado de Alfredo Castillo como fiscal de feminicidios en Tlalnepantla, Estado de México, y en la Profeco fue directora de Gas. El comisionado la incluyó en su equipo de trabajo en Michoacán como subprocuradora de justicia para la zona de Zamora.

Para pacificar a Michoacán Castillo también se cobijó con Bernardo Téllez Duarte, quien fue designado al frente de la Secretaría Técnica del Consejo Estatal de Seguridad. Téllez Duarte fue antes director de Planeación en la procuraduría de justicia mexiquense, director administrativo de la Coordinación de Seguridad Pública del estado de Sonora, jefe de área de Análisis de Riesgos de Mercado en la Unidad de Inversiones Financieras del Distrito Federal y director general de Información, Planeación, Programación y Evaluación de la procuraduría de justicia mexiquense.

Jaime Rodríguez Aguilar, designado subprocurador para Morelia, antes había estado al frente de la Fiscalía Regional de Tlalnepantla. Fue delegado de la PGR en Veracruz, Nuevo León y Jalisco con el apoyo de Genaro García Luna; también tuvo diversos cargos en la procuraduría de justicia del Distrito Federal y en la Subdirección Jurídica del Reclusorio Preventivo Varonil Sur de la Ciudad de México.

Otro de los hombres de confianza de Alfredo Castillo es José Juan Monroy García, quien llegó a Michoacán para hacerse cargo de la procuración de justicia en Lázaro Cárdenas. Monroy García ya había trabajado a las órdenes del comisionado como fiscal regional de Texcoco y fue subdelegado de la PGR en el Estado de México con el aval de Luis Cárdenas Palomino.

Jesús Isaac Acevedo Román fue designado por el comisionado como subsecretario de Prevención y Reinserción Social. Ya conocía bien a Alfredo Castillo, cuando trabajó como fiscal regional de Nezahualcóyotl; antes fue fiscal especial para el Transporte y ocupó la Fiscalía Regional de Cuautitlán Izcalli de la procuraduría de justicia mexiquense. Hizo carrera dentro de la Subprocuraduría de Investigación Especializada en Delincuencia Organizada (SIEDO) en los gobiernos de Vicente Fox y Felipe Calderón, cuando los testigos protegidos encarcelaron a miles de personas.

También llegó Adolfo Eloy Peralta Mora, quien asumió como subsecretario de Seguridad Pública estatal: una persona de las confianzas del comisionado Castillo desde que trabajó bajo sus órdenes como director de Inteligencia de la Secretaría de Seguridad Ciudadana del Estado de México. Fue también jefe regional de la AFI en Sonora, con el respaldo de Genaro García Luna. Antes de arribar a Michoacán era coordinador regional de la Profeco en la zona centro.

Victorino Porcayo Domínguez fue designado subprocurador de justicia en Apatzingán; había sido titular de la Fiscalía Regional de Atlacomulco, e hizo carrera en la PGJEM desde 1996. Fuentes del gobierno mexiquense dicen que por méritos propios ascendió a agente del Ministerio Público y subdirector de Investigaciones A de la Fiscalía para Asuntos Especiales, donde fue sumado al equipo de Castillo.

Enviado a la subprocuraduría de Zitácuaro, José Ramón Ávila Farca se desempeñaba como director general de Contratos de Adhesión, Registros y Autofinanciamientos de la Profeco en la gestión de Castillo Cervantes, pero antes había trabajado en la procuraduría de justicia del Estado de México, donde se desempeñó como fiscal especial para delitos dolosos cometidos por cuerpos policiacos.

En suma, Alfredo Castillo llegó a Michoacán con 105 funcionarios federales —todos con alguna relación cercana a su función en puestos anteriores—, los que fueron colocados en posiciones estratégicas a fin de mantener el control de la procuración de justicia en la entidad. La estructura creada por el comisionado se conoció como el "gobierno alterno", de facto, que mantuvo el control del estado durante un año y seis días, trabajando por encima de los gobernadores que tuvo la entidad en ese periodo. Dentro la estructura de la comisión para la paz no hubo espacio para un solo colaborador designado por Miguel Ángel Osorio Chong; eso hizo que ante los ojos de Enrique Peña Nieto el autor de los avances de pacificación en Michoacán fuera siempre Alfredo Castillo.

Tras ser desplazado del escenario michoacano como actor central en el proceso de paz, Osorio Chong se valió de la manifiesta rebeldía del doctor José Manuel Mireles para contradecir —en el cuarto de guerra del presidente— los avances presentados por los primos Castillejos y Castillo. El secretario de Gobernación maniobró para disminuir la presencia del comisionado; sus acciones darían fruto hasta el 22 de enero de 2015, cuando gustoso acudió a Michoacán a anunciar la destitución de Alfredo Castillo y la disolución de la comisión presidencial. Osorio se alió con la cúpula militar para restablecer la paz en la entidad.

Desde algún punto de la capital del país, el doctor Mireles se opuso al plan de desarme propuesto por el comisionado Castillo; en entrevistas con la prensa internacional aseguró que la estrategia era un circo, y que el gobierno federal se burlaba del movimiento michoacano. Refrendó en repetidas ocasiones el llamado que hiciera en un video subido a la red para llamar a los grupos de autodefensa a no deponer las armas; estaba convencido de que el desarme buscaba sólo la desarticulación de las policías comunales.

El llamado de Mireles en los primeros días de 2014, ya con la presencia del comisionado para la paz, tuvo efecto. No todos los grupos de autodefensas atendieron la propuesta federal promovida por Estanislao Beltrán; al menos unos diez mil hombres, incondicionales a la figura del líder, se negaron a dejar las armas. Argumentaban que al momento de aceptar el armisticio serían blanco fácil del crimen organizado. Al comisionado Castillo lo superaba la creciente figura mediática de Mireles, que ya había ganado simpatías entre la prensa nacional e internacional. Las redes sociales se volcaron en apoyo a la movilización de los grupos de autodefensa.

Al no tener aceptación unánime el desarme y además ser ridiculizado, la Federación, a través del comisionado Castillo, reaccionó a la provocación: organizó a los grupos de autodefensa leales con los que mantenía diálogo, y maniobró para destituir al doctor Mireles como voz principal en el concierto armado de la Tierra Caliente. En su lugar se designó a Estanislao Beltrán para que representara formalmente a las autodefensas y hablara en su nombre.

Mireles había solicitado las principales cabezas de los Templarios para reconocer como de buena fe la intervención de la Federación en Michoacán. Castillo decidió jugar en el mismo terreno: las detenciones de los jefes del cártel michoacano tendrían el mayor foro mediático que el gobierno federal pudiera obtener. El primer golpe fue la detención de Dionisio Loya Plancarte, *el Tío*; el principal corruptor de medios, el publirrelacionista del cártel, fue reconocido oficialmente por las autoridades ministeriales de la PGR que lo procesaron tras su detención el 27 de enero de 2014.

A Dionisio Loya lo capturó un grupo de elementos federales que trazaron la operación con algunos informantes de los grupos de autodefensa que habían sido parte de los Caballeros Templarios; cuarto en la jerarquía del cártel michoacano, la PGR ofrecía por él una recompensa de dos millones de dólares. Al *Tío* Loya la Federación lo dio por muerto el 15 de marzo de 2013, cuando en un enfrentamiento en la comunidad de El Alcalde, cerca de Apatzingán, fueron abatidas cuatro personas que no quisieron hacer alto en un retén militar. La pifia salió a la luz pública por cuenta del doctor Mireles, quien abiertamente desmintió la versión de los mandos militares.

Por eso demandó públicamente que el gobierno federal avalara con pruebas de ADN todos los anuncios de abatimiento de jefes de los Caballeros Templarios; insistía en que el mando principal del cártel, Nazario Moreno, no estaba muerto sino actuante en la zona de Apatzingán y que ahora su principal meta era matar a los civiles agrupados dentro de las autodefensas. Los militares que intentaban tomar el control de la seguridad en Michoacán nunca dieron crédito a la versión; de igual forma dudaban de que Dionisio Loya estuviera vivo, pues el mando de Apatzingán había anunciado su muerte. Fue un grupo de autodefensas el que condujo a las fuerzas federales hasta la vivienda que *el Tío* ocupaba en Morelia.

Los grupos de autodefensa, muchos de ellos aún leales a Mireles y por tanto fuera de la policía formal del estado, únicamente como auxiliares de la Federación en el combate al cártel de los Templarios, también tuvieron participación directa en la detención de Jesús Vásquez Macías o Gerónimo Vásquez Mendoza, *el Toro*, uno de los jefes cuya cabeza exigía el doctor Mireles. *El Toro* fue detenido en un operativo limpio para el que las autodefensas detallaron la rutina de sus movimientos. "Fue capturado en un operativo sobre la carretera a Caleta de Campos, en Lázaro Cárdenas, donde el objetivo fue ubicado por trabajo de inteligencia mientras se desplazaba con dos de sus cómplices. Durante la detención no se realizó un solo disparo", presumió en rueda de prensa el secretario ejecutivo del Sistema Nacional de Seguridad Pública, Monte Alejandro Rubido, quien respaldó el trabajo del comisionado Castillo al informar también de la detención de 38 criminales de los Templarios en sólo seis días de acción de las fuerzas federales. Las primeras capturas de integrantes de los Caballeros Templarios sirvieron para bajar la presión a los reclamos de eficiencia que le hacía al comisionado el propio secretario de Gobernación.

Con información filtrada por el grupo cercano a Mireles, aportada por los "perdonados", se logró eliminar a Francisco Galeana Núñez, conocido como *el Pantera*; fue abatido el 27 de febrero de 2014 durante un operativo de las fuerzas federales en el municipio de Arteaga. Al *Pantera* se atribuía el asesinato de dieciocho cortadores de limón de La Ruana y Buenavista el 10 de abril de 2013; las víctimas habían participado horas antes en una manifestación para recriminar al gobierno estatal su pasividad ante el avance de los Templarios, quienes se habían adueñado de las huertas de limón y con ello les habían cancelado su fuente de empleo. El gobierno estatal ni los escuchó.

La segunda muerte del Chayo

Pero sin duda el mayor golpe asestado a los Caballeros Templarios fue la muerte del jefe del cártel, Nazario Moreno González; era la segunda vez que mataban al *Chayo*, sólo que esta vez sí sería de verdad. Fue la información de algunos colaboradores importantes del cártel, capturados por los grupos de autodefensa y entregados a las fuerzas federales, lo que permitió ubicarlo; el doctor Mireles ya había dado indicios a la Federación para la aprehensión del principal Caballero Templario, pero no lo habían tomado en serio.

Mientras el gobierno federal lo daba por muerto en su guerra contra lo que quedaba del grupo de Jesús Méndez, Nazario Moreno se volvió más intolerante. Era estricto con los grupos de sicarios que lo rodeaban; no toleraba errores en la ejecución de sus órdenes. Se volvió mesiánico: aseguraba que por decisión divina tenía la encomienda de dirigir a los más pobres de Michoacán para arrebatarles dinero y poder a "los ricos". En algunas ocasiones llegó a contemplar la posibilidad de formalizar una guerra contra el Estado mexicano para establecer en el país un gobierno "como el de Cuba, donde no haya pobres". A algunos de sus cercanos, cuentan ex miembros de los Templarios, les llegó a instruir que buscaran la forma de establecer relaciones con el gobierno de Cuba.

En reuniones privadas con mandos militares, ya constituidos como autodefensas, los civiles armados demostraron con videos, fotografías y testimonios de los primeros desertores del cártel que *el Chayo*, con algunas modificaciones en el rostro, seguía vivo; se le ubicaba con lujos y comodidades al interior de la Fortaleza de Anunnaki, donde sólo era molestado por algunas llamadas de funcionarios públicos de los municipios bajo su control o desde el gobierno estatal para informarle sobre la movilización de fuerzas federales guiadas por los grupos de autodefensa a la caza de células de Templarios.

Nazario Moreno sabía del precio por su cabeza. Conoció por los medios de comunicación que el jefe de las autodefensas lo estaba sacando del anonimato en que se movía gracias a la declaración oficial de su muerte hecha por el gobierno de Felipe Calderón; de poco le serviría la credencial del IFE que pudo obtener con datos falsos en el Distrito Federal. Varios retenes policiales fueron burlados por *el Chayo* con su identificación adulterada, donde se hacía llamar Faustino Andrade González, con domicilio en la calle Monterrey, número 303, de la colonia Roma en la delegación Cuauhtémoc, con el código postal 06700 del Distrito Federal.

Los informes de la PGR, con las confesiones arrancadas a algunos jefes de plaza que cayeron en los primeros días de 2014, ubicaron a Nazario Moreno en la casa de unos parientes en la comunidad de Guanajuatillo, en el municipio de Apatzingán. El operativo implementado para su captura el 26 de enero fue espectacular y por lo mismo Nazario tuvo que huir del poblado de El Alcalde donde se encontraba, hasta el cual le llegó la información de su búsqueda.

Antes de que el doctor Mireles advirtiera sobre la "resurrección" de Nazario Moreno, el jefe de los Templarios se movía por todo el estado con un séquito de más de cien personas que cuidaban de su seguridad. Tras los señalamientos de que seguía actuante, *el Chayo* tuvo que ser más discreto, redujo su escolta a más de la mitad, y aun así su presencia era notoria en cualquiera de las localidades de Tierra Caliente a donde llegaba; a veces el número de sus guardaespaldas era mayor que el de los habitantes de los poblados donde decidía realizar alguna reunión con sus jefes de plaza y sus más cercanos colaboradores.

Después del operativo del 26 de enero, en alguna parte de la serranía de Tumbiscatío, Nazario Moreno redujo a doce sus escoltas: los que no quedaron dentro del equipo de seguridad del *Chayo* recibieron una paga de diez mil dólares y les pidió que regresaran a sus localidades, con sus familias. Sabía que algunos podrían hacerse parte de los grupos de autodefensa, y —cuentan que les habló con humildad— les dijo que hicieran lo que tuvieran que hacer, como si supiera que lo podrían delatar, traicionar o dar información a las fuerzas federales para su captura. Los que recibieron su paga se alejaron y sólo se quedaron los escoltas seleccionados para seguir a su lado.

A los que eligió como parte de su cuerpo de seguridad —indican algunos testimonios de ex templarios—, los abrazó y les recordó la devoción que manifestaron en su iniciación como Caballeros Templarios. Nazario les recordó el código de hermandad que habían jurado defender en las iniciaciones herméticas a que se sometieron, muchas de las que él mismo encabezó; algunas versiones señalan que hizo la elección de sus doce escoltas en un rito improvisado que culminó con una celebración donde representó el pasaje bíblico de la última cena. Cuentan que después de cenar cerca de Tumbiscatío, en plena serranía, Nazario decidió caminar hacia la parte más escarpada de las montañas del sur de Michoacán.

Atrás habían dejado los días de las lujosas camionetas y la vida de rey: ahora se había hecho de una recua de mulas con la que buscaba llegar a la parte más inaccesible del territorio michoacano. Pidió a sus escoltas que sólo llevaran lo indispensable de equipaje, que reabastecieran sus fornituras de guerra y se alistaran con dos fusiles de asalto AK-47 cada uno. El grupo también llevaba tres fusiles tipo Barrett y varios lanzagranadas; se prepararon para la guerra. En el lomo de tres mulas cargaron siete millones de dólares para utilizarlos si era necesario comprar las conciencias de sus captores.

Desde los últimos días de enero, nadie en la zona de Tierra Caliente volvió a saber el paradero de Nazario Moreno. Un grupo especial de la Policía Federal fue destinado a la captura, vivo o muerto, del jefe de los Templarios; lo más que se acercaron fue a las casas de seguridad, ya abandonadas, que eran frecuentadas en todos los municipios de la zona sur del estado por *el Chayo*. Las versiones de algunos autodefensas que hablaron con quienes formaron parte de la escolta del *Chayo* enviaron a las fuerzas federales a la parte agreste de la montañas de Aquila, Tumbiscatío y Apatzingán.

Tras la solicitud de apoyo presentada por el comisionado Castillo a la Secretaría de Gobernación para lograr la captura del *Chayo*, la Marina envió una brigada especial para tratar de ubicar por aire el punto donde pudiera estar escondido Nazario Moreno, el principal objetivo de las fuerzas federales; a la búsqueda se sumó otro grupo especial enviado por el Ejército y uno más de autodefensas que se integró a propuesta del doctor Mireles. Los sobrevuelos nocturnos en Tierra Caliente fueron cosa de todos los días. Nunca nadie encontró vestigios de actividad en la negra noche ardiente.

Después se sabría que Nazario, conociendo la posibilidad de ser ubicado por aire, no utilizaba fogatas en ningún momento, la comida del día era fauna silvestre que se capturaba con cuchillo o trampas, nadie podía utilizar armas de fuego. La mayor parte de la dieta del grupo se centraba en hierbas y raíces, el nopal fue la base del sostenimiento del grupo de sicarios en fuga. De día caminaban lo menos posible, el desplazamiento se hacía de noche; la mayor parte del día el grupo lo pasaba escondido en cuevas o matorrales.

El 8 de marzo no fue un día ordinario de marcha. En ocasión de celebrar su aniversario número 44, Nazario Moreno habló a su grupo desde muy temprano; hubo oraciones por la mañana y hasta permitió el uso de armas de fuego para cazar "algo que comer". De entre las provisiones que portaba en su mula sustrajo dos botellas de whisky. Fue muy generoso con sus fieles escoltas: les permitió relajarse y beber a discreción. Nazario era abstemio y se limitó a observar el festejo de sus muchachos. El alcohol pronto faltó; algunos de sus guardaespaldas le pidieron autorización para bajar del cerro y buscar bebidas en el poblado más cercano, para continuar la celebración. El grupo estaba en medio de la nada.

Nazario se opuso a ello. Se impuso con su autoritaria figura; golpeó a uno de los que más insistían en hacer una fiesta como las que recordaban en la Fortaleza de Anunnaki, donde la ingesta de alcohol duraba hasta ocho días, con jornadas maratónicas de sexo y drogas que "no tenían acabadera". Esa vez fue distinto el proceder de Nazario frente al reclamo de fiesta; sus escoltas esgrimieron el natural cansancio de la huida. *El Chayo* tuvo una sola respuesta a la queja del hombre golpeado: le pegó un balazo en la cabeza.

Los testigos de la conducta violenta del jefe del cártel no dijeron nada, en silencio se apaciguaron y siguieron sus instrucciones para enterrar sin dejar rastro el cuerpo del escolta asesinado; en la conciencia colectiva pudo caber el miedo a terminar en las mismas condiciones que el sujeto inerte que era conocido como el *Kaibil*. Se comenzó a gestar un complot entre los que integraban el cuerpo de seguridad: no pasó desapercibido el cargamento millonario que portaban a lomo de mula. Empezaron a tejer la posibilidad de asesinar al *Chayo*.

Una versión apunta a que los escoltas que fingieron indiferencia ante el asesinato del *Kaibil* se organizaron para dar muerte a Nazario apenas se descuidara; la recompensa eran los siete millones de dólares que llevaban como carga. Optaron por no atacarlo de día, mientras empuñaba su fusil AK-47: sabían que era bueno con las armas y les hubiera costado algunas bajas, por lo que decidieron matarlo mientras dormía. Caía la noche del 8 de marzo cuando los once escoltas que lo acompañaban, apenas Nazario dio la orden de hacer guardia unos y descansar los otros, se le abalanzaron y lo mataron a golpes. En mitad de la montaña, a plena noche, no se escuchó ningún disparo, a lo sumo algunos golpes y quejidos.

Otra versión extendida entre los grupos de autodefensa indica que la muerte de Nazario Moreno no fue tan espontánea como se cuenta.

Dice ese relato que los escoltas del *Chayo* ya habían planeado desde hacía varias semanas la muerte del capo; los movía el interés de los siete millones de dólares que llevaban para sobornar si se presentaba la ocasión. También estaban motivados porque conocían los escondites en el cerro, la sierra y la montaña donde Nazario mantenía en resguardo grandes cantidades de dinero y armas, las que gustaba almacenar para un momento de huida.

La muerte de Nazario ocurrió entre las nueve y las once de la noche del 8 de marzo; su cuerpo fue subido a una mula y la echaron a andar camino abajo desde la sierra hacia el poblado de Tumbiscatío, cerca de la ranchería denominada Naranjo de Chila, en los límites del municipio de Aguililla. Se presume que el animal caminó toda la noche y fue encontrado a trece kilómetros de la cabecera municipal por un grupo de soldados que informaron inicialmente del cuerpo de un campesino muerto a golpes. Algunos de los escoltas de Nazario Moreno huyeron en tanto que informaban por radio sobre su muerte, a la espera de que el informe fuera captado por los escáneres de los grupos de autodefensa.

Tras confirmar la muerte de Nazario Moreno, el gobierno federal informó en voz del secretario ejecutivo del Sistema Nacional de Seguridad Pública, Monte Alejandro Rubido, sobre el golpe dado al cártel de los Caballeros Templarios; se informó oficialmente que "elementos de la Secretaría de la Defensa Nacional y de la Marina ubicaron durante la madrugada [del 9 de marzo] a Nazario Moreno, con la intención de aprehenderlo, y tras un enfrentamiento cayó abatido, en hechos que se registraron a trece kilómetros de la cabecera municipal de Tumbiscatío".

El ex presidente Felipe Calderón, puntual a la cita con la historia, felicitó al gobierno federal por la segunda muerte de Nazario Moreno. En un mensaje de Twitter escribió: "Felicito al Gobierno de la República por el abatimiento de Nazario Moreno" y compartió el comunicado de Alejandro Poiré donde justificaba la declaratoria de muerte del capo en diciembre de 2010 a partir de datos que "no fueron lo suficientemente precisos".

El cuerpo de Nazario fue llevado al hospital general Ramón Ponce Álvarez de Apatzingán, donde peritos especialistas de la PGR pudieron confirmar la identidad del *Chayo* tras practicarle diversas pruebas periciales de coincidencia de ADN. El cuerpo no presentaba heridas de bala, contradiciendo la tesis del enfrentamiento: sólo se pudieron observar, en fotografías filtradas desde la PGR, lesiones de golpes contusos en el rostro, principalmente en nariz, mejillas y ojos. Ni sus familiares pudieron tener acceso al cadáver hasta varios días después.

La autoridad federal permitió la entrega del cuerpo de Nazario a sus familiares hasta diez días después de ser identificado; la tardanza se atribuye a la espera de la putrefacción de la carne para que nadie pudiera identificar la ausencia de impactos de bala. El cuerpo de Nazario explotó putrefacto en la morgue de Apatzingán, denunciaron desde las redes sociales algunos simpatizantes del movimiento de autodefensas. Los restos del *Chayo* fueron entregados a una de sus hermanas y dos sobrinas que los reclamaron para darles sepultura. La versión oficial de la muerte de Nazario, tras la autopsia practicada al cuerpo, indica que fue a causa de dos impactos de bala recibidos a la altura del tórax, resultado del enfrentamiento con la Marina. Nadie en Tierra Caliente cree esa versión.

Tras la muerte del líder de los Caballeros Templarios, siguió la leyenda. No son pocas las patrullas de autodefensas, principalmente de ex miembros del cártel de las drogas, que rastrean el paradero de los escoltas de Nazario Moreno que le habrían dado muerte: son buscados a fin de que conduzcan a las cuevas donde presuntamente *el Chayo* escondió parte de su millonario botín, que el imaginario colectivo ha tasado en oro, dólares y joyas. Las mentes más fértiles de la zona de Tierra Caliente aseguran que Nazario Moreno no está muerto: hay quienes aseguran que lo han visto enfundado en una túnica blanca, con la espada templaria al cinto, cabalgando en un corcel blanco que se aparece a la luz de la luna en las montañas de Tumbiscatío.

Tras su muerte sobrevino el debilitamiento de la estructura de los Caballeros Templarios. No todas las células del cártel atendieron el llamado de Enrique Plancarte Solís, quien intentó afianzarse al frente de la organización: la mayoría se mantuvieron fieles al liderazgo de Servando Gómez, quien había sido el hombre más cercano a Nazario antes de que éste emprendiera la marcha hacia las montañas del sur. Para ese momento el gobierno federal, que se había desplegado en Michoacán bajo la coordinación del comisionado Castillo Cervantes, comenzó a reconocer la fidelidad de los datos aportados por los grupos de autodefensas: la instrucción dada a todos los mandos militares desplegados era atender puntualmente la información de inteligencia de los alzados, a fin de realizar un combate frontal al cártel de los Templarios. El siguiente golpe que dieron los civiles en armas fue la ubicación de Enrique Plancarte Solís.

La información que aportó Estanislao Beltrán desde los primeros días de marzo de 2014 lo ubicó en algunos puntos del Distrito Federal, Puebla y Querétaro; finalmente, fueron los datos de las autodefensas de Michoacán los que situaron la tarde del 28 de marzo, en el estado de Querétaro, al que había asumido el liderazgo de los Templarios. Días antes, las investigaciones de las autodefensas permitieron a la Policía Federal detener en el poblado de Los Olivos, en el municipio de La Huacana, a Rey Santibáñez Cornejo, otro de los hombres importantes en la estructura del cártel.

Plancarte apenas intentaba afianzarse en la dirigencia del cártel michoacano de las drogas cuando fue abatido en un operativo instrumentado por la Marina con apoyo del Ejército en el municipio de Colón, sitio donde fue localizado por un grupo de autodefensas que se desplazó desde Tierra Caliente para señalar sin error el paradero del enemigo; la PGR ofrecía como recompensa la suma de dos millones de dólares a quien diera datos precisos para la localización del nuevo jefe templario.

El aparato de inteligencia de las autodefensas estaba funcionando plenamente, y prueba de ello fue la ubicación del principal operador financiero de los Caballeros Templarios, Samer José Servín Juárez; se le encontró tras su deceso a causa de un paro cardiorrespiratorio con complicaciones de diabetes. Fue rastreado hasta un hospital particular de Morelia y su cuerpo asegurado cuando era velado en una agencia funeraria local; era de los hombres más cercanos a Servando Gómez, y se supo que utilizaba diversas empresas para blanquear los recursos derivados de actividades ilícitas. La PGR ofrecía una recompensa por un millón de dólares a quien proporcionara datos sobre su paradero. De no ser por los grupos de autodefensa, Servín habría desaparecido sin rastro.

Hubo muchos casos más donde el aparato de inteligencia de los grupos de autodefensa fue más eficiente que el de las fuerzas federales desplegadas en la entidad. Otros golpes atribuidos a los civiles alzados fueron la detención de la operadora financiera de los Templarios,

Victoria Montes de Oca, *la China*; también se detuvo en Uruapan a Juan Alejandre Corrales, *el Licenciado*, a quien se identificó como operador financiero de Servando Gómez además de ser acusado por la comisión del delito de homicidio calificado en agravio de Luis Alfredo Lúa, ocurrido el 1° de junio de 2014 en el municipio de Paracho.

La información filtrada desde la comandancia de las autodefensas sirvió además para lograr la captura de Héctor López Andrade, identificado como jefe de plaza en los municipios de Tumbiscatío y Arteaga. También fue detenido Pedro Naranjo García, acusado de crímenes atroces, entre ellos el asesinato de quince personas de una familia en la tenencia El Alcalde, de Apatzingán, en agosto de 2013. Otros mandos de los Caballeros Templarios como José Ríos Díaz y Jesús Tapia Sánchez, este último con una recompensa de tres millones de pesos por su paradero, fueron señalados como responsables del asesinato de doce policías federales en Arteaga el 12 de julio de 2009, aprehendidos y sometidos a proceso.

La desarticulación de los Caballeros Templarios llegó hasta el estado de Guerrero, donde fue detenido Pablo Magaña Serrato, ubicado por autodefensas como responsable de varios asesinatos de policías federales, entre ellos los ocurridos el 14 de junio y el 16 de noviembre de 2009, así como en la emboscada donde murieron doce elementos y diecisiete más resultaron heridos el 14 de junio de 2010 en la ciudad donde mandaba; la PGR ofrecía por esta captura la suma de medio millón de dólares. A la lista de detenidos por acción de las autodefensas se sumó Mario Romero Rodríguez, que operaba en Nueva Italia. En total, a los grupos de autodefensas se les atribuyen 872 detenciones de mandos medios de los Templarios.

En todos los niveles

En paralelo a la guerra con los Caballeros Templarios, los grupos de autodefensa encaraban sus propios problemas. Sin el cobijo del general Naranjo, el doctor Mireles estaba alejado de Michoacán. Un grupo de los que conformaron el Consejo de Autodefensas se alió con Alfredo Castillo, el enviado de la Presidencia de la República, quien condicionó el apoyo de la Federación y el perdón legal a los que fueron en alguna ocasión parte de los Templarios, a cambio de desconocer el liderazgo de Mireles.

Castillo aprovechó la ausencia de Mireles y se apresuró a la construcción de la paz: convocó a los grupos de autodefensa que estaban dispuestos a dar la espalda al fundador del movimiento y les arrancó un acuerdo para deponer las armas, avalado por casi cinco mil de los más de quince mil autodefensas de todo el estado. A los que se negaban a aceptar el armisticio se les persiguió: fueron declarados fuera de la ley. Las fuerzas federales comenzaron a desarmar a los grupos de autodefensa declarados como rebeldes.

Los grupos de autodefensa que aceptaron dejar las armas bajo las condiciones que el gobierno federal propuso se aliaron con las fuerzas federales y comenzaron a perseguir autodefensas rebeldes, a los que se pretendía detener y encarcelar; los grupos leales a Mireles fueron tan proscritos como las células de los Templarios, que seguían siendo acorraladas. Se comenzaron a dar enfrentamientos entre autodefensas del lado de Alfredo Castillo, reconocidos como institucionales, contra los grupos leales a Mireles, que se reconocían como autodefensas legítimos. El gobierno federal puso en marcha su proceso de pacificación: convocó a las autodefensas institucionales a que registraran sus armas. La Sedena revisó y registró 1 151 armas largas y 1 159 cortas de los grupos de autodefensas aliados.

El presidente de la República se apersonó en Michoacán en medio de la guerra que protagonizaban autodefensas institucionales, legítimas, fuerzas federales y células de los cárteles Jalisco Nueva Generación y los Templarios, literalmente todos contra todos; llegó para anunciar la puesta en marcha del plan institucional para el desarrollo económico de la entidad que por décadas los gobiernos estatales, y en parte los federales, le habían negado a la población michoacana.

Peña Nieto anunció una inversión por 45 500 millones de pesos, recursos nunca vistos en el estado. La participación federal, en sustitución de la administración estatal, realizaría con dichos fondos un total de 250 acciones de obras y programas para abatir la pobreza y el rezago social en 90 por ciento del suelo michoacano: básicamente se impulsaría la creación de pequeñas y medianas empresas, se dotaría de educación y cultura a los sectores marginados, se mejoraría la infraestructura vial y las viviendas, se fortalecería el esquema de salud y seguridad social, además de establecer programas de desarrollo social. En ese evento, el comisionado Castillo anunció que 523 autodefensas ya tenían perfil para formar parte de la nueva policía estatal, que debería suplir el movimiento civil armado.

Hipólito Mora, fundador del movimiento en la comunidad de Felipe Carrillo Puerto, mejor conocida como La Ruana, se alió inicialmente con el comisionado federal, pero después reconfirmó su lealtad al doctor Mireles. El hecho le valió la enemistad del otro líder fundador del movimiento armado, Luis Antonio Torres González, conocido como *Simón el Americano*. Comenzaron las diferencias entre los dos porque el grupo del *Americano*, atendiendo órdenes federales, fue a detener a Hipólito Mora y su estado mayor tras ser declarados proscritos al no aceptar los acuerdos de paz de la Federación; con más de seiscientos hombres armados, Hipólito Mora se fortificó en su comunidad. Sólo con una matanza de por medio podrían entrar por él.

El gobierno federal buscó la forma de romper el cerco de La Ruana y lograr la detención de Hipólito, que con su ejemplo de lealtad a Mireles amenazaba con echar abajo la estrategia de pacificación. La mañana del 8 de marzo, el cuerpo sin vida de Rafael Sánchez Moreno, a quien conocían como *el Pollo*, otro de los fundadores del movimiento armado, fue encontrado en la comunidad 18 de Marzo, dentro de la demarcación de La Ruana; a su lado también se halló muerto a José Luis Torres Castañeda. La versión que corrió tras las primeras investigaciones indicaba que los autodefensas habían sido secuestrados y asesinados por rencillas personales. *El Americano* señaló como responsable de los hechos a Hipólito Mora, quien fue apresado y sometido a proceso. La procuraduría de justicia del estado, bajo el mando de Martín Godoy Castro, integró un pliego de acusaciones en contra de Hipólito, sumando 35 denuncias por diversos ilícitos que iban desde robo hasta extorsión, aparte de las de homicidio.

El doctor Mireles fue el principal crítico del apresamiento de Hipólito Mora. Se convirtió en el más incómodo de los michoacanos para el comisionado Castillo: no dejó de calificar como "un circo" el trabajo que hacía la Federación a través de la Comisión para la Seguridad y el

Desarrollo Integral en el Estado de Michoacán, y volvió a insistir en los vínculos del crimen organizado con algunos funcionarios del gobierno estatal. La figura del secretario de Gobierno, Jesús Reyna, fue el principal blanco de los señalamientos de la comandancia de las autodefensas. En una reunión entre representantes del Consejo de Autodefensas y el comisionado se mostró un video donde se observaba a Reyna García en una reunión con Servando Gómez; en el encuentro también aparecía el ex diputado local José Trinidad Martínez Pasalagua.

Ese era la pauta que necesitaba el comisionado para ir en persecución de Jesús Reyna, con quien ya había tenido algunos desencuentros; los roces se dieron porque el comisionado pasó por encima de la autoridad del secretario de Gobierno para hacer sus primeros movimientos dentro del organigrama institucional. Castillo, sin negociar con Reyna, impuso a sus amigos en la Secretaría de Seguridad Pública y en la procuraduría de justicia, y ordenó supeditar la agenda del gobernador a las actividades que él como comisionado tuviera; Fausto Vallejo, arrinconado y enfermo, dejó que Alfredo Castillo gobernara.

Los encuentros entre Castillo y Reyna por los pasillos del Palacio de Gobierno o en la casa del gobernador eran cada vez más ríspidos. Fueron muchos los colaboradores de Reyna que daban cuenta de los manotazos del secretario cada vez que Castillo imponía su autoridad por encima del mismo gobernador: "Pinche muchachito pendejo", era uno de los más generosos calificativos que en su ira le confería el secretario de Gobierno al enviado presidencial. Castillo parecía inmune al rechazo que el mismo gobernador le manifestaba, sólo su círculo de confianza sabía que ya estaba en marcha un proyecto llamado revancha.

Con premeditación, Castillo Cervantes se esmeró en atender la denuncia de Mireles, que apuntaba hacia la corrupción de Reyna García, Martínez Pasalagua y el propio gobernador Vallejo Figueroa. Recabó las pruebas y lanzó el ataque: filtró en los medios locales aliados la posibilidad de investigar a Jesús Reyna por nexos con el crimen organizado. El gobernador mordió el anzuelo: al día siguiente Fausto Vallejo declaró públicamente —ante la señalada colusión— que metía las manos por su secretario de Gobierno, contradiciendo al enviado presidencial. Sin saberlo, el gobernador se subió al mismo tren del que ya estaba marcado con fuego.

La mañana del 4 de abril de 2014 comenzó uno de los días más terribles para Jesús Reyna. Recién había terminado una reunión de trabajo con diversos funcionarios federales con la finalidad de extender la presencia da la Federación en toda la zona de Tierra Caliente, cuando sonó su teléfono: al otro lado de la línea estaba el gobernador, seco, tajante, como nunca se portaba; lo mandó llamar a la sede oficial del Ejecutivo, la famosa Casa de Gobierno. Reyna había sido informado por su director de Gobernación (con funciones de inteligencia), Juan Carlos Becerra Beltrán, de la llegada de un helicóptero de la Policía Federal a las instalaciones de la Casa de Gobierno. El fruncido rostro de Reyna García ilustró el tirón de tripas que se anticipaba a lo que se temía en la administración estatal: un segundo *Michoacanazo*.

Jesús Reyna había hablado fuerte y quedito sobre la negativa de la administración priísta local para aceptar un nuevo *Michoacanazo* como el que ordenara Felipe Calderón el 26 de mayo de 2009, cuando bajo presunciones nunca confirmadas, avaladas por los dichos de un testigo protegido de la PGR, se acusó a once presidentes municipales, dieciséis funcionarios de primer nivel de la administración estatal y a un juez del ramo penal de estar coludidos con la Familia Michoacana. Los alcaldes y funcionarios estatales fueron tratados como delincuentes y sometidos a tortura psicológica en las cárceles federales de Puente Grande, Jalisco, y El Rincón en Tepic; todos los detenidos en un operativo simultáneo fueron sustraídos de Michoacán en helicópteros de la PFP.

El testigo protegido, que luego sería asesinado de dos balazos en su casa en el estado de Morelos, era Onofre Hernández Valdés, identificado por la PGR como *Emilio*, un ex integrante de la Familia Michoacana y ex secuestrador en Estados Unidos que había vivido en el municipio de Ocampo, en Michoacán, y trabajó a las órdenes de Horacio Morales Vaca; aseguró ante el Ministerio Público que fue testigo presencial de reuniones que detalló con memoria fotográfica entre los jefes de plaza de la Familia y los 38 servidores públicos.

Como resultado de sus señalamientos fueron apresados Alfredo Ramírez García, Faraón Martínez Molina, Miguel García Hurtado, Ignacio Mendoza Jiménez, Abel Salazar, Baldomero Morales, Juan Gaona Gómez, Dionisio Ricardo Rubí Bustamante, Citlalli Fernández González, Gabriela Mata Chávez, Noé Medina García, Irlanda Sánchez Román,

Antonio Sánchez Gaytán, Roberto Rubio Vázquez, Salvador Ramón Ponce, Victorino Jacobo Pérez, José Lino Zamora, Israel Tentory García y Mario Bautista Ramírez, todos funcionarios de primer nivel en la administración del gobernador Leonel Godoy; los alcaldes procesados fueron Genaro Guízar Valencia, de Apatzingán; Armando Medina Torres, de Nueva Italia; Uriel Farías Álvarez, de Tepalcatepec; Jairo Germán Rivas Páramo, de Arteaga; Antonio González Rodríguez, de Uruapan; Odiel Méndez Chávez, de Coahuayana; José Cortez Ramos, de Aquila; Osvaldo Esquivel Lucatero, de Buenavista; José Luis Ávila Franco, de Ciudad Hidalgo; Adán Tafolla Ortiz, de Tumbiscatío; Juan Antonio Ixtlahuac Orihuela, de Zitácuaro, y Francisco Estrada García, de Nuevo Urecho.

Muchas de las declaraciones de *Emilio* se concatenaron con suposiciones de los agentes del Ministerio Público, y en no menos de la mitad de los casos los señalamientos iniciales fueron "fortalecidos" con extractos de procesos penales ajenos a los indiciados para hacer más aparatosa la historia que sólo estaba en la cabeza del procurador Tomás Medina Mora. Ante la falta de una investigación real por parte de la PGR, el juez que conoció del caso tuvo que dejar en libertad a todos los acusados; Mario Bautista Ramírez falleció a meses de ser liberado, como producto de la afectación anímica causada por la prisión.

Reyna expresó su temor de que el nuevo *Michoacanazo* ya hubiese comenzado. En menos de diez minutos, tras recibir la llamada del gobernador, el secretario de Gobierno se hizo presente en la residencia oficial del mandatario. No le pasó inadvertido que del estacionamiento a la puerta principal del recinto fuera escoltado por cinco agentes de la Policía Federal, encapuchados y armados hasta los dientes; forcejaron con tres de los escoltas del secretario, que se negaban a ceder la custodia de su jefe. Reyna ingresó al despacho del gobernador en medio de un silencio sepulcral que inundaba toda la Casa de Gobierno. Eran las 9:32.

Al interior del despacho ya lo esperaba de pie el gobernador Vallejo, con el rostro desencajado y más pálido que de costumbre; a su derecha estaba el procurador de la República, Jesús Murillo Karam, y en el otro extremo, con la mirada bien fija en el que llegaba, el comisionado Alfredo Castillo Cervantes, que no se movió un centímetro durante toda la breve reunión: parecía, aseguran quienes pudieron ser testigos del hecho, que ni siquiera respiraba, como para no perder detalle de aquella escena que seguro cincelaba en su ego.

El gobernador rompió el silencio, mientras Murillo Karam se negó a extender la mano para saludar a Reyna García, que se quedó con el brazo extendido. Fausto Vallejo fue lo más breve y explícito que pudo, para explicar en frases cortas lo que sucedía: le dijo a su secretario que la PGR lo requería en calidad de indiciado por el delito de delincuencia organizada. Que todo se fincaba en un video proporcionado por los grupos de autodefensa a las fuerzas federales; que se requería de su institucionalidad para desahogar la diligencia. Que seguía contando con el respaldo de su amigo el gobernador. Jesús Reyna nunca pensó que a partir de ese momento la Federación, conducida por Enrique Peña Nieto, un priísta al que le habían hecho ganar las elecciones en Michoacán con toda la estructura oficial, fuera a tratarlo como un delincuente. Pero así fue.

Por una cortesía del procurador, a Jesús Reyna se le dispensó el arresto con esposas; lo escoltaron el procurador y el comisionado, junto con un comando de la Policía Federal, hasta el helipuerto de la Casa de Gobierno. El gobernador se quedó sentado en su despacho calculando su futuro y desgracia. Ruidoso como un animal metálico se elevó el helicóptero policiaco, y 45 minutos después ingresaba a las instalaciones de la Subprocuraduría Especializada en Investigación de Delincuencia Organizada (SEIDO) en la Ciudad de México, donde se le dictó un arraigo por cuarenta días. No fue necesario agotar el plazo: la PGR obtuvo de un juez federal una orden de aprehensión con las pruebas aportadas. A los 37 días de arraigo, Jesús Reyna fue trasladado al Cefereso número 1 en Almoloya, Estado de México, donde se le dictó el auto de formal prisión.

A los cinco días de la detención del segundo hombre en importancia en el gobierno estatal, fue capturado José Trinidad Martínez Pasalagua, ex diputado local del PRI y líder del autotransporte en Michoacán. En su arresto no se cuidaron las formas, el trato fue más violento: un comando de policías federales llegó hasta su domicilio y le pidieron que se presentara a la puerta. Encaró a los policías y estos lo esposaron, lo sujetaron a la fuerza y lo llevaron a una camioneta; la próxima vez que su familia supo de él ya se encontraba en las instalaciones de la SEIDO en la Ciudad de México. Tras declarar ante un agente del Ministerio Público, la PGR no encontró posibilidades de fincarle un proceso penal; fue dejado en libertad el 13 de abril, cuatro días después de su aprehensión.

Lo que el líder del transporte no sabía tras ser puesto en libertad con las reservas de ley era que ningún juez especializado quiso otorgar la orden de arraigo ante la debilidad del caso; fue dejado libre mientras se instrumentaba la averiguación previa penal que sería sustentada ante otro juez federal para pedir una nueva orden de aprehensión en su contra. Esta se cumplimentó el 22 de julio: en esta ocasión le tendieron una celada. Lo mandaron llamar desde la oficina del transporte de Michoacán, aduciendo asuntos relacionados con el otorgamiento de permisos para el transporte público; la Policía Federal no quiso confrontarlo en su domicilio para no generar un zafarrancho con los transportistas, quienes habían acordado una resistencia organizada si se intentaba una nueva detención sobre su líder.

Martínez Pasalagua fue detenido por elementos de la Policía Federal que ya lo esperaban en la oficina del director de la Comisión Coordinadora del Transporte (Cocotra), Javier Ocampo García, al que hicieron que sacara a relucir sus dotes policiacas, pues antes había sido subprocurador del Estado de México, encargado de la delegación de la PGR en Nuevo León, director de área de la Subprocuraduría Jurídica Regional Noreste de la Profeco y coordinador de la Policía Ministerial de Michoacán. No le fue difícil participar en la aprehensión del líder transportista: después vendría la recompensa, cuando lo designaron secretario de Seguridad Pública de Michoacán en sustitución de Carlos Hugo Castellanos Becerra, quien se quedaría como coordinador de las delegaciones federales en la entidad al presentar Alfredo Castillo su salida del cargo de comisionado.

En el frente de los grupos de autodefensa, el encarcelamiento de Hipólito Mora fue denunciado por el doctor Mireles como un acto perverso por parte del gobierno federal contra el movimiento armado michoacano. Como si viera el futuro, Mireles denunció la campaña de la Federación, a través del comisionado, para detener a los verdaderos alzados contra el crimen organizado; fue aún más allá y dijo que la policía rural que pretendía integrar Castillo Cervantes estaría integrada por ex miembros de los Caballeros Templarios.

Hipólito Mora se defendió de los señalamientos que le presentó la procuraduría de justicia de Michoacán. De acuerdo con la versión de su abogado, Eduardo Quintero Madrigal, el juez Francisco Javier Bedolla Espino desechó por infundados la totalidad de los argumentos de la procuraduría, no encontró pruebas suficientes para soportar el proceso y decretó la absolución de Hipólito; el líder de La Ruana estuvo preso durante 65 días.

La resolución del juez molestó a la Federación. A días de haber decretado la liberación de Mora, Bedolla Espino, juez sexto de lo penal en Michoacán, fue detenido en el interior de su despacho por un grupo de elementos de la Policía Ministerial, quienes se apersonaron para cumplimentar una orden de localización y presentación en su contra; se le informó que estaba siendo señalado en una investigación por secuestro en la Ciudad de México y fue trasladado junto con su secretario de Acuerdos, Julio Carrizales Torres, a las instalaciones de la unidad antisecuestros de la procuraduría de justicia de Michoacán, donde se le mantuvo retenido por horas para luego ser dejado en libertad sin mayor explicación. El juzgador dejó asentado por escrito el incidente ante el presidente del Supremo Tribunal de Justicia y del Consejo del Poder Judicial del estado, Juan Antonio Magaña de la Mora.

Las diferencias surgidas entre Hipólito Mora y *el Americano* no fueron superadas. En un vano intento por reconciliarlos tras observar la posibilidad de un enfrentamiento de los dos bandos, asignados a la misma zona de vigilancia, el comisionado Castillo Cervantes se ofreció como mediador en una cumbre entre los dos aludidos. La reunión se llevó a cabo en un comedero de La Ruana, adonde Hipólito y Luis Antonio Torres llegaron desarmados; sentados a la mesa, dialogaron por espacio de cuarenta minutos y terminaron sellando un acuerdo informal con un apretón de manos. Los rostros contradecían la alegría del comisionado, quien mensajeó en Twitter: "La reconciliación entre integrantes de las comunidades que hacen frente a la delincuencia es clave para lograr que este proceso sea exitoso". Sin embargo, no se sosegó el demonio de la venganza.

La Sedena ya había aplicado en diversos municipios de Tierra Caliente una evaluación inicial a autodefensas que manifestaron su intención de sumarse a la policía estatal. En Tepalcatepec, Buenavista y

Coalcomán se recibieron 251 solicitudes de autodefensas que querían ser policías, pero solamente 234 aprobaron los exámenes médicos y toxicológicos practicados; los que fueron declarados como "no aptos" regresaron a su trinchera empuñando las armas.

Ante la negativa a entregar las armas, el gobierno federal lanzó un ultimátum a todos los grupos de autodefensa: el plazo límite para el armisticio sería el 10 de mayo, después de esa fecha, quien fuera sorprendido haciendo labores armadas de vigilancia sería tratado como delincuente. Era el 28 de abril de 2014. Días antes, la clase política del estado se cimbró: el recuerdo del *Michoacanazo* volvió a la memoria y despertó el miedo de decenas de alcaldes luego de que el edil de Apatzingán, Uriel Chávez Mendoza, fuera encarcelado el día 15.

Nadie pudo disociar de la mente el pasaje histórico con el que se instituyó como tradición presidencial el encarcelamiento de alcaldes para ganar popularidad mediática. Con la detención del de Apatzingán la PGR revivió unas investigaciones que desde 2008 se encontraban empolvadas; se le dio seguimiento a una serie de personajes políticos locales de los que la Federación, y el propio gobernador Vallejo, sospechaban que estaban detrás del movimiento de los grupos de autodefensa. Los agentes de campo del Cisen y de la PGR relacionaron a por lo menos otros dieciséis ex alcaldes con las células del crimen organizado actuante en la entidad: a la mayoría nunca se les llamó a declarar, sólo se les observó de lejos y fueron incluidos en una lista de "posibles a detener". Hacia 2014, ese fue un recurso que contempló la Federación para recurrir en caso de que arreciaran las demandas de los líderes de las autodefensas sobre el desmantelamiento de la red de corrupción entre gobierno y crimen organizado.

Las investigaciones del Cisen establecieron que en total, incluidos los alcaldes procesados en el *Michoacanazo*, al menos veintiocho presidentes municipales pudieron haberse reunido hacia finales de 2007 con la estructura criminal al servicio de Jesús Méndez Vargas y Nazario Moreno. La intención de esas juntas, informó el Cisen en un documento fechado en Morelia el 16 de diciembre de 2007, "fue acordar la forma en que los gobiernos municipales allí representados podrían apoyar el trabajo de la organización criminal la Familia Michoacana". Las reuniones se llevaron a cabo en al menos tres ocasiones: a finales de noviembre se realizó una cumbre en un domicilio no especificado del puerto de Lázaro Cárdenas, y otras dos a principios de diciembre, una en la escuela primaria de Tumbiscatío y después en un taller mecánico de Nueva Italia.

Todos los alcaldes concurrentes a las juntas de la Familia Michoacana, según señala el documento del Cisen, asistieron solos y por sugerencia de los convocantes no se les permitió llevar teléfonos celulares; fueron revisados por los escoltas de los jefes del cártel michoacano. Los encuentros no duraron más de una hora, y no hubo bebidas ni charla más allá de la necesaria. Los presidentes casi ni hablaron, sólo fueron instruidos sobre la intención del cártel: se les informó que aplicarían un cobro de 10 por ciento sobre el presupuesto federal destinado a cada municipio para la ejecución de obras públicas, un *diezmo*, le llamaron, que sería entregado al cártel. Algunos recibieron órdenes directas sobre los nombramientos a realizar en algunos mandos de la estructura municipal; el crimen organizado se interesó principalmente por las direcciones de seguridad pública, agua potable y programas de desarrollo social.

Los alcaldes que fueron objeto de seguimiento bajo el pretexto de la sospecha de la PGR fueron Adalberto Fructuoso Comparán Rodríguez, de Aguililla; Jorge Moreno Martínez, de Ario de Rosales; José Misael González Fernández, de Coalcomán; Roberto Bautista Chapina, de Cherán; J. Jesús Preciado Marmolejo, de Chinicuila; Rodimiro Barrera Estrada, de Churumuco; Salomón Fernando Rosales, de La Huacana; Roberto García Sierra, de Huetamo; Mariano Ortega Sánchez, de Lázaro Cárdenas; Manuel Sánchez Pardo, de Parácuaro; Ricardo Espinosa Valencia, de Los Reyes; Servando Valle Maldonado, de San Lucas; María Santos Gorrostieta Salazar, de Tiquicheo; Everardo Cruz García, de Turicato; Santiago Blanco Nateras, de Tuxpan, y Reynaldo Cortés Sandoval, de Tzitzio. Nunca hubo elementos suficientes para que se les acusara formalmente, pero la vigilancia fue permanente.

Por eso, luego de la detención de Chávez Mendoza se esperaba un operativo que fue anticipado en algunos medios nacionales como el *Michoacanazo II*. Las aprehensiones que se dieron fueron pocas, pero con un fuerte impacto mediático; finalmente era lo que hablaba de la acción del gobierno federal en la recomposición del Estado de derecho en Michoacán. Los grupos de autodefensa no se daban por satisfechos, se seguía insistiendo en la detención del gobernador Vallejo, al que Mireles no dejaba de imputar una relación estrecha con el cártel de las drogas.

Además de los alcaldes de Lázaro Cárdenas, Aguililla, Huetamo y Pátzcuaro, el de Tacámbaro, Octavio Aburto Inclán, fue asimismo apresado, sólo que su delito no se configuró grave y únicamente le pudieron cuadrar el ilícito de peculado, lo que al final lo dejó en la posibilidad de enfrentar el proceso penal en libertad.

Golpe de Estado

En Michoacán, hacia mediados de abril de 2014, el gobierno federal literalmente había dado un golpe de Estado: se hizo cargo, a través de Alfredo Castillo Cervantes, de todas las tareas de gobierno. El jefe del Ejecutivo local, visiblemente desmejorado de salud y con su secretario de Gobierno encarcelado acusado de narcotráfico, sólo era una figura decorativa. Nunca se declaró la desaparición de poderes, pero el presidente Peña Nieto tomó de facto el control de la entidad.

La inversión pública se frenó: los gobiernos municipales reclamaban las participaciones estatales para la inversión en obras, pero la Federación había cerrado el flujo de recursos a las administraciones locales que de acuerdo con las investigaciones del Cisen estaban nutriendo financieramente a las células de los Caballeros Templarios. Ante la falta de recursos para el manejo del gasto corriente, el gobierno estatal comenzó a solicitar créditos emergentes a la banca privada: el fallido gobierno priísta incrementó la deuda pública en más de diez mil millones de pesos.

Hasta después de la renuncia de Vallejo se conocería el nivel de corrupción que prevaleció en su administración, el que fue amortiguado en gran medida por instrucciones de la Presidencia de la República para no afectar al partido oficial; pero se conoció que sólo en el ejercicio 2013, el último año completo de la gestión de Fausto Vallejo y Jesús Reyna, el erario público del estado sufrió un quebranto por más de diez mil millones de pesos. Los recursos fueron sustraídos del presupuesto de obras que ni siquiera se iniciaron, reconoció el diputado de izquierda Reginaldo Sandoval Flores.

Ante el silencio de toda la bancada del PRI y PRD, Sandoval Flores denunció el robo sufrido por la hacienda estatal; los diputados independientes del congreso local amenazaron con fincar responsabilidades, pero la mayoría priísta y perredista frenó la intención. Las primeras indagatorias sobre la causa principal de los faltantes en las arcas oficiales apuntaron hacia la posibilidad de que gran parte de esos fondos fueran distribuidos entre algunos funcionarios de primer nivel, incluidos algunos alcaldes, para ser entregados a los jefes de plaza de los Caballeros Templarios, que dominaron en su momento todo el territorio estatal, como parte de acuerdos de financiamiento; esto coincidía con la hipótesis general del Gobierno de la República desde que asumió a través del comisionado Castillo Cervantes el mando administrativo y de seguridad de Michoacán.

Entre las irregularidades detectadas una vez que la Auditoría Superior de Michoacán (ASM) practicó una revisión minuciosa a la cuenta pública al ser entregada al congreso local para su aprobación, resaltaron los desvíos de recursos en por lo menos quince dependencias: las secretarías de Salud, Desarrollo Rural, Educación, Gobierno, Obras Públicas, Finanzas, la Coordinación de Comunicación Social, y el mismo despacho del gobernador a través de las oficinas a su cargo, que afectaban por lo menos 90 por ciento de las obras proyectadas para todo el estado, muchas de las cuales ni siquiera se comenzaron mientras que otras tenían retrasos de más de un año.

El saqueo de que fue objeto la administración pública de Michoacán durante 2013 no sólo fue inherente a funcionarios del ámbito estatal, también hubo alcaldes señalados que nunca fueron llamados a declarar pese a los amagos de la Federación: en 99 de los 113 municipios las cuentas no estaban claras.

Las principales irregularidades detectadas en la cuenta de los municipios, de acuerdo con la ASM, tenían que ver con discordancias en montos de inversión de las obras terminadas, falta de comprobación de gastos, presupuestos inflados, falta de licitación de obras o intervención de empresas de construcción de los alcaldes o de las familias de funcionarios municipales.

El monto de los desvíos de recursos en los municipios michoacanos, sólo en 2013, podría ubicarse en una cifra cercana a los 700 millones de pesos, anticipándose la responsabilidad directa de por lo menos la mitad de los presidentes municipales; pero el mayor desfalco se ubicó en los recursos otorgados a los gobernadores Fausto Vallejo y Jesús Reyna, que no pudieron demostrar el destino de fondos por más de tres mil millones.

El nivel de corrupción fue tal en el primer año de la fallida administración priísta que la comisión inspectora que revisó las cuentas encontró desvíos fundamentados en 2 206 observaciones, y se presumió la responsabilidad de por lo menos veintidós funcionarios de primer nivel de la gestión Vallejo-Reyna. La Federación intentó ir contra los que saquearon al estado, pero fue mayor la resistencia de los diputados locales priístas, quienes entre compadrazgos y amiguismos finalmente optaron por echar tierra al asunto, con lo que se vino abajo la posibilidad de procesar penalmente a los autores del peculado.

El comisionado Castillo, ante la urgencia de entregar resultados a la Presidencia de la República sobre el combate a la corrupción, fue contra los funcionarios que no cubrieron sus espaldas, los que no tenían el fuero de la amistad con los miembros del congreso local; un grupo de integrantes de la administración estatal del perredista Leonel Godoy pagaron los platos rotos generados en la investigación frenada por los priístas.

El primero en ser procesado por el delito de abuso de autoridad y peculado —que finalmente en Michoacán no es un delito grave— fue Humberto Suárez López, quien fuera tesorero en las administraciones estatales de Lázaro Cárdenas Batel y Leonel Godoy. El juez cuarto de lo penal del distrito judicial de Morelia determinó que existían pruebas suficientes para iniciar el proceso formal y se procedió; sin embargo, Suárez López enfrenta la causa en libertad tras haber pagado una fianza de 49 895 455 pesos.

También Eloy Vargas Arreola, secretario de Desarrollo Económico de Godoy, fue requerido por la autoridad judicial. Se le demandó resarcir el quebranto a la hacienda pública por la suma de siete millones de pesos, sustraídos del Fondo Nacional de Desastres (Fonden) que enviara el gobierno federal para ayudar a las familias pobres del municipio de Angangueo, que perdieron todo con los deslaves causados por las lluvias en febrero de 2010; además fue requerida María Guadalupe López Jacobo, ex delegada administrativa de la dependencia, que habría participado en el hurto. Los dos fueron dejados en libertad tras pagar una fianza de 750 mil pesos cada uno.

La intervención de la Federación en Michoacán arrojó aparte la detención del que fuera diputado federal, presidente del PRD en el estado, titular de Infraestructura Educativa y después secretario de Obras Públicas, Desiderio Camacho Garibo, hombre muy cercano al ex gobernador Cárdenas Batel. Se le acusó de los delitos de lavado de dinero y enriquecimiento ilícito, y es que —argumentó el agente del Ministerio Público que integró la averiguación— en menos de doce años Camacho Garibo logró amasar una fortuna que bien podría rebasar los doscientos millones de pesos, recursos que fueron invertidos en un yate, diez autos de lujo de modelo reciente, veintiún propiedades inmuebles y diversas cuentas de inversión detectadas por la Secretaría de Hacienda y Crédito Público (SHCP).

Días más tarde se detuvo a la contadora Mireya Guzmán Rosas, secretaria de Finanzas en la administración de Leonel Godoy; las investigaciones ordenadas por la Federación revelaron que la ex tesorera habría hecho uso ilegal del patrimonio estatal, manejándolo como si fuera de su propiedad. Junto con ella se detuvo al que fuera director de Patrimonio estatal, Francisco Márquez Tinoco, quien utilizó a su favor recursos estatales, de acuerdo con la indagatoria ordenada por la procuraduría estatal.

Hacia mediados de 2014 el gobierno federal daba cuenta, a través del comisionado Castillo Cervantes, de que la lista de funcionarios corruptos que tenían procesos penales abiertos ya llegaba a 146 personas. El monto de los desvíos económicos por los que estaban siendo sometidos a juicio era superior a los veinte mil millones de pesos, la mayor cifra en un fraude investigado en una administración pública mexicana. Sólo los funcionarios a los que se les acopló otro delito penal grave permanecen en prisión, los otros pudieron alcanzar la libertad bajo caución; el delito de peculado en Michoacán es grave, pero no tanto.

El Código Penal local establece en el artículo 176 que se impondrán de seis meses a nueve años de prisión al funcionario o empleado del estado, o de un municipio, que en provecho propio o ajeno distraigan de su objeto dinero, valores, fincas o cualquiera otra cosa perteneciente al estado; ese ordenamiento se suaviza con el artículo 177 del mismo ordenamiento, que dice que la sanción será de uno a seis meses de prisión y multa de diez a cien días de salario si dentro de los 30 días siguientes a aquel en que se descubriera el delito devuelve lo sustraído. Bajo ese argumento se encuentran en libertad los ex funcionarios acusados. Los tres principales partidos políticos en la entidad, PRD, PAN y PRI, se negaron a reformar el Código Penal michoacano a fin de aplicar sanciones más severas a quienes incurran en esas conductas.

Tras las detenciones de funcionarios implicados en desviación de fondos oficiales, la Federación demostró que su presencia en la entidad no sería sólo para restablecer el Estado de derecho, también hubo intervención en las inversiones. Se hizo lo que nunca: el gobierno federal asumió el aporte de fondos para la ejecución de obras públicas del orden estatal en cada uno de los municipios, los que se pusieron fuera del alcance de los funcionarios estatales.

La mayoría de los colaboradores del gobierno de Fausto Vallejo, apenas vieron la escasez de dinero —o la imposibilidad de acceder a él, dado lo riguroso de los candados administrativos—, comenzaron a simular. El estado entró en una parálisis administrativa: sobrevino una ola de inconformidad que agudizó la tensión social, de por sí exacerbada por la violencia. La mayor parte de las carreteras de cuota que cruzan el estado fueron bloqueadas, en algunos puntos por maestros, en otros por estudiantes normalistas en demanda de las prebendas a que los habían acostumbrado administraciones pasadas; a las manifestaciones se sumaron los agricultores, reclamando inversión en el campo y precios de garantía a sus cosechas. Los sindicatos de empleados comenzaron a exigir al gobierno los pagos congelados de sus nóminas; a la par, la militarización siguió escalando. Un enfermo gobernador insistía en que la presencia militar en Michoacán era para capacitar a los policías municipales. El estado se volvió obsoleto.

EL VACÍO GUBERNAMENTAL

El abandono de la autoridad estatal hacia la población michoacana tuvo su mejor respuesta cuando la población civil, a ejemplo de las autodefensas, comenzó a organizarse para dar solución a sus problemas. El pináculo fue en el renglón educativo. La sociedad trató de salir por sus medios de la situación de anarquía a que había empujado la inoperante administración estatal; ante la ausencia de los maestros en los salones de clases, decenas de padres de familia tomaron la educación de sus hijos en sus propias manos, ocuparon las escuelas abandonadas y comenzaron a impartir clases ellos mismos, a fin de evitar que los niños perdieran el ciclo escolar.

El primer grupo de padres organizados brotó en la comunidad de San Lorenzo, en el municipio de Puruándiro, donde se armaron de valor y expulsaron a los profesores de la Coordinadora Nacional de Trabajadores de la Educación (CNTE) que se habían declarado en paro definitivo como medida de presión para arrancar fondos al gobierno estatal. El ejemplo de San Lorenzo se replicó en varios municipios más: al menos catorce escuelas de la entidad fueron tomadas por los padres de familia como resultado de su hartazgo.

En todos los casos, los padres convertidos en maestros de sus propios hijos pidieron sin ninguna respuesta la intervención de la Secretaría de Educación. Reclamaban la intervención de la autoridad estatal para remover oficialmente a los maestros faltistas, pero no hubo respuesta; el titular, Jesús Sierra Arias, se limitó a reconocer la expansión del fenómeno en la zona. Los municipios donde se acentuaba eran Puruándiro, Jacona, Angahuan y Santa Clara del Cobre; allí 48 padres de familia se improvisaron como maestros con muy buenos resultados.

A la cifra reconocida por la secretaría se añadieron después otros padres "alzados" en los municipios de Numarán, Cotija, Coalcomán, Nueva Italia, Copándaro, Chucándiro, Zináparo y Vista Hermosa, donde si bien no hubo tomas de escuelas, los padres de familia improvisaron aulas para impartir clases en forma colectiva. El líder del movimiento en el estado fue Juan Carlos Orozco, de la comunidad de San Lorenzo, quien no tardó en recibir amenazas por parte de los propios funcionarios de la Secretaría de Educación, quienes le advirtieron del delito que representaba [sic] suplantar a los maestros.

Eran dieciocho municipios los que llevaban dos semanas sin clases, y nadie ofrecía una explicación: el gobierno estatal no podía dar una razón por la que las escuelas estaban cerradas, remachadas con candado. Muchos padres, igual que Juan Carlos Orozco, convocaron a reuniones y acordaron abrir los planteles: rompieron las cadenas y buscaron perfiles entre los habitantes para suplir a los maestros faltistas. Conformaron la planta docente emergente con estudiantes de bachillerato, quienes dijeron saber lo mismo o más que los maestros democráticos en paro; en la mayoría de los casos, 90 por ciento de la población estudiantil de las escuelas primarias "asaltadas" aprobó el ciclo escolar. Como bandera, en todos los salones improvisados los padres colocaron la leyenda "El tiempo perdido no se puede reponer", frase dictada por Juan Carlos Orozco a uno de los reporteros locales que cubrían la nota, que poco se divulgó en la sumisa prensa estatal.

Tras el "alzamiento" de los padres de familia, algunos maestros que participaban en las movilizaciones contra la reforma educativa en la Ciudad de México y en los bloqueos en Morelia, y que en consecuencia habían abandonado sus grupos académicos, se vieron en la necesidad de regresar para dialogar con la directiva de los padres molestos. Tras una reprimenda pública y con el compromiso de no volver a faltar a clases sin justificación, se les permitió reincorporarse a sus tareas: 32 de los 48 maestros sustituidos volvieron a sus aulas antes de que finalizara el paro nacional.

Ejemplos de heroísmo civil saltaron por todo el territorio estatal en la otra revolución de los michoacanos por un estado mejor. En el municipio de Vista Hermosa trascendió la historia de Enedina Zamudio, madre de familia, cansada de que en la escuela primaria del lugar no se impartieran clases desde hacía más de dos semanas; temiendo un retraso académico en su hija, que cursaba el sexto año, decidió darle clases. Comenzó a instruirla en la sala de la casa, y allí se fueron sumando compañeras del grupo de la menor, para estudiar juntas: terminó sien-do un grupo de quince alumnas.

"Poder darle clases a mi hija, para mí es un gusto —explicó Enedina—. Yo no tengo la preparación de un maestro, terminé sólo la academia comercial [nivel bachillerato], pero pienso que no es difícil ir enseñando a los niños lo que viene como guía en los libros de texto. A lo mejor no tengo la técnica para enseñar adecuadamente, pero repito lo que no van entendiendo. De esto a nada, pienso que es mejor tenerlos entretenidos."

En Numarán y en Jacona también hubo casas particulares que se convirtieron en escuelas provisionales para los niños que no estaban recibiendo instrucción por parte de los maestros de la CNTE: en Numarán hizo el trabajo un maestro jubilado —Juan Tafolla, de 72 años, vecino de la comunidad de El Palmito, ofreció una propiedad en la cabecera municipal de manera voluntaria, sin aspiración de ningún tipo que no fuera servir a la comunidad—, mientras que en Jacona lo llevó a cabo un ingeniero electricista, Luis Alberto Solís, que sin pensarlo mucho se puso al frente de un grupo de educación primaria; comenzó por explicar algo de historia a su pequeño hijo, de segundo año, y en menos de dos semanas el grupo que atendía todos los días por la tarde cuando llegaba del trabajo se incrementó a un total de doce alumnos, a los que dio instrucción a partir de los libros de texto mientras esperaba que los maestros se decidieran a regresar a clases.

Sólo en la estructura del gobierno estatal se seguía sosteniendo la tesis de una administración dinámica; el comisionado Castillo Cervantes era el gobernador en funciones y como tal intentaba sostener el diálogo con los grupos de autodefensa. El doctor Mireles no permitió ese acercamiento: Castillo y él se distanciaron hacia polos opuestos. A Mireles ya no lo respaldaba el general colombiano Óscar Naranjo, pero el líder de las autodefensas seguía buscando un interlocutor que lo mantuviera cerca del presidente Peña Nieto. Alfredo Castillo le fue cerrando todas las salidas: le retiró los escoltas, el armamento y el transporte blindado de que lo había dotado Naranjo.

Mireles no esperó cruzado de brazos. Apenas fue despojado de los apoyos oficiales, buscó recursos de organismos no gubernamentales y de algunos luchadores sociales que veían con buenos ojos su movimiento, y les propuso llevar a cabo un movimiento nacional de autodefensas para extender el alzamiento de Michoacán a todos los rincones del país. La instrucción de la Presidencia de la República al comisionado Castillo fue muy precisa: anular a como diera lugar la figura del doctor Mireles.

Movimiento nacional

Convaleciendo aún de las lesiones que le causara el avionazo de los primeros días de enero, pero más dolido por el abandono de la Federación, Mireles se reunió en los primeros días de mayo con la abogada Talía Vázquez Alatorre en una casa de la Ciudad de México; ella lo había contactado y le ofreció la logística para crear un movimiento nacional y gestionar ayuda entre representantes de la sociedad civil para garantizar su seguridad y la permanencia del movimiento.

El doctor Mireles recibió el respaldo de un grupo de activistas sociales disímbolos, que iban desde la izquierda moderada hasta la derecha liberal; las razones íntimas para apoyar el movimiento de autodefensas cada quien las pesó en su fuero interno. El objetivo era evidente: continuar en los reflectores que había logrado encender el movimiento armado michoacano. La propuesta de Mireles alcanzó el respaldo del senador panista por el estado de Baja California Ernesto Ruffo Appel, el sacerdote defensor de los derechos de los migrantes Alejandro Solalinde Guerra, el general defensor de los derechos humanos José Francisco Gallardo Rodríguez, el ex alcalde Jaime Rodríguez Calderón y los activistas Isabel Miranda de Wallace, Javier Sicilia y Marta Sánchez, así como de la diputada michoacana Selene Vázquez Alatorre.

Talía Vázquez comenzó a organizar el Movimiento Nacional de Autodefensas, que se alzaba como un grito de hartazgo de la sociedad civil contra el crimen organizado. El Cisen informó la noche del 5 de mayo de 2014 que se estaba gestando una alianza entre críticos de la administración del presidente Peña Nieto, con la posibilidad de iniciar un movimiento armado "como el del EZLN", con impacto mediático a nivel nacional; la Secretaría de Gobernación reaccionó y pidió al comisionado para la paz en Michoacán que arreciara las acciones para la anulación del doctor Mireles. Esa noche empezó a fraguarse la detención del fundador del movimiento de autodefensas.

Sin saber lo que le deparaba el destino, Mireles estuvo animoso en la reunión: habló sobre la necesidad de mantener vivo el movimiento que el gobierno federal amenazaba borrar de un plumazo, y solicitó su apoyo para hacer un llamado a la sociedad en general, a fin de hacer que en todo el país hubiera autodefensas que suplieran la función del gobierno y encararan a las bandas del crimen organizado diseminadas por todo el territorio. La propuesta no tuvo eco, hubo dudas; las interlocuciones pedían asegurarse de no estar llamando a una revuelta social. Los presentes pidieron a Mireles la garantía de no ser utilizados en un movimiento antigobiernista sin ton ni son, y él terminó por empeñar su palabra para no llamar a las armas a los mexicanos.

Se acordó hacer un pronunciamiento público y se convocó a la integración del Movimiento Nacional de Autodefensas, fijada para el 28 de mayo de 2014. Mireles informó a sus seguidores en Michoacán sobre lo acordado en la reunión; en Tierra Caliente, los grupos de autodefensa entendieron como una revolución nacional la iniciativa anunciada, y así lo manifestaron a la población: hubo festejos y disparos al aire entre los rebeldes que no acababan de integrarse a la policía estatal. El nerviosismo del gobierno federal fue en aumento.

Como parte de los puntos de acuerdo de la reunión en la casa de Vázquez Alatorre, dos días después Mireles apareció en un video haciendo un llamado a la sociedad mexicana para "dar a conocer la realidad de las cosas en Michoacán". Le hicieron leer un guion, pero el líder rebelde se fue por la libre: le habló de tú a tú al presidente de la República para proponerle un diálogo directo, sin intermediarios. Fue un desconocimiento tácito al comisionado Castillo, al que se refirió como "alguien". Algunos de los que se habían sumado a su movimiento la noche del 5 de mayo finalmente decidieron deslindarse de Mireles tras ver el mensaje, que se publicó en el portal YouTube.

Durante dieciocho minutos con 55 segundos, el doctor Mireles trataba de darle un panorama general a "Enrique", como se refirió al presidente; le dijo que los asesores que le informaban no andaban bien, porque estaba distorsionada la realidad en que se encontraba sumido el estado. Le recomendaba buscar buenos asesores y se confrontó directamente con el secretario de Gobernación y con el propio comisionado federal. No se anduvo por las ramas, le dijo que los políticos michoacanos eran los que tenían "desgraciados al estado y al país".

Después de la difusión del video el doctor Mireles comenzó a organizar la conformación de un frente nacional de autodefensas al que sólo convocó, de todos los que habían atendido su llamado a la movilización en Michoacán, al líder de Buenavista Tomatlán, Hipólito Mora, al que siempre ha reconocido como su amigo. Mireles ya había dejado entrever públicamente sus diferencias con algunos comandantes del movimiento, a quienes acusó de traidores y los señaló de haberse vendido a los cárteles de las drogas que se disputaban el territorio michoacano; el principal blanco de sus críticas era el que fue jefe de sus escoltas al inicio del alzamiento, Estanislao Beltrán Torres, conocido como *Papá Pitufo*.

Mireles anunció el nacimiento del Movimiento Nacional de Auto-defensas el 9 de mayo, y en reacción el gobierno federal, a través del comisionado Castillo, anunció dos días después que el médico era investigado en la procuraduría de justicia del estado por causa probable de haber participado en el homicidio de cinco personas en la tenencia de La Mira, en hechos ocurridos el mediodía del 28 de abril de ese mismo año; incluso el comisionado filtró a los medios de comunicación leales en Michoacán una fotografía en la que se aseguraba que Mireles sostenía la cabeza de uno de los caídos en actitud de trofeo. En su defensa, el líder armado dijo que sostenía aquel cuerpo en apoyo a peritos de la procuraduría.

No sólo Mireles fue desacreditado por el sistema. La organizadora de la reunión del 5 de mayo, Talía Vázquez Alatorre, cercana al grupo político de Leonel Godoy, quien la encumbró como candidata a la diputación federal por el distrito de La Piedad en 2003, fue denostada públicamente: se filtraron fotografías íntimas suyas y se ventiló públicamente una relación de abuso y violación por parte de su pareja sentimental, Iván Peña Neder, hombre cercano a Andrés Manuel López Obrador, a quien le manejó sus redes sociales además de haber sido asesor jurídico de la Secretaría de Gobernación en la primera mitad del gobierno de Felipe Calderón.

Las filtraciones desde el gobierno federal relacionaron a Peña Neder y a Talía Vázquez con un escándalo de corrupción para la entrega de concesiones y permisos de casinos y casas de apuestas; en él se mencionó el nombre del que fuera luego senador del PAN, Roberto Gil Zuarth. Finalmente Peña Neder fue encarcelado por el delito de violación tumultuaria en contra de Talía Vázquez Alatorre y trasladado a la cárcel de Mil Cumbres de Morelia, donde —denunció posteriormente el propio Peña Neder— su cuñada, la entonces diputada local michoacana Selene Vázquez Alatorre, lo mandó golpear, pero el asunto no fue atendido por el director del penal. Con todo, Selene Vázquez logró que Peña Neder fuera recluido en una cárcel federal de Matamoros, donde hasta los primeros meses de 2015 seguía su proceso.

La PGR filtró los antecedentes penales de Mireles con lujo de detalle; también el gobierno estatal contribuyó a las filtraciones. Se dejó ver con un halo de perversidad la relación cercana entre el PRD y el fundador de las autodefensas, cuando apenas iniciado el periodo de gobierno de Leonel Godoy sirvió como asesor en asuntos internacionales y delegado de la Secretaría de Salud para los michoacanos en Estados Unidos.

Los informes filtrados desde el gobierno federal tuvieron más impacto en la mayoría de los comandantes de las autodefensas que en las bases del movimiento; varios se alejaron de José Manuel Mireles. Oficialmente la Federación comenzó a reunirse sólo con los que desconocían el liderazgo del fundador: se le relegó de los acuerdos con los grupos de autodefensa. Se mantuvo activo en la zona de Lázaro Cárdenas, desde donde amenazó con avanzar y tomar el control de las ciudades más importantes del estado, entre ellas la capital. El avance sobre Morelia nunca se dio, pero Mireles no dejó de insistir en ello; el argumento era que allí se encontraban escondidos los líderes de los Caballeros Templarios que eran buscados intensamente en la zona serrana del sur.

Con Mireles lejos de los medios, relegado a la zona costera del estado y aún doliéndose de las lesiones dejadas por el accidente, las maniobras del gobierno federal terminaron por dividir a los grupos de autodefensa: los que antes fueron aliados de Mireles, de la noche a la mañana le dieron la espalda, desconociéndolo como representante. Apenas apareció Mireles en video desconociendo el acuerdo para dejar las armas, fue sacado oficialmente del Consejo de Autodefensas de Michoacán; la Federación, por insistencia de Alfredo Castillo, sólo aceptó la interlocución oficial con Estanislao Beltrán, Hipólito Mora, Alberto Gutiérrez y Luis Antonio Torres. Con ellos se celebraron los acuerdos para desmovilizar a los grupos de civiles armados.

El rompimiento formal entre Beltrán y el doctor Mireles fue a causa de la matanza de Acalpica, en el municipio de Lázaro Cárdenas, ocurrida el 27 de abril de 2014, cuya autoría fue imputada inicialmente por Alfredo Castillo al propio Mireles. En la escaramuza murieron cinco personas; el grupo de autodefensas acribillado estaba a las órdenes de Estanislao Beltrán, en tanto que los atacantes eran leales al médico.

Se supo luego que Beltrán había ordenado a sus autodefensas de Acalpica que se apostaran en la carretera a Lázaro Cárdenas para cerrar el paso al presunto avance de Mireles hacia el puerto; todos estaban desarmados, portaban sólo palos y machetes. Estaban a la espera de detener el avance de Mireles o caminar junto a él hacia el puerto —aún no estaba definida la orden— para combatir a las células criminales que desde allí operaban. La mañana del 27 de abril, dijo el comisionado Castillo, arribó un grupo de autodefensas leales a Mireles acompañado por fuerzas federales, y atacó a los hombres atrincherados matando a cinco, entre ellos un niño de trece años.

Estanislao Beltrán reclamó la masacre al doctor Mireles, y consiguió armar al grupo de Acalpica para ir en represalia. El incidente fue utilizado por funcionarios del gobierno federal para amenazar a Mireles a fin de que aceptara el desarme; en tanto, todos los comandantes de autodefensas declararon al médico fuera del movimiento armado de Michoacán; Mireles insistió en acusar a los seguidores de Beltrán de ser parte del cártel que inicialmente combatieron.

Mireles ya era muy incómodo para el gobierno federal; su rebeldía amenazaba el proceso de control que paso a paso desplegaba la Federación en Michoacán. Los intentos por anular su liderazgo dentro de los grupos de autodefensa no habían redituado, la gente seguía viendo en él al único capaz de llevar a buen puerto la revuelta social, que ya había dado muestras de éxito con la desarticulación casi completa de los Caballeros Templarios y llevando a la detención de algunos actores políticos relevantes en la entidad; el mismo gobernador de Michoacán había sido desplazado del mando estatal.

Finalmente, el 28 de mayo llegó la fecha para la conformación del Frente Nacional de Autodefensas, evento que tras la insistencia de algunos de los actores fue reducido a sólo un Encuentro Nacional de Autodefensas. La mano del gobierno federal se sintió: hubo llamadas desde la Secretaría de Gobernación a algunos de los asistentes a la reunión en la casa de Talía Vázquez Alatorre, y a pesar de haberse comprometido con el movimiento se desistieron del acompañamiento ofrecido al doctor Mireles Valverde.

Uno de los deslindes más importantes fue el de la activista contra el secuestro Isabel Miranda de Wallace: decidió no ir a la conformación del Frente Nacional de Autodefensas ni participar en el eventual encuentro debido a que, según declaró públicamente, seguía creyendo en la autoridad del Estado para regir la seguridad pública y consideraba que los civiles no deberían portar armas ni asumir el papel rector en la materia. Otra ausencia notoria en aquella cumbre fue la del poeta y activista social Javier Sicilia.

Mireles se arropó bien con el evento, aun cuando no tuvo el impacto mediático esperado debido a las maniobras de la Secretaría de Gobernación, desde donde se pidieron favores a diversos medios informativos aliados para que no ahondaran en la cobertura y se limitaran a dar a conocer el hecho en forma superficial. Mireles invitó como único autodefensa legítimo reconocido de Michoacán a Hipólito Mora, quien también sacudió al gobierno federal tras anunciar su intención de llegar al Distrito Federal acompañado de un grupo de civiles armados. Desde el secretario de Gobernación hasta el jefe de gobierno del Distrito Federal, Miguel Ángel Mancera, reaccionaron advirtiendo la detención de los grupos de autodefensa que se hicieran presentes en el DF con armas en las manos.

El encuentro, que se llevó a cabo en el Polyforum Siqueiros de la Ciudad de México, moderado por el periodista Javier Solórzano, tuvo repercusiones en Michoacán: Mireles fue considerado formalmente proscrito y comenzó a orquestarse su detención en términos de prioridad nacional. Las posturas incendiarias de Jaime Rodríguez Calderón, ex alcalde del municipio de García, Nuevo León, del general José Francisco Gallardo Rodríguez y del obispo Raúl Vera López, que respaldaron la idea de un movimiento de autodefensas a nivel nacional ante la falta de capacidad del gobierno federal en turno, terminaron por irritar la tersa piel del Estado.

La celada

Mireles no vio venir lo que se le venía; ni en sus peores momentos pudo haber imaginado lo que le deparaba el destino. Con seguridad, ese no era el curso que esperaba que tomaran las cosas cuando convocó a sus amigos a integrar una guardia colectiva para hacer frente a los secuestradores y violadores que azotaban la región de Tepalcatepec. Nunca creyó que fuera a despertar la ira del ogro dormido que es a veces el Estado mexicano; no previó los alcances de su movimiento y tampoco pensó que tendría que ir a ocupar una celda en una cárcel federal de máxima seguridad, las que se construyeron para albergar a los más peligrosos asesinos, secuestradores, violadores y narcotraficantes, contra los que él se había levantado.

Hacia los últimos días de mayo de 2014, el movimiento de Mireles Valverde era tan intenso que la sociedad mexicana se encontraba claramente polarizada: por un lado los que en él veían encarnada la justicia y el valor de un pueblo sometido y olvidado, y por otra parte los que dieron todo el crédito a las filtraciones oficiales que apuntaban hacia el desenmascaramiento de un bandolero.

La orden de su aprehensión llegó desde Los Pinos, sin pasar por la Secretaría de Gobernación. Mireles fue detenido junto con otros 83 hombres armados, acusado del delito grave de portación de arma de uso exclusivo del Ejército y fuerzas federales, además de posesión simple de mariguana y cocaína; fue internado en la cárcel federal de máxima seguridad número once de Hermosillo, Sonora, y sometido a proceso penal. Para el gobierno dejó de ser el doctor Mireles y se convirtió en el preso número 5557.

Cuentan que cuando el helicóptero *Black Hawk* sobrevoló el caserío de La Mira, el médico recién acababa de ordenar pollo frito para él y la comitiva de cinco personas que lo acompañaba. Las palapas aledañas al pequeño restaurante donde se había acomodado el líder de los grupos de autodefensa se cimbraron con el estruendo del animal metálico en vuelo; en el aire se revolvieron el calor y la humedad. No soltó el pedazo de pollo que estaba comiendo, pero se le notó un dejo de preocupación; alzó la vista sin dejar de masticar, como si buscara de dónde provenía el ruido.

Con la barbilla señaló al helicóptero que volaba en círculos sobre el caserío. Salvador, Gerardo y Javier, los escoltas que desde hacía cinco meses no se le despegaban las veinticuatro horas del día, no pudieron descifrar el pensamiento del doctor: era su costumbre señalar con la cabeza. No le dieron importancia y siguieron comiendo. Mireles observó el celular que tenía tendido sobre la mesa, como si buscara algo; eran las 4:27 de la tarde del viernes 27 de junio de 2014.

En La Mira, municipio de Lázaro Cárdenas, a esa hora del día la resolana mata; todos los convocados a la reunión para organizar la toma del municipio de Lázaro Cárdenas se encontraban al resguardo de las sombras de los árboles. En el kiosco de la plazuela, apiñados como un racimo de uvas, otros civiles armados aguardaban con paciencia a que el líder terminara de comer: no eran más de 150 hombres y seminiños los que habían acudido al llamado del doctor. Se levantarían contra lo que quedaba de los Templarios; marcharían sobre el puerto de Lázaro Cárdenas para tomar la segunda ciudad más importante del estado.

Fue el cariño de los vecinos de las comunidades de La Mira y Acalpica lo que hizo que el doctor Mireles, luego de negarse a ser parte de la policía rural estatal y tensar la relación con el gobierno federal, se refugiara en ese lugar; allí todos lo veían emocionados como a un padre. Desde allí Mireles planeaba lanzar las acciones del Consejo Nacional de Autodefensas, que para él estaba formado desde el 28 de mayo, integrando a personalidades de notable peso específico de la sociedad civil.

Desde la plazuela, los autodefensas en ciernes sólo alcanzaban a distinguir la figura de aquel hombre canoso y larguirucho que se inclinaba sobre la mesa, a veces para acercarse más a los pedazos de pollo que tenía en su plato, a veces para revisar en busca de algún mensaje nuevo en su teléfono celular. Nadie perdía de vista a la comitiva que comía en el restaurante aun cuando el zumbido del helicóptero iba en aumento, volando cada vez más bajo; desde el kiosco podía verse la ametralladora calibre .50 mm que asomaba por uno de sus costados.

Mireles seguía inquieto. Desde muy temprano anduvo agitado; esa mañana, apenas se levantó comenzó a hacer algunas llamadas desde su celular. Para antes del mediodía, en su buzón de voz tenía varios mensajes de la secretaria del comisionado Castillo Cervantes, la cubana Emilse Arrué. Mireles prefería hablar con *la Güerita*, así le decía entre cariñoso y pícaro a otra de las asistentes del enviado presidencial a Michoacán; ese día habló en varias ocasiones con ella.

La gente que informaba a Mireles le había señalado que dentro de esa localidad portuaria se encontraba un reducto importante de los Caballeros Templarios; Mireles ya había advertido a los encargados de las fuerzas federales de varias células criminales que operaban en el puerto, pero nadie hacía nada y el doctor comenzó a desesperarse. Al final decidió ir solo en la empresa; no cejaba en su idea de tomar también Morelia.

Las razones del gobierno federal para no permitir el ingreso de civiles armados en las dos principales ciudades de Michoacán nunca se discutieron con el líder de las autodefensas. En la Presidencia de la República decían que se trataba de un capricho; lo cierto era que la rebeldía del fundador de las autodefensas ocasionó diversas reuniones entre el secretario de Gobernación y el comisionado para Michoacán. Se determinó no permitir el avance de los rebeldes.

El día de su detención, Mireles había entablado negociaciones telefónicas con la oficina del comisionado Castillo. Sus conversaciones con *la Güerita* fueron en el sentido de esperar la llegada de dos emisarios de la Secretaría de Gobernación, a fin de organizar la movilización con las tropas federales y hacer una toma conjunta del municipio; eso fue lo que le dijeron formalmente.

No era descabellada la propuesta, y no hubo elementos que lo alertaran de su próxima detención: ya en otras ocasiones había tomado diversas localidades de la zona de Tierra Caliente al lado de las fuerzas del gobierno federal. Otros coordinadores de autodefensas, bajo el mando del Consejo de Autodefensas de Michoacán, también hicieron lo propio con acompañamiento de las fuerzas federales; así fue como la seguridad de veintisiete municipios de Michoacán terminó bajo el control de los grupos de autodefensa en menos de un año.

—Mira, chavo —le dijo Mireles a Salvador, uno de sus escoltas, apuntando hacia el helicóptero que no se decidía a aterrizar—, allí vienen ya los de Gobernación. Hay que prepararnos —pidió para acelerar la comida.

Todos en la mesa voltearon a ver al helicóptero, que seguía buscando dónde descender; intercambiaron con los meseros algunos comentarios inaudibles que causaron la risa del líder de las autodefensas. Mireles y sus tres escoltas personales estaban acompañados por el doctor Rogelio Ramos, la maestra Estela y el ingeniero Roberto. La amistad de más de dos décadas los había hecho reunirse como lo hacían de manera frecuente: para comer pollo y platicar de lo que fuera. El tema de la corrupción del gobierno estatal no estuvo alejado de la mesa en aquella ocasión.

Desde el aire, el helicóptero organizaba el sitio al caserío de La Mira, donde ya se había ubicado al doctor Mireles. Lo pudieron encontrar no sólo porque estaba a la espera de una reunión con dos enviados de la

Secretaría de Gobernación y había señalado lugar y hora para el encuentro, sino porque con la avanzada tecnología del helicóptero se localizó la camioneta del líder de las autodefensas, una Jeep de color blanco modelo 2014, con placas de circulación PRV 23-00. Estaba estacionada frente a El Pollo Feliz.

Más de seiscientos elementos de la Policía Federal, Ejército mexicano, Marina Armada de México, Policía Ministerial y miembros de la Fuerza Rural estatal, formada por ex miembros de los grupos de autodefensas, rodearon el poblado y establecieron puntos de control en las siete calles que desembocan en la plaza principal. El helicóptero descendió y bajó un comando de siete hombres que se movieron de manera sigilosa, con movimientos milimétricamente calculados: en menos de cinco minutos se encontraban parados rodeando la mesa donde aún estaban comiendo Mireles Valverde y sus acompañantes.

La llegada del comando de élite de la Policía Federal no sorprendió al doctor Mireles; los miró entrar al restaurante y siguió comiendo. Los que vieron la escena supusieron que el área estaba siendo asegurada para que ingresara un alto funcionario. Mireles todavía le pidió a Javier que le pasara la salsa y comentó que estaba muy picosa; mordía una pierna de pollo cuando uno de los policías lo sujetó de la mano derecha y lo sometió sobre la mesa, el resto del comando hizo lo propio con los escoltas del doctor y las otras tres personas que los acompañaban. Los escoltas no tuvieron tiempo de reaccionar ni amagar con el arma que en ese momento portaban; el doctor Mireles se encontraba desarmado.

Afuera del restaurante, entre los recién integrados como autodefensas —que esperaban la salida del doctor para la reunión a la que se había convocado—, nadie supo lo que pasaba. Vieron que el médico era sometido por los elementos policiacos, pero nadie atinó a comprender la situación. Antes de que alguien pudiera reaccionar, ya estaban encañonados por las fuerzas federales y estatales, que les exigían deponer las armas; los soldados ordenaron que todos se tiraran al piso. Algunos dejaron sus armas y corrieron, otros decidieron seguir la suerte de su líder y no ofrecieron resistencia.

Tras entregarse los civiles armados fieles a Mireles, el Ejército amplió su operativo a calles aledañas a la plaza principal, para ubicar a los autodefensas que habían corrido; fueron detenidos varios civiles inocentes que transitaban con naturalidad en el cometido de sus actividades cotidianas. Un total de 82 personas fueron capturadas. Mireles Valverde fue subido en forma inmediata a una camioneta de la Policía Federal, donde se le retuvo por espacio de veinte minutos: él mismo relató que luego fue encapuchado y subido al helicóptero *Black Hawk*.

Tras el sometimiento de todo el grupo de autodefensas presente en La Mira y de la escolta personal del doctor Mireles, fue revisada la camioneta en la que viajaba: el detenido pudo ver, a través de la capucha negra que le fue colocada en la cabeza, cómo un elemento de la Policía Federal, al que describió como un sujeto "alto, gordito y de pelo claro, con camisa azul", colocaba bolsitas de color verde y blanco dentro de la unidad.

En el helicóptero *Black Hawk* el doctor y sus tres escoltas fueron trasladados inicialmente a la zona militar de Lázaro Cárdenas; después de veinte minutos arribaron a Morelia. Ya se había preparado la acusación oficial: estaban indiciados por delitos graves, los que ameritaron que los recluyeran en centros penitenciarios federales de máxima seguridad. Mireles había sido anulado.

A su ingreso en el Cefereso Número 11, el doctor Mireles fue humillado y vejado: lo raparon y rasuraron en seco, fue golpeado y luego abandonado en una celda de aislamiento donde se le privó de sus medicamentos, comida y agua. En el área llamada Centro de Observación y Clasificación permaneció sin explicación alguna por más de veinticuatro horas. En su declaración preparatoria ante el juez de la causa, ubicado en Uruapan, frente al que compareció por medio de teleconferencia, el líder de las autodefensas refirió el trato denigrante a que estaba siendo sometido: el gobierno federal esperó, como siempre, a que la queja del doctor se diluyera en la cotidianidad del México impotente.

Apenas se dio la detención de su líder, los grupos de autodefensas de dieciséis municipios, entre ellos Aquila, Coahuayana, Chinicuila, Coalcomán, Peribán, Aguililla, Tancítaro, Tepalcatepec, Los Reyes, Zamora, Zináparo y la comunidad de Caleta de Campos, en el puerto de Lázaro Cárdenas, comenzaron a realizar reuniones para su movilización: no estaban dispuestos a sepultar el movimiento. El promotor de esos encuentros era Hipólito Mora, que no estaba dispuesto a dejar en la cárcel a su amigo.

En contraofensiva al movimiento de los civiles armados para solicitar la liberación inmediata del doctor Mireles, el gobierno federal mandó más de siete mil efectivos entre Policía Federal, Ejército y Marina Armada para desarticular a los grupos de autodefensa que se declararan en apoyo al líder encarcelado. En los medios informativos nacionales, y unos cuantos locales de su preferencia, el comisionado salió a explicar la detención de Mireles. Fue conciso y directo: Mireles, dijo, había infringido la ley; pretendía formar un nuevo grupo armado en la zona de Lázaro Cárdenas en desacato a los acuerdos del 14 de abril de 2014, cuando todos los líderes de grupos de autodefensa acordaron dejar las armas y no movilizarse.

Fausto Vallejo ya no pudo disfrutar la captura de Mireles, pues acusando problemas de salud había renunciado al gobierno estatal apenas ocho días antes, el 18 de junio.

CAPÍTULO VI

MICHOACÁN EN EL LÍMITE

El día de su renuncia, el aún gobernador Fausto Vallejo Figueroa salió de Morelia escoltado sólo por el hombre de sus confianzas, Guillermo Guzmán Fuentes, un ex funcionario federal que se ganó el respeto de la clase económica de Michoacán desde que era delegado del Infonavit. Vallejo no sabía que ese era su último día como gobernador; la cita en Los Pinos era a petición del secretario de Gobernación, Miguel Ángel Osorio Chong.

Vallejo, político hábil como siempre, pretendía cubrir todos los flancos: desde que su posición como gobernador se vio amenazada entre su condición de salud, los nexos del crimen organizado con su administración y la presencia de la Federación en la entidad, inició maniobras para colocar a Guillermo Guzmán como gobernador sustituto; era el único de su grupo que le garantizaba con certeza el control político del estado. En la Secretaría de Gobernación echaron abajo la propuesta: el comisionado Castillo Cervantes no quería tratos con nadie del equipo priísta que arribó con Vallejo, y ya se había decidido quién debería sustituir al gobernador constitucional.

El presidente Peña Nieto recibió al gobernador al filo de las 10:45. La cita fue breve, ríspida; un saludo cortante por parte del presidente de la República hizo que Fausto Vallejo entendiera el motivo del encuentro. El secretario de Gobernación le pidió su renuncia, y no tuvo empacho en reprocharle "el desmadre de administración" que encabezaba. Le restregó la detención de Jesús Reyna, acusado de vínculos con el narcotráfico; en medio de la sacudida, Vallejo se recompuso y fue al grano: trató de negociar que Guzmán Fuentes quedara al frente del gobierno estatal, ofreciendo su salida como garantía de paz en la guerra que abiertamente el comisionado Castillo había iniciado.

Peña Nieto no aceptó esa vez la altanería del enfermo gobernador, que hacía apenas unos meses había retornado "por sus güevos" al cargo luego de tomar una licencia para atender un problema de salud que fue escalando públicamente desde una gripa mal cuidada, luego una operación no atendida, hasta llegar el trasplante multiorgánico del que se supo. El secretario acorraló a Vallejo: le dijo de las investigaciones judiciales que se estaban llevando a cabo en torno a la entonces posible relación entre el líder de los Caballeros Templarios y Rodrigo, el propio hijo del mandatario local. El gobernador antepuso su amor de padre frente al deseo de seguir controlando políticamente el estado.

En una breve exposición el secretario le mencionó un rosario de hechos por los que la Federación estaba decidida a tomar las riendas de la administración estatal. Se le ofreció respeto a su persona a cambio de la salida inmediata de la gubernatura; también se le garantizó un trato preferencial a su hijo si las investigaciones por su probable relación con el crimen organizado arrojaban una orden de aprehensión. El trato le pareció tan justo a Vallejo que se levantó intempestivamente de su asiento; el presidente lo siguió desconcertado. Se dieron la mano por mero formulismo. Osorio Chong no mereció un saludo de despedida, pasó a ser un mudo testigo de la reunión terminada.

A unos minutos del encuentro, Fausto Vallejo oficializó su renuncia al cargo de gobernador. A las 11:23 informó al único con el que consideró tenía el compromiso de hacerlo: desde su cuenta de Twitter informó al periodista Joaquín López-Dóriga su decisión. "Le he informado que me retiro del @gobmichoacan para poder atender mi salud. Gracias por tus atenciones", escribió; tras el anuncio en las redes sociales, la Presidencia de la República informó que el gobernador michoacano, luego de una reunión con el presidente, anunció su decisión de dejar el cargo, argumentando problemas de salud. A los michoacanos, los que lo votaron, a los que les llegó mediante una campaña política cuyo eslogan era "Michoacán merece respeto", no los consideró para informarles de frente; nunca hubo un anuncio oficial de su salida. El encono que mostró Vallejo al gobierno federal, lo replicó con los michoacanos que confiaron en él.

Seis días antes de que el gobernador le dijera a López-Dóriga que se separaba del encargo y agradeciera sus atenciones, un viernes por la tarde, el comisionado Alfredo Castillo hacía antesala en la oficina de Salvador Jara, rector de la UMSNH; le había pedido una cita y éste, ajeno a la realidad circundante, no supo de quién se trataba: lo hizo esperar media hora.

Sólo ellos, Jara y Castillo, supieron los acuerdos a los que llegaron al interior del despacho, pero llegada la noche de ese viernes el rector fue espléndido con un reducido círculo de colaboradores a los que llevó a cenar para, sin hablar aún de la propuesta del gobierno federal para hacerlo gobernador, decirles que "venían tiempos muy buenos"; una de las más felices por los tiempos en puerta era la doctora Rosa María de la Torre Torres. El comisionado había advertido a Jara que organizara su salida de la Universidad. La semana que siguió a la visita, el doctor en filosofía fue llevado al pináculo de su carrera pública: salió entre aplausos de las instalaciones de la UMSNH.

Sin más opción que ajustarse a lo que le dictaba el gobierno federal, Fausto Vallejo mandó su renuncia al congreso local. En la cámara de diputados, aun sin recibir el documento que oficializaba la separación definitiva, un grupo de legisladores trató de refrendar su respaldo al gobernador. Hubo un intento por organizar una comitiva que fuera a visitarlo a su domicilio para mostrarle su apoyo; Omar Noé Bernardino Vargas, uno de los *tigrillos* del gobernador, se rasgó las vestiduras, mentó madres y vociferó contra el presidente Peña Nieto. Hizo algunas llamadas a otros representantes para convencerlos de formar un frente contra el comisionado, del que se sabía era el autor intelectual de la renuncia.

Nadie quiso atender tal posibilidad. El Cisen informó sobre la rebelión de los legisladores y la maquinaria se echó a andar: se desempolvó una investigación de la PGR iniciada a principios de 2014, cuando un grupo de la unidad especializada en lavado de dinero hurgó en los expedientes de todos los diputados. La opulencia con que vivían algunos no correspondía a sus ingresos obtenidos como servidores públicos o funcionarios de partidos, que era de donde procedían la mayoría; a esa investigación se sumaban las declaraciones de al menos una docena de detenidos como miembros de los Templarios, que juraron en sus declaraciones ministeriales que algunos congresistas se reunieron con los jefes del cártel.

El intento de insubordinación para no aceptar la renuncia de Vallejo fue callado de un manotazo desde la oficina del secretario de Gobernación. Se ordenó una reunión emergente con los alborotados legisladores michoacanos, la mayoría del PRI; en helicópteros fueron llevados a la Ciudad de México para hablar con el encargado de la política interna del país. Lo que pasó allí lo filtraron algunos hombres cercanos al comisionado Castillo Cervantes.

En la reunión estuvieron presentes los priístas Salomón Rosales Reyes, Rigel Macías Hernández, Marco Trejo Pureco, César Chávez Garibay, Juan Carlos Orihuela Tello y Santiago Blanco Nateras, los panistas Jorge Moreno Martínez y Eduardo Anaya Jiménez, así como los legisladores del PRD Erick Juárez Blanquet y Francisco Bolaños Carmona. Todos quedaron mudos cuando oyeron al secretario de Gobernación hablar de las investigaciones que la PGR estaba realizando contra algunos legisladores, sin mencionarlos por sus nombres: la explicación fue breve, se habló de la importancia de superar el trance de la ausencia del gobernador y respaldar la propuesta de suplente que saliera desde la Presidencia de la República. Ningún diputado dijo nada.

Acudió además el comisionado para la seguridad en Michoacán, Alfredo Castillo; fue quien habló de ciertas pesquisas en torno a algunos alcaldes y congresistas —sin especificar si eran federales o locales— que se reunieron con miembros de los Templarios. Cuentan que el silencio se hizo más denso: nadie habló más allá de los dos funcionarios, que terminaron por pedirles a nombre de la Federación su apoyo para sacar adelante el plan de restablecimiento del marco de derecho en el estado de Michoacán. Ningún diputado necesitó escuchar más.

Cuando Fausto Vallejo hizo entrega de su renuncia por escrito, hubo sólo una voz que sonó discordante en el seno del congreso local: Reginaldo Sandoval Flores se opuso a la salida del gobernador, le exigió que cumpliera con el compromiso y que respondiera a los michoacanos, a los que, dijo el legislador, engañó cuando aseguró estar pleno de salud y facultades físicas. Sin embargo, el congreso aceptó calladamente la propuesta que llegó en un sobre cerrado, donde el gobierno federal imponía al doctor Salvador Jara para terminar el periodo de gobierno que dejaba inconcluso Vallejo.

La unción del nuevo gobernador de Michoacán fue rápida: en menos de dos horas de rito institucional la legislatura oficializó el cambio de estafeta. Todavía una semana antes el doctor Jara Guerrero era cuestionado por la oposición al interior de la UMSNH por su inoperante plan de trabajo académico; el *fast track* con que se le designó fue operado por los legisladores reunidos con el secretario de Gobernación unos días antes.

La sesión de congreso fue meramente de trámite; en 45 minutos los representantes populares decidieron que Jara Guerrero era la mejor opción a fin de continuar el plan de trabajo diseñado entre la Federación y el estado para erradicar la violencia y la criminalidad, y restituir así el Estado de derecho en la entidad. El nombramiento del gobernador número 54 en la historia de Michoacán fue terso: los priístas aplaudieron la decisión dictada desde la capital del país, para lo que la Secretaría de Gobernación también cabildeó con otras fuerzas representativas. La designación de Jara Guerrero como gobernador fue impulsada por la senadora del PAN Luisa María Calderón y por el ex líder nacional del PRD, Jesús Zambrano, con quienes el propio Jara Guerrero mantiene lazos afectivos.

Jarita, como lo recuerdan algunos de los que compartieron aula con el designado gobernador sustituto, durante la década de los setenta fue uno de los alumnos más combativos de la UMSNH: estuvo entre los organizadores del movimiento estudiantil que en 1976 culminó con la renuncia del rector Luis Pita Cornejo. Salvador Jara, mediante huelgas y plantones, allanó el camino a la rectoría a su amigo Genovevo Figueroa Zamudio.

Las movilizaciones que encabezó Jara Guerrero en sus años de juventud fueron de las más violentas en la historia en Michoacán. Calificado en ese tiempo como un *hippie* que llevaba al extremo su convicción revolucionaria: "Era comunista en la escuela, pero muy mocho en su familia", dice el catedrático Humberto Puente.

El padre del gobernador fue el médico personal de la familia Calderón Hinojosa; *Jarita*, dice Humberto Puente, creció jugando a las muñecas con Felipe y la *Cocoa*. La amistad con el que llegó a ser presidente de la República le sirvió para ser designado rector de la UMSNH el 9 de enero de 2011; el mandato llegó desde Palacio Nacional y lo tuvo que acatar a regañadientes el entonces gobernador Leonel Godoy.

La imposición desde la Ciudad de México, primero como rector y luego como gobernador, le ha valido a Jara Guerrero un amplio abanico de detractores. Los menos lo acusan de *"hippie* revoltoso" devenido en político por la amistad con la familia Calderón Hinojosa; los radicales lo culpan de haber ordenado el desalojo, con la Policía Federal, de las casas del estudiante en 2012 con saldo de cuatro estudiantes muertos.

Nadie discute el nivel académico de Salvador Jara Guerrero: entre la comunidad académica se le reconoce como uno de los talentos más importantes a nivel nacional en materia de filosofía. Lo cuestionable del gobernador sustituto de Michoacán, aseguran los que lo conocen bien, fue siempre su cerrazón al diálogo y su impulso para tomar decisiones sin consenso. Es a veces testarudo, coinciden varios de sus contemporáneos: "Cuando a Jara Guerrero se le mete una idea, es un caballo loco que nadie detiene", asegura un integrante del consejo universitario que prefirió la omisión de su nombre. "Es un hombre con mucho talento, pero muy visceral. No escucha; decide en base a sus emociones. Deja que su contraparte se agote al ser ignorada. Le gusta compartir el poder con un círculo cercano de amigos, pero no escucha consejo."

Como rector de la UMSNH, Jara Guerrero afrontó tres huelgas generales, las que se disolvieron por cansancio ante el desdén del rector; nunca hubo diálogo ni intento por resolver los conflictos. Durante su gestión universitaria reconoció la quiebra en las finanzas de la máxima casa de estudios de la entidad, que alberga a más de 55 mil estudiantes, 4 200 maestros y cerca de tres mil trabajadores administrativos y de apoyo. El manejo administrativo de la universidad fue siempre el talón de Aquiles del ahora gobernador.

Pero aún a pesar de ser un pésimo administrador, el gobernador sustituto se dio tiempo para revisar a fondo el estado que recibió. La primera de sus acciones fue una minuciosa auditoría, la que lo llevó a saber que estaba al frente de la administración más difícil de todo el país no sólo por tener el desvío de recursos más escandaloso en la historia de Michoacán, sino por no contar con fondos propios para atender las necesidades de la entidad.

Fue el gobierno de Salvador Jara el que ventiló que durante el breve periodo de Fausto Vallejo y Jesús Reyna, que sumó poco más de dos años y cinco meses, se desviaron, o no se pudo comprobar en qué se emplearon más de dieciséis mil millones de pesos. Tan sólo en el renglón educativo no pudo demostrarse el destino de quince mil millones, en tanto que en la Secretaría de Salud se manifestó el gasto de mil millones de pesos sin justificación ni orden administrativa.

CORRUPCIÓN Y OTROS DESAFÍOS

Ante esa situación la cámara de diputados local, que una vez intentara mostrarse solidaria con el gobernador en desgracia, solicitó a la Auditoría Superior de la Federación (ASF) una revisión a fondo de las finanzas públicas de Michoacán, a fin de ubicar —se dijo— el destino de los recursos o en su caso fincar responsabilidades, toda vez que los fondos económicos que no se aplicaron para el destino programado fueron aportados a la entidad por parte de la Federación en forma extraordinaria tras los reclamos oficiales del gobernador Vallejo, que siempre se quejó de un estado maltrecho financieramente por la deuda heredada de su antecesor, el perredista Leonel Godoy.

La investigación que hizo el gobernador Jara de las cuentas aportó como primer resultado que durante la administración de Vallejo-Reyna la deuda pública de Michoacán creció en más de dos mil millones de pesos, a pesar de que se anunció un plan de austeridad en la ejecución de recursos públicos. Los diputados locales fueron incisivos en reclamar a la ASF una investigación en ese rubro.

Fue Salomón Rosales Reyes quien puso el dedo en la llaga al hacer la denuncia de las irregularidades administrativas encontradas en la cuenta pública de 2012 del gobierno de Michoacán en cuanto a recursos federales se refiere, aunque también hay malos manejos en las partidas de fondos estatales. El diputado de Nueva Alianza Sarbelio Molina Vélez señaló un desvío de recursos por más de cuatrocientos millones de pesos, "que debieron estar en pensiones, porque corresponde a los descuentos realizados directamente a los empleados de la administración pública estatal", y sin embargo no se encontró rastro de ese dinero.

El monto del patrimonio presumiblemente desviado por los funcionarios de la administración estatal Vallejo-Reyna, en la que se señaló también a algunos subsecretarios como probables autores, representó más de 28 por ciento del presupuesto total de gastos para Michoacán aplicado en 2014, por lo que los diputados insistieron en que la ASF hiciera una revisión a fondo.

Los recursos cuyo destino no se pudo comprobar dentro del sector salud inicialmente estaban etiquetados para programas de apoyo sanitario y control de epidemias en algunas localidades de riesgo, principalmente en la zona indígena de Michoacán, donde no hubo ni siquiera programas de vacunación. También otros programas de salud, como detección de cáncer cervicouterino, fueron dejados de lado al reutilizar los fondos en otras acciones que no fueron esclarecidas.

El desorden financiero y administrativo que recibió el gobernador sustituto de Michoacán no es fortuito, y según fuentes internas se utilizaron recursos para solucionar problemas políticos. La discrecionalidad fue la pauta que marcó el uso de los fondos públicos durante el gobierno de Fausto Vallejo y Jesús Reyna, revelaron fuentes pertenecientes a la tesorería estatal, desde donde se señala que "la tesorería fue la caja chica para solucionar los problemas de la Secretaría de Gobierno"; uno de ellos fue el acuerdo establecido con la CNTE para que el gobierno destinara fondos extraordinarios para el pago a los maestros comisionados que se desplazaron a la Ciudad de México para apoyar el plantón permanente contra la reforma educativa.

Parte del dinero supuestamente desviado de la tesorería michoacana podrían haberse dedicado al pago de plazas para comisionados sindicales de la CNTE, como lo denunció en su momento el director del capítulo Michoacán de Mexicanos Primero, Erik Avilés; de esa forma el estado pudiera ser parte del supuesto fraude educativo nacional que suma más de 35 mil millones de pesos, con los que se financió a la CNTE en todo el país. Los acuerdos continuados entre la Secretaría de Gobierno —con Jesús Reyna y Jaime Mares al frente— y la dirigencia estatal de la CNTE podrían estar relacionados con ese financiamiento, con un aporte por el orden de los dos mil millones de pesos anuales. Esos acuerdos fueron iniciados en el gobierno de Lázaro Cárdenas Batel y continuados por Leonel Godoy.

La opacidad con que ha trabajado desde siempre el gobierno estatal, y que se ha incrementado desde Cárdenas Batel hasta el corto periodo de Salvador Jara en materia de rendición de cuentas financieras, ha contribuido a que la Secretaría de Educación pueda negociar libremente con grupos magisteriales sobre el otorgamiento de beneficios económicos, sin mayor regla a cumplir que el consentimiento del Ejecutivo estatal o del secretario general de Gobierno en turno.

Según datos de la agrupación Mexicanos Primero, el estado de Michoacán cuenta con más de cien mil plazas de maestros, y en cerca de cinco mil de ellas hay "incidencias delicadas" como la ausencia permanente del profesor asignado, duplicidad de claves o inexistencia del centro laboral, lo que contribuye al desvío de fondos destinados a la educación. El caso más palpable del desbarajuste administrativo es sin duda el de Servando Gómez, que siendo de los más buscados por la PGR, sin mayor problema podía cobrar quincenalmente su sueldo de maestro aun sin ejercer, dado que nunca fue eliminado del padrón como profesor de una escuela rural de Arteaga.

A otros problemas políticos también se les buscó solución echando mano de las finanzas públicas durante la administración Vallejo-Reyna. Del erario se tomaron fondos para el pago de fianzas judiciales a fin de excarcelar a líderes sociales: el caso más sonado fue el de Cruz Cárdenas Salgado, líder de la comunidad de la Nueva Jerusalén, quien estuvo recluido en la cárcel de Mil Cumbres en Morelia como único responsable de la destrucción de la escuela pública Vicente Guerrero, ocurrida en julio de 2012; en julio de 2013 se autorizó el pago de 4 500 000 pesos a un juzgado penal local, a fin de que sirvieran de garantía para reparar el daño causado y lograr así la libertad del inculpado. De esa forma pagó Jesús Reyna el apoyo que desde el cielo le mandara la Virgen del Rosario por mediación del sacerdote san Martín de Tours, consiguiendo que los vecinos de la Nueva Jerusalén votaran a favor del PRI.

En octubre de 2012, tras negociar con líderes sociales y dirigentes de la CNTE, se acordó también pagar la fianza de ocho estudiantes normalistas detenidos cuando bloqueaban la carretera Morelia-Pátzcuaro, para lo que secuestraron varias unidades de transporte federal de carga y de pasaje. La fianza era de doce mil pesos por cada uno de los detenidos.

De igual forma, a través de la Secretaría de Gobierno se autorizó en mayo de 2013 el pago de la fianza de 3 321 570 pesos impuesta por un juez penal local a Eduardo Reyes Negrón, un alumno de escuela normal detenido por los delitos de motín y robo de uso; la petición de apoyo fue hecha por la CNTE, y sin empacho Jesús Reyna dio su consentimiento como parte de los acuerdos establecidos con el magisterio democrático.

Parte de los fondos que la Federación destinó a la educación en Michoacán, de los que no hay registro de su destino ni de su manejo, en los últimos años se utilizaron presuntamente para pagar movilizaciones de los maestros de la CNTE hacia la Ciudad de México. Las arcas oficiales pudieron igualmente financiar el traslado de agrupaciones como Antorcha Campesina, reuniones sindicales de la CTM o la transportación de sectores del Comité Directivo Estatal del PRI.

Los desvíos de recursos de la administración Vallejo-Reyna fueron registrados por instituciones como la CEDH, la que integró la recomendación 85/2013 para conocer las causas por las que la Secretaría de Gobierno determinó el pago, con fondos del erario, de una fianza millonaria a favor de un particular. El asunto ni siquiera inmutó a los gobernadores en turno.

Frente al desolador panorama que encontró Jara Guerrero en lo financiero, no fue menos la descomposición social, donde la evidencia de un marco de derecho roto y un aparato de gobierno inoperante y corrupto se distinguía en cada metro cuadrado del territorio estatal. El avance del crimen organizado, infiltrado en casi todos los gobiernos municipales, fue la más clara muestra del estado fallido en que se había convertido Michoacán.

A Jara Guerrero lo saludaron como nuevo gobernador una serie de enfrentamientos entre células criminales con los cada vez más fortalecidos grupos de autodefensas: el primer fin de semana de su gobierno se dieron al menos siete tiroteos entre grupos de civiles armados que se disputaban el control de los municipios de Nueva Italia (Francisco J. Múgica) y Apatzingán, que dejaron como saldo al menos cinco personas muertas, trece vehículos calcinados, siete establecimientos comerciales incendiados y un número indeterminado de heridos. Los habitantes de ambas poblaciones quedaron incomunicados vía terrestre con el resto del estado, el palacio municipal de Apatzingán fue incendiado, y sin embargo para el Ejecutivo no pasaba nada. Jara Guerrero asumió el mismo papel que su antecesor: la negación de la realidad fue su mejor defensa, pese a que los grupos de civiles armados continuaron su movilización en localidades de la región de Los Reyes, Apatzingán, Zamora, Aguililla y Lázaro Cárdenas.

Apenas llegado a la administración, Salvador Jara no se empeñó en dar solución a la revuelta entre autodefensas y células de los Caballeros Templarios; se mostró más preocupado por cuidar su imagen pública. El primer cambio que ordenó en su gobierno fue en la cartera de Comunicación Social: pidió que dejara el cargo Guadalupe Santacruz Esquivel, para dar paso a Georgina Morales Gutiérrez. La política de comunicación social, sin embargo, no mostró ninguna mejoría. El siguiente cambio de Jara, ordenado por el comisionado Castillo Cervantes, fue en el área neurálgica de la administración: la Secretaría de Finanzas.

Al frente del manejo de los recursos económicos Jara Guerrero dio posesión a Óscar Juárez Davis, quien venía desempeñándose como subsecretario de Finanzas. Ordenó la salida de la doctora Marcela Figueroa, a la que la ASF comenzó a hacer un seguimiento muy cercano; sólo ella supo en qué ofendió al comisionado Castillo, porque fue casi una obsesión para el enviado presidencial ordenar su detención como probable responsable de desvío de recursos.

Juárez Davis era un servidor público de todas las confianzas del comisionado federal, por lo que su posición ayudó a desarrollar el plan de rescate de la Federación para el estado. Antes había desempeñado cargos relevantes en la Profeco, la SSP y en la PGR, donde fue director general de Programación, Organización y Presupuesto en tiempos del procurador Rafael Macedo de la Concha. Fue el cuarto encargado de finanzas en lo que iba del breve periodo de gobierno estatal priísta, que también ya sumaba tres gobernadores: uno preso, otro enfermo y otro más en funciones. Para entonces, por esa dependencia habían pasado Luis Miranda, Carlos Río Valencia y Marcela Figueroa Aguilar.

Salvador Jara encargó al tesorero proponer acciones para subsanar los subejercicios registrados en la mayoría de las dependencias, además de desvanecer —o fincar responsabilidades a funcionarios salientes— las observaciones por casi dos mil millones de pesos que había hecho la ASF al gobierno de Michoacán.

La revisión de la ASF hizo que la entidad se ubicara como la segunda más endeudada del país, apenas por debajo de Coahuila. A ello se sumó la calificación que Standard & Poor's le dio a las finanzas estatales y que las colocó como las de mayor riesgo en el país, con la posibilidad de que su deuda absorbiera el ciento por ciento del presupuesto del año siguiente.

Michoacán, según la propia ASF, fue uno de los seis estados que no aprobaron el proceso de buenas prácticas administrativas, lo que hizo imposible que se manejara adecuadamente el presupuesto oficial, para lo que prevalecieron la opacidad y el manejo discrecional de los recursos públicos por parte de los funcionarios de primer nivel, dicho por el propio gobierno federal.

En ese concierto, continuó la movilización de casi siete mil civiles armados en todo el territorio estatal, los que no escucharon el llamado del gobierno federal a deponer las armas. Los milicianos continuaron manejándose bajo el esquema de grupos de autodefensa y mantuvieron bajo su control más de dieciséis municipios, la mayoría de ellos de la zona de Tierra Caliente, el bastión de los Caballeros Templarios; seguían resueltos a no sumarse al proyecto de la policía rural estatal propuesto por el gobierno federal.

La detención de Mireles había golpeado anímicamente a los civiles alzados en armas, y aun cuando no se observaba un mando oficial visible y cada uno de los grupos se movilizaba en forma autónoma, la mayoría de las autodefensas atendían de igual manera al llamado de los fundadores del movimiento, Hipólito Mora, Alberto Gutiérrez, Estanislao Beltrán, Luis Antonio Torres y José Manuel Mireles, que se comunicó por carta con algunos comandantes de región y de grupo.

Mireles estaba preso porque de todos los fundadores sólo él no quiso sumarse a la iniciativa del gobierno federal para integrar la policía rural estatal, a la que ya se habían incorporado más de 980 ex integrantes de las autodefensas, pero la mayoría de los grupos continuaban bajo su propio esquema y sin tácticas consensuadas, moviéndose y luchando abiertamente contra células del crimen organizado.

Producto de una de esas movilizaciones caprichosas, en el municipio de Arteaga se logró la detención de un joven de veintidós años de edad que se identificó y fue reconocido como el hijo de Servando Gómez; los grupos de autodefensa también capturaron a otras quince personas en diversos puntos de la entidad, acusadas de delitos de delincuencia común, principalmente robo, homicidio y asalto.

Pese a lo discordante de sus movimientos casi aleatorios, los grupos de autodefensa que mantuvieron el control de la zona sur, la Tierra Caliente, la región sierra-costa nahua y la meseta purépecha dieron como saldo en los primeros seis meses de 2014 la detención de casi 340 presuntos integrantes de los Caballeros Templarios; las fuerzas federales apenas pudieron cuantificar, en ese mismo lapso, cerca de ochenta detenciones.

Entre los grupos de autodefensa se mantenía fresco el recuerdo del líder detenido, que desde una celda de la cárcel federal de Hermosillo, infatigable, seguía mandando cartas a sus amigos y a los que junto con él asumieron el mismo destino al alzarse contra los Caballeros Templarios; en casi todos los grupos de civiles alzados se tenía como un decálogo uno de los últimos comunicados que en libertad hizo a sus hombres, pero que había enviado al gobierno federal.

"No somos delincuentes ni revoltosos, somos gente noble", se leía en algunas barricadas, en una hoja de papel cuadriculado carcomido por el sol; era parte de un mensaje que Mireles enviara al gobernador Jara, al que se dirigió —decía el papel— de buena fe, en un reclamo para atender las demandas de la gente que seguía peleando contra las células del crimen organizado. "El movimiento de las autodefensas continuará —aseguraban aquellas letras leídas casi con devoción religiosa por un autodefensa de no más de catorce años— porque el gobierno no atiende, nos estorba y nos ignora."

Aquella comunicación era como un catecismo que aligeraba las dudas de los civiles alzados; era la esperanza de que las cosas debían cambiar. En la carta, calcada a mano para matar el tiempo en las extenuantes jornadas de vigilancia en las barricadas, Mireles seguía hablando a sus muchachos: no manifestaba ningún tipo de expectativa con la llegada del nuevo gobernador, dejaba en claro que la presencia de los grupos de autodefensa continuaría y esperaba, sólo por no desfallecer, que Salvador Jara "logre reparar lo destruido, que escuche lo ignorado y que atienda lo desatendido". Los milicianos se sabían casi de memoria el texto.

"Nosotros, que vivimos en carne propia la violencia cruda —resumían algunas leyendas escritas en tapas de cajas de zapatos en las barricadas—, que vivimos la desesperación de no ser escuchados, que vivimos la guerra, miramos perplejos cómo el gobierno ya anda haciendo como que no pasa nada; eso es muy grave. Los mensajes han sido claros: no les interesa ayudarnos, y nos han traicionado siempre que han podido. El primer traidor fue el gobierno del estado al corromperse y ser uno con el crimen organizado; el otro traidor es ahora el gobierno federal, que niega la realidad. La situación es sumamente grave."

El comunicado de Mireles al gobernador Jara fue una lectura épica entre los autodefensas que incluso preso lo siguieron: en ninguna de las barricadas, de las que se contaron por centenares en toda la zona sur del estado, faltaba aquel texto donde enérgicamente el doctor recriminaba la postura de la Federación frente al problema de Michoacán: "Es fácil afirmar que 'Michoacán ahí la lleva', que la Federación acudió al llamado de auxilio que se le hizo y que su intervención es fructífera. Pero nadie advierte el lugar oscuro a que esas afirmaciones llevan", decían párrafos aislados, pegados en alguna parte de las barricadas formadas por costales de tierra y palos de huizache arrancados a los áridos llanos.

El mensaje, que se hizo popular entre la tropa, le recordaba en ese momento al gobernador Jara Guerrero que le tocaba "defender la soberanía estatal que ha sido vejada por la Federación... enderezar el rumbo torcido que el gobierno pasado tenía. Nosotros no estamos en contra del Estado de derecho, somos sus últimos guardianes. Por eso, trabajemos juntos, no nos neguemos, no nos ofusquemos, presumimos que usted busca los mismos fines que nosotros: volver a Michoacán un estado habitable".

Sobre la de Mireles no hubo postura oficial de la administración estatal; el gobernador ni siquiera se dio por aludido con el emotivo mensaje del jefe de las autodefensas. Cuando ya no estuvo Mireles, el vocero del Consejo de Autodefensas de Michoacán, Estanislao Beltrán, tomó la batuta: insistió en que todos los miembros del movimiento armado no dejarían las armas como pedía el gobierno federal. "Vamos a tomar todos los municipios de Michoacán —dijo valiente—, hasta que el estado quede libre de delincuencia organizada." En la mayoría de los municipios donde el grupo de civiles armados se había hecho presente obtuvieron buena respuesta de la población, pese a las voces que seguían cuestionando el financiamiento con que se mantenían activos los que actuaban como milicianos.

Hacia finales de junio de 2014, el número de elementos con los que en conjunto contaban los grupos de autodefensa llegaba a más de quince mil hombres y mujeres. Por su parte, el Ejército mexicano movilizó para las tareas de pacificación en Michoacán, de acuerdo con las versiones oficiales, un contingente de diez mil elementos. Hasta ese momento no se sabía con certeza la cantidad de elementos con los que operaban en todo el estado los Caballeros Templarios, los Zetas o el cártel Jalisco Nueva Generación, pero para la Federación Michoacán ya estaba pacificado.

Ante la opinión pública, a través de sus medios informativos aliados, el gobierno federal comenzó otra campaña: se dedicó a sembrar sin mucho éxito su visión optimista del final de la crisis en el estado fallido de Michoacán. El comisionado Castillo Cervantes fue el artífice de la vana intención: desde una decena de medios comprados en Michoacán, no se cansó de insistir en la desarticulación de los grupos de autodefensa y la conformación de su ópera magna, la Fuerza Rural, formada con ex miembros de los grupos de civiles alzados contra la delincuencia.

La insistencia en un estado reparado en sólo cinco meses de intervención del gobierno federal hizo que el enviado del presidente se confrontara directamente con los grupos de autodefensas, que seguían dando cuenta de su existencia tras los cruentos enfrentamientos que continuaron en toda la zona del sur del estado mientras seguían avanzando sobre las células restantes de los Caballeros Templarios, las que al no tener mando se tornaron más violentas. En ese distanciamiento de visiones el comisionado empujaba la idea de un Michoacán libre tanto de crimen organizado como de autodefensas activas, y algunos líderes de los civiles armados denunciaban la llegada de un nuevo cártel a Michoacán: el H3, o la Tercera Hermandad, era la agrupación denunciada como sucesora del desarticulado cártel de los Caballeros Templarios.

La postura oficial de la Federación fue en el sentido de negar la existencia de un nuevo grupo criminal: Alfredo Castillo desestimó las evidencias que los grupos de autodefensa expusieron a través de redes sociales, entre ellas videos y fotografías de los integrantes de la nueva organización, que estaría conformada por miembros de algunos grupos de autodefensas de la entidad que decidieron unirse a los líderes de las células de los Templarios que aún no habían sido desarticuladas, incluido *la Tuta,* así como por elementos del cártel Jalisco Nueva Generación, dirigido por el michoacano Nemesio Oseguera.

Para afianzarse, el comisionado pactó con un grupo de autodefensas, los que aceptaron sumarse poco a poco a la llamada Fuerza Rural; el vocero de las autodefensas, Estanislao Beltrán, aceptó secundar la negación del surgimiento de un nuevo cártel en Michoacán y su postura fue el punto de ruptura con el resto de los grupos, que seguían leales al doctor Mireles e Hipólito Mora. A decir de Beltrán, sí había grupos armados que se autodenominaban *H*, pero ese era un distintivo que se utilizaba como clave en la comunicación de los grupos de autodefensa y fue sugerido por un coronel que asesoraba a los ciudadanos armados; la *H* fue tomada, decía la versión gubernamental, de los vehículos Hummer tipo H3.

La versión de los líderes de las autodefensas que denunciaron la existencia de ese cártel apuntaba a que el H3 en realidad era el reagrupamiento de reductos de tres grupos que en su momento fueron antagónicos: la Familia Michoacana, los Caballeros Templarios y el cártel Jalisco Nueva Generación, todos con lazos de parentesco entre sí. Todos habían tenido un origen común en la primera mitad de la década de los noventa dentro de la organización denominada la Empresa; todos eran hermanos, reagrupándose por tercera ocasión. El cártel cuyo nacimiento negaba oficialmente el gobierno federal estaría integrado por grupos de autodefensas bajo las instrucciones de Miguel Ángel Gallegos Godoy, *el Migueladas*, líder en La Huacana, así como por Luis Antonio Torres y José Alvarado Robledo, ambos comandantes de las autodefensas que se integraron en el municipio de Buenavista Tomatlán. Los informes surgidos de las autodefensas leales a Hipólito Mora y José Manuel Mireles que denunciaban el nacimiento del cártel H3 indicaban que los enfrentamientos de esos días en el municipio de Jiquilpan, colindante con el estado de Jalisco, y que se extendieron hacia Sahuayo dejando decenas de muertos, obedecían a una reestructuración de los grupos delictivos para asentar a la Tercera Hermandad como el grupo hegemónico.

Frente a ese panorama, el comisionado federal fue tajante: en el estado no se estaba gestando ningún nuevo cártel. Sostuvo que en Michoacán no existía ningún reposicionamiento de la delincuencia y que el crimen organizado iba en retroceso tras la aplicación de la estrategia federal de seguridad; no dejó de señalar que el declive del crimen organizado se mantenía constante y que las estructuras delincuenciales se seguían debilitando.

El posicionamiento de los grupos de Hipólito Mora y José Manuel Mireles era diametralmente opuesto, pues insistían en que las autodefensas estaban siendo infiltradas por ex integrantes del crimen organizado; esos grupos infiltrados eran los que ahora mantenían el control del movimiento armado y de nueva cuenta la policía estatal y las células del crimen volvían a ser uno mismo. Por eso, argumentaron los autodefensas que se autodenominaron legítimos, no estaban de acuerdo en el proceso de desmovilización y desarme propuesto por el gobierno federal: tenían razones fundadas para presumir la existencia de grupos criminales, células actuantes que no habían sido eliminadas en su totalidad, y en consecuencia se negaban a dejar las armas.

La Federación había marcado como fecha límite para el desarme de todos los grupos de autodefensa el 10 de mayo de 2014, pero para los últimos días de junio, aunque se aseguraba que ya no había civiles alzados, apenas se había logrado desarmar a poco menos de mil hombres que aceptaron incorporarse a la Fuerza Rural. El comisionado se contradecía: anunciaba que ya estaban desmovilizadas las fuerzas de autodefensa civil, pero a la vez insistía en que no habría prórroga al plazo de desarme. Mantuvo ese discurso hasta mediados de diciembre.

Frente a los intentos de la Federación por llevar a cabo el desmantelamiento de los grupos de autodefensa brotaba la rabiosa reacción de los Caballeros Templarios, que se negaban a desaparecer. Si bien no era cierto que la mayoría de sus células se incorporaron íntegramente a diversos grupos de autodefensa, al menos algunos sicarios sí pudieron infiltrarse en el movimiento armado: estimaciones del Cisen apuntan a la posibilidad de que al menos 60 por ciento de los hombres al servicio del cártel michoacano en las zonas de Apatzingán y Lázaro Cárdenas cambiaran de bando, a veces bajo el consentimiento de algunos líderes locales de autodefensas, a veces con la aprobación misma de la Federación a través de sus representantes en Michoacán.

Las células del cártel que siguieron fieles a los principios de lealtad comprometidos con el ya extinto Nazario Moreno reconocieron como mando único y principal a Servando Gómez, *la Tuta*. Los intentos por recomponer la agrupación criminal fueron muchos; *la Tuta*, mientras por un lado seguía filtrando videos de sus reuniones con empresarios, políticos y hasta periodistas que se negaban a ser conductos de sendos mensajes al gobierno estatal, por otra parte intentaba encontrar interlocutores para su propuesta de tregua con la Federación: a principios de enero de 2015, un emisario —identificado sólo con el apodo de *el Ronchas*, según confirmaron fuentes de la Dirección de Gobernación de Michoacán— intentó acercarse al secretario de Gobierno para plantear un acuerdo de paz.

El enviado de *la Tuta* no fue recibido por el secretario de Gobierno, Jaime Darío Oseguera Méndez; el encargado de la política interna de Michoacán ya no tenía interés en solucionar para el gobernador Jara ningún tipo de conflicto, su mira estaba centrada en la candidatura a la presidencia municipal de Morelia. La reunión pactada por *el Ronchas* fue desahogada por un subalterno de la Dirección de Gobernación que se limitó a escuchar la propuesta de *la Tuta* de garantizar la retracción de todas las células de los Templarios a cambio de que el gobierno estatal organizara una reunión cumbre entre Alfredo Castillo y el propio Servando Gómez. No se sabe si la oferta no fue tomada en serio, o si siquiera la conocieron el gobernador y el propio comisionado.

La detención de *la Tuta* se había convertido no sólo en un objetivo nacional de seguridad pública, sino en la obsesión particular del enviado presidencial para remendar el estado fallido en que se había convertido Michoacán. Alfredo Castillo había conformado un equipo de élite entre marinos, militares y elementos de las autodefensas para capturar al jefe templario; al llamado G250 —por ser un grupo integrado por 250 hombres— se le encomendó la detención "vivo o muerto" de Servando Gómez.

El grupo fue oficialmente formado el 17 de mayo de 2014, a sólo una semana de haber declarado oficialmente desmovilizadas a las autodefensas; al frente de ese cuerpo fue designado comandante especial Luis Antonio Torres González, *el Americano*, quien se encargó de buscar a los 150 mejores hombres dentro de los grupos de autodefensa, capacitados en armamento, disciplina militar, logística, operatividad, precisión de tiro y en óptimas condiciones físicas y mentales para la estrategia de inteligencia. Obtuvo los otros cien entre las fuerzas especiales de la Marina, Ejército y Policía Federal, los que por orden presidencial se subordinaron a las órdenes del jefe de las autodefensas de Buenavista Tomatlán. El vocero del grupo, en calidad de segundo hombre en importancia, era Alberto Gutiérrez, también conocido como *Comandante Cinco*, encargado de los grupos de autodefensa en la zona de Apatzingán.

El G250 fue dotado de recursos extraordinarios, entre ellos helicópteros y artillería de la Marina. Con plenos poderes comenzaron a buscar a Servando Gómez en la zona de Lázaro Cárdenas, donde los reportes de inteligencia ubicaban al jefe de los Templarios; lo más cerca que estuvieron de él fue cuando encontraron a su hermano, Aquiles Gómez Martínez, quien por temor a la tortura decidió suicidarse.

La integración del G250 fue vista como un acto desesperado de la Federación para justificar su presencia en Michoacán. Después de todo, a casi un año de actividades la comisión especial enviada por el presidente Peña Nieto para apaciguar el estado no estaba dando resultados: los autodefensas seguían activos, las células de los Templarios eran más violentas, el jefe del cártel se daba el lujo de difundir mensajes informativos y posicionamientos personales a través de las redes sociales, y el gobierno de Michoacán no estaba reparado del todo.

Se pretendía distraer a la endeble opinión pública local, que sin embargo empezó a cuestionar la funcionalidad del equipo mexiquense de trabajo que llegó a gobernar la entidad, lo que en breve se convirtió en un asunto regionalista entre las clases políticas del estado; se reclamaba que ninguno de los que conformaban la Comisión para la Seguridad y el Desarrollo Integral que técnicamente gobernaba a Michoacán, con nómina pagada desde la Secretaría de Gobernación, eran michoacanos.

Y es que no había uno solo entre todos los que llegaron a invitación de Alfredo Castillo para sumarse a la recomposición del estado: no encontró la Federación un solo michoacano digno de la confianza del enviado presidencial para trabajar dentro de la comisión especial. La duda había sido sembrada por más de veinte años de corrupción e infiltración del crimen organizado en la clase política gobernante. El gobierno federal optó por gobernar a Michoacán con gente de la confianza del presidente Peña Nieto, aunque a final de cuentas ello representara un costo económico y político muy elevado.

El costo económico del equipo de trabajo de Castillo en un año de funciones fue superior a los 108 millones de pesos sólo en salarios, según el oficio DGRH810/5001/2014 signado por Mayra Laura Ponce Mayorga, donde se establecen las categorías de las plazas asignadas a cada uno de los 106 funcionarios federales enviados a Michoacán. Sin dar a conocer nombres, porque todo lo referente a la comisión para Michoacán fue clasificado en el estatus de seguridad nacional, la Secretaría de Gobernación tabuló los salarios de los funcionarios en ingresos netos mensuales que fueron desde los 194 708.33 pesos el que más, hasta 19 432.72 pesos el que menos.

La suma que el equipo del comisionado gastaría en 2015 se ubicó en 154.5 millones de pesos, de los cuales 126.5 millones serían para el pago de salarios, en tanto que veintiocho millones se destinarían al renglón de gastos de operación para atender la contingencia en Michoacán, lo que dejó ver que el presupuesto básico de la comisión para Michoacán era casi dos veces más alto que lo que se destinaría para el combate al secuestro a nivel nacional o para impulsar las exportaciones de los municipios de la entidad.

El equipo del comisionado Castillo lo conformaron 105 personas, pero las decisiones cruciales sólo recayeron en el llamado "círculo de confianza", integrado por el procurador general de justicia, José Martín Godoy Castro, el titular de la Secretaría de Seguridad Pública, Carlos Hugo Castellanos, y los subprocuradores regionales Jaime Rodríguez Aguilar, Victorino Porcayo, José Juan Monroy García, Iván Martínez Gutiérrez, Liliana Rosillo Herrera y José Ramón Ávila Farca.

Ese grupo selecto fue el único que conoció las acciones que llevaban a cabo los integrantes del G250, los que contaron con manga ancha para llevar a cabo sus pesquisas, y que aun cuando fueron asignados únicamente a la búsqueda de *la Tuta* por las escarpadas montañas del sur o las selvas de la zona costera, su presencia se sintió en toda la entidad, pues algunos de los mandos de ese grupo armado utilizaron su posición de fuerza para cobrar viejas facturas con enemigos personales. Un reporte del Cisen indica que el G250 se había convertido en instrumento de persecución no sólo de los Caballeros Templarios, sino también de autodefensas contrarios a los intereses de los civiles que lo conformaban.

Como muestra de lo anterior, cabe recordar que algunos elementos que conformaron el G250 fueron partícipes en la confrontación suscitada en La Ruana el 6 de enero de 2015, donde al calor de viejas rencillas chocaron los grupos de autodefensa comandados por Hipólito Mora y Luis Antonio Torres. El saldo del encontronazo, que duró cuatro horas, fue de once personas muertas, cinco del bando del *Americano* y seis del de Hipólito Mora, entre ellos Manuel, hijo mayor de Hipólito.

Luis Antonio Torres e Hipólito Mora ya tenían diferencias. Se habían amenazado de muerte desde marzo de 2014, cuando Hipólito fue señalado por Luis Antonio de ser el autor material del asesinato de los autodefensas Rafael Sánchez, *el Pollo*, y José Luis Torres, lo que dio origen a la averiguación 019/2014-UT, que mantuvo a Hipólito por casi tres meses en prisión, de donde salió sin ninguna responsabilidad aunque sin imaginar tampoco que de nueva cuenta, siete meses después, volvería a una celda.

LA CAPTURA DE *LA TUTA*

El grupo de los 250 que armó el comisionado Castillo finalmente no pudo cumplir con el objetivo de ubicar y capturar a Servando Gómez, pese a que fueron informados de manera constante por parte de los grupos de autodefensa sobre la localización y *modus operandi* del jefe de los Caballeros Templarios. La falta de resultados del G250 hizo que se comenzaran a tejer rumores y fantasías entre los michoacanos, resultando un entramado de suspicacias que apuntaban a un pacto entre el jefe de los Templarios y la representación del gobierno federal en Michoacán. La versión fue alentada desde las trincheras, donde se aseguraba que *la Tuta* transitaba libremente por todo el estado bajo el resguardo de elementos federales; el mismo sacerdote Gregorio López Jerónimo, el enemigo número uno de *la Tuta* en Apatzingán, fortaleció esa tesis.

Para el padre Goyo, hacia principios de 2015 la detención de *la Tuta* no era cuestión de estrategia, recursos u operaciones, sino más bien de voluntad; en su convencimiento personal estaba arraigada la idea de que el gobierno federal no tenía la intención de detener al jefe templario. La tesis del sacerdote se fortalecía bajo el supuesto de que *la Tuta* tenía para su defensa una videoteca tan amplia como funcionarios federales y estatales existían en Michoacán, material que de llegar a exponerse podría dejar mal librado al mismo Gobierno de la República.

En realidad poco sabía que por la cabeza de *la Tuta* no pasaba una confrontación de igual a igual con el gobierno federal, sino que estaba considerando, desde las cinco casas de seguridad que frecuentaba en Apatzingán, Tumbiscatío, Lázaro Cárdenas, Arteaga y Morelia, la posibilidad de un acercamiento con el gobierno de Estados Unidos para llegar a un acuerdo que le permitiera acogerse a los beneficios del programa de testigos protegidos luego de aportar datos sobre el crimen organizado de México; era la única forma, lo sabía, de no terminar segregado en una celda de exterminio de cualquier cárcel federal en México.

Versiones emitidas en las declaraciones ministeriales de las personas que rodearon a Servando Gómez en los días en que fue el criminal más buscado del país revelan que *la Tuta* había manifestado su intención de cruzar ilegalmente hacia Estados Unidos para negociar un acuerdo con la DEA; antes había agotado la posibilidad de un acuerdo con el gobierno mexicano, lo que fue rechazado de entrada por Miguel Ángel Osorio Chong, quien escuchó atento la oferta y la desechó casi por inercia.

Fue en los últimos días de enero de 2015, ya sin la presencia del comisionado Castillo, cuando Servando Gómez volvió a enviar sendos emisarios a los gobiernos federal y estatal, ofreciendo un acercamiento que permitiera su entrega sin tener que terminar en una cárcel de máxima seguridad: los emisarios, cuya identidad ha sido reservada por las fuentes oficiales, podrían ser dos periodistas de la veintena de comunicadores con los que llegó a reunirse *la Tuta*. El primero, identificado apenas como una mujer, llegó a las instalaciones de la Secretaría de Gobernación el viernes 23 de enero; solicitó audiencia con uno de los asesores del secretario de Gobernación y expuso el mensaje, que dijo haber recibido bajo amenazas de muerte.

Junto con el mensaje de negociación enviado por *la Tuta*, la emisaria también hizo entrega de un número telefónico al que podrían llamar en caso de aceptar la propuesta del jefe templario. El ofrecimiento era simple: Servando Gómez anunciaba su intención de colaborar con la autoridad para desmantelar el cártel de los Caballeros Templarios en todo el país. Además, ofrecía información relativa a la operatividad de algunos otros cárteles con los que los Templarios mantuvieron relación comercial o logística; a cambio solicitaba un salvoconducto que le permitiera llegar a Tijuana para cruzar en forma ilegal hacia Estados Unidos para entregarse a la justicia de aquel país, y acogerse al programa de testigos protegidos. El secretario de Gobernación no aceptó la oferta.

El otro mensajero de *la Tuta*, que se encargó de contactar a las autoridades estatales, hizo lo propio ante la oficina del secretario de Gobierno, donde tampoco hubo una respuesta. El gobernador Jara conoció de la propuesta y se limitó a informarla al que recién había sido nombrado enlace de seguridad para Michoacán, el general Felipe Gurrola Ramírez, quien tampoco manifestó algún tipo de interés por el ofrecimiento del hombre más buscado del país.

Uno de los que rodearon a *la Tuta* en sus últimos días de libertad expuso en sus declaraciones ministeriales que *el Profe* montó en cólera al no recibir ninguna llamada luego de cuatro días de que los emisarios le confirmaran la entrega de los mensajes. *La Tuta* se había trasladado a Morelia y desde allí esperaba la oportunidad para viajar a Tijuana; el plan era llegar por tierra hasta Guadalajara, donde estaba en negociaciones para conseguir una avioneta con piloto que lo pudiera llevar hasta Tijuana, y allí una célula leal lo esperaría para ayudarlo a internarse en Estados Unidos.

Versiones de los grupos de autodefensa en Michoacán indican que la ubicación de *la Tuta* en Morelia fue informada a las fuerzas federales en una llamada anónima hecha por un miembro del cártel Jalisco Nueva Generación para manifestar la intención de Servando Gómez de acogerse al programa de testigos protegidos en Estados Unidos, lo que eventualmente pondría en riesgo la operatividad de ese grupo, que mantiene el control de las rutas del narcotráfico en los límites de Michoacán y Jalisco. Servando Gómez nunca imaginó que 48 horas antes de su detención todos sus movimientos ya estaban siendo vigilados por las fuerzas federales, las que desplegaron tres drones sobre la colonia Tenencia Morelos para poder observar el sitio exacto desde el aire. Al interior de la casa marcada con el número 49 de la calle Fidencio Juárez se desplazaba *la Tuta* con cuatro de sus escoltas; sus movimientos eran calculados y siempre a deshoras de la noche. Mientras el gobierno federal lo hacía "a salto de mata en las montañas del sur, viviendo en cuevas y viajando a lomo de mula", Servando Gómez encargaba cena casi todos los días, se sentaba frente al televisor y seleccionaba un partido de futbol de la liga europea en el sistema de televisión por cable.

Para evitar sospechas de los vecinos ante la presencia de cinco hombres solos en aquella casa de dos plantas con las ventanas y el barandal tapados, Servando Gómez ordenó a uno de sus escoltas que "rentara" a una familia con niños para que fueran a vivir allí; el escolta llevó a la casa a una de sus cuñadas y a dos de sus sobrinos, los que con su ruido le daban una apariencia normal al domicilio para no llamar la atención, excepto porque cuando los niños salían a jugar llevaban billetes de quinientos pesos en las bolsas del pantalón para comprar lo que se les antojara en la tiendita de al lado.

El Profe no era lector de periódicos —explicó uno de sus cómplices en presencia del Ministerio Público—: se informaba por lo que decían los noticiarios de la radio y la televisión. Si algo le interesaba en forma especial, ponía a alguno de los muchachos (los escoltas) para que estuviera al pendiente de la noticia y se la contara. Si lo que le interesaba no aparecía en la radio o la televisión, entonces ordenaba que buscaran la información en los periódicos, pero a él no le gustaba leer.

Le gustaba navegar en internet; el teléfono móvil que utilizaba era un aparato con acceso a la red, donde prefería ver las noticias. Contrario a lo que pudiera pensarse, no le agradaba visitar los portales especializados en información relacionada al narcotráfico o la nota roja: las noticias del mundo del espectáculo y las películas de Cantinflas eran sus temas favoritos para ver en internet. No tenía cuenta de Facebook y de manera frecuente miraba videos en el portal YouTube, donde él mismo fue protagonista en diversas ocasiones.

Servando Gómez ya tenía viviendo casi dos meses en el domicilio donde fue detenido la madrugada del 27 de febrero de 2015; desde allí organizó sus propuestas de negociación, que finalmente no le fueron aceptadas por el gobierno federal. En la sala de esa casa miró por televisión, con una sonrisa dibujada en el rostro, cómo el gobierno federal optó por retirar de Michoacán al comisionado Alfredo Castillo Cervantes ante los escasos resultados que se tradujeron en uno solo: en un año de trabajo no se logró la captura de *la Tuta*, el jefe templario que puso de cabeza al estado con sus declaraciones y videos. La salida de Alfredo Castillo de Michoacán fue para *la Tuta* el mayor de sus logros: con sus apariciones mediáticas y desapariciones fantasmales se sabía partícipe en el drama personal del comisionado, y así lo evidenció la alegría que desbordó el jefe templario la tarde del jueves 22 de enero, cuando por su cuenta corrieron las botellas de whisky Buchanan's y ordenó enchiladas para cenar y celebrar la ocasión. Pensando tal vez que su condición de perseguido podría mejorar ya sin Castillo en Michoacán, Servando Gómez cantó de alegría esa tarde.

La Tuta nunca imaginó que pronto tendría lugar su propia debacle; apenas habían pasado treinta y dos días del anuncio de la salida de Alfredo Castillo cuando fue detenido el que era considerado el principal objetivo de seguridad nacional y líder del reducido cártel de los Caballeros Templarios. La noticia dio literalmente la vuelta al mundo: la captura de *la Tuta* tuvo tanto eco mediático como la del *Chapo* Guzmán, quien se fugó nuevamente de la prisión en julio de 2015. El mérito recayó en un comando federal integrado por elementos del Ejército, la Marina y la Policía Federal.

Un elemento de la fuerza federal que participó en la captura de Servando Gómez aseguró que en los primeros minutos del arresto se notaba desorientado; con la boca seca intentaba pasar saliva y balbuceó algunas frases incoherentes como si hablara con alguien, pero ninguno de los que lo vigilaban le dijo nada. Pidió agua y se la negaron en tres ocasiones, luego estuvo sentado a la orilla de una cama mientras se organizaba el operativo de traslado. Desnudo y esposado, contestó algunas preguntas de los mandos militares que confirmaban su identidad: no se negó a responder y asintió con la cabeza cuando le preguntaron si estaba escapando del lugar al momento de la detención.

La Tuta supo minutos antes, según se desprende de la versión de uno de sus escoltas igualmente detenido, que las fuerzas federales irían por él. Recibió un mensaje de texto que le alertaba: "Va mucha gente a la fiesta"; lo pudo leer en el celular que le fue asegurado a uno de sus acompañantes. No se sabe de dónde provino el aviso, pero cinco minutos después *la Tuta* estaba saliendo de la casa. Se supo que intentaban cambiar de domicilio dentro de la misma ciudad de Morelia, en espera de contar con una avioneta que desde Guadalajara lo llevara a Tijuana.

Tras el aviso de la presencia federal, Servando Gómez tomó la decisión de salir del escondite; iba acompañado sólo por sus escoltas.

Apenas diez minutos antes las fuerzas federales habían llegado al domicilio señalado por la llamada anónima: era un comando de treinta efectivos que tras intercambiar información por radio para avisar de su presencia en la colonia Tenencia Morelos vieron salir a un grupo de personas que resguardaban a un sujeto con bufanda y cachucha. La acción fue rápida: quince minutos después se informaba por radio a Felipe Gurrola Ramírez de la detención del jefe de los Caballeros Templarios. Eran las 2:48 de la mañana cuando Servando Gómez, *la Tuta*, fue sometido.

Ubicarlo fue difícil, reconocieron mandos militares dedicados a esa tarea: la estrategia de desorientación que utilizó el jefe de los Templarios fue lo que le permitió mantenerse en fuga constante por más de un año. Siempre hizo que las fuerzas federales lo buscaran donde no estaba; por eso mandó a sus principales escoltas, los más reconocidos por los grupos de autodefensa, a la región de Tierra Caliente, a fin de que se le tratara de ubicar allá mientras permanecía escondido en la zona de Morelia.

Tres de los cinco escoltas detenidos en la zona de Tierra Caliente fueron comisionados por *la Tuta* para que dejaran claras muestras de su estancia en las cuevas de las montañas de Tumbiscatío: "sembraron" ropa, calzado, cargadores, cinturones, gorras, comida enlatada, algunos billetes, droga y objetos personales de *la Tuta* —una espada y casullas templarias— en diversas grutas, aparentando la presencia escurridiza del jefe templario en la región. Los rastros fueron seguidos erróneamente por el G250 y algunas patrullas de fuerzas federales que aseguraron que Servando Gómez se refugiaba allí, lo que llevó al gobierno federal a considerar que *la Tuta* "vivía en la pobreza".

Para soportar la tesis de que Servando Gómez anduvo a salto de mata los últimos cuatro meses antes de su detención, el gobierno federal hizo una "gira de medios" en los días posteriores: en una suerte de *tour* morboso, las autoridades mostraron los últimos sitios que el líder de los Caballeros Templarios habría utilizado como refugios para evadir su captura, pues para la Federación *la Tuta* nunca estuvo escondido en Morelia; andaba huyendo por las montañas, a veces a pie, a veces a lomo de mula, guareciéndose en las cavernas.

Según los vecinos de los municipios de Tumbiscatío, Arteaga y Apatzingán, es posible que antes de salir de la zona de Tierra Caliente Servando Gómez se mantuviera en constante movilización entre al menos diez casas distintas de las poblaciones de El Alcalde, Guanajuatillo, Aguililla y Apatzingán, siempre contando con una red de complicidades que incluía lo mismo a particulares que a altos funcionarios de los gobiernos estatal y municipales de esa región, donde era bien apreciado y hasta querido por diversos sectores sociales, principalmente por los encargados de las administraciones locales.

Las pistas más certeras sobre los movimientos de *la Tuta* las había dado el grupo de autodefensas del doctor Mireles. Desde mediados de 2013, en pleno auge del poder de los Caballeros Templarios, Servando Gómez fue ubicado en las inmediaciones de Apatzingán; la denuncia, hecha en aquel tiempo por el fundador del movimiento armado, refirió que *la Tuta* estaba viviendo en una casa de la colonia Cenobio Moreno donde, se aseguró, el gobierno de Uriel Chávez Mendoza le brindaba protección con un grupo de la policía municipal puesto a disposición del capo.

El grupo de autodefensas de Mireles, tras entrar al municipio de Apatzingán, detectó la salida de Servando Gómez del municipio. Fue ubicado posteriormente en una casa de Aguililla y después en otra de Tumbiscatío, donde se pedía que entrara el Ejército, pero nunca hubo respuesta oficial; ante la tardanza en la reacción de las fuerzas federales, Mireles decidió ir a la caza de *la Tuta*. La inteligencia insurgente situó al jefe de los Templarios a principios de mayo de 2014 en un departamento del fraccionamiento Los Tulipanes, en el municipio de Lázaro Cárdenas; en ese domicilio posteriormente se suicidaría el hermano de *la Tuta*.

En octubre de 2014 —ya estando Mireles preso, detenido cuando avanzaba hacia Lázaro Cárdenas tras *la Tuta*— los grupos de autodefensa de Hipólito Mora ubicaron a Servando Gómez en el municipio de Coalcomán; se presumió la intención del jefe templario de salir del estado por la zona limítrofe con Colima. El padre Gregorio López Jerónimo, declarado como enemigo número uno de *la Tuta*, denunció hacia finales de octubre que el capo estaba protegido por el Ejército: "Lo mueven los militares vestido de soldado", dijo públicamente, y luego tuvo que salir de Apatzingán por las amenazas de muerte que le llovieron.

A principios de noviembre de 2014, mientras el gobierno federal aseguraba que *la Tuta* estaba "reducido, a salto de mata por las montañas del sur", el jefe de los Templarios fue ubicado por los autodefensas en una casa cercana a la finca la Fortaleza de Anunnaki, propiedad del ya extinto Nazario Moreno, fundador del cártel: allí se le llegó a ver montando a caballo por las tardes o participando en algunos palenques de la zona sin que nadie denunciara su presencia.

Y es que *la Tuta* se salía del cartabón tradicional del narcotraficante. Era espléndido con la gente: no había ocasión en que saliera a la calle y no dejara a su paso una estela de risas, agradecimientos y saludos cariñosos tras recibir un billete de doscientos pesos de la mano del jefe de los Templarios. En la zona marginada de Michoacán, donde el ingreso diario promedio es de veinte pesos, recibir un billete de doscientos era una bendición, sin importar de dónde viniera.

La Tuta se ganó a pulso el cariño de la gente. Las células dedicadas al narcotráfico y la extorsión a veces tenían una cara amable: distribuían despensas, medicamentos y dinero entre las familias más pobres. No era raro que Servando Gómez recibiera peticiones de la gente para colocar en algún trabajo a alguno de sus hijos, gestionar becas o solicitar servicios básicos a las autoridades municipales; sin embargo, no llegó a tal labor de la noche a la mañana. Desde que era estudiante en la escuela normal de Arteaga —lejos aún de volverse narcotraficante—, *la Tuta* ya hacía gestión social para las familias más necesitadas: estuvo entre los que consiguieron que el gobierno federal instalara el primer centro de salud en ese municipio.

También en sus años de juventud tramitó una serie de mejoras para la cabecera municipal de Arteaga, entre las que destacó la instalación del sistema de agua potable y un programa de ayuda a mujeres solas luego de que sus maridos emigraran al norte en busca de empleo. Pero sin duda su trabajo social se enraizó en la región de Arteaga tras poner en operación el primer centro de ayuda contra las adicciones, sin saber que después se imbuiría en actividades relacionadas con el trasiego de drogas.

De todos los narcotraficantes michoacanos, Servando Gómez era el más letrado. Tiene preparación académica en el nivel de licenciatura; es un profesor egresado de la escuela normal de Arteaga, municipio en el que nació el 6 de febrero de 1966. Por su formación, en su localidad se le conoció con el alias el *Profe*. Tras terminar sus estudios, *la Tuta* recibió una plaza de maestro por parte del gobierno estatal, entonces bajo el mando del ingeniero Cuauhtémoc Cárdenas.

Siendo profesor antes que narcotraficante, Servando Gómez manifestó su amor por el conocimiento. En Apatzingán se le invitó a una logia masónica donde se inició y participó en algunas ceremonias, lo que le valió para ser reconocido como hermano por algunos masones michoacanos; se le consideró siempre el ideólogo de los Templarios y fue uno de los que influyeron en la personalidad de Nazario Moreno, quien terminó por diseñar su propio rito de iniciación.

Por su carácter letrado, se encomendó a *la Tuta* la redacción del desplegado con que oficialmente se anunció el nacimiento de la Familia Michoacana el 22 de noviembre de 2006 en el periódico *La Voz de Michoacán*, y reproducido el 10 de noviembre de 2011 en el diario *AM* de La Piedad, donde amenazaba abiertamente a los votantes no simpatizantes del PRI a fin de inclinar la balanza electoral a favor del candidato al gobierno estatal Fausto Vallejo.

Tras su detención por parte de las fuerzas federales, Servando Gómez fue trasladado a la sede del cuartel militar de Morelia, donde se le practicaron estudios de reconocimiento facial; la identificación no duró más de cuarenta minutos. Él mismo dijo en repetidas ocasiones quién era, nunca intentó ocultar su identidad; a veces con la voz quebrándosele, pero hablando recio, dictó en repetidas ocasiones sus datos generales: nombre, edad, domicilio, alias y delitos por los que se le buscaba. Ante los mandos militares hizo una sola petición: que se le juzgara conforme a derecho.

Cuando el comisionado nacional de seguridad, Monte Alejandro Rubido, informó oficialmente de la detención de Servando Gómez, se atribuyó el operativo al trabajo de inteligencia del gobierno federal. Ratificó lo que ya se había dicho antes: que *la Tuta* estaba disminuido en su capacidad de acción, que había estado viviendo en los últimos días a salto de mata, pero no se explicó la forma en que el jefe templario llegó a la capital del estado, a más de trescientos kilómetros de distancia de donde el gobierno federal lo buscaba. Finalmente, el logro era del general Felipe Gurrola Ramírez, encargado de la seguridad en Michoacán, quien se abrió paso en la historia como el hombre que detuvo al jefe de los Caballeros Templarios.

Antes de su detención, Servando Gómez estuvo al menos en cinco ocasiones a punto de ser capturado. Los dos casos más ominosos tuvieron lugar durante el periodo de Felipe Calderón, cuando en forma inexplicable los mandos policiales que lo tuvieron al alcance recibieron la instrucción de no detenerlo. Nadie pudo hacer que el entonces secretario federal de Seguridad Pública, Genaro García Luna, explicara las causas por las que no se ejecutó la orden de aprehensión del jefe de los Templarios.

Las versiones que indican que *la Tuta* estuvo al alcance de la PFP y no fue detenido se encuentran contenidas en la averiguación previa penal PGR/SIEDO/UEIDCS/205/2009, de donde también parte el proceso que se siguió a once presidentes municipales y dieciséis altos funcionarios del estado en el episodio conocido como el *Michoacanazo*. En los tomos de esa averiguación existen declaraciones que revelan la cercana relación de Servando Gómez con el entonces diputado federal Julio César Godoy Toscano, medio hermano del gobernador Leonel Godoy.

La Tuta, antes de ser detenido, estuvo al alcance de la justicia en los municipios de Lázaro Cárdenas, Arteaga, Tumbiscatío y en la presa de Infiernillo, en la zona limítrofe con el estado de Guerrero. De todas las veces que escapó, en tres ocasiones la Policía Federal no quiso ir por él, atendiendo a instrucciones superiores; en otras dos, elementos del Ejército y la Marina se frustraron al ver que en medio de una lluvia de balas huía el hombre más buscado de México, en una de ellas dándose el gusto de levantar su pistola en señal de triunfo y saludo hacia sus contrincantes.

La Tuta levantó su arma para despedirse burlonamente del comando de la Marina que lo había ubicado en las inmediaciones de la presa de Infiernillo. Servando Gómez ya estaba en constante movilización ante el surgimiento de los grupos de autodefensa en la zona de Arteaga; la gente del doctor Mireles lo perseguía. Se trasladó hacia la zona limítrofe entre Michoacán y Guerrero. Cuentan algunos autodefensas que *la Tuta* viajaba en compañía de al menos una treintena de hombres, habiendo reducido en forma considerable su número de escoltas; en sus mejores días, Servando Gómez era cuidado por al menos unos cien hombres.

Cuando el comando de la Marina localizó desde el aire a los hombres que se desplazaban a las orillas de la presa de Infiernillo, la reacción fue inmediata: el grupo se dispersó. Mientras las dos naves buscaban un claro para poder encararlos en tierra, *la Tuta* organizó el encontronazo, dispuso de cuatro hombres y subió con ellos a una lancha rápida para cruzar un brazo de la represa; ordenó que el resto se quedara para hacer frente y retardar a las fuerzas federales. En plena refriega, algunos marinos observaron a una distancia de doscientos metros el saludo del jefe de los Templarios al otro lado del vaso.

En el puerto de Lázaro Cárdenas la PFP lo tuvo a menos de cuarenta metros. Los hechos ocurrieron el 22 de enero de 2009: informes del Cisen ubicaron a Servando Gómez en una casa de un fraccionamiento al poniente de la ciudad. Durante la vigilancia arribó una camioneta Jeep color arena, con placas de circulación 327 VES, de donde descendieron tres personas, dos de ellas armadas; la tercera, que dictaba las órdenes, un hombre de 50 años de edad, de bigote y barba de candado, resultó ser Servando Gómez. *La Tuta* acudía a una reunión con Godoy Toscano, el que llegó a bordo de una camioneta Escape acompañado de quien fue identificado como José Manuel Luna Ávalos, director de Seguridad Pública de ese municipio y cercano colaborador del alcalde Mariano Ortega Sánchez, según informan las declaraciones integradas en la averiguación previa PGR/SIEDO/UEIDCS/205/2009.

Pese a la identificación positiva de *la Tuta*, la PFP no quiso capturar al jefe de la Familia Michoacana debido a la notable presencia de policías municipales que protegían el encuentro. La instrucción de no intervenir fue dada por radio a los federales que tenían en la mira la reunión que se efectuó en plena calle, al filo de las 11:48; José Manuel Luna Ávalos y Mariano Ortega Sánchez serían después procesados y encontrados sin responsabilidad por el delito de delincuencia organizada y fomento al narcotráfico. Fueron parte del *Michoacanazo*.

Otra ocasión en que de nueva cuenta no se quiso hacer la detención de *la Tuta*, según quedó registrado en la averiguación previa que se integró en contra de Luis Servando Gómez Patiño, hijo de *la Tuta*, ocurrió la noche del 27 de enero de 2009. En un palenque dispuesto en una céntrica calle del municipio de Arteaga, Servando Gómez se hizo presente; llegó acompañado de tres escoltas, todos armados con rifles de asalto. Entró para apostar en las peleas de gallos, no sin antes repartir un fajo de billetes entre algunos de los presentes que se acercaron a saludarlo.

La *Tuta* llegó en una camioneta Hummer de color blanco, sin placas de circulación, que fue estacionada a la puerta del palenque y custodiada por elementos de la policía municipal. El palenque fue acordonado por al menos cinco unidades de la policía local, tres patrullas de la policía estatal y por lo menos otras doce unidades de sicarios que se encargaban de la seguridad del jefe de la Familia. Elementos del Cisen al interior del palenque alertaron a la PFP de la presencia de Servando Gómez, pero no hubo respuesta para conseguir su captura. Esa noche *la Tuta* apostó en por lo menos cuatro peleas y luego se retiró como llegó.

Aún no transcurría siquiera un mes de que Servando Gómez se hizo presente en el palenque de Arteaga cuando fue visto de nueva cuenta, ahora sobre la avenida Lázaro Cárdenas de ese municipio, donde se reunió con el alcalde Jairo Germán Rivas Páramo. De acuerdo con el informe de la PFP, el alcalde salió de su oficina y se dirigió a la glorieta de la citada vía; allí permaneció hasta que llegaron dos vehículos, una camioneta Jeep negra y un auto Jetta gris. De la camioneta descendió un hombre con la complexión física de Servando Gómez, quien fue identificado positivamente por parte de los elementos de la PFP, pero la instrucción fue no intervenir. Una vez que el alcalde de Arteaga y *la Tuta* dialogaron brevemente a plena luz del día, al pie de los vehículos, cada uno siguió su camino.

La siguiente ocasión en que *la Tuta* estuvo al alcance de la justicia no hubo prórroga a su detención. La madrugada del 27 de febrero de 2015 el destino alcanzó a Servando Gómez: ese día se acabó la historia de complicidades y de suerte. Nadie imaginaba, ni los vecinos de la Tenencia Morelos, principalmente los colindantes con la casa marcada con el número 49 de la calle Fidencio Juárez Mejía, que allí vivía *la Tuta*. Algunos sospechaban de la existencia de "alguien importante" en esa finca, posiblemente un jefe de alguna de las tantas bandas de secuestradores que asuelan la zona de la capital michoacana, pero ninguno recuerda algún alboroto en la calle. Pese a que era constante el ingreso de alcohol, nunca se escuchó música estridente, nada que alterara la paz que sobre la colonia desciende cada día apenas comienza a caer la noche.

La principal suspicacia de los vecinos la ocasionaba el movimiento nocturno, que aunque escaso era notorio para una población donde a las ocho de la noche ya no hay ni un alma en la calle; no había vehículos de lujo a la puerta, pero era frecuente observar la llegada de taxis con comida o medicamentos. Entre los vecinos de la citada calle corrió la versión de que la casa era habitada por un grupo de secuestradores, y ante el hecho todos fingieron no darse cuenta y pasar por alto cualquier relación con los ocupantes.

Alguien, cuenta uno de los vecinos, debe haber dado el *pitazo* a la Policía Federal sobre la presencia de unos secuestradores. "Esa fue la razón por la que comenzaron a vigilar la casa. No creo que alguien imaginara que era *la Tuta* el que estaba escondido aquí; yo creo que la policía estaba siguiendo a unos secuestradores"; relató que se sentía gustoso por la noticia de la detención del jefe templario. El principal motivo para suponer que una banda de secuestradores se escondía tras la fachada de un grupo de personas dedicadas a los espectáculos musicales y de jinetes fue la presencia permanente de dos niños de entre ocho y once años de edad, quienes acudían a comprar a los tendajones del lugar con billetes de quinientos pesos en la mano.

Servando Gómez vivió sus últimos días en libertad atendido a cuerpo de rey por el séquito que lo rodeaba. Los taxis que llegaban a la casa, principalmente entrada la noche, nunca tocaban el cláxon: el chofer siempre esperaba pacientemente a que alguien abriera la puerta para poder entregar una o dos bolsas con comida. A veces, en forma escalonada, tres y hasta cuatro vehículos arribaban para entregar bebidas alcohólicas, sobre todo dos botellas de whisky y/o tequila; después una mujer salía para comprar en la tienda una dotación de refrescos.

A unos 10 kilómetros de distancia, en una casa de un exclusivo coto residencial al sur de Morelia, el recién depuesto comisionado federal para la seguridad y el desarrollo de Michoacán celebraba con pizza y cocacola la despedida que su equipo de trabajo le ofrecía. Entre dolorido y molesto, Alfredo Castillo, sin el peso del chaleco antibalas, enfundado en una chamarra negra, se dejó llevar por la emoción: esa noche cantó, como sello personal de su gestión, la versión castellanizada del tema *My Way*, de Paul Anka; un video del momento fue subido al portal YouTube, donde tres días después lo pudo ver *la Tuta*, que reconoció sus dotes vocales: "No canta tan mal el batito", dijo entre risas, según contó luego uno de sus escoltas cuando fue cuestionado por personal de la SEIDO.

SALDOS DE UNA INTERVENCIÓN INCONCLUSA

Alfredo Castillo Cervantes dejó su función tras un año al frente de la administración estatal de Michoacán. Fue gobernador de facto, designado como funcionario con plenos poderes para resolver el conflicto de las autodefensas, pero no pudo con el reclamo generalizado de la sociedad michoacana, que pedía la detención de Servando Gómez. El anuncio de su salida lo hizo el secretario de Gobernación, Miguel Ángel Osorio Chong, durante una visita a Michoacán que se antojaba de rutina para evaluar el programa de intervención del gobierno federal para restablecer el Estado de derecho en Michoacán.

La salida del comisionado fue sorpresiva, nadie la esperaba. Apenas el 22 de octubre de 2014 el mismo Osorio Chong, ante la insistencia de reporteros que "candidateaban" a Alfredo Castillo para resolver el problema de seguridad en Guerrero —surgido tras la desaparición de los 43 normalistas de Ayotzinapa—, aseguró: "Castillo no se va a Guerrero, se queda en Michoacán". Pero el 22 de enero de 2015, el encargado de la política interna de México aparentó un cambio de parecer: anunció la salida de Alfredo Castillo, pero ratificó la presencia de la Federación en la entidad al designar al general Felipe Gurrola Ramírez, un militar de la vieja escuela con experiencia en el combate al narcotráfico, como nuevo enlace de alto mando para la seguridad en el estado.

En el acto oficial donde Castillo Cervantes fue relevado de sus funciones también fue el centro de los apapachos del gobernador Jara Guerrero. El comisionado para Michoacán apenas tuvo tiempo de despedirse: destinó los últimos renglones de su informe a agradecer al gobernador el apoyo brindado a las acciones del gobierno federal, y manifestó su convencimiento de que sería la historia la que habría de emitir el juicio final sobre su "trabajo realizado en un año a favor de los michoacanos".

Aun cuando la salida de Alfredo Castillo del estado era el tópico de todos los análisis periodísticos y el nutriente principal de los discursos de todos los actores políticos de la entidad, sin lugar a dudas el hecho se precipitó por la balacera del 6 de enero de 2015 en Apatzingán, donde perdieron la vida al menos nueve personas y otras diez resultaron heridas luego de un choque entre fuerzas federales y grupos de autodefensas, estos últimos encabezados por Nicolás Sierra Santana, uno de los civiles alzados contra los Caballeros Templarios.

El parte oficial dijo que las fuerzas federales intentaron un desalojo pacífico del palacio municipal de Apatzingán, en manos de los civiles armados, pero desde adentro del grupo corrió otra versión: la Policía Federal hizo disparos contra civiles desarmados, con sus camionetas atropellaron a cinco personas y detuvieron como responsables de la masacre a gente que a esa hora compraba los regalos de Reyes para sus hijos, además de algunos taqueros. Los muertos, que estaban en protesta por la presencia de las fuerzas federales en la zona, fueron acusados de apoyar a bandas de narcotraficantes.

La versión oficial de los hechos de esa madrugada fue presentada ante un juez federal como un enfrentamiento entre federales y autodefensas. Antes de la matanza, Castillo Cervantes había soportado estoicamente toda suerte de cuestionamientos: ni siquiera la detención y encarcelamiento del fundador de los grupos de autodefensa, José Manuel Mireles, minó su posición. Tras la balacera la PGR consignó a 44 personas por el homicidio de los caídos en la plaza principal de Apatzingán, pero un juez federal no encontró pruebas para procesarlos.

La liberación de 43 de los 44 acusados fue la puntilla que no esperaba el comisionado. Setenta y dos horas antes de su salida, la PGR ordenó el cese del delegado de esa dependencia en Michoacán, Guadalupe Alfredo Becerril Almazán, hombre muy cercano al comisionado, al que se le compartió la culpa de haber integrado al vapor las averiguaciones previas penales con las que fueron consignados los 44 autodefensas leales a Nicolás Sierra Santana, y es que en sólo veinticuatro horas la PGR estableció que los detenidos dispararon sobre sus compañeros y que algunos de ellos estuvieron en dos lugares a la vez agrediendo a las fuerzas federales.

El subprocurador Rodrigo Archundia Barrientos fue quien materializó la decisión de remover a Becerril Almazán. Lo suplió en el cargo Bertha Paredes Garduño, mujer muy cercana a la ex procuradora

Marisela Morales Ibáñez, con quien trabajó desde la coordinación jurídica de la entonces SIEDO. Paredes Garduño, en su calidad de delegada de la PGR en el Estado de México cuando Alfredo Castillo era procurador de esa entidad, trabajó en forma incondicional con la procuraduría mexiquense.

Las inconsistencias en la averiguación que le costaron la salida a Becerril Almazán de la PGR fueron recriminadas por el juez de la causa, quien ordenó la inmediata liberación de los detenidos, recluidos en el penal federal de Tepic, Nayarit. La misma subprocuradora jurídica y de Asuntos Internacionales de la PGR, Mariana Benítez Tiburcio, reconoció "irregularidades en la actuación del Ministerio Público" que arrojaron falsos positivos en los peritajes de balística, mismos que finalmente significaron la exoneración de la mayoría de los acusados.

El anuncio de aquella remoción fue tomado con serenidad por el comisionado. Nunca dejó ver un gesto de emoción en su rostro: aun el mismo día en que sorpresivamente fue informado de su retiro, en el foco de las decenas de cámaras que voltearon a verlo sólo se observó una expresión inmutable, ajena a la provocación, indolente. Castillo fue el mismo: parco, serio, pensativo; ni un asomo de enojo, tristeza o desencanto. La institucionalidad se impuso, o su inocencia lo sorprendió. Durante la visita del secretario de Gobernación se limitó a explicar de forma desapasionada los avances del plan Michoacán: recordó la desarticulación al 90 por ciento de los Caballeros Templarios, e involuntariamente que no había podido detener a Servando Gómez, *la Tuta*.

En el último discurso oficial antes de saberse fuera de la comisión para el desarrollo de Michoacán, Castillo ratificó lo expuesto ante la Cámara de Diputados el 13 de enero de ese año, donde resaltó la disminución en el índice de secuestros y extorsiones en los municipios de la zona de Tierra Caliente. Anunció el retornó al Estado de derecho, aseguró la desarticulación de la mayoría de las células de los Caballeros Templarios y la desmovilización de diversos grupos de autodefensa.

La renuncia que Miguel Ángel Osorio Chong le puso sobre la mesa al comisionado, más que una ponderación de su trabajo de un año como gobernador de facto de Michoacán, en realidad era su reacción al ver el avance del consejero jurídico Humberto Castillejos, con el que mantenía una lucha por el control de las decisiones al interior de Los Pinos. Castillejos, aprovechando el desgaste por el caso de los 43 desaparecidos de Ayotzinapa, fue quien aconsejó remover de la PGR a su titular, Jesús Murillo Karam, el hombre de las confianzas del secretario de Gobernación.

La respuesta inmediata de Osorio Chong dejó sin argumento al propio Castillejos Cervantes para promocionar ante el presidente de la República a su primo hermano, al que estaba perfilando para ser fiscal general de la Nación por nueve años. La disputa abierta por la fiscalía general dejó a los dos grupos sin posibilidades. Un mes después del choque frontal, el presidente Peña Nieto anunció la entrega de la encomienda de la procuración de justicia del país a la iniciativa privada con el nombramiento de la senadora Arely Gómez González como nueva titular de la PGR, la que a partir del 1 de diciembre de 2018 pasará a ser la Fiscalía General de la República.

Arely Gómez era conocida en Michoacán como la senadora del PRI que frenó la iniciativa de una ley de amnistía para autodefensas presos, mejor conocida como *ley Mireles*, promocionada por el senador Javier Corral con la intención de otorgar la libertad a los 383 autodefensas detenidos por fuerzas federales bajo la acusación de portación de armas cuando se defendían de los ataques de los Caballeros Templarios; entre sus beneficiarios estaría el propio Mireles. La moción fue instrumentada por acuerdo entre las bancadas del PRD, PAN y PT, pero los senadores del PRI la vetaron siguiendo la voz de Arely Gómez, por eso en Michoacán hubo desencanto cuando se supo que había sido designada como titular de la PGR.

Si bien la amnistía negada a los civiles armados —los detenidos y acusados por delitos del orden federal entre el 24 de febrero de 2013 y el 1 de septiembre de 2014— fue el principio del distanciamiento de las autodefensas con el gobierno federal, la cúspide del rompimiento ocurrió cuando el comisionado ordenó la detención de Hipólito Mora y Luis Antonio Torres luego del enfrentamiento de los dos grupos de autodefensas en La Ruana. Ambos líderes se entregaron voluntariamente, y así como ingresaron salieron de la cárcel: fueron absueltos por el magistrado Víctor Barragán Benítez, que en sus conclusiones dictó que "los homicidios de los dos grupos fueron en legítima defensa".

Frente a la estrategia de acercamiento y distancia que mantuvo Alfredo Castillo con los grupos de autodefensa, a los que utilizó mediáticamente en diversas ocasiones, con su salida la Federación replanteó el esquema oficial para atender el caso de inseguridad en Michoacán. El nuevo enlace de alto mando designado para llevar a cabo la estrategia, el general Felipe Gurrola Ramírez, demostrando con la captura de *la Tuta* su decisión de restablecer el Estado de derecho en Michoacán, nunca planteó la posibilidad de diálogo.

La Federación le dio todo el apoyo al militar. En muestra de respaldo, el secretario de Gobernación visitó Michoacán un día después de la captura del jefe de los Templarios; Osorio Chong, visiblemente feliz por el triunfo que eso representaba, llegó a la entidad para anunciar el reencauzamiento de las acciones federales. En privado, el funcionario federal se reunió con todos los delegados de las secretarías de Estado, a fin de rediseñar la estrategia para continuar suavizando las condiciones de olvido en las que se encuentran amplios sectores sociales en la región; al insípido gobernador Jara sólo le palmeó la espalda.

Y es que desde que Salvador Jara fue encumbrado como gobernador para hacer la labor de figura decorativa frente a las decisiones determinantes de Alfredo Castillo, el estado siguió inoperante, confiado en las soluciones de la Federación; el gobernador sustituto se concentró en hacer de su mandato un reinado donde lo más importante eran los rumores palaciegos y la feria de vanidades en que se movían los funcionarios estatales que no fueron marcados con el estigma del crimen organizado.

Apenas fue ascendido, el rector convertido en gobernador decretó lo que será el sello de toda su administración: borrar cualquier vestigio de corrupción heredado de su antecesor, Fausto Vallejo. La labor comenzó por la remoción de los principales funcionarios de la administración priísta.

La limpia al interior del gabinete de Vallejo fue aplaudida en su momento por el comisionado federal, quien pudo así colocar en posiciones estratégicas a sus más allegados colaboradores y mujeres de confianza. Salvador Jara sabía que ese sería su papel: avalar las acciones de la Federación para asegurar la fortaleza institucional y colarse en la historia como el gobernador que puso al estado en orden.

Ante el riesgo de verse envueltos en averiguaciones por sus nexos con el crimen organizado, las remociones hechas al interior de la administración fueron apenas cuestionadas por los diputados, los mismos que ungieron a Jara como titular del Poder Ejecutivo de la entidad. Desde el congreso estatal se escucharon cuando más leves voces y posturas encontradas de legisladores, que a hurtadillas cuestionaron al gobernador por la designación de sus principales colaboradores.

Pero a nadie engañó Jara Guerrero, él lo dijo en la primera reunión que sostuvo con los diputados: llegaría con gente de su confianza a la gubernatura de Michoacán. Los diputados nunca sospecharon que la gente de confianza de la que hablaba serían funcionarios llegados del Estado de México, gente del grupo de Humberto Castillejos Cervantes, quien gestionó el plan de apoyo de la Federación al estado.

La primera acción de Salvador Jara para tratar de sacar adelante la encomienda fue retomar el control de las finanzas estatales designando a Oscar Juárez Davis como titular de la dependencia en suplencia de Marcela Figueroa Aguilar. Juárez era uno de los colaboradores más cercanos del entonces comisionado Castillo Cervantes desde que éste era titular de la Profeco. Castillo empujó desde antes el nombramiento, pero en su momento se negó a ello el aún gobernador Fausto Vallejo, quien sólo aceptó colocarlo como subsecretario de Finanzas y le otorgó el cargo de segundo tesorero el 5 de marzo de 2014.

Jara Guerrero también pretendió entregar la Secretaría General de Gobierno a Carlos Hugo Castellanos, quien ya se venía desempeñando como secretario de Seguridad Pública y era el segundo a bordo en el equipo del comisionado federal; Castillo Cervantes también había presionado para que Vallejo lo nombrara en esa posición, pero el enfermo gobernador con licencia se negó.

La vacante que virtualmente dejaría en la Secretaría de Seguridad Pública la reubicación de Carlos Hugo Castellanos sería suplida por el también colaborador del comisionado federal, el abogado José Ramón Ávila Farca, quien fue colocado como consejero jurídico del Poder Ejecutivo estatal y que también formaba parte del equipo de mexiquenses que llegaron a Michoacán como parte de la estrategia de rescate. Ávila Farca era hombre de todas las confianzas de Alfredo Castillo, con quien trabajó en la Profeco como responsable de la dirección de Contratos de Adhesión, Registros y Autofinanciamiento. También colaboró con él en la procuraduría de justicia del Estado de México, donde se hizo cargo de los servicios y tecnologías de la información.

Finalmente Jara desistió de su intención de nombrar secretario de Gobierno a Castellanos Becerra, porque no cumplía con los requisitos marcados por la constitución local para el desempeño de sus funciones: en su artículo 63 establece que para ser secretario general de Gobierno y de Finanzas y Administración se requiere ser mexicano y michoacano por nacimiento, o tener residencia efectiva en la entidad de no menos de dos años a la fecha del nombramiento. Optó por signar en el delicado encargo a Jaime Darío Oseguera Méndez, un político formado en el servicio público al cobijo de Fausto Vallejo, pero que por convicción personal optó por jurar lealtad al comisionado Castillo Cervantes.

Otro movimiento que pretendió Salvador Jara fue el control de la Coordinación de Comunicación Social del estado, donde sin mucho éxito despachaba Guadalupe Santacruz Esquivel. Allí pretendió colocar a José Emiliano Pacheco Hernández, quien tenía como mérito mayor ser miembro del *pool* de prensa del presidente Peña Nieto; periodista de segunda generación, era hijo de Adolfo Montiel Talonia, fundador del periódico *Mi Ambiente* y cercano a la Presidencia de la República desde el gobierno de Ernesto Zedillo. Pacheco llegó a Michoacán como asesor en comunicación en el equipo del comisionado federal. Finalmente fue designada en el cargo Georgina Morales Gutiérrez, la que pretendió sin ningún éxito exaltar la imagen del gobernador por encima de la institución gubernamental.

Otro cambio decretado con celeridad enfermiza fue en la Secretaría de la Mujer, donde fue destituida la ex diputada federal y ex secretaria general del PRI en Michoacán Consuelo Muro Urista, una mujer muy cercana al ex secretario general de Gobierno Reyna García, ya procesado por delitos graves. Muro fue sustituida por Samantha Flores Adame, quien también llegó al estado de Michoacán en el equipo de rescate de Alfredo Castillo. Flores Adame se venía desempeñando como delegada de la Secretaría de Turismo para la atención de la problemática en la zona del lago de Pátzcuaro, donde tuvo serios roces con la alcaldesa Salma Karrúm Cervantes, quien procesada por delincuencia organizada tras aparecer en un video con Servando Gómez murió en la cárcel.

En la Secretaría de Educación también hubo cambios. Llegó Armando Sepúlveda Gómez, nombrado con el aval del comisionado federal; por la puerta de atrás salió Jesús Sierra Arias, quien tuvo el mal tino de firmar un desplegado político en algunos medios locales donde metía las manos al fuego por el ex gobernador interino Jesús Reyna. La SEIDO abrió una investigación, que no ha concluido, sobre la relación de Jesús Sierra Arias con el ex gobernador encarcelado.

Otro cambio que causó polémica entre los michoacanos, no por la importancia de la dependencia sino por lo visceral del acto con que se efectuó el relevo, fue en la Cocotra, donde nadie podía negar la influencia del ex diputado local priísta y líder transportista José Trinidad Martínez Pasalagua, detenido y luego liberado para volver a ser aprehendido por sus presuntos nexos con el crimen organizado. Allí llegó Javier Ocampo, también persona del equipo de trabajo y de las confianzas del comisionado Castillo Cervantes.

El estado fallido en que se había convertido Michoacán fue ratificado puntualmente en cada uno de los cambios ordenados por el gobernador interino, que se fueron sumando a los que en su momento hicieron Fausto Vallejo y Jesús Reyna; en menos de tres años, la entidad registró 42 relevos de funcionarios públicos de primer nivel. Fue la forma en que la Federación trató de tomar el control de la fallida administración sin tener que llegar al punto de la desaparición de poderes.

En consecuencia con los cambios ordenados en los primeros círculos del mando administrativo, también hubo reacomodos y despidos en los niveles de subsecretarios, directores y jefes de departamento. En suma, desde el 15 de febrero de 2012 hasta abril de 2015 se registraron en total 1 347 remplazos de funcionarios estatales, los que afectaron a toda la estructura burocrática de Michoacán.

Tan sólo por el despacho del gobernador pasaron cuatro personas, lo que rompió cualquier récord nacional para el número de mandatarios que han ejercido en un mismo periodo. Fausto Vallejo asumió el puesto en febrero de 2012; el 7 de marzo de 2013 se ausentó del cargo y fue suplido provisionalmente por Jesús Reyna, secretario de Gobierno. El 9 de abril de 2013 Vallejo presentó formalmente una licencia por motivos de salud hasta por noventa días y el congreso local designó oficialmente a Reyna García como gobernador interino.

Reyna García ocupó el cargo hasta el 23 de octubre de 2013, fecha en la que retornó Vallejo tras presentar mejoría en su salud, aunque finalmente renunció el 18 de junio de 2014. Para entonces Reyna García ya había sido detenido por la PGR bajo la sospecha de ser parte de los Caballeros Templarios; como encargado del despacho fue virtual gobernador, por espacio de 72 horas, Marco Vinicio Aguilera Garibay. Éste hizo entrega del puesto al catedrático Salvador Jara, nombrado gobernador sustituto por el congreso local atendiendo la orden de la Secretaría de Gobernación.

La mayor parte de los movimientos fueron avalados por la Secretaría de Gobernación a través de quien hasta el pasado 22 de enero fue comisionado para la seguridad y el desarrollo de Michoacán, Alfredo Castillo Cervantes, quien también se convirtió en parte de las estadísticas de la inestabilidad en Michoacán. Al ahora comisionado nacional del Deporte lo suplió el general Felipe Gurrola Ramírez.

En la segunda cartera en importancia dentro del mando estatal tampoco ha habido continuidad; por allí han pasado seis funcionarios públicos. El más reciente cambio se registró cuando Jaime Darío Oseguera Méndez renunció para buscar la candidatura del PRI a la alcaldía de Morelia. El que más tiempo permaneció en el cargo fue el priísta Jesús Reyna, el único en salir por las dos puertas de esa dependencia: por la principal para hacerse cargo del despacho del gobernador y por la trasera para ser recluido en la cárcel federal del Altiplano.

A Reyna lo suplió inicialmente el teniente de corbeta Fernando Cano Ochoa, quien cedió su posición al piedadense Jaime Mares, el que a su vez la entregó a Marco Vinicio Aguilera Garibay. Curiosamente, Aguilera Garibay entregó la gubernatura a Salvador Jara y la Secretaría de Gobierno a Jaime Darío Oseguera, quien tras su renuncia dejó el cargo a Jaime Esparza Cortina. Hasta antes de Darío Oseguera, todos los secretarios de Gobierno de Michoacán fueron investigados por la SEIDO por señalamientos de colusión con el crimen organizado.

La Secretaría de Finanzas fue otra de las dependencias que mayor número de movimientos registraron en ese corto periodo de gobierno: por esa oficina pasaron cinco funcionarios cuya remoción ha sido definida en última instancia por la propia SHCP dada la debilidad institucional de la gubernatura de Michoacán. El primero en llegar a la tesorería estatal fue Luis Miranda Contreras, quien se vio propuesto al cargo por un error del gobernador Vallejo: en realidad pretendía incorporar a la administración a Luis Miranda Nava por recomendación del aún candidato priísta a la presidencia, Enrique Peña Nieto; en la forma, Vallejo buscaba una relación tersa con el gobierno federal, pero confundió el nombre y llamó a colaborar a ese oscuro personaje administrativo del Estado de México que poco sabía de finanzas y llevó a la crisis a Michoacán. Por orgullo, Vallejo mantuvo en la posición a su tesorero hasta que fue sustituido por Marcela Figueroa Aguilar, quien fue retirada tras no consolidar el programa de austeridad de gastos. Le siguieron Carlos Río Valencia, José Carlos Rodríguez Pueblita y Miguel López Miranda.

En la Secretaría de Desarrollo Económico se registraron cuatro movimientos sin que solidifique una sola de las acciones para el progreso de la entidad. Por allí desfilaron sin pena ni gloria Ricardo Martínez Suárez, Juan Pablo Arriaga Díez, Manuel Antúnez Álvarez y Carlos Huerta Cañedo. Setenta por ciento del presupuesto asignado a la dependencia fue aplicado en gasto corriente —gastos personales de los funcionarios y manejo administrativo de la dependencia—; no ha habido programas de inversión.

En la Secretaría de Seguridad Pública, una de las áreas neurálgicas del estado, se registraron cinco relevos: Elías Álvarez Hernández, Alberto Reyes Vaca, Leopoldo Hernández Bedolla, Carlos Hugo Castellanos Becerra y Javier Ocampo García. En la procuraduría de justicia estatal se registraron tres cambios de titular: Plácido Torres Pineda, Marco Vinicio Aguilera Garibay y José Martín Godoy Castro. En la contraloría del estado se han dado cuatro movimientos: Carlos Ochoa León, Roberto Coria Villafuerte, Gabriel Montiel Aguilar y Carlos González Velázquez. Por la Coordinación de Comunicación Social han pasado tres personas: Julio Hernández Granados, Guadalupe Santacruz Esquivel y Georgina Morales Gutiérrez. En la Comisión Coordinadora del Transporte ya son tres titulares los que ha tenido: Ignacio Colina Quiroz, Javier Ocampo García y Crispín Gamboa Ramírez. En la Secretaría de Educación se han dado tres relevos de titular: Armando Sepúlveda López, María Teresa Herrera Guido y Jesús Sierra Arias. En la dirección del DIF han despachado Nelly Sastré Gasca, Ana Compeán Reyes

Espíndola y Mariana Sosa Olmeda, en tanto que por la Secretaría de Salud han pasado Rafael Díaz Rodríguez y Carlos Aranza Donis. En la Secretaría de Desarrollo Rural Jaime Rodríguez López suplió a Ramón Cano Vega.

Los últimos vestigios de Fausto Vallejo en la administración estatal fueron extirpados por Salvador Jara el 1 de abril de 2015, cuando ordenó la salida de Roberto Monroy García de la Secretaría de Turismo para colocar en esa posición a Carlos Javier Ávila Pedraza. También suplió a Rodrigo Iván Maldonado López al frente de la Secretaría de los Jóvenes, designando a Ana Brasilia Espino Sandoval como nueva titular de la dependencia.

Los movimientos generados por Jara propiciaron un modelo de parálisis estable, donde frente a la calma operante de la administración estatal seguía bullendo el clima de violencia en toda la entidad. Si bien la captura de *la Tuta* dio la posibilidad al gobierno federal de decretar la extinción de los Caballeros Templarios, también es cierto que las células criminales de ese cártel, al ser independientes, se manifestaron más violentas tratando de subsistir. Ante la presencia de las fuerzas de vigilancia desplegadas por la Federación en las principales zonas urbanas del estado, las células criminales trataron de atrincherarse entre los grupos más olvidados de la sociedad; la población indígena fue de nueva cuenta el blanco. Buscaron sobrevivir mediante la extorsión, el secuestro y la intimidación a los pueblos de la meseta purépecha, pero la reacción fue natural: comunidades indígenas completas se armaron para el resguardo de la seguridad de sus propias localidades, dejando ver que el conflicto michoacano estaba lejos de ser superado.

INFILTRADOS

La falta de credibilidad en el gobierno estatal se hizo evidente cuando al recrudecerse los enfrentamientos entre el crimen organizado y las comunidades indígenas, los pueblos de la meseta pidieron que no entrara la policía estatal: la desconfianza era evidente. Para nadie era un secreto que muchos integrantes de la llamada Fuerza Rural, que se integró oficialmente con ex autodefensas, en realidad eran ex miembros de los Caballeros Templarios que fueron perdonados por el comisionado Castillo Cervantes.

Los señalamientos que apuntaban al cobijo del Estado a los Templarios arrepentidos fueron hechos a través de las redes sociales por los grupos de autodefensas leales al doctor Mireles. Exhibieron como prueba un video donde aparecía el comandante de la Fuerza Rural de Michoacán, Estanislao Beltrán Torres, secundado por el también miembro de las fuerzas policiales Nicolás Sierra Santana, que a decir de informes del Cisen es uno de los hermanos que conforman el grupo de los Viagra. Otro video que se difundió a fin de exponer la nueva infiltración del narco en las fuerzas policiales de Michoacán fue el que dio cuenta de una reunión entre quien se asegura es *el Americano* al lado de Servando Gómez, mientras este último instruye a uno de sus subalternos para una reunión. La filmación, que una mano anónima puso en las redes sociales, tiene una duración de cinco minutos con 33 segundos, tiempo suficiente para que toda la Fuerza Rural fuera cuestionada a nivel nacional.

La única reacción del gobierno estatal fue del secretario de Seguridad Pública, Carlos Hugo Castellanos, quien anunció la decisión de separar temporalmente del cargo a Luis Antonio Torres, quien se venía desempeñando como comandante regional de la Fuerza Rural. El equipo de prensa del secretario filtró una fotografía donde se presumía que *el Americano* rindió declaración ministerial ante el procurador José Martín Godoy Castro por ese video, pero nadie en realidad conoció la declaración ni el tiempo que empleó en hacerla. Se dio a conocer de manera oficial que *el Americano* explicó que no era él quien aparecía en el video junto a Servando Gómez, y se dio por cerrado el caso.

Esa no fue la única ocasión en que los grupos de autodefensa expusieron en video su tesis de la colusión entre algunos grupos delincuenciales y las fuerzas de seguridad del gobierno de Michoacán. El 28 de julio de 2014, como reacción a la detención y encarcelamiento del doctor Mireles, los grupos de autodefensa hicieron circular un video donde Servando Gómez asegura que algunos de los integrantes de la Fuerza Rural adeudan dinero a la organización criminal de los Caballeros Templarios, entre ellos Adalberto Fructuoso Comparán, quien fue investido con la calidad de comandante regional de la Fuerza Rural sin ningún tipo de investigación por parte del gobierno estatal.

Lo referido en el video donde se exponía a Fructuoso Comparán, que llegó a tener cerca de cien hombres para su seguridad personal, nunca fue desmentido ni mereció comentario alguno por parte de los encargados de la Fuerza Rural; ni el secretario de Seguridad Pública, Carlos Hugo Castellanos, ni el mismo comisionado federal Castillo Cervantes aludieron el tema en ninguna de sus apariciones públicas pese a ser abordados por algunos representantes de los medios nacionales de comunicación.

El principal detractor de Comparán Rodríguez era otro líder de las autodefensas de Aguililla, Jorge Vázquez Valencia, uno de los más cercanos al doctor Mireles, quien refirió con lugares y fechas que en febrero de 2013 Comparán se distanció de Servando Gómez y rompió con los Caballeros Templarios cuando inició el movimiento de los autodefensas; conociendo de ello, Comparán fue invitado a sumarse a los grupos de autodefensa y aceptó porque sabía que era uno de los que serían buscados por el doctor Mireles. Fructuoso armó y financió al grupo de civiles que pelearon contra los Templarios en la zona de Aguililla.

Vázquez Valencia afirmó que ya integrado al movimiento de los grupos de autodefensa, Fructuoso Comparán siguió haciendo labores de extorsión; la denuncia fue pública, pero no tuvo eco en ninguna autoridad del gobierno federal, mucho menos en el estado. A los ojos de todos, Fructuoso siguió siendo un líder civil alzado contra el crimen organizado. La Federación, tan escrupulosa a veces y tan omisa siempre, no atendió lo que expuso en su momento el propio Servando Gómez cuando en su video de agosto de 2013 recomendó: "A los señores del gobierno: investiguen quién es *el Americano* en Buenavista, investiguen al *Abuelo* en Tepalcatepec, también a *Fruto* en Aguililla".

Hipólito Mora, también comandante de la Fuerza Rural, puso en tela de juicio la honorabilidad de los funcionarios de la Federación que llegaron para pacificar el estado tras considerar que muchos ex Caballeros Templarios ahora eran policías estatales. El meollo era la versión de que *el Americano* aparecía en un video al lado de *la Tuta*; Hipólito ratificó que a pesar de su negación se trataba de Torres González, por lo que pidió a la autoridad que actuara en consecuencia. Hasta ese momento ya existía una pública confrontación entre Hipólito Mora y *el Americano*; pese a que los dos formaron parte del grupo fundador de los autodefensas, ambos líderes se distanciaron cuando *el Americano* inculpó a Mora Chávez por la muerte de dos de sus escoltas.

Los señalamientos no tuvieron eco. Pese a ello, el único que siguió insistiendo fue Jorge Vázquez Valencia, quien hizo serias acusaciones sobre el cambio repentino de denominación de algunos grupos armados, los que de la noche a la mañana sólo se pusieron la playera de autodefensas y automáticamente fueron abrazados por el gobierno federal sin ningún tipo de investigación.

La inconformidad de Vázquez Valencia en Aguililla, que encarnaba el sentir del doctor Mireles, ya preso en un penal federal, pronto se tradujo en la posición de otros líderes comunitarios como Hipólito Mora en La Ruana y Enrique Hernández Saucedo en Yurécuaro. El señalamiento era unánime: la Federación estaba permitiendo la incorporación de ex Templarios a las filas de la policía estatal. Muchos eran casos como el de Fructuoso Comparán, denunció Vázquez Valencia, que al verse perdonados volvieron con mayor fiereza a delinquir contra la sociedad. A partir de ese momento, el grupo de civiles aglutinados en las autodefensas comenzó a dividirse. Contrario a la lógica, el gobierno federal dejó de interactuar y suspendió el diálogo con los líderes; los acusados de ser parte del crimen organizado fueron arropados con mandos dentro de las policías estatales.

Estanislao Beltrán no pudo escapar de los señalamientos en video de haber pertenecido alguna vez al crimen organizado y luego estar del lado de los grupos de autodefensa. Autonombrado como *Papá Pitufo*, saltó al movimiento como encargado de la seguridad personal del doctor Mireles, pero fue cuestionada su honorabilidad en una grabación que circuló el 4 de mayo de 2014, donde se le veía acompañado de uno de los hermanos Sierra Santana, líderes del grupo los Viagra, relacionados con la Familia, los Caballeros Templarios y el cártel Jalisco Nueva Generación.

El video de seis minutos no fue cuestionado por la Federación ni por el gobierno estatal; el mismo Beltrán Torres apenas se tomó la molestia de explicarse ante algunos periodistas nacionales que cuestionaron su compañía. *Papá Pitufo* dijo, sin mucho ánimo de convencer, que la persona que las redes sociales señalaban como criminal era sólo "un compañero más", cerrando así la polémica. Nadie llamó a Beltrán Torres a declarar: siguió en funciones como comandante regional, y tampoco nadie de los mandos estatales de seguridad pública quiso tocar el tema.

A fin de revertir lo que apuntaba hacia un escándalo, la Federación lanzó una estrategia de medios para distraer la atención: logró enredar a la opinión pública en el dictamen de un juez federal que oficialmente abrió procesos penales en contra de tres ex ediles de Michoacán. Dos ex munícipes ya estaban en prisión y otra más se encontraba arraigada como un animal amaestrado; la prensa nacional dejó el tema de la infiltración de la policía estatal y jugueteó los siguientes días con las acusaciones instrumentadas en contra de los ex alcaldes de Lázaro Cárdenas, Huetamo y Pátzcuaro, a quienes se sustentó proceso legal con base en los videos donde aparecían en sendas reuniones con Servando Gómez.

El ex alcalde de Lázaro Cárdenas ya se encontraba recluido en una cárcel estatal de Morelia, donde enfrentaba un proceso del fuero común por el delito de extorsión. La ex alcaldesa de Huetamo se hallaba en la cárcel de mínima seguridad de Zitácuaro, donde lleva dos procesos penales locales por extorsión y homicidio, y la ex alcaldesa de Pátzcuaro estaba arraigada en la SEIDO con severos problemas de salud por el avance del cáncer que finalmente la consumió en reclusión.

Los intentos de la Federación para distraer a los medios informativos de la temática coyuntural en Michoacán se vinieron abajo cuando las voces de autodefensas como el líder de la resistencia en Yurécuaro comenzaron a señalar abiertamente la infiltración del narco en las filas de la policía estatal. Enrique Hernández Salcedo se caracterizó siempre por la insistencia de sus críticas contra la actuación de la Federación en Michoacán, y el Estado reaccionó como lo hace siempre contra los que le son incómodos: violenta y fulminantemente lo satanizó.

El fundador de los grupos civiles armados contra el crimen organizado en la zona del Bajío, en la parte limítrofe de Michoacán con Jalisco y Guanajuato, de la noche a la mañana pasó de ser un líder social a un criminal desalmado. Por instrucciones emanadas de la Secretaría de Gobernación, Hernández Salcedo fue acusado del asesinato del alcalde de Tanhuato, el panista Gustavo Garibay García; hizo la acusación formal la procuraduría de justicia del estado con el aún comisionado Alfredo Castillo como fiscal, quien aseguró que el líder de las autodefensas de

Yurécuaro ejecutó al edil el 22 de marzo de 2014 por oponerse a la presencia de los grupos de civiles armados en su municipio. La PGJE presentó como prueba reina testimonios de al menos cuatro autodefensas que decían que Hernández Salcedo ordenó la ejecución del edil. El líder fue detenido el 1 de abril de 2014.

El Estado no se defraudó a sí mismo, actuó contra Enrique Hernández como el enemigo que para él representaba; fue sometido a tortura, violentado en sus derechos humanos y dejado en un estado de indefensión. Apareció, junto con otros de sus hombres, en una cárcel estatal bajo el señalamiento de homicidio. Tuvieron que pasar poco más de dos meses para que la segunda sala penal del Supremo Tribunal de Justicia de Michoacán reconociera que no había una sola prueba incriminatoria, y el 12 de junio de ese mismo año el fundador de las autodefensas en el Bajío fue decretado en libertad tras la imposibilidad del Ministerio Público del fuero común para demostrar el argumento del asesinato.

Durante el encarcelamiento de Enrique Hernández, Hipólito Mora fue el más feroz crítico de la actuación de la Federación en el estado. Sus cuestionamientos tenían siempre como blanco a la persona del comisionado Castillo, al que nunca dejó de responsabilizar por el encarcelamiento del doctor Mireles; Hipólito estaba lejos de suponer que su actuación crítica lo llevaría de nueva cuenta a la cárcel.

Aún no terminaba el mes de diciembre de 2014 cuando Hipólito Mora fue declarado de nueva cuenta formalmente preso: el Ministerio Público lo acusó de la muerte de varios de sus compañeros y de otros autodefensas caídos en un choque entre el grupo del *Americano* y sus propias huestes. La Federación le había dado garantía de que no sería declarado preso si se presentaba voluntariamente, pero no le cumplieron el acuerdo. Hipólito fue enviado a una celda en la cárcel estatal de Mil Cumbres, donde rabió y puteó hasta el cansancio a los representantes de la Federación en la entidad. Le aplicaron el mismo protocolo que a Enrique Hernández Salcedo.

El segundo encarcelamiento de Hipólito Mora debilitó aún más al estado, el que literalmente seguía desmoronándose en las manos del gobernador sustituto Salvador Jara, quien no alcanzó nunca a revertir la crisis de credibilidad.

Retratos gubernamentales

El gobierno estatal seguía en picada ante la crisis económica. El caso más grave era el que se sentía en el sector salud, donde se anunció la suspensión de servicios de cirugía en todos los hospitales estatales; por falta de dinero —y de capacidad para gobernar— se cancelaron también todos los tratamientos contra el cáncer. No había fondos ni para suministrar oxígeno a los enfermos con deficiencia respiratoria. La incapacidad para gobernar era manifiesta, pues la Secretaría de Finanzas no fue capaz de dotar de recursos económicos a las áreas estratégicas de los hospitales pese a que existían fondos emergentes de programas federales para no suspender los servicios de salud. La Federación optó por manejar directamente sus recursos en Michoacán; estaba el antecedente del desvío de más de dieciséis mil millones de pesos que no fueron aplicados nunca al área de salud en los gobiernos de Lázaro Cárdenas Batel, Leonel Godoy, Fausto Vallejo y Jesús Reyna. El gobernador interino se sumó a la lista con el manejo discrecional de poco más de 2 200 millones de pesos de los que no se clarificó su aplicación.

A la crisis en el sector salud pronto se sumó una laboral: los 2 300 trabajadores bajo contrato, a los que hacía tres meses no se pagaba su salario regular, se les anunció un recorte en las plazas de trabajo; se pretendía disminuir en 50 por ciento el número de empleados temporales del gobierno estatal. Fue el punto de debacle de la administración Vallejo-Reyna-Jara porque los trabajadores salieron a la calle, incendiándose el estado en el único frente que se había mantenido intacto: la clase trabajadora.

La crisis siguió en aumento cuando en las comunidades indígenas se rechazó al cuerpo de seguridad conformado con ex integrantes de los grupos de autodefensa, la llamada Fuerza Rural. Por lo menos 11 poblados de la zona central de Michoacán no aceptaron la vigilancia en sus comunidades por parte del estado, argumentando desconfianza en los mandos policiales y temor de que sus poblados fueran a ser ocupados de nueva cuenta por grupos de la delincuencia organizada.

Los líderes indígenas habían detectado la presencia de células criminales que se desplazaron hacia sus localidades en busca de refugio para reagruparse y continuar delinquiendo. Frente a esa situación las patrullas comunitarias se armaron en forma casi rústica: machetes, lanzas, palos, escopetas de chispa y algunos con revólveres y pistolas de bajo calibre para tomar de nuevo la seguridad en sus manos. Pronto los grupos de autodefensa que no se sumaron a las fuerzas de seguridad estatales ofrecieron a los pueblos indígenas la posibilidad de dotarlos de armas de alto calibre para estar en condiciones de enfrentar más eficientemente al crimen.

Las localidades alzadas donde se establecieron retenes ciudadanos de vigilancia y se prohibió el paso de personas ajenas así como a patrullas de la Fuerza Rural y de las fuerzas federales fueron Charapan, Cocucho, Angahuan, Ahuirán, Pomacuarán, Capácuaro, Urapicho, Nurio, Aranza, Corupo y Cherán. Las fuerzas federales no volvieron a ingresar a la zona de la meseta luego de que elementos castrenses se confrontaron con vecinos de la comunidad de Angahuan en una refriega donde resultaron ocho indígenas lesionados.

Los mandos de gobierno tradicional de las comunidades indígenas de toda la zona de la meseta, donde se agrupa una población superior a los 230 mil habitantes en 39 localidades rurales, decidieron dar su respaldo a los vecinos de Angahuan ante la agresión. Allí brotó la autodefensa indígena, la que el gobierno federal niega, pero que cada vez se evidencia más en la demanda de autonomía de esas poblaciones.

Esa rebeldía quedó de manifiesto cuando la comunidad indígena de Cherán decidió no dar vuelta al proyecto de autonomía planteado desde abril de 2011. Por unanimidad, en asambleas de barrios, los vecinos de esa localidad optaron alejarse de campañas, candidatos y partidos políticos en lo sucesivo y optaron por un proceso tan independiente que ni siquiera lo llamaron elección sino nombramiento de autoridad. La decisión de la comunidad indígena fue avalada por la scjn, que le otorgó el reconocimiento jurídico necesario.

De esa forma, el domingo 3 de mayo de 2015 Cherán llevó a cabo su segunda elección autónoma, donde al margen de partidos y esferas del gobierno estatal fueron electos por un periodo de tres años un grupo de ciudadanos indígenas que conformaron el Concejo Mayor. Los funcionarios indígenas fueron designados por mayoría simple en un proceso de elección a mano alzada donde no hubo credenciales de elector ni urnas, solamente la confianza entre todos los vecinos, quienes votaron a sus representantes bajo la convicción de que la obligación principal de las autoridades es la de servir a la comunidad las veinticuatro horas del día todos los días de la semana durante un periodo de tres años. Ninguno de los nombrados puede renunciar al cargo salvo por enfermedad o incapacidad.

El ejemplo de autonomía de la comunidad de Cherán pronto comenzó a extenderse a otras localidades indígenas. La segunda población que dijo no a los partidos políticos y a los gobiernos civiles fue Santa Cruz Tanaco, donde unánimemente se decidió celebrar su elección a partir de usos y costumbres una semana antes de la jornada de Cherán, sin cargo al erario público y sin la presencia del Instituto Nacional Electoral (INE).

La comunidad indígena de Santa Cruz Tanaco integró, al igual que el pueblo de Cherán, un mando de gobierno de seis personas que formaron el Consejo de Administración de esa delegación municipal, siguiendo el modelo de usos y costumbres que implantó la comunidad de Cherán desde el 15 de abril de 2011. El gobierno estatal guardó silencio ante los resultados del hartazgo indígena.

Vino a confirmar la condición de estado fallido el propio gobernador interino Salvador Jara, quien asumió el encargo como un privilegio personal. Más allá de su incapacidad política, lo que afloró fue su falta de tacto para el desempeño público; ejerció el poder, hablando de la disposición de fondos públicos, de la manera más oscura que se haya conocido en Michoacán. Se rodeó de un grupo de amigos y jugó al mandatario; ha viajado más veces a algunas ciudades europeas que a municipios en la mayor parte de Michoacán.

Muestra del dispendio con que ejerce su función fue la ocasión en que abandonó sus preceptos comunistas y acompañó al obispo Alberto Suárez Inda a la ceremonia en que fue ungido como nuevo príncipe de la Iglesia católica: Jara Guerrero se hizo rodear por un séquito de 250 personas, más de doscientas invitados personales del gobernador. En la oficina de transparencia del gobierno de Michoacán nunca se atendió la petición de esclarecimiento de los gastos de ese viaje.

Apenas en octubre de 2014, el propio Jara resaltó la crisis económica que padecía el estado pese a que tuvo a su disposición la suma de 2 200 millones de pesos que le fue entregada por el gobierno federal para la renegociación de la deuda pública. Frente a los diputados federales dijo que la pobreza era lacerante y que la obra pública no podía estar detenida; pidió a los legisladores apoyo económico por el orden de los siete mil millones de pesos. Para sustentar su petición de fondos presentó a los congresistas la imagen del Michoacán real, sumido en la pobreza; apenas unos meses después, ya con el presupuesto para 2015 aprobado, al gobernador no le importó el cuadro desgarrador que él mismo había pincelado.

Oficialmente, a Jara lo acompañó al viaje a Roma su esposa Catherine Ettinger, así como la coordinadora general de Comunicación Social, Georgina Morales Gutiérrez, y el asesor Luis Gabino Alzati Ruiz, en cuyos viáticos erogó el gobierno estatal la suma de siete millones de pesos. El gobierno de Michoacán también corrió con los gastos de algunos invitados de la Iglesia católica en Michoacán, la que agradeció el gesto de cortesía externado por el jefe del Ejecutivo.

Esa no fue la primera visita de un gobernador a Roma en el periodo de crisis en el estado. Antes que Salvador Jara, el mismo Fausto Vallejo hizo lo propio: bajo el argumento de promocionar las artesanías michoacanas en la Santa Sede hizo un viaje que, según dijo, sería pagado por empresas privadas, pero finalmente el desembolso millonario corrió a cuenta de las arcas estatales. El 11 de diciembre de 2012 se trasladó a Europa acompañado del entonces obispo Alberto Suárez Inda, el vocero oficial de la gubernatura, Julio Hernández Granados, y un centenar de amigos. El gobernador dijo en su defensa que los gastos también fueron sufragados por algunos artesanos, los que le encomendaron difundir las artesanías indígenas michoacanas en Europa; con todo, después de algunos años ninguna institución europea ha manifestado intención de compra de artesanías michoacanas.

El debate por este episodio fue como casi todo en el ciclo michoacano: llegó a su cresta mediática, hubo conmoción, pasó y se olvidó; siempre hay otro desliz que hace que el anterior sea nimio. El asunto llegó a su fin cuando saltó a la luz pública otro escándalo: con las finanzas en quiebra y el lastre de una deuda pública de más de 32 mil millones de pesos, el gobierno de Michoacán hizo en 2013 la máxima donación histórica de recursos públicos a la iniciativa privada. Se entregaron fondos por casi doscientos millones de pesos a la Fundación Teletón de

Televisa a fin de poner en operación el Centro de Rehabilitación Integral (CRIT) Teletón Morelia. El gobernador, conociendo los problemas de violencia y abandono social, se comprometió con la Fundación Teletón para que a partir de 2013 y en los subsecuentes nueve años, la administración aportara cuarenta millones de pesos mensuales para la operatividad del CRIT Teletón; la onerosa medida fue una estrategia de comunicación social recomendada por los hombres cercanos al mandatario.

En una reunión de gabinete convocada por Jesús Reyna en calidad de secretario de Gobierno, se urgió una estrategia para aminorar "el desprestigio nacional" que ocasionaba el surgimiento de los grupos armados encabezados por el doctor Mireles. Tras un breve debate, uno de los asesores en materia de comunicación propuso hacer una alianza económica con alguna de las televisoras nacionales, a fin de "comprar la protección" —fue el término que se expuso— para que se hablara bien del estado y del gobierno en turno. Tras la aprobación de la estrategia se acordó contactar a Televisa para establecer un convenio comercial que permitiera difundir la cara amable de Michoacán.

A cambio de una donación inicial de 689 millones de pesos que serían utilizados por el patronato de la Fundación Teletón, Televisa ofreció al gobierno del priísta Vallejo hacer una campaña mediática que "suavizara" la imagen de violencia y desestabilidad que se proyectaba hacia el resto del país. Puso al alcance de la administración estatal una gama de programas de televisión de corte cultural, informativo o deportivo para mejorar la imagen de Michoacán; el gobernador no reparó en gastos a fin de externar que su mandato en debacle era un éxito ante los ojos de los mexicanos que no viven en la entidad.

El gobierno de Vallejo se convirtió en el más benévolo con la empresa Televisa. Michoacán fue en 2013 la entidad que más recursos públicos le otorgó, superando por mucho a Quintana Roo, Estado de México, Sonora, Coahuila, Jalisco, Oaxaca, Veracruz, Puebla y Yucatán, los que también hicieron convenios comerciales con la televisora para que los problemas sociales no fueran difundidos, o al menos se suavizaran. Los recursos comprometidos con Televisa hicieron que en Michoacán se viera afectada la obra pública, la que se suspendió en casi todos los municipios por falta de dinero: 90 por ciento de los ayuntamientos fueron notificados de que no tendrían inversión estatal para infraestructura. Con las participaciones negadas se financió el proyecto altruista de Televisa.

La necesidad de obtener recursos de donde no había metió en aprietos a Vallejo, quien tuvo que desviar fondos para poder cumplir con el acuerdo establecido con la televisora. El diputado Elías Ibarra Torres dijo que la ASM encontró irregularidades en los donativos que el gobernador hizo a la Fundación Teletón: hubo dos, de 27 y 121 millones de pesos, que fueron extraídos de las arcas oficiales sin ninguna normatividad, sacados "a la brava" de la partida económica del DIF, donde estaban destinados a utilizarse en apoyos a familias que viven más allá de la extrema pobreza, e incluso para personas con problemas de discapacidad, de las que se estima existen en Michoacán cerca de 267 mil, de las cuales más de veintisiete mil son niños.

Ante la actuación de Vallejo sólo hubo dos voces disidentes, las de los diputados Reginaldo Sandoval Flores y Elías Ibarra; criticaron el hecho de que el gobierno estatal abriera la chequera a la empresa Televisa privando a miles de michoacanos de mejores condiciones de vida. Las voces de los legisladores no tuvieron eco y hasta fueron criticados en algunos medios locales de no querer a los niños con discapacidad.

Por eso cuando el gobernador sustituto Jara encaró sus primeros escándalos por el dispendio con que vivía y su falta de tacto político al organizar sendos viajes a Europa ante la mirada inofensiva pero rabiosa de miles de michoacanos que exigían una explicación, sólo brotó el silencio. Nadie salió a explicar más allá de los escuetos comunicados de prensa —algunos publicados a ocho columnas en la prensa local— los objetivos alcanzados en los viajes del gobernador.

Oficialmente se dijo que el oneroso traslado del gobernador michoacano a Francia fue en ocasión de una invitación de la oficina de la Unesco en esa ciudad a fin de establecer un convenio de salud con Michoacán, como si el avance científico en el estado convulsionado por la violencia fuera de calidad mundial. Aquel comunicado no lo creyeron ni los empleados de la Coordinación de Comunicación Social que recibieron la instrucción de plasmar la versión oficial, que lejos de calmar los ánimos hizo que los michoacanos perdieran la confianza que aún tenían en la recomposición del estado.

Y es que Salvador Jara terminó por desalentar a los michoacanos no sólo por las mentiras que intentaba decretar como verdad a través de los comunicados de la vocera Georgina Morales, sino por la evidencia sobre cómo manejaba la administración de uno de los estados más pobres de México, donde no tuvo empacho en darse vida de rey, al fin y al cabo el oscuro sistema de rendición de cuentas facilitaba ocultar cualquier mal manejo financiero. Por eso nadie supo ni sabrá el monto exacto destinado a los gastos personales, los viajes y la manutención del jefe del Ejecutivo estatal: tan oscuro es el sistema de rendición de cuentas diseñado en Michoacán que no se puede acceder a la información patrimonial de ninguno de los gobernadores hasta 2015. El argumento jurídico que mañosamente esgrime el fallido Instituto para la Transparencia y Acceso a la Información Pública del Estado de Michoacán (Itaimich) es siempre el mismo: la declaración patrimonial del gobernador "es información sensible".

Pero aun así, la forma en que ha vivido Salvador Jara su gubernatura interina puede dar cuenta de la manera en que lo hicieron otros gobernadores durante su periodo absoluto de gestión. Jara Guerrero contó para el desempeño de sus funciones con una partida discrecional de ocho millones de pesos mensuales; dicha partida se manejó desde la secretaría particular del jefe del Ejecutivo, encargada de sus gastos o los de sus familiares. Fuera de la partida secreta del gobernador, la tesorería del estado destinaba un monto cercano a los dos millones de pesos mensuales al sostenimiento directo de la familia del gobernador vía la secretaría particular, la que sólo en 2015 recibió un presupuesto de 54 913 966 pesos, recursos que el mismo gobernador no estuvo nunca obligado a explicar.

Pese al elevado monto presupuestal que en forma reservada manejó Jara Guerrero, el costo de los viajes que realizó siempre fue cargado a la tesorería del estado y no a la partida destinada para sus gastos. En 2015 el gobernador Jara empleará un presupuesto de 80 606 165 pesos, pero sus viajes fueron pagados de otras partidas presupuestales a las que no se puede acceder públicamente.

Pese a que el gobernador interino tenía un sueldo base de 107 mil pesos mensuales, uno de los más altos entre todos los del país, se antoja difícil que haya echado mano de su salario para subsistir, aun considerando que haya dejado de cobrar en la rectoría de la UMSNH, donde sigue teniendo control administrativo y financiero en calidad de ex rector. Los gastos de manutención de la residencia oficial en el gobierno de Jara corrieron por cuenta del erario público: con un presupuesto mensual de 648 mil pesos, empleados de la administración estatal suministraron alimentos e insumos básicos de limpieza e higiene para la familia del gobernador. Jara Guerrero y su familia tuvieron a su disposición un séquito de doce personas —todos con salario en la nómina del gobierno estatal— que los atendieron en lo particular al interior de la residencia oficial. A su servicio también se puso un grupo de diez escoltas y tres choferes, así como cinco pilotos de aeronaves, los que estuvieron disponibles las veinticuatro horas del día.

En sólo diez meses de gestión, Salvador Jara hizo dos viajes oficiales a Europa, dos a Estados Unidos y veintiséis a distintos destinos nacionales, a los que ha acudido, según la versión oficial, a misiones de gobierno, las que en nada han cambiado la perspectiva socioeconómica de los michoacanos. Los viajes de Jara a la Ciudad del Vaticano, París, Nueva York, Los Ángeles y San Francisco le han costado a los michoacanos una cantidad aproximada a los 65 millones de pesos, lo que indica además que hasta el momento Jara ha visitado en más ocasiones Nueva York, San Francisco o Los Ángeles que los municipios de Huetamo, Coalcomán, Tzitzio, Aquila, Zináparo, Churintzio, Numarán o Tacámbaro y otros diecisiete más que no saben lo que es tener de visita a un gobernador desde hace décadas, lo que finalmente sigue favoreciendo el clima de violencia que resulta de la interacción de los grupos de autodefensas y las células del crimen organizado que perviven principalmente en el corazón incendiado de la zona de Tierra Caliente, en La Ruana.

Imbuido en su mundo de lujos y derroches, el gobernador sustituto nunca puso atención a lo que verdaderamente seguía sucediendo en su estado: si no le importaba atender a los municipios donde los principales lastres son el abandono oficial y la pobreza, menos quiso adentrarse en la búsqueda de soluciones al conflicto armado. Lo más cerca que estuvo Jara del conflicto entre las autodefensas y el crimen organizado fueron las tarjetas informativas que todos los días a las siete de la mañana le hacían llegar los funcionarios de la Dirección de Gobernación, explicando brevemente lo que ocurría en el Michoacán aún incendiado.

La omisión de Salvador Jara frente a los reclamos de seguridad de los michoacanos fue tan dolorosa como la corrupción de sus antecesores en el cargo. Desde su despacho, a todas luces negó siempre que a quince meses de su nacimiento el movimiento de autodefensas se hubiera fraccionado y convertido en una guerra declarada entre los grupos de Hipólito Mora y *el Americano*. Oficialmente, tanto el grupo del *Americano* como el de Mora Chávez realizaron los trámites correspondientes para sumarse a la recién creada Fuerza Rural estatal, pero eso en nada limitó que las facciones se enfrentaran de modo irreconciliable.

Las provocaciones de uno y otro bando fueron cotidianas, los dos grupos "mostraban el músculo" a la menor provocación. Nadie olvida la matanza que estuvo a punto de ocurrir el domingo 18 de mayo de 2014, cuando en una celebración religiosa ambos grupos —que sumaban más de 450 personas armadas— se encañonaron; la intervención del sacerdote José Luis Segura Barragán fue lo que evitó el baño de sangre.

Ni final ni principio

Ese domingo, en el templo de La Ruana se oficiaba una misa con la que se daba la bienvenida y se celebraba el primer excarcelamiento de Hipólito Mora, luego de dos meses y cinco días de reclusión. En plena celebración religiosa un grupo de civiles armados, integrantes del grupo de autodefensas del *Americano*, se apostaron a las afueras del templo: alistaron sus armas, se atrincheraron y esperaron pacientes la salida de sus contrarios. Al interior, la misa fue suspendida por el sacerdote: alguien alertó de la presencia de más de doscientos hombres armados en el atrio. Adentro retumbaron los cerrojos y los hombres se resguardaron, apuntando hacia la salida. Ante la inminente matanza, como un fantasma el padre José Luis Segura bajó del púlpito y se dirigió a la puerta, pidiendo a los que estaban dentro del templo que no salieran. Habló a los hombres del *Americano* y hasta ofrendó su vida, por si era sangre lo que querían; sin saber si sería escuchado, el religioso cerró la puerta y quedó de frente a los que seguían apostados apuntando hacia su persona. Los hombres de Luis Antonio Torres desistieron en esa ocasión.

Vinieron otras escaramuzas entre los dos bandos encontrados, la tensión fue en aumento; los seguidores de Hipólito Mora, algunos incorporados como policías rurales y otros más en calidad de civiles armados, se mantuvieron atentos a la instrucción de su líder. Los leales al *Americano* transitaron toda la zona de Tierra Caliente armados hasta los dientes: comenzaron a aparecer muertos de uno y otro bando con el factor común del *levantamiento* previo por grupos armados, siempre atribuido oficialmente al crimen organizado. El gobierno estatal seguía volteando hacia otro lado; en la sede oficial era de mayor preocupación la organización de conciertos musicales que la crisis de violencia entre los grupos de autodefensa.

Los dos grupos, el del *Americano* y el de Hipólito Mora, seguían acusándose mutuamente de haber dado cobijo a ex integrantes de los Caballeros Templarios; desde ambos lados se hacían serias denuncias al gobierno estatal de Salvador Jara de haber permitido también la infiltración de las fuerzas policiales del estado con ex integrantes del cártel liderado por Servando Gómez. El otro líder de las autodefensas, Estanislao Beltrán, fue desconocido por el grupo de Hipólito Mora tras la acusación de estar sirviendo a los intereses de algunos ex integrantes del crimen organizado en la entidad.

Ante el silencio con el que el gobierno estatal trataba de sepultar la persistencia de los grupos de autodefensa, brincaba la popularidad de los fundadores del movimiento. El segundo encarcelamiento de que fueron objeto Hipólito Mora y el propio Luis Antonio Torres —ambos acusados de los mismos asesinatos, los que resultaron del enfrentamiento entre sus dos bandos en La Ruana— los hizo aún más populares.

Aún no salía Hipólito Mora de prisión cuando ya estaba siendo considerado para una candidatura a un cargo de elección popular. El primero que sopesó esa posibilidad fue el Partido Encuentro Social (PES), según reconoció el presidente de su Comité Ejecutivo Estatal en Michoacán, Rubén Pérez Hernández, quien no desestimó la valía política del jefe de las autodefensas luego de recibir la oferta por parte del abogado Eduardo Quintero, defensor de Mora Chávez. Las negociaciones con el PES no fructificaron y finalmente Hipólito Mora fue reclutado en las filas de Movimiento Ciudadano por gestiones de Daniel Moncada Sánchez. Movimiento Ciudadano también incluyó en su listado de candidatos a la doctora Virginia Mireles Valverde, hermana del fundador del movimiento de las autodefensas en Michoacán, quien fue postulada como candidata a diputada federal por el distrito electoral del municipio de Hidalgo.

La popularidad de los fundadores de las autodefensas fue un imán para los partidos políticos: de cara a las elecciones de 2015, la mayoría de ellos comenzaron a gestionar candidaturas entre las trincheras de guerra. Al interior del PRI, el mismo partido que no pudo gobernar a Michoacán y que fue cogobierno con algunos miembros de los Caballeros Templarios, se estableció una mesa de diálogo para incorporar a ex autodefensas a sus candidaturas a diputados locales, alcaldías y regidurías. El Partido Humanista, encabezado por Mario Sánchez Cerda, puso también especial atención en los grupos de autodefensa en la zona de Tierra Caliente donde abrió sus candidaturas a diversos grupos, incluidos familiares del doctor Mireles. También el PRD lanzó coqueteos políticos en la conflictiva zona, y las negociaciones lograron que el comandante de los grupos de autodefensa de Coalcomán, José Misael González Fernández, fuera candidato de ese partido a la alcaldía. El PRD trató de imponer también a Adalberto Fructuoso Comparán como candidato a alcalde de Aguililla, pero finalmente no fue incorporado.

El partido Movimiento de Regeneración Nacional (Morena) logró postular para alcalde a Enrique Hernández Salcedo, líder de las autodefensas en Yurécuaro. A Héctor Zapata Navarrete, líder de los civiles armados contra el crimen organizado en la región de Coahuayana y uno de los más leales a Mireles, el PRD le ofreció una postulación a fin de sumarlo a la lista de alcaldes; finalmente no aceptó, pero le aseguraron que las puertas del partido estaban abiertas en caso de que llegara a tener aspiraciones políticas. Por su parte, los comités estatales del PVEM, Nueva Alianza y el Partido del Trabajo también se lanzaron a la caza de candidaturas entre los grupos de autodefensas en espera de repuntar su votación. Sólo en intentos quedaron las aspiraciones del PAN para fichar como candidato a Semei Verdía, líder de las autodefensas en la costa, y Alberto Gutiérrez, quien asumió la vocería oficial de las autodefensas en la entidad. Jorge Vázquez Valencia, líder de las autodefensas en Aguililla, no cedió a las pretensiones del PAN y el PRI, que buscaron hacerlo candidato a diputado local.

De cualquier forma los partidos, los mismos que pervirtieron el ejercicio político en Michoacán y por cuya causa se materializó la inconformidad social en los grupos de autodefensa, intentaron enquistarse de nueva cuenta en la sociedad por medio de los líderes de los grupos de civiles armados. Su insistencia en hacer candidatos a los jefes armados de cada región del estado fue a veces perversa: el caso más claro fue el de Hipólito Mora, que aún se debatía en la posibilidad de permanecer en la cárcel por muchos años cuando afuera ya se calculaban los votos y beneficios que representaría la postulación del líder más carismático de las autodefensas. Así, mareado por el salto de la oscuridad de su celda a los reflectores mediáticos, Hipólito fue postulado como candidato a diputado por Movimiento Ciudadano, asegurando su llegada al Congreso federal al colocarlo como aspirante por la vía plurinominal y como candidato de mayoría relativa por el distrito de Apatzingán; su nombramiento se oficializó en el corazón del conflicto armado en Michoacán, en la comunidad de La Ruana.

Allí, en una comilona que organizó, él mismo se preguntó y respondió las razones por las que quería ser diputado, oficializando —al menos para sí— el fin de la lucha armada, la que no le dejó más que pérdidas: terminó en la ruina, cansado, enfermo, sin un hijo y dos veces encarcelado. "Ya estoy hasta la madre de esta lucha", confió a uno de sus más cercanos días antes de aceptar la postulación y rendir protesta como candidato; contaba con arribar a la Cámara de Diputados al ubicarlo Movimiento Ciudadano en la posición número tres de la lista plurinominal y como candidato de votación directa por el distrito XII de Michoacán. "Sólo cambio de trinchera. Mi compromiso sigue con el cambio que iniciamos el 24 de febrero de 2013", explicó a los curiosos reporteros que veían con grandes ojos asombrados a aquel minúsculo hombre, que se antoja nacido para rezar el rosario e incapaz de disparar un arma. En la presentación de su candidatura a legislador federal, Hipólito Mora estuvo acompañado por el candidato de Movimiento Ciudadano a la gubernatura de Michoacán, Manuel Antúnez Oviedo, quien recordó que fue la inoperancia del gobierno federal y la corrupción del estatal las que empujaron a la ciudad a la autodefensa civil, "un concepto que se debe reconocer constitucionalmente".

"Hipólito Mora —habló de sí en tercera persona— aspira al Congreso federal para llevar una propuesta de solución al conflicto armado que se vive en Michoacán, donde los buenos están presos y los malos se encuentran en libertad. Su misión en el Congreso será gestionar una iniciativa de ley para crear la Ley Federal de Autodefensas Civiles, que no es otra cosa que la reglamentación de la legítima defensa, a fin de que bajo esa figura se escude la población civil para frenar a los grupos de delincuencia organizada que no ha podido erradicar el Estado." Esa ley sería la puerta de salida para el doctor José Manuel Mireles y centenares de hombres encarcelados por alzarse contra el crimen organizado en Michoacán, y que hoy en su mayoría se encuentran en prisiones federales.

El líder de los grupos de autodefensa de La Ruana se hizo candidato por el deseo de continuar la lucha ante la imposibilidad de seguir alzado en armas. La Federación se lo hizo saber antes de salir de prisión: era la última vez que quedaba absuelto, la próxima el Estado sería más duro. Allí estaba el ejemplo del doctor Mireles, que continuaba preso por no sujetarse al guion presidencial. Hipólito Mora confió a muy pocos su verdadera razón para cambiar las armas por el discurso político: al padre Goyo le dijo casi en secreto de confesión que continuaría el movimiento de las autodefensas, pero desde la trinchera política. Se lo contó convencido como si esperara el perdón porque el camino de las armas, aun cuando fue el único que tuvo para defender vidas, familias y propiedades junto con otros vecinos asediados por los Caballeros Templarios, no era el más correcto. El sacerdote lo abrazó y lo sintió como siempre: sincero, directo, con el corazón ardiéndole de amor por el prójimo. El abrazo fue inmenso, cuentan los que lo vieron.

El padre Goyo es el único que conoce las lágrimas de Hipólito; es el que de alguna forma lo empuja a no dejar la lucha social iniciada. Lo alienta a alejarse de las armas, pero no de los ideales. Lo sabe dolorido y lo consuela. Nadie le discute a Hipólito Mora los saldos de la guerra: dos veces encarcelado, arruinado económicamente con su familia, traicionado por la Federación, y lo peor de todo, con un hijo muerto. Es la muerte de su hijo Manolo lo que más lo lacera. Con nadie habla de sus sentimientos: sólo su confesor, el padre Goyo, conoce las lágrimas de Hipólito Mora. Es quien lo llevó de la mano a refugiarse en Dios, quien lo hizo entender que Dios no se equivoca. Hipólito en los brazos del padre Goyo es un niño que estalla con frecuencia en llanto; se serena y agradece la oportunidad que le da la vida de poder alzar la voz representando a su gente, ahora desde la tarima de los escenarios políticos.

La amistad del padre Goyo e Hipólito Mora no es de ahora sino de siempre; han estado uno al lado del otro cuando se han necesitado, por eso se soportan todo. Bromean fuerte; los dos sólo responden con sonoras risas. Al lado del padre Goyo, Hipólito es un niño que resulta difícil ver como el hombre al que los ciudadanos de la región de La Ruana siguieron como líder hasta la muerte. De los casi seiscientos que lo acompañaron desde que se organizó la autodefensa, al menos unos setenta han perdido la vida defendiendo las barricadas, el último reducto para salvaguardar a sus familias. El sacerdote le recrimina con algo de sorna su ascenso mediático desde que fue nombrado candidato a diputado federal; Hipólito responde con una sonrisa franca que le sonroja el rostro. "No los voy a decepcionar", dice aludiendo al compromiso que se ha echado a cuestas de representar a las autodefensas en el Congreso federal.

—Al padre ya lo corrieron de la Iglesia —dice Hipólito sin dirigirse a nadie— porque no le gusta la joteada —asegura mientras sueltan la carcajada al unísono; el padre Goyo celebra también la broma abrazándolo más fuerte.

—Y menos a estas alturas —acota el religioso entre risas.

Hacen una pausa para explicar seriamente la amistad que los une y la confianza existente entre estos dos hombres, los que se unieron aún más ante la desgracia de la inseguridad en la zona de Tierra Caliente. Son hermanos del mismo dolor; a las vidas de ambos pusieron precio los líderes de los Templarios.

—Necesitas irte a confesar —insiste el padre Goyo a manera de despedida.

—Con usted no me confieso ni a güevo —le suelta Hipólito entre carcajadas que luego suaviza con un "no te creas, no te creas, allí te busco luego". Ese es el magnetismo que Movimiento Ciudadano encontró en el dirigente de las autodefensas: es el líder que no deja de ser hombre. "Como todos —reconoce Hipólito Mora—, pero con la gran diferencia de muchos de no dejarme. Nunca me ha gustado dejarme de nadie; desde niño he sido aguerrido." De eso no hay duda. El gobierno de Michoacán puede dar cuenta de lo incómodo que ha sido Hipólito

Mora en los últimos dos años, desde que al lado del doctor Mireles llamó a la insurgencia ciudadana y armaron a un ejército de civiles para defenderse no sólo del crimen organizado sino de la misma administración estatal.

Se recompone, reacomoda los anteojos bullidos por los gestos de la risa, atrinchera la mirada desde la protección de su sombrero alón recortado y elude las preguntas de confrontación y sobre el tema de la rivalidad con *el Americano*: ese es un asunto zanjado que ha puesto en manos de Dios, asegura. Denota una profunda religiosidad: la muerte de su hijo Manolo lo acercó más a Dios. Se entregó a la autoridad para someterse a proceso hasta que concluyó el novenario del hijo caído en la barricada de La Ruana el 16 de diciembre de 2014, al que ahora le ha dedicado la lucha para que su muerte no sea en vano.

El debate sobre la participación de los jefes de las autodefensas en las elecciones, exhibidos como estandartes por los partidos políticos, quedó en suspenso; la filtración de nuevas imágenes donde se observaba al menor de los hijos del gobernador con licencia Vallejo Figueroa en otra reunión con el jefe de los Caballeros Templarios volvió a agitar las aguas políticas, aunque sin más alteración que aquella que los candidatos al gobierno estatal quisieron exponer, siempre tratando de desmarcarse. Otra vez la justicia selectiva volvió a asomar: a nadie le cupo en la cabeza que tras la ola de evidencias en contra de Rodrigo Vallejo la PGR siguiera sin poder encontrar elementos para llamar a cuentas a uno de los más importantes responsables de la convulsión que vive Michoacán.

La liberación de Rodrigo Vallejo, el mentado *Gerber*, y con ello la omisión del nexo entre el gobierno de Fausto Vallejo y los Caballeros Templarios, fue un balde de agua fría para los jefes de la resistencia civil. Hubo indignación, reproches; el papel de la Federación fue cuestionado de nueva cuenta ante el entramado de corrupción y narcotráfico sobre el que se asentaron los gobiernos estatales de las últimas dos décadas. El 12 de abril los michoacanos se sintieron frustrados: en la mayoría de los medios informativos saltaba la nota del hijo del gobernador, que con el pago de siete mil pesos de multa pudo dejar la cárcel.

A la PGR, que mantiene bajo custodia a 68 mil presos federales a partir de presunciones de relación con el crimen organizado, casos derivados en su mayoría de dichos y menciones de sus nombres por terceras personas, ahora no le fue posible establecer la colaboración entre Rodrigo Vallejo Mora y Servando Gómez pese a que ambos aparecen en diversos videos, en sendas reuniones de camaradería. La Procuraduría no encontró elementos para fincar la posibilidad del delito de delincuencia organizada al hijo del ex gobernador, y por ello quedó libre. En un amparo, la justicia federal consideró que los derechos de Rodrigo Vallejo se menguaron, y para restituirlos dictó una sentencia que aceptara una fianza para que el inculpado pudiera llevar el proceso en libertad. El delito mínimo que la justicia federal reclamó al hijo del gobernador de Michoacán fue el de encubrimiento por negarse a proporcionar información sobre la reunión celebrada con la *Tuta*, registrada en al menos tres videos. Para calmar el prurito social que despertó la excarcelación, la PGR salió a decir en un brevísimo comunicado que el hijo de Fausto Vallejo no estaba absuelto de la acusación del delito de encubrimiento, pero no quiso ahondar sobre si habría una investigación por el de delincuencia organizada.

La libertad de Rodrigo Vallejo fue un tema que impactó en el concierto de las campañas políticas en pleno desarrollo, más por la expectativa del electorado que por la reacción de los candidatos. De hecho, los del PRD, PRI y PAN trataron de simular, con el nervosismo plasmado en el rostro, que nada tenían que ver con el asunto del hijo del gobernador con licencia médica: el priísta Ascención Orihuela Bárcenas consideró que la cuestión no afectaba a su campaña; la abanderada del PAN, Luisa María Calderón, insistió —hasta que fue cuestionada— en los nexos del crimen organizado con la clase priísta que gobernó a Michoacán, y Silvano Aureoles Conejo, del PRD, intentó mantenerse fuera del foco, rehuyendo externar su opinión en un silencio casi preocupante. Cuando más, dijo que el de Rodrigo Vallejo era un aspecto sobre el que no iba a especular; era "un asunto de la ley", concluyó y se autocensuró. Ni por equivocación aceptó preguntas adicionales; Aureoles, vanidoso y engreído como es, sólo quería hablar de sí mismo y a veces de sus propuestas para gobernar. En realidad no quiso echar abajo el pacto con Fausto Vallejo y con el propio Enrique Peña Nieto, con el que acordó gobernar Michoacán.

En el comité estatal del PRI, la libertad de Rodrigo Vallejo se observó catastrófica. Ya estaban disueltos todos los lazos que una vez unieron al tricolor con el nombre de Fausto Vallejo, pero aun así el presidente partidista, Agustín Trujillo Iñiguez, se negó a expulsar de las filas del instituto al convaleciente gobernador con licencia. El reclamo de expulsión de Vallejo del PRI fue expuesto como traición por algunos de los que crecieron a la sombra del añejo político, como era el caso de Omar Noé Bernardino Vargas, quien aseguró que su candidatura a diputado federal por el distrito de Apatzingán se veía afectada por las críticas de la sociedad.

El que con desafortunadas declaraciones intentó responder a la ola de críticas por la libertad de Rodrigo Vallejo fue el delegado del Comité Ejecutivo Nacional del PRI en Michoacán, Fernando Moreno Peña, que no hizo otra cosa que incendiar los ánimos de la militancia al declarar que el tema de Rodrigo Vallejo no afectaba a la campaña del candidato del PRI a la gubernatura, considerando que "los millones de mexicanos que vieron el video [de la reunión de *la Tuta* con Rodrigo Vallejo] no votan en Michoacán". En la versión simplista del delegado, el de Rodrigo Vallejo ni siquiera era un asunto de partidos; para Moreno se trataba de "una conducta personal" y aseguró que las conductas personales no son trascendentes. Por eso, "el que lo sancionen o lo liberen, ni nos beneficia ni nos perjudica", remató, mientras que días antes estuvo gestionando la inclusión de Fausto Vallejo en la campaña de Ascención Orihuela, buscándolo en forma desesperada a fin de que se sumara y mandara el mentado "mensaje de unidad" que pudiera hacer que el PRI alcanzara la tercera posición en las preferencias electorales de los michoacanos.

El PAN en Michoacán también se cimbró con la libertad de Rodrigo Vallejo, luego de conocerse que el coordinador general jurídico del Comité Directivo Estatal de ese partido, Marco Vinicio Aguilera Garibay, era su abogado: el autor de la estrategia legal para alcanzar la cuestionada liberación era uno de los hombres más cercanos a la candidata panista. La ingenuidad era mucha o la complicidad era mayor al revelarse el nexo entre las familias Vallejo y Calderón, que en apariencia mantienen un conflicto político constante en Michoacán.

La relación cliente-abogado entre Rodrigo Vallejo y el asesor jurídico del PAN fue revelada por el también integrante de la defensa del hijo del gobernador, el abogado Evaristo Moreno Cruz, quien públicamente reconoció que Aguilera Garibay tomó la defensa del menor de los hijos de Vallejo desde el primer momento en que así se lo requirió el gobernador con licencia, y es que Aguilera Garibay fue procurador de justicia del estado en el periodo de gobierno de Vallejo, cargo que dejó cuando llegó a Michoacán el comisionado Castillo Cervantes y colocó en su lugar a José Martín Godoy Castro. Posteriormente Aguilera Garibay suplió en la Secretaría de Gobierno a Jesús Reyna cuando fue encarcelado; en tal calidad fue encargado del despacho del gobierno de Michoacán por unos días, siendo el responsable de la entrega al sustituto en la gubernatura, Salvador Jara Guerrero.

Tras revelarse la relación de la familia de Fausto Vallejo con la cúpula panista del estado, Luisa María Calderón no tuvo empacho en decir que se investigaría la relación entre Rodrigo Vallejo y el abogado general del PAN mientras Marco Vinicio Aguilera estaba a unos metros de distancia de la senadora con licencia. La liberación de Rodrigo Vallejo fue criticada en su momento por el presidente del Comité Directivo Estatal del PAN en la entidad, Miguel Ángel Chávez Zavala, quien dijo que era lamentable y decepcionante dicha situación, pero omitió decir que el autor del amparo que dejó en libertad a Vallejo Mora era uno de sus más cercanos colaboradores, quien protestó como abogado del hijo de Vallejo al lado del litigante Jesús Miranda ante el Juzgado Décimo Sexto de Procesos Penales del Primer Circuito con sede en Toluca, Estado de México.

Con la liberación de Rodrigo Vallejo y el silencio ominoso sobre el tema más allá del comentario ocasional de algunos de los principales candidatos a la gubernatura de Michoacán, quedó demostrada la superioridad mezquina de los intereses partidistas por encima de los intereses del grueso poblacional, el que aún no alcanzaba a ver una solución a la crisis michoacana. Fue evidente el acuerdo no hablado de los partidos para mantener el *statu quo* en el estado fallido; se comenzó a tejer una especie de alianza entre las tres fuerzas políticas para no alterar la permanencia del gobierno federal en la entidad y tolerar la existencia de las fuerzas del crimen organizado como un legado inherente al destino de los michoacanos, una especie de mal necesario.

A la vuelta de casi cuatro años el estado de Michoacán, con algunos actores sacados de la escena, no dejó de ser el mismo. La violencia, con el recurrente epicentro en la zona de Tierra Caliente, se manifestó constante en todo el territorio. Los grupos de autodefensa, que oficialmente fueron desarticulados, siguieron activos. El gobernador con licencia, acusado de tener bajo sus intereses el control de la entidad, parecía mantenerse inamovible. La Federación comenzó a alejarse, como hizo en los últimos veinte años antes del estallamiento social de las causas de los michoacanos. Michoacán siguió siendo una tierra sin Dios, donde los intereses económicos y de grupo se manifestaban por encima del interés supremo de la población de vivir y trabajar en paz. El estado obsoleto volvió a vislumbrarse ante la incapacidad del gobernador Jara Guerrero para sacar adelante la encomienda de pacificación y desarrollo: salvo por la desarticulación de los Caballeros Templarios y el encarcelamiento del fundador de los grupos de autodefensa, José Manuel Mireles, todo Michoacán continuó en la misma tónica.

El nuevo orden que nació a los ojos de la Presidencia de la República y de la Secretaría de Gobernación no se caracterizó por la ausencia de los desplazamientos forzosos ni por la eficiencia del gobierno estatal en la atención de los problemas sociales. Los grupos marginados por la violencia no fueron vistos por el gobierno en ninguna de sus esferas; la escalada de muertes siguió intensa. Los civiles continuaron armándose y resistiendo contra los remanentes de las células del crimen organizado; en el mejor de los casos marcaron su distancia con el gobierno estatal, el que siguió sin credibilidad.

La muestra más clara de que en Michoacán no hubo nunca voluntad para solucionar los problemas sociales que dieron origen al brote armado de las autodefensas fue el trato que el propio Estado dio a sus integrantes, los que a pesar de haber peleado contra el crimen organizado fueron tratados como delincuentes igual que su líder, José Manuel Mireles. Ninguno de los autodefensas detenidos por la PGR contó durante su declaración ministerial con la presencia de un representante de la CNDH, dicha cortesía se brindó sólo a los miembros de los cárteles como Servando Gómez, para asegurar el respeto a sus garantías individuales. No sólo no se respetaron las garantías individuales del doctor Mireles sino que fue humillado: lo exhibieron rapado y asustado como un animal de presa. El único hombre que tuvo el valor de iniciar una revuelta contra el crimen organizado que invadía su vida, y contra el mismo gobierno que volteó a otro lado para no escuchar los lamentos de la sociedad, fue recluido en una cárcel federal de máxima seguridad, segregado de la población penitenciaria y obligado a vivir sometido y vejado. Para el gobierno federal Mireles cometió delitos graves como la portación de armas sin permiso, pero según su propio dicho su peor crimen fue ser rebelde, algo todavía más penado en México.

Mireles fue tratado con odio oficial, eso saltó a todas luces: la forma en que fue detenido, la estigmatizante clasificación de peligroso, su asignación a un área de segregación, el aislamiento al que fue sometido; el permitirle sólo una hora de sol al día, limitar su contacto con el exterior de la cárcel sólo al correo ordinario, y eso escribiendo únicamente a familiares. El abandono al que se le condenó dentro de la cárcel federal de Hermosillo, Sonora, no habla de otra cosa sino de la intención de exterminarlo al igual que a su movimiento y a los hombres que junto a él creyeron en la posibilidad de cambiar el régimen de terror que nació del maridaje entre el crimen organizado y los mandos de gobierno local, anudados por el lazo de la corrupción. Como Mireles, muchos michoacanos se sintieron de nuevo presos. La Federación siguió con su juego perverso; el gobierno estatal continuó ajeno al reclamo de abandono de la comunidad, la que otra vez se miró sentenciada al estado fallido donde la violencia y el desgobierno apuntan a ser la continuidad en el inmenso laboratorio político que le ha significado siempre a la Federación el estado de Michoacán, donde se antojan infinitas las posibilidades de ensayo y error para apaciguar la violencia generalizada, evidencia clara del *narcorrégimen* que ha pervivido en la entidad ante la pasiva y a veces complaciente mirada de los actores políticos.

EL PORVENIR INCIERTO

"Hasta que matemos a todos los perros..."

Pese a los esfuerzos de la Federación, tras casi dos años de intervención directa, Michoacán no puede superar la condición de estado fallido. La violencia desatada en todo el territorio, donde células del cártel Jalisco Nueva Generación siguen combatiendo contra los remanentes de los Caballeros Templarios, anuncia una larga noche para los michoacanos. La Federación lo sabe, pero lo disimula. El gobierno local lo entiende, pero no le importa. El Estado opta por el juego perverso de la ingenuidad.

Los grupos de autodefensas, los leales al doctor Mireles, los que se alzaron para suplantar la función del estado que no pudo darles seguridad, no se han rendido. De los 74 grupos de civiles armados que llegaron a estar activos, se mantienen vigentes al menos 25 comandancias locales que continúan con la vigilancia en sus comunidades. Son las autodefensas que no creyeron en las promesas del gobierno federal que llegó para pedirles que depusieran las armas, sin garantías de exterminar al grupo del crimen organizado que los había martirizado.

En la zona de Tierra Caliente nadie olvida cómo eran las noches en que llegaban los delincuentes tumbando puertas para llevarse a hombres, niños y mujeres. A los unos los reclutaron, los secuestraron, los esclavizaron o los mataron, a las otras las violaron y las desaparecieron.

"No queremos que vuelva a pasar otra vez", dice Miguel, un integrante de la autodefensa de Aquila que se mantiene en vigilancia nocturna sobre un camino que va a Santa María Ostula. Le sorbe al café como para acomodarse las ideas. Se acuerda de su hermana Ana María. Se la llevaron los Templarios cuando cumplió apenas 16 años. Lleva dos años buscándola en todas las fosas clandestinas que han aflorado, pero no ha tenido suerte.

En Aquila están seguros de que un cártel de las drogas nunca más se apropiará de la vida de los lugareños, por eso se mantienen en resistencia. La lucha armada no terminará pronto. Llevará su tiempo. Miguel, de 23 años, está resuelto a dejar la vida en la lucha: "Hasta que matemos a todos los perros Templarios se va a terminar esto", asegura. No va a dejar la pelea, "al menos hasta que mate al que se llevó a mi hermana".

Para el gobierno federal ya no existen, pero los grupos de autodefensa michoacanos se encuentran más activos que al principio. Han delimitado sus radios de vigilancia. Ya no están coordinados con las fuerzas federales. Ahora no se mueven libremente por las carreteras estatales y han sido confinados a reductos de vigilancia dentro de sus comunidades, ése es el acuerdo establecido con los mandos del ejército que reasumieron el control de la seguridad pública en el estado, tras la salida del comisionado Alfredo Castillo.

"El ejército es el único gobierno que reconocemos, no creemos en el gobierno estatal", acota otro autodefensa de la guardia nocturna de Ostula. A la policía estatal, en cualquiera de sus modalidades, se le ha obligado a salir de las comunidades que están bajo el control de los civiles. Para los pueblos de la Costa Sierra Nahua, el gobierno de Michoacán sigue siendo un gobierno de los Templarios. Por eso no aspiran a tener un contacto con el propio gobernador.

"Ni nos interesa, y parece que al viejito [Salvador Jara] tampoco le interesa solucionar los conflictos que tenemos, estamos a mano", dice Miguel mientras se tercia el fusil con el que prácticamente duerme: "Éste es el único en el que confío, es lo único que tengo para no dejar que lleguen otra vez los Templarios". Insiste en que no van a dejar que vuelvan a gobernar.

No es la convicción de los grupos de autodefensa de seguir en pie la que mantiene la violencia en Michoacán, como asegura el gobierno estatal. Son las células del crimen organizado, las de los Caballeros Templarios que buscan un reacomodo, como células independientes o como parte de la estructura del cártel Jalisco Nueva Generación, las que han prolongado las confrontaciones.

No obstante, para la Federación, los Templarios se desarticularon —como por decreto— con la detención de Servando Gómez Martínez. En tanto que los grupos de autodefensa se desmovilizaron y desarmaron con la detención del doctor Mireles. Nada más lejos de la realidad.

MATANZA EN TANHUATO:
VERSIONES CONTRADICTORIAS

El clima de violencia también se ha acrecentado por la presencia de células del cártel Jalisco Nueva Generación, el cual ha extendido sus tentáculos en reclamo del suelo donde tuvo su origen. El grupo de Nemesio Oseguera Cervantes, *el Mencho*, ha comenzado a sumar a grupos independientes que en su momento estuvieron al servicio de los Templarios, y les ha declarado la guerra tanto a las autodefensas como a las fuerzas federales. Su infiltración en Michoacán ha sido gradual, pero muy violenta. Su perfil es discreto, pero puede reaccionar de manera extrema ante una provocación.

La muestra más evidente de la invasión silenciosa y de la explosividad de este grupo delincuencial fue la matanza de Tanhuato, ocurrida el 22 de mayo de 2015, donde surgieron serias dudas sobre una posible ejecución extrajudicial realizada por las fuerzas federales. En ese contexto, el cártel Jalisco Nueva Generación manifestó su deseo de posicionarse en Michoacán a costa de lo que sea. La prueba es el reto que lanzaron al gobierno federal en un video que se difundió en YouTube el 27 de mayo de 2015, en el que se hace un llamado a las autodefensas para vengar a los muertos abatidos por los federales en el Rancho del Sol cinco días antes. En el comunicado, la voz anónima que habla a nombre de Jalisco Nueva Generación reconoce una serie de acuerdos y apoyos entre su agrupación y las autodefensas.

Sin duda, a dicha organización criminal le dolió el golpe que el gobierno federal le asestó la mañana del 22 de mayo. Ese día un grupo de policías se disponía a ejecutar una orden de captura contra los asesinos de Enrique Hernández Salcedo, candidato de Morena a la alcaldía de Yurécuaro. Cuando las fuerzas federales llegaron a la comunidad de Tinaja de Vargas, en el municipio de Tanhuato, las recibieron a fuego abierto. Los agresores eran miembros del cártel Jalisco Nueva Generación, quienes estaban asentados en un territorio que había sido bastión de los Templarios, desde donde controlaban la zona limítrofe entre Michoacán, Jalisco y Guanajuato.

Desde hacía más de 20 años ninguna autoridad policial había entrado en el sitio, el cual era tan seguro que se utilizaba para el resguardo de secuestrados, drogas, dinero, municiones y armas. Tras la caída de *la Tuta*, el dominio pasó a ser el fuerte del cártel Jalisco Nueva Generación, donde las huestes de Nemesio Oseguera se atrincheraron, hasta que por un error de cálculo llegó una patrulla de 16 policías federales a ejecutar una orden de captura contra dos presuntos homicidas.

Desde Tinaja de Vargas, los federales fueron obligados a retroceder. Entonces buscaron salir del blanco y reorganizarse con apoyos que solicitaron por medio del Centro Estatal de Cómputo, Comando y Control (C4). Las fuerzas federales ordenaron que las policías municipales de la zona no se acercaran al área de conflicto. Más tarde, supuestos sicarios fueron acechados en un llano a menos de tres kilómetros de distancia de la comunidad donde había iniciado la conflagración. Allí quedó tendido uno de los policías federales, la única baja que sufrieron las fuerzas del gobierno.

Con el arribo de los refuerzos por aire y tierra, la Policía Federal inclinó la balanza a su favor. Tras las primeras dos horas de confrontación, los sicarios —que se contabilizaron inicialmente en más de 70— comenzaron a dispersarse. Los últimos agresores que encararon a los policías, tras consumir los pertrechos, buscaron resguardarse en un rancho cercano al sitio de la conflagración. El Rancho del Sol, ubicado a un costado de la carretera Morelia-Guadalajara, en las inmediaciones de Ecuandureo, era otro refugio de seguridad del cártel Jalisco Nueva Generación. Hasta allí llegaron los sicarios a los que perseguía la Policía Federal.

Lo que pasó en el rancho es un secreto que apunta hacia una ejecución extrajudicial, la cual causó la molestia del cártel Jalisco Nueva Generación. Por esa razón hubo un llamamiento a los grupos de autodefensa, para vengarse de las fuerzas federales. En el código de guerra de los cárteles pocas veces se busca revancha, sólo las muertes a mansalva despiertan la ira que reclama la sangre de los caídos.

Las primeras investigaciones de funcionarios de la Comisión Nacional de los Derechos Humanos dejan en entredicho la versión oficial del gobierno federal. El comisionado nacional de seguridad, Monte Alejandro Rubido García, afirmó que el saldo del enfrentamiento fue de 42 civiles armados muertos, y un policía caído en combate. "La refriega fue ardua", explicó el funcionario en conferencia de prensa. La confrontación tuvo una duración de más de tres horas, donde intervino un helicóptero *Black Hawk*. El gobierno federal no reconoce que el enfrentamiento haya iniciado en la comunidad de Tinaja de Vargas ni que los policías federales hayan ido tras los presuntos asesinos del candidato de Morena.

Para el gobierno la hostilidad se derivó de un ataque directo a las fuerzas federales a su paso por el Rancho del Sol. La desproporción entre víctimas de ambos bandos se atribuyó a la disciplina y el entrenamiento de los policías, frente al desorganizado ataque de los sicarios. Pero las conclusiones entre algunos funcionarios de la CNDH y las versiones de policías municipales de la zona que atestiguaron los hechos revelan una matanza grupal.

De acuerdo con la CNDH, la principal sospecha de una ejecución extrajudicial surge de la ubicación final de la mayoría de las personas levantadas en el rancho. Los cuerpos se hallaron abatidos en un terreno abierto, lugar que difícilmente hubiera sido elegido por los supuestos sicarios para encarar a las fuerzas federales. La mayoría de los caídos tenía disparos que penetraron por un costado o por la espalda, a pocos se les observaron disparos de frente. No se descarta la aplicación de la ley fuga, toda vez que algunos de los cuerpos estaban sin zapatos y sin camisa. Otros presentaban lesiones en el rostro previas a su muerte, como si los hubieran sometido a tortura o a un violento interrogatorio. A otros cuerpos, al menos a siete de los 42 registrados, los movieron antes del arribo del ministerio público que dio fe.

Un funcionario de la Procuraduría de Justicia de Michoacán filtró:

Algunos de los cuerpos que fueron levantados al interior del Rancho del Sol no tenían zapatos y sus cuerpos estaban a una distancia mayor a los 30 metros de donde se encontraba el arma de fuego más próxima. Además, la posición de algunos cuerpos y las armas que se les encontraron encima de ellos no correspondió a la cinemática natural del deceso. La posición de las armas revela que algunas de ellas fueron colocadas en forma intencional, una vez que la persona había fallecido, pues ni la sujeción de las armas se encontró de forma natural.

Funcionarios del Cisen expusieron inconsistencias entre la versión oficial del enfrentamiento y las pruebas de los peritajes, donde el dato principal bajo sospecha es el número de armas que en conjunto pudieron utilizar los sicarios en el enfrentamiento que duró más de tres horas. Los 42 abatidos en el Rancho del Sol utilizaron sólo 36 rifles de asalto y dos pistolas. También se incautó un lanzagranadas que no se utilizó y un fusil calibre 50. En total fueron 40 armas las que los 42 abatidos pudieron haber disparado. La mayoría de las armas que usaron los presuntos agresores no estaba en la proximidad de los cuerpos caídos. Hay registros de armas que se ubicaron en un radio de hasta 10 metros de distancia. El peritaje oficial que dio a conocer el comisionado federal señala que todos los cuerpos levantados dieron positivo a la prueba de rodizonato de sodio.

El número de cartuchos percutidos que se encontraron en las inmediaciones del rancho, donde presuntamente se atrincheraron los sicarios, no es verosímil, reveló el personal de peritaje de la Procuraduría de Justicia del Estado. Se estableció que el número de casquillos que dejaron las armas de los agresores fue notoriamente inferior al que se hubiera necesitado para mantener un ritmo de "fuego intermitente" durante tres horas. Algunos cuerpos de agresores caídos en el Rancho del Sol se ubicaron con apenas tres o cinco cartuchos en su entorno. A pesar de ello, al momento de hacer el recuento de lo incautado, el gobierno federal anunció que se logró el decomiso de municiones intactas, que los asesinados ya no pudieron utilizar.

Otro indicio de inconsistencias entre el peritaje y la versión oficial es el incendio que se registró en el rancho, el cual consumió al menos seis vehículos de lujo que utilizaban los presuntos sicarios y gran parte de lo que al parecer era una bodega de almacenaje pecuario. Allí, los peritajes indican que el fuego inició cuando el rancho ya estaba bajo control de las fuerzas federales. El incendio habría comenzado una hora antes de que el agente del ministerio público del fuero común arribara al lugar y dos horas después de que la zona fuera asegurada. Policías municipales fueron testigos del inicio del fuego, cuando ya había algunas ambulancias en el sitio. De manera extraña, las llamas consumieron diversos objetos como ropa, papeles y utensilios de cocina que no correspondían con el uso que se le daba a la bodega.

La posibilidad de que se hayan llevado a cabo ejecuciones extrajudiciales, o que al menos haya ocultamiento de información sobre lo que realmente pasó en el Rancho del Sol, fue alentada por la inconsistencia del parte oficial del gobierno, donde se explicó que la agresión a las fuerzas federales ocurrió al filo de las 9:15 horas. Sin embargo, ese mismo día a las ocho de la mañana la policía municipal de Tanhuato recibió una llamada de vecinos de Tinaja de Vargas que alertaba sobre un enfrentamiento en la entrada de la localidad.

Policías municipales de La Piedad, Yurécuaro, Ecuandureo y Tanhuato, a quienes se les pidió que salieran de la frecuencia radial del C4 y que no se acercaran a la zona, fueron testigos a lo lejos de cómo un helicóptero de la Policía Federal roció con balas la casa principal del rancho. Una versión indica que desde el aire fueron ejecutados algunos de los presuntos sicarios cuando habían depuesto las armas y mantenían las manos en alto, en actitud de entrega.

Para el gobierno estatal, la masacre del Rancho del Sol no existió. El gobernador Salvador Jara ni siquiera se pronunció sobre este hecho que llamó poderosamente la atención de la prensa nacional e internacional. Los días subsecuentes a la matanza, mientras algunos periodistas trataban de armar el rompecabezas para explicar lo que había ocurrido, en la oficina de comunicación social de la administración autista de Michoacán se difundieron sendos comunicados de prensa relativos a una campaña de vacunación y programas culturales de la Universidad Michoacana de San Nicolás de Hidalgo.

El origen de la matanza del Rancho del Sol fue el asesinato de un candidato a presidente municipal, pero ni siquiera eso puso en alerta al gobernador Jara, quien supo del hecho por una llamada telefónica de su secretario de gobierno, Jaime Esparza Cortina, la tarde del 14 de mayo de 2015. La noticia no hizo que el gobernador suspendiera una reunión de amigos en la Casa de Gobierno, sólo pidió que lo mantuvieran informado de los avances de la investigación. Su preocupación fue tal que prolongó la velada entre risas, coñac y música hasta entrada la medianoche, cuando las siluetas de al menos dos mujeres se escurrieron por las paredes de los cobertizos de la sede oficial del gobierno.

JARA: POLÍTICA DE NEGACIÓN

Las balas del crimen organizado habían manchado, de nuevo, un proceso electoral. A diferencia de 2011, esta vez el gobernador minimizó los hechos y no pidió que la PGR atrajera las investigaciones, en virtud del asesinato de un ex miembro de las autodefensas y representante de uno de los partidos políticos más activos en cuanto a movilización y gestión mediática. Jara antepuso a su obligación ejecutiva la diferencia que mantenía en el plano personal con el candidato muerto.

Para nadie era desconocido que el candidato de Morena tuvo roces personales con el comisionado Castillo cuando estaba organizando a los grupos de autodefensa en Yurécuaro. Esas diferencias hicieron que Enrique Hernández Salcedo terminara preso en una cárcel estatal, acusado de ordenar la muerte del alcalde de Tanhuato, Gustavo Garibay García, quien se había opuesto a la presencia de autodefensas en esa región. Tras haber sido inculpado, a Hernández Salcedo se le sometió a tortura dentro de la prisión estatal para que admitiera el crimen. Tres días antes de que desde Los Pinos se nombrara gobernador de Michoacán a Salvador Jara, el líder de Yurécuaro fue exonerado del delito de homicidio, pero se le acusó de encubrimiento, alcanzando de esa forma sólo la libertad bajo caución.

El líder de Yurécuaro intentó contactar al recién llegado gobernador para solicitar su mediación, a fin de que reconociera el grado de descomposición social que prevalecía en la zona del Bajío, donde los Templarios seguían actuando de forma impune, algunas veces coludidos con empresarios y otras con funcionarios públicos. Ante la insistencia, el gobernador sustituto hizo lo que mejor sabía hacer: no escuchó a la parte contraria y omitió los reclamos de seguridad. Se quejó ante el gobierno federal de los exabruptos públicos del jefe de las autodefensas y dejó que su contraparte se agotara.

El 14 de mayo de 2015 Hernández Salcedo fue ejecutado durante un mitin en Yurécuaro. El candidato de Morena gritaba eufórico y convocaba a la ciudadanía para "erradicar el narcogobierno que tan de moda puso el PRI en la entidad". Minutos antes de que terminara su discurso, un grupo de hombres armados abrió fuego contra él. Las balas alcanzaron también a tres de los asistentes a la reunión política. El candidato murió y la gente huyó en desbandada. En ese momento, Morena lideraba las preferencias electorales del municipio. La popularidad del candidato radicaba, entre otras razones, en la difusión de los ideales de Mireles, autonombrándose en diversas ocasiones como "uno de sus discípulos más aventajados".

Tras la muerte de Enrique Hernández Salcedo, el gobernador Jara esquivó los señalamientos periodísticos; aseguró que el difunto no solicitó en ningún momento un equipo de seguridad al gobierno estatal, pero no había nada más alejado de la realidad. Tanto el candidato de Morena en Yurécuaro como otros 27 candidatos —de los más de 70 que recibieron amenazas de muerte durante el proceso electoral de 2015— habían solicitado apoyo para su seguridad. Sin embargo, sólo se les brindó protección a unos cuantos. El gobierno local ni siquiera asistió a Hipólito Mora, entonces candidato a una diputación por Apatzingán que cargaba con un rosario de amenazas sobre su persona. Salvador Jara remitió la solicitud de seguridad de este candidato al comisionado para la seguridad de Michoacán, Felipe Gurrola Ramírez, "en espera de que pronto se le otorgue una guardia armada para su protección". El otorgamiento nunca llegó.

El gobierno federal intervino medianamente en la solución de las demandas de los candidatos amenazados. Algunos recibieron un chaleco antibalas y recomendaciones —por medio de una especie de manual— sobre la forma de afrontar situaciones de riesgo. Únicamente los tres principales candidatos al gobierno estatal de Michoacán, los abanderados del PRI, el PAN y el PRD, contaron con la asistencia de elementos del Estado Mayor Presidencial. Aun así, Jara Guerrero no tuvo empacho en señalar que a todos los candidatos que reclamaron seguridad se les otorgó el debido respaldo. Además, reiteró que en Michoacán no había "focos rojos" que pusieran en riesgo la jornada electoral. Fiel a su política de negación, el gobernador señaló que los conflictos sociales eran cosa del pasado.

En Michoacán fueron 18 los integrantes del movimiento armado los que se sumaron a las candidaturas de diversos partidos, a veces como propietarios, en ocasiones como suplentes, buscando desde diputaciones federales hasta alcaldías, sindicaturas o regidurías.

En cualquier caso, todos los candidatos fueron conscientes de los riesgos que implicaba participar en el proceso electoral más irregular en la historia de Michoacán.

RODRIGO VALLEJO: EFECTOS CALCULADOS

El 1° de junio de 2015, una semana antes de las elecciones, la PGR detuvo de nueva cuenta a Rodrigo Vallejo Mora. El hecho trastocó el escenario político y ninguno de los principales candidatos al gobierno estatal se supo ajeno al efecto dominó. El hijo de Fausto Vallejo Figueroa fue llamado a declarar sobre su relación con *la Tuta*, con quien apareció en un video difundido por Carlos Loret de Mola el 22 de abril de 2015. Ahí se observaba a Rodrigo Vallejo en franca camaradería con el jefe de los Templarios.

La detención produjo un ligero repunte en la candidatura de Luisa María Calderón, *Cocoa*, quien desde 2011 había denunciado los vínculos entre el menor de los Vallejo y ese grupo criminal. Por su parte, en el cuarto de guerra del Silvano Aureoles, la recomendación fue mantenerse ajenos a la detención. El perredista evitó pronunciamientos aduciendo que ese asunto "era un tema de la justicia". Las encuestas se lo cobraron. De estar al frente de las preferencias electorales con 38 puntos, alejado del segundo lugar con más de nueve puntos, descendió a 33. La actitud de Aureoles alimentó en el imaginario de los votantes la duda sobre posibles actos de corrupción. Esa duda se expuso en la Cámara de Diputados, donde se dijo que Aureoles aprovechó su posición como legislador para beneficiar a las empresas constructoras de sus amigos, mediante la entrega de obras municipales con sobrecostos de hasta 450 por ciento.

El senador priísta Agustín Trujillo Iñiguez denunció ante la PGR manejos irregulares por 5 000 millones de pesos, recursos que Aureoles habría gestionado desde la Federación en 2013 para realizar obras en 25 municipios. El comité directivo estatal del PRI en Michoacán estimó que gran parte del capital de las constructoras de los amigos de Silvano podría haber sido la principal fuente de financiamiento de la campaña a la gubernatura del PRD, al que el propio Instituto Electoral de Michoacán ya había reconvenido por uso indebido de recursos.

Los supuestos actos de corrupción relacionados con obras y fondos federales se extendieron al municipio de La Piedad, gobernado por el PAN, donde el manejo inadecuado del presupuesto gubernamental siempre ha representado un gran negocio. Allí, las obras que ejerció el alcalde Hugo Anaya Ávila se realizaron con empresas constructoras locales propuestas por el entonces legislador Silvano Aureoles. Nada nuevo para La Piedad, donde el legislador panista Arturo Torres Santos fue impulsor de las comisiones y los moches sobre los recursos que se entregaron a los municipios de ese distrito.

Por ese motivo Silvano Aureoles no fijó una postura pública y se limitó a observar la forma en que el electorado dejó de creer en él. Aunque nunca perdió el primer lugar en las preferencias, toleró que sus contrincantes se acercaran peligrosamente a la línea donde el triunfo electoral se podría disputar en los tribunales.

Ascensión Orihuela también optó por el silencio. Sobre el candidato priísta había una seria acusación de tener nexos con el crimen organizado, luego de la difusión de un video donde se observaba que *la Tuta* actuaba como fedatario público en la repartición de la herencia de su cuñado. Así, Orihuela se limitó a expresar públicamente que "es el imperio de la ley el que debe regir en Michoacán". Nunca mencionó a Rodrigo Vallejo por su nombre ni quiso referirse a Fausto Vallejo, quien ya había sumado su apoyo a la candidatura del PRD. A fin de cuentas, la segunda detención del hijo del ex gobernador parecía benéfica para el candidato del tricolor, pues se colocó a sólo un punto de distancia del primer lugar. Sin embargo, 48 horas antes del proceso electoral, Rodrigo Vallejo fue liberado.

En una suerte de efecto calculado, la Federación decidió definir el proceso electoral en Michoacán aun antes de que iniciara la jornada del domingo 7 de junio de 2015. Tras observar el crecimiento del PAN y del PRI a partir de la condición judicial de Rodrigo Vallejo, la Presidencia de la República, como hizo desde un principio, respaldó la candidatura del perredista Silvano Aureoles. De ese modo, dejó en libertad al hijo incómodo para sostener el descrédito de un PRI evidentemente corrupto y cobrarle la factura a un PAN que acusaba sin razón.

2015: LA ELECCIÓN DEL HARTAZGO

El día de la elección, con la imagen fresca de los videos de *la Tuta* y Vallejo Mora, el electorado emitió el voto de castigo contra el PRI y el PAN. Los michoacanos salieron a las urnas no para votar por Silvano Aureoles, sino para repudiar los escándalos de colusión entre el crimen organizado y algunos funcionarios de la administración estatal, varios de los cuales tampoco habían dejado libre de sospecha a Luisa María Calderón. Fue el voto del hartazgo el que habló por los michoacanos.

Desde el inicio de la contienda, se señaló que el abanderado del PRD era el candidato preferido del presidente de la República. Las sospechas llegaron desde los sectores radicales del PRI y el PRD. Después de todo, Silvano Aureoles, en su calidad de presidente de la mesa directiva de la Cámara de Diputados, fue el mejor aliado que había tenido Peña Nieto para sacar adelante las "reformas estructurales". Sólo así se entiende que el PRI haya nominado a un candidato al que la PGR investigaba por posibles nexos con el crimen organizado. Tal vez otros aspirantes como Víctor Silva Tejeda, secretario de Desarrollo Social de Michoacán, habrían tenido más posibilidades.

Asimismo, Luisa María Calderón nunca fue una preocupación real para Aureoles, quien sabía que la panista llegaba a la contienda con un partido fracturado: los pleitos entre Felipe Calderón y Gustavo Madero terminarían por dejarla huérfana. En el CEN del PAN apostaron por erradicar todo vestigio de calderonismo y vieron las elecciones de Michoacán como la mejor oportunidad para sepultar políticamente a esa corriente.

Después de todo, la historia le daba la razón al candidato del PRD. La familia Calderón nunca ha ganado una elección en su propio estado. El clan del ex presidente no es bien querido en Michoacán. Prueba de ello es que el mismo Felipe Calderón ha perdido dos elecciones en su tierra. La primera vez ocurrió cuando buscó ser gobernador del estado en 1995; esas elecciones las ganó el priísta Víctor Manuel Tinoco Rubí, quien dejó a Calderón en la tercera posición. El argumento panista de la derrota fue la marrullería de los otros partidos y la compra de votos. La segunda muestra del repudio michoacano hacia los Calderón sucedió en 2006, cuando López Obrador ganó en el estado dos votos a uno al que luego se impuso como presidente de la República.

Con ese antecedente, en el cuarto de guerra de Silvano Aureoles no fue un equívoco calcular la segunda derrota de Luisa María Calderón. En 2011 la panista se había quedado tan sólo a 52 233 votos de Fausto Vallejo. No obstante, en 2015, tras el cómputo final de las elecciones, *Cocoa* se fue al tercer lugar, con 352 700 votos, abajo del PRI, que alcanzó 410 115 sufragios, y del PRD que ganó con 530 950 votos.

En teoría, Luis María Calderón hubiera tenido la posibilidad de disputar en los tribunales el triunfo electoral si no hubiese roto con Alfonso Martínez Alcázar, quien aspiraba a la candidatura a la presidencia municipal de Morelia por el PAN. *Cocoa* le cerró el paso al joven político por no ser parte de su equipo y él no tuvo más opción que buscar la candidatura independiente. Finalmente, Martínez Alcázar se alzó con el triunfo electoral con 67 385 votos, mismos que seguramente se hubiesen sumado a la cuenta de la candidata a gobernadora, y la hubieran acercado a menos de 90 000 votos de Silvano Aureoles.

Con la victoria del candidato independiente, el PAN y los otros partidos en Michoacán comenzaron a sepultarse a sí mismos. Varios actores políticos honestos observaron la alternativa de una carrera de servicio mediante la capitalización del hartazgo social, al margen del cuestionamiento generalizado sobre las instituciones. Este mismo hartazgo se reflejó en cientos de leyendas que los votantes dejaron en las boletas electorales, donde las mentadas de madre a los partidos y a varios de los candidatos fueron una constante.

En medio de un clima de violencia, las elecciones del 7 de junio de 2015 registraron una de las más bajas participaciones en Michoacán. En la tierra sin Dios, múltiples actos vandálicos marcaron los comicios. El propio Hipólito Mora resumió a plenitud el estado de crisis: "Michoacán es un desmadre". El robo de urnas y la coacción para evitar el voto libre —a veces con dinero, a veces con armas— fueron los incidentes que se registraron mayormente.

Los grupos de autodefensa no se quedaron al margen. Su participación fue determinante: en algunos lugares, como la región de Tancítaro, los civiles armados ayudaron a la vigilancia y brindaron seguridad a los votantes. En otros sitios, como Aquila, las autodefensas impidieron que algunas de las urnas se instalaran en sus zonas de influencia. Hubo distritos, como los de la Zona Costa y la región de la Meseta, donde las autodefensas se llevaron las urnas al término de la jornada electoral.

Por lo demás, la CNTE y algunos sindicatos disidentes no cumplieron el objetivo de desquiciar las elecciones y buscar la anulación. Los acuerdos secretos que sostuvieron la CNTE y el CEN del PRD rindieron frutos: a sólo 24 horas de la elección, se alcanzó un pacto para permitir que el proceso electoral se llevara a cabo sin mayores incidentes.

El voto de castigo de los michoacanos, sumado a las maniobras de la Federación para *ganar perdiendo*, finalmente hizo que el gobernador fuera Silvano Aureoles, quien logró 36.06% de la votación. A partir de una bien armada retórica política, el perredista ofreció un nuevo comienzo para los michoacanos. No obstante, es claro que los resultados de la elección no cambiaron el panorama de la crisis social.

El 19 de julio de 2015, la inestabilidad volvió a hacerse patente. En la población de Santa María de Ostula, en Aquila, el Ejército disparó contra comuneros que bloqueaban un camino. Los acontecimientos ocurrieron después de que militares detuvieran a Semeí Verdía, fundador de las autodefensas de ese municipio. El saldo fue de un adulto y dos menores muertos, y al menos cuatro heridos.

Después de Apatzingán y Tanhuato, ésa fue la tercera ocasión en menos de un año en que las fuerzas federales hicieron a un lado el objetivo de combatir el tráfico de drogas ilegales y atacaron a la población civil. Mientras la gente guardaba luto por la muerte de los suyos a manos de los soldados, Semeí Verdía —comandante fiel a José Manuel Mireles—fue enviado a prisión como un delincuente más.

En tanto, desde una celda aislada en la cárcel federal de Hermosillo, Mireles recibe las noticias por medio de visitas familiares, quienes le informan cómo la llama de la insurgencia sigue viva y resiste al odio de la federación contra los que decidieron seguir sus pasos. En las barricadas rebeldes de la zona de Tierra Caliente, la meseta purépecha y la zona de la costa sierra nahua, el doctor sigue siendo el ícono del movimiento social. Y los reclamos de libertad para el hombre que se alzó contra el crimen organizado continúan sonando de manera inquebrantable…

ÍNDICE ONOMÁSTICO

Abascal Carranza, Carlos María, 60

Acevedo Román, Jesús Isaac, 233

Acosta Villarreal, Pablo, 30

Aguilar Cansimbe, María Esther, 51

Aguilera Garibay, Marco Vinicio, 316-317, 340-341

Alanís, Octaviano, 102

Alcalá Alcalá, Francisco, 211

Alejandre Corrales, Juan, *el Licenciado*, 244

Alemán Valdés, Miguel, 34

Alvarado Robledo, José, 290

Álvarez, Santiago, 199

Álvarez del Castillo, Enrique, 38

Álvarez Hernández, Elías, 317

Alzati Ruiz, Luis Gabino, 327

Ambrosio, Plácido Fabián, 136-137

Amezcua, los (grupo criminal), 43, 48

Analco Marmolejo, Francisco, 211

Anaya Ávila, Hugo, 355

Anaya Gudiño, Alfredo, 111, 134, 166

Anaya Jiménez, Eduardo, 278

Ángeles Zalpa, Ramón, 51

Antúnez Álvarez, Manuel, 317

Antúnez Oviedo, Manuel, 335

Aranza Doniz, Carlos, 318

Archundia Barrientos, Rodrigo, 309

Arellano Félix, Benjamín, 30, 32, 41, 45

Arellano Félix, Eduardo, 30, 32, 41, 45

Arellano Félix, Ramón, 30, 32, 41, 45

Arias Solís, Cristóbal, 41, 44, 102, 106, 110, 162

Aristegui, Carmen, 154, 215

Arriaga Diez, Juan Pablo, 317

Arriaga Rivera, Agustín, 31

Arriaga Sierra, José Luis, 182

Arroyo Domínguez, José, 103

Arrué, Emilse, 270

Aureoles Conejo, Silvano, 111, 339, 354-358

Ávila Camacho, Manuel, 26

Ávila Farca, José Ramón, 233, 294, 313

Ávila Franco, José Luis, 249

Ávila Pedraza, Carlos Javier, 318

Avilés, Erik, 282
Avilés Pérez, Pedro, 28-30
Aviña Martínez, Marco Antonio, 103
Ayala Ramírez, Javier, 152

Báez Ceja, Víctor, 151
Bañuelos Mendoza, Efraín, 224
Barba, Mariano, 89
Barba Hernández, Javier, 30
Barragán, David Paulino, 211
Barragán Benítez, Víctor, 311
Barragán Moreno, Julio César, 212
Barrera Estrada, Rodimiro, 254
Barrera Medrano, Nicandro, *el Nica*, 115, 139
Basilio Campos, Gabino, 157
Bautista, César, 65
Bautista Chapina, Roberto, 130, 133, 136-137, 155, 254
Bautista Ramírez, Mario, 65, 249
Bautista Villegas, Enrique, 60-61
Becerra Beltrán, Juan Carlos, 185, 248
Becerril Almazán, Guadalupe Alfredo, 309-310
Becker, Karl Josef, 200
Bedolla Espino, Francisco Javier, 252
Belmonte Belmonte, Agustín, 103
Beltrán Leyva, los (grupo criminal), 215
Beltrán Torres, Estanislao, *Papá Pitufo*, 226, 228-229, 234-235, 243, 264, 266-267, 286, 288, 290, 319, 321, 333
Benítez Suárez, Sergio Enrique, 158
Benítez Tiburcio, Mariana, 310
Bernardino Vargas, Omar Noé, 158, 277, 340
Blake Mora, Francisco, 120, 153
Blanco Nateras, Santiago, 254, 278
Bolaños Carmona, Francisco, 278
Bours, Eduardo, 67
Bravo Cisneros, Ángel, 31
Bribiesca Tafolla, Alipio, 34, 102, 105
Bueno Torio, Juan, 94

Caballero, Eliseo, 154
Cabañas, Lucio, 39, 84
Calderón, Juan Luis, 22
Calderón Hinojosa, Felipe, 21-23, 44, 52, 67, 72, 93, 110, 119, 131-133, 141, 145, 150, 153, 160, 164-165, 170-171, 188, 209, 231, 233, 237, 241, 248, 265, 279-280, 304, 356
Calderón Hinojosa, Luisa María, *Cocoa*, 21-23, 52, 111, 135, 151, 153-154, 160, 172, 279, 339, 341, 354, 356
Calderón Torreblanca, Fidel, 135
Camacho Garibo, Desiderio, 258
Camacho Zepeda, Virgilio, 95
Camarena Salazar, Enrique, 38
Cambrón López, Luis Mario, 212
Campa, Roberto, 204

Campos Macías, David, 136
Campos Ponce, Carlos, 134
Cano, *Chito*, 39
Cano Ochoa, Fernando, 316
Cano Vega, Ramón, 318
Carbajal Moreno, Gustavo, 105
Cárdenas Batel, Lázaro, 44, 56, 58,
    61, 94, 111, 115, 120, 124, 130,
    133, 184, 257-258, 282, 324
Cárdenas del Río, Lázaro, 25-26,
    58, 101, 124, 161
Cárdenas Guillén, Antonio, *Tony*
    Tormenta, 54
Cárdenas Guillén, Osiel, 42-43,
    54, 75
Cárdenas Palomino, Luis, 188,
    232-233
Cárdenas Salgado, Cruz, 283
Cárdenas Solórzano,
    Cuauhtémoc, 32, 35-36,
    40-41, 104-105, 124, 161-163,
    181, 303
Cardona Medel, Ramón, 31
Caro, Gil, 28
Caro, Manuela, 28
Caro Quintero, Rafael, 30
Carpizo McGregor, Jorge, 45, 110
Carrillo Fuentes, Amado, *el Señor*
    de los Cielos, 30, 38, 43, 45
Carrillo Olea, Jorge, 132
Carrizales Torres, Julio, 252
Cassez, Florence, 188
Castaño, Carlos, 187
Castellanos Becerra, Carlos
    Hugo, 231, 251, 294, 313-314,
    317, 319-320

Castillejos Cervantes, Humberto,
    227-228, 230, 232, 234,
    310-311, 313
Castillejos Escobar, Marcos, 232
Castillo Cervantes, Alfredo,
    16-17, 21, 228-236, 239, 242,
    244-247, 249, 251-252,
    255-258, 262, 264-267,
    270-271, 275, 277-278, 285,
    289, 292-296, 298-299,
    307-310, 312-316, 319-320,
    322-323, 341, 346, 352
Cedeño Hernández, Rafael,
    el Cede, 64-66, 82-83, 88, 140
Ceja Alonso, Santiago, 136
Ceja Valencia, Adán, 205
Cervantes Aguirre, Enrique, 45
Cervantes Andrade, Raúl, 214
Chávez, Arturo, 132
Chávez, Tito, 29, 32-35, 37-38,
    40, 80
Chávez Andrade, Antonio, 57
Chávez Garibay, César, 278
Chávez Hernández, Ausencio, 36,
    99, 102, 105, 107-109, 163
Chávez Hernández, Servando,
    30-31, 105
Chávez Mendoza, Uriel,
    111-112, 253-254, 301
Chávez Rosas, Rafael, 138
Chávez Zavala, Miguel Ángel,
    341
Chon, Manuel, 26
Chuayffet Chemor, Emilio, 46
Cienfuegos Zepeda, Salvador,
    216, 227

Cisneros Andrade, Jesús, 182
Coca Álvarez, Luis, 102
Colina Quiroz, Ignacio, 317
Colosio Murrieta, Luis Donaldo, 104-105
Comparán Rodríguez, Adalberto Fructuoso, 19, 189, 254, 319-321, 334
Compeán Reyes Espíndola, Ana, 317-318
Contreras Orozco, Ramón, 19, 189
Contreras Ortega, Jennifer, *la Niña*, 223-225
Córdoba Montoya, José, 106-108
Coria Villafuerte, Roberto, 317
Cortés Laguna, Alejandro, 138
Cortés Sandoval, Reynaldo, 254
Cortez, Hugo, 126
Cortez Leal, Jesús, 182
Cortez Ramos, José, 249
Costilla Sánchez, Jorge Eduardo, 54
Cruz Farías, Juan, 211
Cruz García, Everardo, 254
Cruz Macías, José Ángel, 211
Cruz Orozco, Leonel de la, 211
Cruz Orozco, Rigoberto, 212
Cruz Ramiro, Julián, 127-128
Cruz Suárez, Gonzalo, 211
Cruz Valencia, Jesús, 111-112
Cuinis, los. Véanse González Valencia, Abigael y José

Delgado Cendejas, Carlos, 57
Díaz, Jesús, 19, 189

Díaz Ordaz, Gustavo, 101
Díaz Pérez, José Luis, 154
Díaz Rodríguez, Rafael, 318
Domínguez Macías, Enrique, 138
Domínguez Rolón, Adrián, 119
Durán Juárez, Héctor, 157
Durán Velázquez, Antonio, 157

Echeverría, Luis, 101
Elizalde, Valentín, 89
Engels, Friedrich, 138
Escobar Gaviria, Pablo, 30, 32, 38
Esparragoza, Juan José, 30
Esparza Cortina, Jaime, 316
Espino Sandoval, Ana Brasilia, 318
Espinosa Valencia, Ricardo, 254
Espinoza Álvarez, Rafael, 109
Esquivel Lucatero, Osvaldo, 249
Estrada, Salvador, 157
Estrada, Trinidad, 157
Estrada García, Francisco, 249
Estrada Sámano, Fernando, 102
Estrada Zamora, Mauricio, 51
Ettinger, Catherine, 327

Fabián Campos, Gloria, 157
Farías, Carlos Eduardo, 223-224
Farías Álvarez, Uriel, 249
Farías Cruz, Octavio, 211
Félix Gallardo, Miguel Ángel, 30-31, 38
Fernández, Eduardo, 30
Fernández Alba, José Luis, 103

Fernández González, Citlalli, 135, 248

Ferrari, Bruno, 93

Figueroa Aguilar, Marcela, 285, 313, 317

Figueroa Zamudio, Genovevo, *el Güero*, 36, 41, 105, 161, 279

Flores Adame, Samantha, 314

Flores Cruz, José Luis, 138

Flores Sánchez, Óscar, 38

Fonseca, Rafael, 28

Fonseca Carrillo, Ernesto, 30, 33, 38

Fox Quesada, Vicente, 60, 124, 231, 233

Franco Rodríguez, David, 180

Galeana Núñez, Francisco, *el Pantera*, 236

Gallardo Rodríguez, José Francisco, 263, 268

Gallegos Godoy, Miguel Ángel, *el Migueladas*, 290

Galván, Guillermo, 44

Gálvez Betancourt, Carlos, 31

Gamboa Ramírez, Crispín, 317

Gaona Gómez, Juan, 248

García Ábrego, Juan, 39-40

García Apac, José Antonio, 51

García Arciga, Enrique, 34, 102

García Ávila, Rafael, 137

García Castillo, Javier, 103

García Castillo, José, 103

García Castillo, Raúl, 103

García Huerta, Alexis Omar, 212

García Hurtado, Miguel, 135, 248

García Luna, Genaro, 188, 231-233, 304

García Madrigal, Gabriel, 212

García Medina, Amalia, 67

García Pimentel, Gerardo Israel, 49

García Sierra, Roberto, 254

García Torres, Antonio, 45

García Torres, Jorge Eduardo, 45, 125

García Verduzco, Mario Enrique, 212

Garibay García, Gustavo, 322, 352

Garza Palacios, Javier, 188

Gaytán, Antonio, 249

Gil Zuarth, Roberto, 265

Girón del Toro, Francisco Javier, 22, 153-154

Godoy Castro, José Martín, 231, 246, 294, 317, 319, 341

Godoy Rangel, Leonel, 48, 94, 111, 135-136, 142, 149, 184, 209, 214, 222, 249, 257-258, 265-266, 279, 281-282, 304, 324

Godoy Toscano, Julio César, 304-305

Gómez González, Arely, 311

Gómez Martínez, Aquiles, 293

Gómez Martínez, Flavio, 57, 60

Gómez Martínez, Servando, *la Tuta, el Profe*, 16, 20-23, 42, 55, 57, 60, 67, 80, 112, 115, 134, 139, 144-146, 153, 166, 185, 192, 210, 218-220, 228, 231-232, 242-244, 247, 283,

286, 290, 292-308, 310, 312,
314, 318-320, 322, 333,
339-340, 342, 347-348,
354-355
Gómez Patiño, Luis Servando,
305
Gómez Souza, Fabricio, 31
González, Eligio Cuitláhuac, 134
González, Felipe, 124
González, Héctor, *el Árabe*, 28-29
González, José, 29, 32, 37, 80
González, Pablo, 27
González Calderoni, Guillermo,
40
González de la Vega, Francisco,
34
González Fernández, José Misael,
19, 189, 254, 334
González Garrido, Patrocino,
108
González Jasso, Pablo, 28
González Rodríguez, Antonio,
249
González Valencia, Abigael, 20,
37, 47
González Valencia, José, 20, 37,
47
González Velázquez, Carlos,
317
Gordillo Morales, Elba Esther,
230
Gorrostieta Salazar, María Santos,
254
Guerra, Juan Nepomuceno, 39
Guillén Vargas, Pedro, 212
Guízar Valencia, Genaro, 249

Guízar Camorlinga, Rogelio, 47
Gurrola Ramírez, Felipe, 297,
300, 304, 308, 312, 316, 353
Gutiérrez, Alberto, *Comandante
Cinco*, 266, 286, 293, 334
Gutiérrez, Jesús, 19, 189
Gutiérrez Aguilar, Ángel, 19, 189
Gutiérrez Barrios, Fernando, 102,
107, 162
Gutiérrez Cruz, Miguel, 119
Gutiérrez Rebollo, Jesús, 43, 45
Guzmán Castañeda, Antonio,
150
Guzmán Cruz, Amafer, 138
Guzmán Cruz, Armando, 138
Guzmán Cruz, Solón, 138
Guzmán Cruz, Venustiano, 138
Guzmán Decena, Arturo, *el Z-1*,
40
Guzmán Fuentes, Guillermo,
203, 275
Guzmán Jiménez, José de Jesús,
138
Guzmán Loera, Joaquín, *el Chapo*,
30, 32, 38, 42, 46-47, 53, 71,
192, 215, 299
Guzmán Romero, Ricardo, 110
Guzmán Rosas, Mireya, 258

Hank González, Carlos, 105
Hernández Bautista, Juan, 138
Hernández Bedolla, Leopoldo,
317
Hernández Deras, Ismael, 67
Hernández Estrada, Armando,
155

Hernández Granados, Julio, 164, 317, 327
Hernández Macías, Jesús, 137
Hernández Ramírez, Juan, 205
Hernández Saucedo, Enrique, Enrique Hernández Salcedo, 321-323, 334, 347, 352-356
Hernández Valdés, Onofre, Emilio, 248-249
Herrera Arroyo, Amalia, 134
Herrera Guido, María Teresa, 317
Herrera Nevárez, Jaime, 29
Hing, Sam, 26-27
Hiriart Balderrama, Fernando, 107
Huaroco, Francisco Fabián, 157
Huerta Alvarado, Clemente, 212
Huerta Cañedo, Carlos, 317

Ibarra Serrano, Juan, 35
Ibarra Torres, Elías, 329
Ireta Viveros, Félix, 25-26
Ixtlahuac Orihuela, Juan Antonio, 249

Jacobo Pérez, Victorino, 249
Jara Guerrero, Salvador, 16-17, 277-282, 284-285, 287-288, 292, 297, 308, 312-314, 316, 318, 323-324, 326-327, 329-333, 341-342, 346, 352-353
Jasso, Ignacia, la Nacha, 27-29
Jiménez Alvarado, José Alfredo, 224
Juárez Blanquet, Erick, 278
Juárez Davis, Óscar, 285, 313

Juárez Urbina, Leopoldo, 136
Juárez Urbina, Pedro, 155

Karrúm Cervantes, Salma, 111-112, 314
Kybalión de los Tres Iniciados, El, 82

Larios Sánchez, Víctor, 212
Lázaro Medina, Wilfrido, 134, 165
Lazcano Lazcano, Heriberto, el Lazca, el Z-3, 43, 53
Lee, Sam, 26
Ling Molina, Rafael, 26
Lino Zamora, José, 249
López Andrade, Héctor, 244
López Aguayo, Otoniel, 57
López-Dóriga, Joaquín, 228, 276
López Jacobo, María Guadalupe, 257
López Jerónimo, Gregorio, el padre Goyo, 147, 186, 295, 301, 336-337
López Mateos, Adolfo, 31, 34
López Mendoza, Ygnacio, 206
López Miranda, Miguel, 317
López Obrador, Andrés Manuel, 124, 265, 356
López Orduña, Salvador, 111
López Paredes, Uriel, 158
López Portillo, José, 38
Loret de Mola, Rafael, 109, 354
Loya Plancarte, Dionisio, el Tío, 42, 55, 57, 61, 80, 115, 139, 144, 210, 235

Lúa, Luis Alfredo, 244
Luna Ávalos, José Manuel, 305
Luna Escalante, Armando, 184
Luna Ramos, Margarita Beatriz, 158
Lung Tain, Juan, 25

Macedo de la Concha, Rafael, 285
Macías Hernández, Rigel, 278
Macías Rafael, Urbano, 157
Madero Muñoz, Gustavo, 356
Madrazo Pintado, Roberto, 151
Madrid Hurtado, Miguel de la, 41, 44, 151
Madrigal Figueroa, José Luis, 112
Madrigal Madrigal, Tirso, 136-137
Madrigal Ramírez, José Luis, 211
Magaña de la Mora, Juan Antonio, 252
Magaña Marmolejo, Omar Gael, 212
Magaña Orozco, Guadalupe, 211
Magaña Serrato, Pablo, 244
Magaña Valdez, Javier, 211
Maldonado López, Rodrigo Iván, 318
Malherbe de León, Óscar, 40
Mancera, Miguel Ángel, 268
Mancilla González, Arnoldo, Canchola, 77, 79, 145
Manifiesto del Partido Comunista, 138
Manríquez, César, 65
Manzo Martínez, Ana Lilia, 206

Mares Camarena, Jaime, 34, 102, 160, 222, 282, 316
Marmolejo Martínez, Mario, 211
Márquez Tinoco, Francisco, 258
Martínez Alcázar, Alfonso, 357
Martínez Cárdenas, Salvador, 211
Martínez Gutiérrez, Iván, 294
Martínez López, Pedro, 212
Martínez Molina, Faraón, 248
Martínez Pasalagua, José Trinidad, 134, 247, 250-251, 315
Martínez Robles, Javier, 137
Martínez Suárez, Ricardo, 317
Martínez Villicaña, Luis, 36, 40-41, 80, 105, 161, 181
Marx, Karl, 138
Mata Ballesteros, Juan Ramón, 30
Mata Chávez, Gabriela, 248
Maya Morales, Ramón, 103
Me dicen: el Más Loco, 74, 83-84, 86, 89, 113-114, 147
Medina García, Noé, 248
Medina González, Rubén, 93
Medina Mora, Tomás, 249
Medina Robles, Miguel, 61
Medina Torres, Armando, 249
Mejía Bautista, Héctor, 93
Mejía Villaseñor, Carlos, 23
Mena Rojas, José Adolfo, 103
Méndez Chávez, Odiel, 249
Méndez López, Alejandro, 111
Méndez Vargas, Jesús, 42, 53-57, 67, 74, 80, 115, 139-142, 144, 150, 237, 253

Méndez Villafaña, Alfredo, *el Inge*, 115
Mendoza, Gerardo, 47
Mendoza, Iris Vianey, 192, 213-214
Mendoza, José Luis, 29, 32, 37-38, 80
Mendoza Cruz, Jorge, 211
Mendoza Cruz, Juan Manuel, 211
Mendoza Jiménez, Ignacio, 248
Mendoza Pardo, José María, 26-27
Merás Farías, Venancio, 212
Meza de Villaseñor, Yolanda, 110
Miranda, Jesús, 341
Miranda Avilés, Martín Javier, 49
Miranda Contreras, Luis, 285, 317
Miranda de Wallace, Isabel, 263, 267
Miranda Nava, Luis, 317
Mireles Valverde, José Manuel, 13-14, 19-20, 172-192, 206, 209-218, 220-221, 223-230, 232, 234-239, 244-247, 251, 255, 262-274, 286-288, 290-291, 301, 304, 309, 311, 319-321, 323, 328, 334, 336, 338, 342-343, 347, 353, 358
Mireles Valverde, Ricardo, 182
Mireles Valverde, Virginia, 334
Molina Vélez, Sarbelio, 281
Moncada Sánchez, Daniel, 333
Mondragón y Kalb, Manuel, 226

Monroy García, José Juan, 233, 294
Monroy García, Roberto, 318
Montes de Oca, Victoria, *la China*, 243-244
Montiel Aguilar, Gabriel, 317
Montiel Talonia, Adolfo, 314
Montoya Cervantes, Guillermo, 104
Mora, Manuel, 295
Mora Chávez, Hipólito, 19, 189, 214, 226, 246, 251-252, 264, 266, 268, 273, 286, 290-291, 295, 301, 311, 320-321, 323, 332-333, 335-337, 353, 357
Morales, Baldomero, 248
Morales Gutiérrez, Georgina, 285, 314, 317, 330
Morales Ibáñez, Marisela, 310
Morales Vaca, Horacio, 248
Moreira Valdés, Humberto, 150-151
Morelos Villa, Ernesto. Véase Moreno González, Nazario
Moreno Cázares, Israel, 211-212
Moreno Cruz, Evaristo, 340
Moreno González, Nazario, *el Chayo, el Más Loco*, 42, 55, 57, 64, 74-78, 80-87, 89-93, 95, 99, 101, 111, 113-115, 122, 125, 139-147, 150, 208, 210, 220, 235-242, 253, 291, 302
Moreno Martínez, Jorge, 254, 278

Moreno Peña, Fernando, 151, 340
Moy, Carlos, 25-26
Moya Palencia, Mario, 30
Murillo Karam, Jesús, 226, 230, 249-250, 311
Muro Urista, Consuelo, 314

Naranjo, Óscar, 186-188, 202, 227-230, 244, 262
Naranjo García, Pedro, 244
Navarro Rodríguez, Javier, 154, 199, 201
Ninis Pahuamba, Trinidad, 157
Núñez Aguilar, Ernesto, 134

Ocampo García, Javier, 251, 315, 317
Ochoa León, Carlos, 317
Oliva Ramírez, Juan Manuel, 67, 115
Olivera Cartas, Hugo, 50
Olvera Bravo, Jaime Arturo, 49
Orihuela Bárcenas, Ascención, 339-340, 355
Orihuela Tello, Juan Carlos, 278
Orozco, Juan Carlos, 260-261
Orozco Cabellos, Javier, 211
Orozco Cruz, José, 212
Orozco Gutiérrez, Guillermo, 211
Ortega Sánchez, Mariano, 254, 305
Ortiz, Jesús Sebastián, 157
Oseguera Cervantes, Nemesio, el Mencho, 20, 37, 44, 46-47, 53, 290, 347-348

Oseguera Méndez, Jaime Darío, 292, 314, 316
Oseguera Solorio, Arquímedes, 111-112, 134
Osorio Chong, Miguel Ángel, 187, 194, 203, 225-226, 230, 234, 275-276, 296, 308, 310-312
Osuna Millán, José Guadalupe, 67

Pacheco Hernández, José Emiliano, 314
Palos Nájera, Armando, 93
Pantoja López, Efrén, 212
Pantoja López, Luis Fernando, 212
Paratore García, Juan, 93
Paredes Garduño, Bertha, 309-310
Parra Salazar, Olivia Lizeth, 188
Patiño Velázquez, Miguel, 146-147, 199-200, 207, 222
Paulino Martínez, Aurelio, 212
Paulino Martínez, Miguel Ángel, 212
Paulino Martínez, Pablo, 212
Pensamientos, 84
Peña Neder, Iván, 265
Peña Nieto, Enrique, 16, 58, 134, 160, 164, 168, 186-188, 204, 209, 226-227, 230-232, 234, 245, 250, 255, 262-263, 275-277, 293, 311, 314, 317, 339
Peralta Mora, Adolfo Eloy, 231, 233

Pérez Hernández, Rubén, 333

Pimentel, Juan Reyna, 211

Pita Cornejo, Luis, 279

Plancarte, Melissa, 88-89, 192

Plancarte Solís, Enrique, *el Kike,
la Chiva,* 42, 55-57, 66, 80, 88,
115, 139, 144-145, 177, 210,
242-243

Poiré, Alejandro, 114, 143, 150,
153, 241

Ponce, Salvador Ramón, 249

Ponce Mayorga, Mayra Laura,
294

Porcayo Domínguez, Victorino,
233, 294

Prado Castañeda, Alonso, 211

Preciado Marmolejo, J. Jesús, 254

Puente, Humberto, 279

Quintero Madrigal, Eduardo,
252, 333

Quintero Payán, Juan José, 30

Quintero Payán, Rafael, 30

Ramírez Acuña, Francisco Javier,
131

Ramírez García, Alfredo, 248

Ramírez Magallón, Juan Manuel,
211

Ramírez Montañana, Ricardo, 26

Ramos Madrigal, Gabriel, 212

Reyes, Federico, 33

Reyes Baeza Terrazas, José, 67

Reyes Hinojosa, Alfonso, 22-23,
67

Reyes Negrón, Eduardo, 283

Reyes Servín, Rogelio, 32-36

Reyes Vaca, Alberto, 317

Reyna García, Jesús, 15-17,
31, 99, 111, 118, 151, 163,
165-167, 185, 188, 192-193,
203-206, 209, 216, 229, 232,
247-250, 255, 257, 275,
280-284, 314-316, 324, 328,
341

Río Valencia, Carlos, 166, 285,
317

Ríos Díaz, José, 244

Rivas Estrada, Leonardo, 212

Rivas Páramo, Jairo Germán, 249,
306

Rivera, Jenny, 89

Rivera Aceves, Carlos, 38

Rivera Valencia, Jorge, 212

Rivera Valencia, Rafael, 212

Rodríguez Aguilar, Jaime, 232,
294

Rodríguez Bañuelos, Humberto,
la Rana, 30

Rodríguez Bueno, José Javier,
212

Rodríguez Calderón, Jaime, 263,
268

Rodríguez López, Jaime, 134,
318

Rodríguez Orbe, Everardo, 31

Rodríguez Pueblita, José Carlos,
317

Romero de Velasco, Flavio, 38

Romero Pérez, Humberto, 31,
34, 102

Romero Rodríguez, Mario, 244

Rosales Mendoza, Carlos Alberto, *el Carlitos*, 41-42, 53-54, 57, 114

Rosales Reyes, Salomón, 254, 278, 281

Rosillo Herrera, Liliana, 232, 294

Rubí Bustamante, Dionisio Ricardo, 248

Rubido García, Monte Alejandro, 236, 241, 303, 349

Rubio Vázquez, Roberto, 249

Rueda Medina, Arnoldo, *la Minsa*, 42, 55, 57, 80, 115, 139, 141

Ruffo Appel, Ernesto, 263

Ruiz Cortines, Adolfo, 34

Sagrero Hernández, Aída, 135

Sahagún, Marta, 124

Salazar, Abel, 248

Salcido Uzeta, Manuel, *el Cochiloco*, 30, 32, 37-38

Saldaña, Juan, 34-35

Saldaña Villaseñor, Roberto, 34, 102-103.

Salinas, Raúl G., 125

Salinas de Gortari, Carlos, 38, 101-103, 105, 110, 161, 163

Salinas de Gortari, Raúl, 38, 103-107

Samper, Ernesto, 186

Sánchez, Marta, 263

Sánchez Cerda, Mario, 334

Sánchez Martínez, Guadalupe, 66

Sánchez Moreno, Rafael, *el Pollo*, 246, 295.

Sánchez Pardo, Manuel, 254

Sánchez Robles, Jafet, 157

Sánchez Román, Irlanda, 248

Sánchez Tiandón, Eugenio, 155

Sandoval, Domingo, 47

Sandoval Flores, Reginaldo, 255-256, 278, 329

Sandoval Zambrano, Alfredo, 211

Sangre Política, 109

Santana Pineda, Dalia, 111-112

Santa Clara Madrigal, Enedino, 157

Santacruz Esquivel, Guadalupe, 164, 285, 314, 317

Santibáñez Cornejo, Rey, 243

Santos Luna, Martín, 138

Sastré Gasca, Nelly, 317

Segura Barragán, José Luis, 332

Segura Zúñiga, Ignacio, 212

Sepúlveda López, Armando, 317

Servín Juárez, Samer José, 243

Sicilia, Javier, 156, 263, 268

Sierra Arias, Jesús, 260, 315, 317

Sierra Santana, Nicolás, 309, 319, 321

Silva Tejeda, Víctor, 58, 356

Simón el Americano. Véase Torres González, Luis Antonio

Sing, Manuel, 26

Slim, Carlos, 124

Solalinde Guerra, Alejandro, 263

Solís, Luis Alberto, 262

Solíz, Saúl, *el Lince*, 115

Solórzano, Amalia, 124

Solórzano, Javier, 268

Sosa Olmeda, Mariana, 318

Soto, Antonio, 34, 102
Soto Gil, Omar Alejandro, 134
Suárez Inda, Alberto, 198-200, 326-327
Suárez López, Humberto, 94, 257

Tafolla, David, 33
Tafolla, Juan, 262
Tafolla, Justino, 33
Tafolla Ortiz, Adán, 249
Tapia, Salvador, 157
Tapia Sánchez, Jesús, 244
Tehondón Chapina, José Guadalupe, 157
Téllez Duarte, Bernardo, 232
Tena Fernández, Germán, 151
Tentory García, Israel, 249
Tinoco Rubí, Víctor Manuel, 44-45, 110, 125, 184, 356
Torre Torres, Rosa María de la, 277
Torres Castañeda, José Luis, *el Niño*, 214, 246, 295
Torres Chávez, Luis, 205
Torres González, Luis Antonio, *Simón el Americano, el Americano,* 19, 189, 226, 246, 252, 266, 286, 290, 292, 295, 311, 319-321, 323, 332-333, 338
Torres Manzo, Carlos, 30-31, 138
Torres Pineda, Plácido, 166, 317
Torres Ramírez, Francisco, 150
Torres Santos, Arturo, 355
Trejo Pureco, Marco, 278

Trujillo Iñiguez, Agustín, 340, 354
Tuta, la. Véase Gómez Martínez, Servando

Ureña Aguirre, Nicolás, 57

Valdez, Ricardo, 19, 189
Valencia, los (grupo criminal), 28-30, 32, 37-42, 44, 46, 52-53, 58, 80
Valencia, Antonio, 28
Valencia, Armando Cornelio, 39
Valencia, Jesús, 28
Valencia, Juan, 28
Valencia, Luis, 28
Valencia, Martín, 28
Valencia Barajas, José María, 115
Valencia Chávez, Ana Delia, 182, 224
Valencia Pantoja, Gervasio, 25-28, 39
Valencia Reyes, Guillermo, 205
Valle, Eduardo, 45
Valle Maldonado, Servando, 254.
Vallejo Figueroa, Fausto, 15-17, 52, 111, 118-119, 134, 151-152, 159-161, 163-167, 172, 182, 185-186, 188-190, 198, 200, 202-203, 205-206, 209, 211, 216, 221-222, 226, 228, 247, 249-250, 253, 255, 257, 259, 274-278, 280-284, 303, 312-318, 324, 327-329, 338-341, 354-357

Vallejo Mora, Rodrigo, *Gerber*, 16, 166, 232, 338-341, 354-355
Valtierra Flores, Rogelio, 103
Vargas Arreola, Eloy, 94, 257
Vargas Uribe, Guillermo, 29
Vásquez Macías, Jesús, *Gerónimo Vásquez Mendoza, el Toro*, 210, 236
Vázquez Alatorre, Selene, 263-265
Vázquez Alatorre, Talía, 262-265, 267
Vázquez Valencia, Jorge, 320-321, 334
Vega, Sergio, *el Shaka*, 89
Velázquez, Guadalupe Gerónimo, 157
Velázquez Mora, Mamés Eusebio, 39
Vera López, Raúl, 268
Vera Orcina, Gerardo, 137
Verdía, Semei, 334, 358
Videgaray, Luis, 204
Villagómez Valle, Miguel Ángel, 49

Villanueva, Agustín, 211
Villanueva Cruz, Martín, 211
Villanueva Magaña, Octavio, 98
Villanueva Ramírez, Elías, 211
Villanueva Ramírez, Gustavo, 212
Villanueva Ramírez, Jorge Alberto, 212
Villanueva Ramírez, Ramiro, 212
Villanueva Ramírez, Ubaldo, 211
Villanueva Ramírez, Vicente, 211
Villaseñor Meza, Eduardo, 135
Villaseñor Peña, Eduardo, 34, 36, 102-110, 135, 162-163
Villicaña Palomares, Enrique, 50

Zambada, Ismael, *el Mayo*, 215
Zambrano, Jesús, 152, 279
Zamudio, Enedina, 261
Zapata Navarrete, Héctor, 334
Zarazúa Ortega, Rogelio, 65-66
Zavala Hernández, Arnoldo, 57
Zedillo, Ernesto, 21, 314

Tierra sin Dios, de J. Jesús Lemus
se terminó de imprimir en agosto de 2015
en los talleres de Litográfica Ingramex, S.A. de C.V.
Centeno 162-1, Col. Granjas Esmeralda,
C.P. 09810 México, D.F.